नेपाल का
संवैधानिक विकास

नेपाल का संवैधानिक विकास

डॉ. राकेश कुमार मीणा

प्रभात प्रकाशन

विश्व मामलों की भारतीय परिषद्
www.icwa.in

प्रकाशक • **प्रभात प्रकाशन प्रा. लि.**
4/19 आसफ अली रोड,
नई दिल्ली–110002

संस्करण • 2025
मूल्य • छह सौ रुपए
मुद्रक • नरुला प्रिंटर्स, दिल्ली

NEPAL KA SAMVAIDHANIK VIKAS
by Dr. Rakesh Kumar Meena ₹ 600.00
Published by Prabhat Prakashan Pvt. Ltd., 4/19 Asaf Ali Road, New Delhi-2
e-mail: prabhatbooks@gmail.com ISBN 978-93-90315-58-1

प्राक्कथन

विश्व के सभी देशों में राजनीतिक प्रक्रिया को वैधता प्रदान करने के लिए संविधान का निर्माण किया जाता है। संविधान जनता के विश्वास और आकांक्षाओं पर आधारित एक प्रलेख है, जो कि विशिष्ट वैधानिक पवित्रता को धारण किए रहता है। यह एक देश का मूलभूत कानून होता है एवं अन्य कानूनों व रूढ़ियों को इसकी सहमति से वैधानिकता प्रदान की जाती है। संविधानवाद की धारा काफी पहले से विश्व में प्रारंभ हो चुकी थी। बीसवीं शताब्दी में कई नवोदित राष्ट्रों ने इस व्यवस्था को अपनाया।

दक्षिण एशियाई क्षेत्र के सभी देशों ने औपनिवेशिक शासन समाप्त होने के बाद लोकतांत्रिक व्यवस्था को अपनाया और नए संविधानों का निर्माण किया। नेपाल इन लोकतांत्रिक हवाओं से अछूता नहीं रहा और वर्ष 1950 में जनआंदोलन द्वारा सामंतवादी राणातंत्र को उखाड़ फेंक लोकतांत्रिक व्यवस्था कायम की गई। यद्यपि विधिक रूप से नेपाल में सन् 1854 में राणा जंग बहादुर द्वारा 'मुल्कि आईन' बनाया गया, जिससे देश की राजनीतिक, सामाजिक और आर्थिक व्यवस्था को संचालित किया जाता था। हालाँकि वर्ष 1948 में राणाओं ने अपने शासन को बचाने के लिए आधुनिक तर्ज पर संविधान का निर्माण किया, यह नेपाल का प्रथम संविधान था। इसके बाद अब तक नेपाल में 7 संविधान बन चुके हैं (वर्ष 1951 और 2007 के अंतरिम संविधान हैं)।

अध्ययन द्वारा यह भी जाँचा गया है कि इन संविधानों की प्रकृति एवं गुणों में निरंतर परिवर्तन कैसे आए तथा साथ ही क्रमिक संविधानों की राजनीतिक पृष्ठभूमि का भी विश्लेषण किया गया है। अध्ययन का उद्देश्य यह भी है कि नेपाल के संविधानवाद एवं लोकतंत्र में राजतंत्र की भूमिका एवं योगदान कितना रहा है।

इन संविधानों (1948, 1959, 1962, 1990 और 2015) को तुलनात्मक दृष्टि से देखें तो सन् 1960 के शाही हस्तांतरण से पहले संविधानवाद लोकतंत्र की गति की ओर बढ़ रहा था, लेकिन इसके बाद पंचायती काल में यह नरेश की इच्छानुसार चलने लगा। सन् 1990 का संविधान यद्यपि इस दिशा में एक नया अनुभव रहा। इस संविधान में नरेश की शक्तियों को कम कर दिया गया, जिसके बाहरी और आंतरिक कारण थे, जिनमें इस दौरान सोवियत संघ

का विघटन, भारत का आर्थिक मुद्दों से संबंधित दबाव और देश में पूर्ण लोकतांत्रिक व्यवस्था लाने के लिए वृहद् जनआंदोलन आदि में इसके कारण ढूँढ़े जा सकते हैं। इसका एक कदम आगे साल 2015 का संविधान रहा, जिसमें राजतंत्र को पूर्ण रूप से खत्म कर दिया गया और नेपाल में गणतंत्रात्मक व्यवस्था की स्थापना हुई। महत्त्वपूर्ण बात यह भी रही कि इस संविधान की रचना चुनी हुई संवैधानिक सभा द्वारा की गई।

इस अध्ययन के दौरान अध्ययन विषय के अनुसार अन्य कई प्रश्नों पर भी गहनता से विचार किया गया है, जिनमें प्रमुख हैं—क्या संविधानवाद की अवधारणा विकासशील राष्ट्रों में लागू हो सकती है, क्या राजतंत्र नेपाल में लोकतंत्र के समक्ष बाधा रहा है, संविधानवाद तथा लोकतंत्र नेपाल में क्यों असफल रहा है, कैसे नेपाल में राजतंत्र का स्वरूप बदलता गया, नेपाल की सरकारी प्रक्रिया में देश की जनता का महत्त्वपूर्ण योगदान क्यों नहीं रहा, नेपाली संविधानों की प्रकृति एवं लक्षणों में निरंतर परिवर्तन क्यों आते रहे हैं तथा देश की स्थिरता और विकास में संवैधानिक उद्भव की क्या भूमिका रही है ?

यह किताब वस्तुत: मेरी पी-एच.डी. और एम.फिल. का परिष्कृत रूप है एवं अध्ययन को व्यवस्थित एवं सरल बनाने के लिए इस पुस्तक को सात अध्यायों में बाँटा गया है। इस पुस्तक के प्रथम अध्याय के प्रथम भाग में संविधान और संविधानवाद की विद्यमान धारणाओं, सिद्धांतों और व्याख्याओं का विवेचन किया गया है। इससे संबंधित विभिन्न पहलुओं, विशेषताओं और प्रवृत्तियों पर ध्यान दिया गया है। अध्याय के द्वितीय भाग में नेपाल की राजनीतिक, सामाजिक और आर्थिक स्थिति को ऐतिहासिक परिप्रेक्ष्य में बतलाया गया है। शाह वंश के शासन से लेकर राणाओं के पतन तक की सभी राजनीतिक, विधिक और प्रशासनिक संरचनाओं तथा व्यवस्थाओं का वर्णन किया गया है। इस अध्याय में विधिक क्षेत्र में सन् 1854 के 'मुल्कि आईन' का विशेष रूप से उल्लेख किया गया है, जिसके आधार पर देश की कानूनी और न्यायिक व्यवस्था टिकी हुई थी। दूसरे अध्याय में वर्ष 1948, 1951 और 1962 के संविधानों का वर्णन किया गया है। नेपाल में 1948 के संविधान से आधुनिक लोकतंत्र की व्यवस्था के आधार पर संविधानवाद की धारा प्रवाह हुई। इस अध्याय में इन चारों संविधानों के उद्भव, विकास और पतन का वर्णन किया गया है। इसके अतिरिक्त देश में राजनीतिक दलों और राजतंत्र की भूमिका का भी विवेचन किया गया है। तीसरा अध्याय नरेश महेंद्र द्वारा लाई गई दलविहीन पंचायत व्यवस्था पर आधारित 1962 के संविधान का विवेचन करता है। इस संविधान में हुए तीनों संशोधनों का वर्णन भी इस अध्याय में किया गया है। इस काल में संपूर्ण राजनीतिक शक्तियाँ नरेश के पास रहीं और राजनीतिक दलों पर प्रतिबंध रहा। इसके अलावा लोकतांत्रिक रूप से चुनाव भी संपन्न

नहीं हुए, जिसके परिणामस्वरूप 1990 में इस संविधान का पतन हो गया। चौथे अध्याय में 1990 के संविधान के बारे में चर्चा की गई है। इस अध्याय के प्रथम भाग में पंचायती संविधान के पतन और नए संविधान के उद्भव और निर्माण पर बात की गई है। द्वितीय भाग में 1990 के संविधान के प्रमुख प्रावधानों का वर्णन है। पाँचवें अध्याय में 1990 के जन संविधान की कमियों और पतन के बारे में बताया गया है। इस अध्याय में उन घटनाओं एवं मुद्दों का उल्लेख किया गया है, जिन्होंने इस संविधान के पतन में महत्त्वपूर्ण भूमिका निभाई। साथ-ही-साथ यह अध्याय इस संविधान के समक्ष उभरती हुई नवीन चुनौतियों एवं माओवादी आंदोलन का भी वर्णन करता है। छठे अध्याय में वर्ष 2015 के संविधान का वर्णन है। इस अध्याय में राजतंत्र के जाने और नेपाल में गणतंत्रात्मक लोकतांत्रिक व्यवस्था के स्थापित होने की प्रक्रिया का पूर्ण विवरण है। एक दशक के राजनीतिक उतार-चढ़ाव के अतिरिक्त इस नए संविधान के समक्ष आई चुनौतियों का भी इस अध्याय में वर्णन किया गया है। अंतिम अध्याय संपूर्ण अध्ययन का निष्कर्ष है, जिसमें नेपाल के संवैधानिक विकास का विश्लेषण शामिल है।

इस संपूर्ण अध्ययन के दौरान जिन परिकल्पनाओं को सत्यता की कसौटी पर जाँचा गया है, वे हैं—नेपाल का संवैधानिक विकास एकमार्गी विचार पर आधारित नहीं रहा। जिसके कारण 1948, 1959, 1962, 1990 एवं 2015 के संविधानों के आधारभूत लक्षणों में काफी अंतर रहे, नेपाल में लोकतंत्र के उन्नत होने में राजतंत्र प्रमुख बाधा रहा है, राजनीतिक दलों एवं दबाव समूहों में दृढ़ राजनीतिक इच्छाशक्ति के अभाव के कारण राष्ट्र की राजनीति में संकट उत्पन्न होते रहे हैं। जिससे संवैधानिक सरकार एवं लोकतंत्र को भी ठेस पहुँची है, नेपाल के संविधानों में मौलिक अधिकारों का क्रमशः विकास हुआ है, नेपाल में संवैधानिक लोकतंत्र को बचाने में मीडिया एवं सभ्य समाज की भूमिका कमजोर रही है, विकासशील राष्ट्रों के राजनीतिक संदर्भ एवं उनकी पृष्ठभूमि को जाने बिना उनमें संविधानवाद की अवधारणा का प्रयोग करना न तो सही है और न ही औचित्यपूर्ण।

इन परिकल्पनाओं की जाँच के दौरान यह निष्कर्ष निकलते हैं कि नेपाल में राजतंत्र की भूमिका सन् 1951 में लोकतंत्र के प्रति उदार रही, परंतु शनैः-शनैः यह शक्ति लोकतंत्र पर हावी होती चली गई। इसका एक प्रमुख कारण था—राजनीतिक दलों की अपरिपक्वता और देश में व्यापक स्तर पर व्याप्त अशिक्षा। जिसका फायदा कुलीनतंत्र ने पूरे तरीके से उठाया। सन् 1990 में बाहरी दुनिया से संपर्क और शिक्षा के प्रसार के कारण जनता में अपने अधिकारों के प्रति जागरूकता फैलने लगी। अतः नेपाल के संविधानों के प्रावधानों और उनके चरित्र में होनेवाले परिवर्तनों के पीछे मूलतः देश की तत्कालीन सामाजिक, राजनीतिक, आर्थिक और सांस्कृतिक परिस्थितियों का प्रभाव निहित रहा है। नेपाल के साथ

एक समस्या और रही—इसकी भू-आबद्ध सीमा, जिसके कारण इसकी राजनीति पर पड़ोसी राष्ट्रों का प्रभाव भी पड़ा।

नेपाल अपने विगत 60 सालों के इतिहास में 7 संविधानों का अनुभव कर चुका है। इन सभी संविधानों द्वारा नेपाल की जनता ने एक राजनीतिक व्यवस्था के संस्थाकरण को स्थापित करने का कड़ा संघर्ष किया है, जिससे सुशासन, संविधानवाद, विकास में वृद्धि, उच्च जीवन स्तर तथा शांति और समृद्धता सुनिश्चित हो सके। नेपाल पिछले दशक में महत्त्वपूर्ण राजनीतिक परिवर्तनों से गुजरा है। यहाँ लंबे समय से चले आ रहे हिंसक माओवादी आंदोलन का अंत हुआ और मई 2008 में 239 साल पुरानी राजतांत्रिक व्यवस्था का अंत हुआ। प्रथम बार संवैधानिक सभा का गठन हुआ, जिसका निर्माण निष्पक्ष एवं स्वच्छ चुनाव के माध्यम से हुआ। एक दशक के लंबे संघर्ष के बाद साल 2015 में नेपाल के नए संविधान ने लोकतांत्रिक संस्थाओं को मजबूत किया। इस संविधान में राजतंत्र का स्थान नहीं रहा और नेपाल ने एक संघीय, गणतंत्रात्मक व्यवस्था को अपनाया, परंतु इस संविधान के सामने भी तराई-मधेशियों के अधिकारों को लेकर आई समस्या एक प्रमुख चुनौती के रूप में उभरकर सामने आई, जिससे नेपाल को काफी संकटों से जूझना पड़ा, परंतु हम जानते हैं, संविधानवाद एक सतत प्रक्रिया है, जिसमें जनता की इच्छा के अनुरूप बदलाव किया जा सकता है। इन नवीन परिवर्तनों से यह आशा की जा सकती है कि आनेवाला युग देश में सही मायने में लोकतांत्रिक संविधानवाद को स्थापित करेगा।

यह किताब नेपाल के संवैधानिक एवं राजनीतिक विकास का एक चित्रण हिंदी भाषा में प्रस्तुत करने का प्रयास है। इस पुस्तक की रचना देवनागरी लिपि में हुई है, जो कि दक्षिण एशिया में केवल भारत और नेपाल में राजकीय तौर पर प्रचलित है। इस पुस्तक में मेरे कई शोध-कार्यों का समावेश है और इस शोध-कार्य में काफी व्यक्तियों और संस्थाओं का योगदान है। अध्ययन में मौलिकता हेतु काफी लोगों ने साक्षात्कार दिया, जिन्हें मैं धन्यवाद ज्ञापित करता हूँ।

सर्वप्रथम मैं आई.सी.डब्ल्यू.ए. के महानिदेशक डॉ. टी.सी.ए. राघवन का आभार व्यक्त करता हूँ, जिनके सहयोग के बिना यह कार्य पूर्ण हो पाना मुश्किल था। मैं अपने गुरुदेव प्रो. एस.डी. मुनि का हृदय से आभार प्रकट करता हूँ, जिनके निर्देशन में मैंने एम.फिल. और पी-एच.डी. का कार्य किया, और इस किताब को पूरा करने में भी उनका पूर्ण सहयोग रहा। इस कार्य में जे.एन.यू. के पुस्तकालय, सप्रू हाउस के पुस्तकालय और तीन मूर्ति के पुस्तकालय का भी काफी योगदान रहा, जहाँ से मुझे शोध हेतु प्रचुर मात्रा में अध्ययन सामग्री मिली। इस कार्य हेतु मुझे नेपाल भ्रमण का भी अवसर मिला, जहाँ कई नेपाली मित्रों के साथ संवाद के बाद मुझे इस कार्य को पूरा करने में काफी मदद मिली।

नेपाल से प्रो. लोकराज बराल, कनक मणि दीक्षित, उद्धव प्युकेरल, इंदिरा अधिकारी, दीपक भट्ट, अमरेश कुमार सिंह और परशुराम काफले आदि मित्रों को धन्यवाद ज्ञापित करता हूँ।

आई.सी.डब्ल्यू.ए. की निदेशक (शोध) डॉ. निवेदिता रे एवं अन्य सभी शोध अध्येताओं का भी मैं आभार व्यक्त करता हूँ, जिन्होंने मेरे इस लेखन कार्य में सहयोग प्रदान किया। अंत में, मैं अपने माता-पिता, पत्नी ममता और बच्चों मृगांक एवं मनस्वी का भी आभारी हूँ, जिन्होंने मुझे पारिवारिक दायित्वों से मुक्त रखा और मैं इस कार्य को पूरा कर सका।

—डॉ. राकेश कुमार मीणा

अनुक्रम

अध्याय 1

ऐतिहासिक पृष्ठभूमि

विश्व के सभी देशों में राजनीतिक प्रक्रिया को वैधता प्रदान करने के लिए संविधान का निर्माण किया जाता है, इसीलिए संविधानों का अध्ययन चिरकाल से राजनीति के अध्ययन का आवश्यक अंग रहा है। जब से मानव समाज में 'राजनीतिक शक्ति' का प्रादुर्भाव हुआ है, तभी से व्यक्ति ने शनैः-शनैः अपनी आवश्यकतानुसार इसे अपनाया है। व्यक्ति ने जहाँ एक ओर राजनीतिक शक्ति की सर्वोपरिता स्वीकार की है, वहीं दूसरी तरफ उस पर प्रभावशाली नियंत्रणों की व्यवस्था रखकर इसके हनन के प्रलोभन को भी कम किया है। यही कारण है कि प्राचीन काल से ही शासकों को विधियों, प्रक्रियात्मक सुरक्षाओं व संतुलनात्मक शक्तियों के माध्यम से नियंत्रित और प्रतिबंधित किया जाता रहा है। (मर्कल 1970 : 447)

संविधान जनता के विश्वास और आकांक्षाओं पर आधारित एक प्रलेख है, जो कि विशिष्ट वैधानिक पवित्रता को धारण किए रहता है। यह एक देश का मूलभूत कानून होता है एवं अन्य कानूनों व रूढ़ियों को इसकी सहमति से वैधानिकता प्रदान की जाती है। इस संदर्भ में यह शब्द 'संविधान' प्रथम बार ब्रिटेन में सन् 1688 की गौरवपूर्ण क्रांति के बाद प्रयोग हुआ, जब वहाँ पदच्युत राजा जेम्स द्वितीय पर देश के आधारभूत संविधान का हनन करने का आरोप लगा था। (मैक्लिन [संपा.] 1996 : 107)

संविधान एक आधुनिक अवधारणा नहीं है, वरन् यह अवधारणा अरस्तु एवं उनके पूर्व से चली आ रही है। विगत एक हजार सालों से इसे बहुत सी चुनौतियों से गुजरना पड़ा है। संविधान सामान्य अर्थ में, किसी देश का ऐसा आधारभूत कानून और उससे जुड़ी हुई प्रथाएँ हैं, जो शासन के प्रमुख अंगों और उनके अधिकार क्षेत्रों को निर्धारित करता है तथा नागरिकों के मूल अधिकारों का विवरण देता है। डेविड रॉबर्टसन ने 'पेंग्विन डिक्शनरी ऑफ पॉलिटिक्स' में लिखा है, "संविधान अधिकारों, शक्तियों एवं प्रक्रियाओं का एक ऐसा समुच्चय समाहित किए हुए है, जो कि एक देश में जन सत्ताधारकों एवं नागरिकों के मध्य के

संबंध को संचालित करता है।" (रॉबर्टसन : 1993 : 109)

सामान्यतया, 'संविधान' शब्द नियमों एवं सिद्धांतों के समुच्चय के लिए प्रयोग में लाया जाता है और साथ ही, जो सरकार की प्रवृत्ति एवं विस्तार को निरूपित करता है। ज्यादातर संविधान राज्य की संस्थाओं के मध्य के संबंध को संचालित करते हैं, वास्तविक अर्थ में व्यवस्थापिका, कार्यपालिका एवं न्यायपालिका के मध्य का संबंध और साथ ही प्रत्येक अंग के अंदर भी संबंध निर्धारित करता है। उदाहरण के लिए, कार्यपालिका सरकार के मध्य में बँटी हो सकती है, सरकार मंत्रियों, नौकरशाहों आदि में विभक्त होती है। कई संविधान व्यक्ति एवं राज्य के मध्य के संबंध को भी वर्णित करते हैं एवं विस्तृत रूप से नागरिकों के व्यक्तिगत अधिकारों का वर्णन करते हैं। इस प्रकार एक भूमि का अपना आधारभूत कानून होता है, जिससे अन्य कानून एवं नियम क्रमानुसार चलते हैं; कुछ भूमियों पर यह निश्चित तौर पर 'आधारभूत कानून' कहलाता है। (लोवेन्सटाईन 1965 : 29-30)

संविधानवाद का विकासक्रम

संविधान शासन चलाने की व्यवस्था का एक आधार है, कई बार इसे लिखित दस्तावेज के रूप में संहिताबद्ध किया जाता है, जो कि एक स्वायत्त राजनीतिक सत्ता के लिए नियम एवं सिद्धांत स्थापित करती है। राष्ट्रों के मामले में, यह शब्द मुख्यत: राष्ट्रीय संविधान के लिए प्रयोग में लाया जाता है, जो कि मौलिक राजनीतिक सिद्धांतों को बताता है एवं एक सरकार की संरचना, प्रक्रिया, शक्तियाँ और कर्तव्यों का निर्धारण भी करता है। अधिकतर राष्ट्रीय संविधान जनता के अधिकारों को निश्चित भी करते हैं। ऐतिहासिक रूप से, आधुनिक तरीकों का आगमन होने से पूर्व, संहिताबद्ध राष्ट्रीय संविधान, किसी भी मुख्य कानून के लिए प्रयुक्त हो जाता था, जो कि सरकार के क्रियाकलापों को निर्धारित करता था। (ग्राहम और मार्के 2000 : 5-6)

सामान्यतया, सभी संविधान एक संस्था को निश्चित शक्तियाँ प्रदान करते हैं, लेकिन इस शर्त पर कि वे संविधान या चार्टर की सीमाओं का उल्लंघन तो नहीं कर रहे हैं। (एं-ड्रयूज 1961 : 13) लैटिन शब्द 'अल्ट्रा वायरस' एक संस्था या राज-व्यवस्था के अंदर होनेवाली सरकारी गतिविधियों को वर्णित करता है, जो कि संवैधानिक या सरकारी गणों की संविहित सत्ता के दायरे से बाहर होती है। यदि राष्ट्र-राज्य का संतैधानिक कानून के तौर पर उदाहरण लें, तो संघात्मक सरकार में कई प्रकार की प्रांतीय सरकारें होती हैं, परंतु संविधान द्वारा सबका दायरा निश्चित किया जाता है। अत: अल्ट्रा वायरस इस प्रकार के कदम को वैधानिक एवं न्यायिक स्वरूप प्रदान करता है, जो कि जनता द्वारा न्यायपालिका की सहायता से प्रयोग में लाया जाता है। (मैक्लिवेन 1940 : 11) एक शासकीय द्वारा अधिकारों का

हनन 'अल्ट्रा वायरस' हो सकता है, क्योंकि एक (संवैधानिक) अधिकार सरकार की शक्ति को प्रतिबंधित करता है। इस प्रकार शासकीय उन शक्तियों का उपयोग करना चाहता है, जो उसके पास नहीं हैं। (फॉली 1989 : 22-23)

जब एक शासकीय कानून असंवैधानिक होता है, तब इसका अर्थ है कि संविधान द्वारा यह शक्ति सरकार को नहीं दी गई है और यह कानून रद्द माना जाता है एवं साथ ही इसके लागू होने से पहले ही इसे अमान्य करार दे दिया जाता है और यह माना जाता है कि यह कभी कानून ही नहीं था। यद्यपि इसे लिखित प्रावधान में लाना होता है, अत: इसे व्यवस्थापिका के माध्यम से ग्रहण करने की प्रक्रिया से अमल में लाया जाता है। कई बार समस्या यह नहीं होती कि लिखित कानून असंवैधानिक है, किंतु इसको प्रयोग में लाना समस्या होती है और वह भी किसी विशिष्ट अवसर पर। न्यायालय यह बताता है कि इसे प्रयोग में लाने के अन्य संवैधानिक तरीके हैं या नहीं।

यदि संविधानवाद के इतिहास पर गौर करें, तो अरस्तु (350 ई.पू.) प्रथम विचारक थे, जिन्होंने सामान्य कानून एवं संवैधानिक कानून में स्पष्ट रूप से अंतर बतलाया, साथ ही संविधान और संविधानवाद के विचार को स्थापित किया एवं संवैधानिक सरकारों के रूपों को वर्गीकृत करने का प्रयास किया। वे संविधान की आधारभूत संरचना को ऐसे परिभाषित करते हैं—"राज्य में शासन के मध्य व्यवस्था।" उन्होंने एथेंस का संविधान, पॉलिटिक्स, और निकोहमैन नीति पर कार्य किया, उनमें विभिन्न प्रकार के संविधानों को खोजा था, जैसे—एथेंस, स्पार्टा आदि के संविधान। उन्होंने अच्छे एवं बुरे दोनों प्रकार के संविधानों को वर्गीकृत किया, और इस निष्कर्ष पर भी पहुँचे कि मिश्रित व्यवस्था द्वारा ही अच्छा संविधान उत्पन्न होता है, जिसमें राजतांत्रिक, अल्पतांत्रिक एवं लोकतांत्रिक आदि सभी तत्त्व शामिल हों। उसने नागरिकों में पृथकता बतलाई, जैसे पहले वे नागरिक जिन्हें विशिष्ट रूप से राज्य में भागीदारी दी जाती है और दूसरे अनागरिक और दास, जिन्हें यह सुविधा नहीं मिलती है।

रोम में पहली बार 449 ई.पू. संविधान को संहिताबद्ध किया गया, जो कि बारह सारणियों में विभक्त था। ब्रिटेन में, हेनरी प्रथम द्वारा 1100 पृष्ठों का स्वतंत्रता का अधिकार-पत्र घोषित किया गया, जिसमें पहली बार राजा का चर्च के पादरी एवं सामंत वर्गों के साथ व्यवहार का वर्णन किया गया। इस विचार का विस्तार एवं पुनर्व्याख्या तब हुई, जब राजा जॉन को 1215 में मैग्नाकार्टा पर हस्ताक्षर करने के लिए दबाव डाला गया। इस मैग्नाकार्टा का एक मुख्य अनुच्छेद था, जो कि बंदी-प्रत्यक्षीकरण से संबंधित था, जिसमें कहा गया कि राजा किसी को भी अपनी इच्छा से कैद, निर्वासन और मृत्युदंड नहीं दे सकता। इसके लिए पहले कानून की उचित प्रक्रिया पूर्ण करनी होती थी।

इसके पश्चात् यह प्रावधान इंग्लैंड की स्वतंत्रता के लिए मील का पत्थर बन गया।

सामाजिक अनुबंध वास्तविक रूप में राजा और सामंत वर्गों के मध्य बना था, किंतु धीरे-धीरे यह सभी लोगों के लिए हो गया। इसने संवैधानिक राजतंत्र का मार्ग प्रशस्त किया। इसके अलावा आगे अन्य सुधार हुए और शक्ति-संतुलन राजतंत्र एवं सामंत वर्ग से हाउस ऑफ कॉमन्स तक पहुँच गया।

पुनर्जागरण के बाद बहुत से राजनीतिक-दार्शनिक उभरकर आए, जिन्होंने राजतंत्र के आचार-व्यवहार की निर्दिष्ट आलोचनाएँ लिखीं और संवैधानिक सिद्धांत के रूप की वकालत की, जो कि उनके दृष्टिकोण से शासकीय स्तर पर काफी प्रभावशाली रहा। इस दिशा में आंशिक रूप से परिस्थितियाँ उभरने लगी थीं, जैसे—इंग्लैंड में गृहयुद्ध के बाद की स्थिति, थॉमस हान्स के लेख, सैम्युअल रदरफोर्ड, लेविलर्स, जॉन मिल्टन एवं जेम्स हैरिंगटन, रॉबर्ट फिल्मर के मध्य विवाद, राजतंत्र के दैवीय अधिकार पर तर्क-वितर्क एवं दूसरी तरफ हेनरी नेविल, जेम्स टैरल, अलजरन सिडनी और जॉन लॉक। बाद में यह अवधारणा पनपी कि पहले सरकार को आधारभूत ढाँचे पर निर्मित किया जाए, राज्य को प्राकृतिक कानून से चलाया जाए, उसके बाद समाज को राज्य में माना जाए। इस प्रकार यह एक सामाजिक अनुबंध से निर्मित राज्य होगा, जिसमें कि सामाजिक और प्राकृतिक कानून ही मान्य होंगे।

काफी लेखक इस बात का परीक्षण करते हैं कि सरकार का आकार या ढाँचा बनाना कितना महत्त्वपूर्ण है। चाहे उस सरकार का आधार प्रमुख राजतंत्र ही क्यों न हो। उनके अनुसार सरकार के ढाँचे के कई ऐतिहासिक उदाहरण हैं, जैसे—लोकतंत्र, अल्पतंत्र, राजतंत्र आदि। उन्होंने यह भी स्पष्ट किया कि सभी तत्त्वों को मिलाने से किस प्रकार फायदा हो सकता है। इसी प्रकार मॉन्टेस्क्यू ने सरकार के ढाँचे पर परीक्षण किया, जहाँ कहा कि व्यवस्थापिका, कार्यपालिका एवं न्यायपालिका एक प्रकार से पृथक्-पृथक् अंगों में विभक्त है। इन लेखकों में मुख्य बात यह उभरी कि संविधानों के ढाँचों का बनाना स्वेच्छा या पसंद की बात नहीं है। वे प्रत्येक राज-व्यवस्था और संस्था के लिए संविधान निर्माण से पूर्व कुछ सिद्धांत एवं नियमों का हवाला अवश्य देते हैं। (आचार्य 2006 : 15-17)

सामान्यतया यह समझा जाता है कि संविधान एक ऐसा आलेख होता है, जो निश्चित समय में निर्मित व स्वीकृत हो, पर यह संविधान का सही अर्थ नहीं है। संविधान आलेखबद्ध हो, यह आवश्यक नहीं है। उदाहरणस्वरूप, ब्रिटेन एवं इजराइल में अलिखित संविधान मिलता है। इन देशों में अभिसमयों, परंपराओं, कॉमन लॉ आदि के आधार पर देश की शासन व्यवस्था संगठित की जाती है और शासन के विभिन्न अंगों के बीच शक्तियों का विभाजन किया जाता है। (हेवूड 2001 : 197)

बिना संविधान के सरकार उसी प्रकार है, जैसे बिना अधिकारों के शक्ति, जो कि अवैध

है, किंतु संविधान सिर्फ अपने दायरे को शासन संरचना या सरकार के परिवर्तन तक ही सीमित नहीं रखता। संविधान का आवश्यक कार्य यह माना जाता है कि वह लोगों को शक्ति प्रदान करे एवं राज्य से जुड़े होने का अहसास दिलाए। संविधान उस राज्य को वैधानिकता एवं औचित्यता भी प्रदान करता है, जिस राज्य में विभिन्न समूह एवं हित एक साथ रहते हैं। संविधान का एक अन्य दायित्व यह भी है कि वह राष्ट्र को एक आधारभूत संरचना प्रदान करे, जिससे देश की शासन व्यवस्था चल सके। (पोस्ट और सीजैल 2009 : 27)

संविधान प्रमुखतया सरकार के तीन अंगों के क्षेत्र को परिलक्षित करता है। ये शासन के अंग निम्नलिखित हैं—व्यवस्थापिका, कार्यपालिका एवं न्यायपालिका। इस तरह से संविधान इन तीनों अंगों के मध्य अंत: संबंधों को वर्णित करता है। इसके अलावा संविधान सरकार एवं देश के नागरिकों के मध्य संबंध को भी भलीभाँति चित्रित करता है। इन सबके अतिरिक्त संविधान को देश का सर्वोच्च कानून माना जाता है एवं अन्य कानूनों को इसकी सहमति की आवश्यकता होती है। यहाँ यह बताना उचित होगा कि संविधान को हम जिस अध्ययन की शाखा या क्षेत्र से देखते हैं, संविधान का अर्थ उसी रूप में हमारे सामने आता है। हम संविधान को इस प्रकार तीन आयामों से देख सकते हैं—विधिक, राजनीतिक एवं दार्शनिक। (फ्रैडरिक 1937 : 101-102) **प्रथम, विधिक आयाम**—इसमें यह विचार किया जाता है कि संविधान राजनीतिक समुदाय में वैधानिक संकल्पनाओं एवं अवधारणाओं को निरूपित करता है। **द्वितीय, राजनीतिक आयाम**—इसमें आवश्यक रूप से दस्तावेजों पर प्रकाश डाला जाता है, जो कि सरकार एवं नागरिकों के मध्य संबंधों को संचालित करता है। **तृतीय, दार्शनिक आयाम**—दार्शनिक अर्थ में इस बात पर जोर दिया जाता है कि संविधान की अवधारणा विभिन्न ऐतिहासिक एवं विधिक संवैधानिक दस्तावेजों का संग्रह है। (फ्रैडरिक 1937 : 101-102)

परंपरागत दृष्टिकोण से संविधानों का वर्गीकरण दो प्रकार से किया गया है—प्रथम, संहिताबद्ध या लिखित और द्वितीय, असंहिताबद्ध या अलिखित। अलिखित संविधानों के मुख्य उदाहरण ग्रेट ब्रिटेन, इजराइल और न्यूजीलैंड आदि देश हैं। लिखित संविधानों के अभाव में असंहिताबद्ध संविधानों को अन्य प्रकार के स्रोतों पर निर्भर रहना पड़ता है। इसके कारण संविधान के कानून मुख्यतया मान्य नहीं होते। संसद के पास यह अधिकार होता है कि वह कानूनों का निर्माण व खंडन कर सकती है। (हेवूड 2001 : 197) संहिताबद्ध संविधान कानूनों का निर्माण एक विधिक प्रलेख में सम्मिलित करते हैं, जो कि लिखित संविधान के रूप में जाना जाता है। यह प्रलेख इस अर्थ में शक्तिशाली है कि वह देश का सर्वोच्च कानून है— निस्संदेह एक सर्वोच्च कानून। (क्रेग 2001 : 126) जो कि उपरोक्त अर्थ में संविधान के कानून को मान्य ठहराता है। इस संविधान के प्रावधानों को संशोधित करने की प्रक्रिया

अन्य संविधियों व कानूनों से जटिल होती है। लिखित संविधानों के कई उदाहरण हैं, जिसमें भारत मुख्य रूप से आता है। यद्यपि विश्व के कई देशों में लिखित संविधान है, क्योंकि आधुनिक समय में कानूनों को संहिताबद्ध करने पर जोर दिया गया है।

इसके अतिरिक्त लॉर्ड ब्राइस ने कठोर एवं लचीले संविधानों की बात की है। (व्हीहर 1911 : 15-16) जैसा कि शाब्दिक अर्थ से पता चलता है कि कठोर संविधान में संशोधन प्रक्रिया सख्त होती है। इस प्रकार के संविधानों में संशोधन के लिए एक विशेष प्रक्रिया अपनाई जाती है, जबकि लचीले संविधान में सरल प्रक्रिया लागू होती है। यद्यपि इन संविधानों में भी राज्य की व्यवस्थापिका द्वारा किसी भी कानून के लिए संशोधन किया जा सकता है। कई वैकल्पिक तरीकों से संविधानों के अन्य वर्गीकरणों को भी तैयार किया जा सकता है। इसमें से एक है—किस स्तर तक संविधान प्रभावकारी है। इस आधार पर इन्हें तीन भागों में बाँट सकते हैं—प्रभावकारी, नामधारी एवं प्रपंच। इनके अतिरिक्त संविधान को इसकी अधिग्रहणता के आधार पर भी बाँटा जा सकता है कि यह राजतंत्रात्मक है या गणतंत्रात्मक, संघात्मक है या एकात्मक, संसदात्मक है या अध्यक्षात्मक। (व्हीहर 1911 : 15-16)

संविधानवाद की अवधारणा को कई बार जॉन लॉक के राजनीतिक सिद्धांतों एवं अमेरिका अधिराज्य के संस्थापकों से संबद्ध करके देखा जाता है। संविधानवाद की परंपरा प्राचीन ग्रीक से प्रारंभ होती है और इसे कई बार पुनर्व्याख्या एवं अनियमितता के दौर से गुजरना पड़ा है। जिससे यह ज्ञात होता है कि संविधानवाद लोकतंत्र की तरह गत्यात्मक एवं पेचीदगीपूर्ण संकल्पना है, जो कि विकासवाद के रास्ते पर चल रही है। यद्यपि इसके बाहरी आवरण में परिवर्तनों पर जोर दिया गया, लेकिन इसका मूल अर्थ नहीं बदला। वह अर्थ है—संविधानवाद एक राजनीतिक ढाँचा तैयार करता है, जिसके द्वारा समाज कानूनों से संचालित होता है। संविधानवाद राज-व्यवस्था में एक परंपरा को प्रयोग में लाता है, जहाँ संविधान के प्रावधानों का सावधानी से अनुसरण किया जाता है। संविधानवाद मुख्यतः उदारवादी लोकतांत्रिक देशों से संबंधित है एवं साथ ही यह विचार पश्चिमी देशों की उपज भी है, इसलिए संविधानवाद का सही रूप हमें उन्हीं देशों में मुख्यतः दिखाई देता है। (कोतिये और अर्टीज 2005 : 296-298)

संविधानवाद बहुमतवाद पर कई तरह से सीमाएँ भी लगाता है; मुख्यतया ये सीमाएँ स्वनिर्धारित हैं। ये सीमाएँ कई प्रकार की हो सकती हैं, जैसे—कार्यविधि द्वारा और मौलिक रूप द्वारा। (ऐल्स्टर 1988 : 2) अतः कानून का विचार संविधानवाद के परिचालन का अभिन्न अंग है। इस विचार के बिना संविधानवाद की प्रतिरोधक व्यवस्था का प्रकार्य बहुत हद तक कमजोर होगा। इसके साथ-साथ संविधानवाद की धारणा में कानून का विचार मुख्य रूप से आवृत्तिपूर्ण रहा है। (वूर्मथ 1949 : 1)

सारांशतः, संविधानवाद एक विधि के शासन के लिए संस्थाओं की नींव तैयार करता है। यह विधि के शासन और व्यक्ति के शासन के मध्य समुचित संतुलन बनाने की कोशिश करता है। अन्य शब्दों में, संविधानवाद मनमानी सरकार के प्रतिवाद (विरोध) के रूप में समझा जाता है। यह व्यक्ति या व्यक्ति समूहों द्वारा संचालित तानाशाही व मनमाने शासन से संगत नहीं बैठा पाता; संविधानवाद कुछ बातों के साथ नहीं चल सकता, जैसे—एक व्यक्ति या व्यक्ति समूहों की हितपूर्ति के लिए सरकार के तंत्र का प्रयोग मानवाधिकार, अल्पसंख्यक वर्ग के अधिकारों का हनन, धार्मिक व सांस्कृतिक स्वतंत्रता का हनन एवं साथ ही राजनीतिक संघ बनाने पर प्रतिबंधता। अतः राजनीतिक व्यवस्था में संविधानवाद एक पृथक् विचार है, जो कि असंवैधानिक व्यवस्था से बिल्कुल विषम है, उदाहरणार्थ—तानाशाही शासन, सर्वाधिकारवादी शासन। संविधानवाद के अंतर्गत कानून शासन करता है, न कि व्यक्ति। (रोज़ 2000 : 321-339)

विकासशील राष्ट्रों में संविधानवाद एक परिवर्तनशील अवधारणा है। इन राष्ट्रों में संविधान का पुनर्निर्माण होने के कारण संविधान की निश्चितता और स्थिरता का प्रायः अभाव रहा है। इन राष्ट्रों द्वारा दूसरे राष्ट्रों की संवैधानिक व्यवस्था का विचार अपनाने के कारण एवं यहाँ की संवैधानिक सभा द्वारा एक निश्चित तरीके से विश्लेषण न कर पाने से ये राष्ट्र संविधानवाद की पश्चिमी अवधारणा को सही प्रकार से नहीं अपना सके। (स्पैन [संपा.] 1963 : 10) जिसके परिणामस्वरूप एक अस्थिर एवं कमजोर संविधानवाद की छवि अंकित होती है।

दक्षिण एशिया में संविधानवाद की उपज ब्रिटिश साम्राज्य की देन है। 20वीं सदी के मध्य तक यहाँ के सभी राष्ट्र लगभग ब्रिटिश साम्राज्य के उपनिवेश थे। स्वतंत्रता प्राप्ति के बाद इन राष्ट्रों को एक ऐसी शासन व्यवस्था की जरूरत थी, जो देश के सामाजिक एवं आर्थिक स्तर को सुधार सके एवं साथ ही यहाँ की शासन व्यवस्था को सुदृढ़ तरीके से चला सके। (स्पैन [संपा.] 1963 : 11) अफ्रो-एशियाई देशों में यूरोपियन साम्राज्य के खत्म होने के बाद यहाँ कई परिवर्तन आए। इन देशों ने न केवल यूरो-अमेरिकी व्यवस्था पर आधारित लोकतंत्र को नकारा, बल्कि स्वयं की परंपराओं पर आधारित व्यवस्था को विकसित किया और यहाँ के नेता इस दौर में उपनिवेशवाद के विरोध में राजनीतिक स्वतंत्रता को सुरक्षित करने की कोशिश कर रहे थे। अफ्रो-एशियाई देशों के बुद्धिजीवियों ने स्वाभाविक तौर पर पश्चिमी तरीके पर आधारित राजनीतिक व्यवस्था को अपने अनुकूल माना, जिसके कारण नव स्वतंत्र देशों की प्रथम पीढ़ी ने इस तरह के संविधान अपनाए और कई देशों के संविधान तो प्रत्यक्ष रूप से पाश्चात्य संवैधानिक विशेषज्ञों के निर्देशन में बने। अतः यहाँ के देशों ने संविधान निर्माण में विभिन्न देशों के संविधान को देखा एवं परखा, लेकिन मूल आधार

ब्रिटिश संविधान ही रहा। इस कारण जो देश ब्रिटिश प्रशासनिक व सरकारी ढाँचे से नहीं जुड़ पाए, वे इस उदारवादी लोकतांत्रिक व्यवस्था को ग्रहण नहीं कर पाए। अत: इसी कारण दक्षिण एशिया के कई देश संविधानवाद की उस भावना एवं समझ को नहीं जान पाए, उन्होंने संविधान को मात्र एक निर्देशिका माना, जिसे दरकिनार भी किया जा सकता था। (माथुर [संपा.] 1977 : 42)

नेपाल का आधुनिक राजनीतिक इतिहास भी अनेक उतार-चढ़ाव के दौरों से गुजरा है। यद्यपि नेपाल कभी भी प्रत्यक्ष रूप से ब्रिटिश साम्राज्य के अधीन नहीं रहा, लेकिन राजतंत्र एवं राणातंत्र का निरंकुशवाद एक अराजकतापूर्ण स्वभाव लिये सन् 1950 तक चलता रहा। जहाँ स्वतंत्रता, अधिकार, लोकतंत्र इत्यादि को प्राप्त करना केवल एक सपना था। सन् 1948 में संवैधानिक व्यवस्था आने के बाद यह माना गया कि राजनीतिक स्थिरता एवं लोकतंत्र का आगमन हो चुका था, परंतु नेपाल का इतिहास, संस्कृति एवं जनमानस इस पश्चिमी अवधारणा के साथ तालमेल नहीं बैठा पाया, जिसके फलस्वरूप इस देश में छह संविधान बने एवं राजनीतिक अस्थिरता हमेशा बनी रही।

नेपाल की ऐतिहासिक स्थिति

किसी भी देश की वर्तमान शासन पद्धति और राजनीति पर उसके अतीत की छाप अवश्य पड़ती है। यह बात नेपाल के संदर्भ में पूरी तरह से लागू होती है। नेपाल के इतिहास पर गौर किया जाए तो हम पाएँगे कि यहाँ किसी एक वंश का शासन निरंतर लंबे समय तक नहीं चला। यहाँ लिच्छिवी वंश, किरांत वंश, मल्ल वंश एवं शाह वंश का शासन रहा है। (मिश्रा दिसंबर 1987-जनवरी 1988 : 6-15) 18वीं शताब्दी तक नेपाल एक राष्ट्र के रूप में नहीं था, बल्कि 60 विभिन्न प्रांतों में बिखरा हुआ था। (विशेष संवाददाता 2004 : 2209) नेपाल को एक राष्ट्र के रूप में संगठित करने व एकीकरण करने का सफल प्रयास सन् 1769 में गोरखा नरेश पृथ्वी नारायण शाह ने किया। (बरगर्ट 1984 : 102) अत: आधुनिक नेपाल का जन्मदाता भी इन्हें कहा जाता है। (शाह 1990 : 34) इस राष्ट्र के एकीकरण से पूर्व उन्होंने नवंबर 1742 में बनारस की यात्रा की, जिससे उन्हें उत्तर भारत में चल रही घटनाओं का आभास हुआ। इस यात्रा में उन्होंने अकबर द्वारा स्थापित मुगल साम्राज्य के पतन होने के कारणों एवं अन्य शासन संबंधी समस्याओं का गहराई से अवलोकन किया। उन्हें तीन प्रमुख तथ्य नजर आए, जिनके कारण मुगल साम्राज्य का पतन हुआ, प्रथम—सुरक्षित उत्तराधिकार की व्यवस्था का अभाव, द्वितीय—मुगलों की गंगा के तराईवाले मैदान पर नियंत्रण न रख पाने की अंदरूनी कमजोरी, तृतीय—एकात्मक राज्य में संचार का अभाव। (स्टीलर 1974 : 45-51) अत: उन्होंने नेपाल के एकीकरण से पूर्व

कुछ महत्त्वपूर्ण बातों का ध्यान रखा, जिनसे कि भविष्य एकीकृत एवं सुरक्षित रहे, ये बातें निम्नलिखित थीं—

- देश के सुरक्षित भविष्य के लिए सिंहासन का उत्तराधिकार सुगमता से चले। उन्होंने राज-परिवार के समर्थकों में से किसी को भी इस ओर प्रोत्साहित नहीं किया कि वे उसके जीवित रहने के दौरान या फिर उसकी मृत्यु के बाद उत्तराधिकार का दावा कर सकें।
- कमजोर संचार से निजात पाने का तरीका यह था कि सेना और सरकार का स्थानीय प्रतिनिधियों पर कड़ा अनुशासन लागू हो।
- इस बात को और विश्वस्त बनाने के लिए सेना और जन प्राधिकारों को जीवन भर जागीर दी जाए या फिर इन्हें वंशानुगत बनाया जाए।
- युद्ध के दौरान संपत्ति का अनियंत्रित विध्वंस विजयी और पराजित दोनों पक्षों को कंगाल कर देता है। युद्ध विरोधी सेनाओं के मध्य लड़ा जाए, न कि भूमि के विरुद्ध।
- देश की शक्ति दो समानांतर विचारों में निहित थी—प्रथम, नरेश को सही मायने में शासन करना चाहिए, जिससे सेना पर उसका पूर्ण नियंत्रण रहे, और द्वितीय, नरेश की असली संपदा भूमि या सोना नहीं, बल्कि उसकी जनता होगी।
- कोई भी शक्ति गंगा के तराईवाले मैदान में बिना किसी लंगर के सुरक्षित नहीं रह सकती, चाहे वह पहाड़ों से उत्तर की ओर हो या फिर दक्कन से दक्षिण की ओर हो और दक्कन सुरक्षा की दृष्टि से काफी मजबूत था। (स्टीलर 1974 : 45-51)

सन् 1769 से पूर्व यहाँ तीन पृथक्-पृथक् राजधानियाँ, क्रमशः काठमांडू, भाटगाँव एवं पाटन थीं, जिन पर मल्लवंश का शासन था। शाहवंश ने न केवल एकीकृत नेपाल की स्थापना की, बल्कि राजदरबार की प्रतिष्ठा को भी पुनः स्थापित किया। इस प्रकार काठमांडू घाटी पूर्ण रूप से पृथ्वी नारायण शाह के नियंत्रण में हो गई और गोरखाली राष्ट्र नेपाल में परिवर्तित हो गया। घाटी के नेवारी लोग, जो कि गोरखालियों को दुश्मन की तरह देखते थे, बाद में वे भी इस महान् नेपाली राष्ट्र का अंग बन गए। एक तरह से बहादुर गोरखाली और कलात्मक नेवारी सहवतन हो गए थे। इस पृष्ठांकन में पृथ्वी नारायण शाह ने काठमांडू को राजधानी बनाया। काठमांडू अब इस प्रकार मगर, गुरुंग एवं नेवार की निष्ठा का केंद्र बन गया—इन सभी से मिलकर नेपाल अब राष्ट्र के रूप में नजर आने लगा। (शाह 1970 : 64)

इस शाह दरबार की मुख्य विशेषता यह थी कि इसका गठन उच्च जातियों—ब्राह्मण एवं क्षत्रियों से ही किया गया था। यद्यपि यह नया राजदरबारी वर्ग जनता का प्रतिनिधि नहीं था, परंतु शीघ्र ही इसने राष्ट्रीय अभिजन के साथ अपना तादाम्य बैठा लिया था तथा साथ ही

अपने-अपने प्रभाव विस्तार में संलग्न हो गया। (स्टीलर 1974 : 46)

नेपाल में प्रथमतया वैधानिक आधार या शासन एवं कानून व्यवस्था का प्रारंभ स्थानीय मूल्यों व सिद्धांतों के आधार पर विकसित हुआ। ये सिद्धांत मुख्य रूप से हिंदू धार्मिक मान्यताओं, धर्मशास्त्रों, रीति-रिवाजों व परंपराओं आदि से निर्मित एवं विकसित हुए, जिनके आधार पर देश का नरेश शासन व्यवस्था का संचालन करता था। (प्रदंगा 2001 : 194)

सामाजिक स्थिति

मध्यकाल के दौर से ही नेपाल की सामाजिक व्यवस्था में कुछ पेचीदगियाँ थीं, जिसके दो प्रमुख कारण थे—पहला, बौद्ध धर्म का प्रसार एवं दूसरा रूढ़िवादी हिंदुओं का काठमांडू घाटी में आव्रजन एवं उनके द्वारा हिंदू धर्म की नीतियों का प्रसार (जिसके फलस्वरूप काफी गैर-हिंदू समुदाय भी हिंदू धर्म में शामिल हो गए)। 12वीं शताब्दी में लिच्छवी शासकों के पतन के बाद मल्ल जाति नेपाल में प्रभुत्वशाली समुदाय के रूप में उभरी। मल्ला सर्वश्रेष्ठ क्षत्रिय माने जाने लगे और अन्य क्षत्रियों को निम्न समझा जाने लगा।

नेपाल के समाज का पुनर्गठन जयस्थिति मल्ला (1380-95 ई.पू.) ने किया था, जिससे चार वर्ण एवं छत्तीस जातियों की व्यवस्था बनी। इस व्यवस्था में ब्राह्मण सबसे ऊपर थे, जिनको गौड़ व द्रविड़ गुटों में विभाजित किया गया था। ब्राह्मणों के अलावा क्षत्रियों के शासक परिवार को सबसे ऊपर माना जाता था। (केंट 2005 : 25)

विभिन्न समुदायों के विभिन्न लोगों के मिश्रण से काठमांडू घाटी में एक नए समुदाय का जन्म हुआ, जो कि 'नेवार' कहलाए। नेवार समुदाय एक स्वावलंबी समुदाय था, जिसमें चार वर्ण के लोग थे। यह नेवार समुदाय मुख्यतया गोपाल, अभिर, गुप्त, मतल, कोलीय, व्रजी, शक्य, किरात, लिच्छवी, ठाकुरी, कारंत आदि समुदायों में मिलकर बना। इस नेवार समुदाय का विशिष्ट लक्षण यह था कि इसने स्वयं की भाषा, परंपरा एवं संस्कृति का निर्माण किया। देश की राजनीतिक अस्थिरता इस वर्ण-व्यवस्था से भी परिलक्षित होती थी। वैश्य समुदाय में व्यापारी, उद्योगपति, शिल्पी एवं खेतिहर लोग आते थे, जबकि निम्न जाति में कसाई, चमार, कपाली, धोबी, सरकी, दमाई एवं अन्य आते थे। ये सभी अछूत माने जाते थे एवं इन्हें 'शूद्र' कहा जाता था। (शर्मा 1982/83 : 12-13)

इस देश की भू-रणनीतिक स्थिति काफी निर्णायक रही है और नेपाली शासक इस बात के डर से हमेशा सतर्क रहे हैं। इस देश की भौगोलिक स्थिति ने इस देश की संस्कृति पर पूर्व, केंद्र और दक्षिण एशियाई क्षेत्रों का प्रभाव डाला। अतः यह सांस्कृतिक प्रभावों से अछूता नहीं रह सका। यह प्रदेश हिमालय पार से व्यापार का मार्ग रहा, जहाँ तिब्बत की ऊन और नमक एवं भारतीय सामग्री का व्यापार होता था। तिब्बत का किरांग दर्रा खुलने

के बाद काठमांडू घाटी एक पिछड़ा स्थान न रहकर रणनीतिक केंद्र बन गया। इससे नेपाल को ऊपरी हिमालय मार्गों से भारत एवं तिब्बत के व्यापार पर निगरानी रखने का अधिकार मिल गया। इस स्थिति ने नेपाल के इतिहास पर हमेशा के लिए एक अमिट छाप छोड़ दी। (रोज़ 1970 : 2) हिंदुओं के अलावा यहाँ विभिन्न मान्यताओं के लोग भी थे। बौद्ध धर्म के अनुयायियों के साथ उनके पारंपरिक मूल्यों के हिसाब से व्यवहार किया जाता था। उनके स्वयं के नियम-कानून होते थे, जिन्हें मल्ला नरेशों द्वारा भी मान्यता प्राप्त होती थी। इनके अलावा पहाड़ी क्षेत्रों में रहनेवाले समुदाय, जैसे—मगार, गुरुंग, खास, तमांग, भूटिया, किरात इत्यादि को निम्न एवं हेय दृष्टि से देखा जाता था। उन्हें उनके रीति-रिवाजों व परंपराओं को मानने की पूर्ण छूट थी, लेकिन तभी तक छूट थी, जब तक ये हिंदू धर्म की लौकिक मान्यताओं के विरुद्ध नहीं जाते हैं। हालाँकि शासक हिंदू थे, इसीलिए गैर-हिंदू समुदायों को भी हिंदू धर्म की मान्यताएँ, त्योहार, धार्मिक रीति-रिवाज आदि में शामिल करने की कोशिश की जाती थी। यह प्रक्रिया 'हिंदूकरण' कहलाई। (वेल्पटन 2005 : 56-57) इस देश की एक विशेष बात यह रही कि यहाँ की सत्ता न तो कभी मुसलिमों के हाथों में रही और न ही कभी ब्रिटिशों के अधीन रही। यह एक ऐसा कारण था, जिसके फलस्वरूप नेपाल का शासन हमेशा से हिंदू राजाओं के हाथों में रहा, जिसके कारण सन् 1959 तक हिंदू धर्म के रीति-रिवाजों से सामाजिक एवं जातिगत संरचनाएँ संचालित होती रहीं। (गैल्नर 1995 : 2)

आर्थिक एवं जमीनी व्यवस्था

नेपाल में अर्थव्यवस्था का मुख्य आधार कृषि ही रहा है। अत: प्राचीनकाल से ही भू-व्यवस्था से संबंधित व्यवस्थाओं को हमेशा अहमियत दी जाती रही है। भू-व्यवस्था या जमीनी व्यवस्था लिच्छवी, किरात, मल्ल आदि के शासनकालों में अपना चरित्र बदलती रही, परंतु भूमि पर आखिरी स्वामित्व देश के नरेश का ही होता था। भूमि का वितरण नरेश सर्वसाधारण में अस्थायी तौर पर करता था, परंतु धार्मिक मामलों में, जैसे—ब्राह्मण व बौद्ध अनुयायियों को जमीन स्थायी तौर पर दी जाती थी। भूमि पर पूर्ण स्वामित्व होने के कारण नरेश फसल का 50 प्रतिशत लेता था—यह प्रचलन मध्यकाल तक रहा था। कई बार किसी भू-स्वामी के पास बड़ी मात्रा में भूमि आ जाती थी तो उसका प्रभाव प्रशासन तक स्पष्ट रूप से दिखता था। (वेल्पटन 2005 : 26)

पृथ्वी नारायण शाह के समय राष्ट्र के दो आधार स्तंभ रहे थे—संतुष्ट कृषक और विश्वसनीय सेना। भूमि देश का प्रमुख संसाधन क्षेत्र रहा था। यह देश की जनता के जीविकोपार्जन का मुख्य स्रोत था। यह जन राजस्व का भी मुख्य स्रोत रहा एवं इसी से देश की रक्षा के लिए बजट तैयार होता था। जब पृथ्वी नारायण शाह ने नेपाल राष्ट्र का

एकीकरण किया, तब भूमि का विस्तृतीकरण भी किया गया, जिससे भूमि का महत्त्व बढ़ने लगा। (रेगमी 1977 : 4) अत: नरेश ने कृषक वर्गों का विश्वास पाने के लिए करों में रियायत एवं निष्पक्षता बरती। सेना में सैनिकों के युद्ध में मरने के पश्चात् उनके परिवार को नरेश जमीन देता था, क्योंकि राजस्व कम होने के कारण जमीन देना ही उचित था। (महत 2005 : 9)

नेपाल के एकीकरण के पश्चात् सरकार ने प्रशासन के बढ़ते खर्चे को देखते हुए देश के विभिन्न भागों में भू-राजस्व को बढ़ाया। महेशचंद्र रेगमी के अनुसार, "सरकार को उस वक्त तीन समस्याएँ झेलनी पड़ी थीं—पहली समस्या यह थी कि देश के विभिन्न भागों में विभिन्न प्रकार की फसलों के उत्पादन एवं वितरण में विषमता थी। यहाँ भूमि के कर में भी एकरूपता नहीं थी, जो कि एक ही अंचल में पृथक्-पृथक् थी। देश के अलग-अलग भागों में भूमि को नापने की इकाइयाँ भी पृथक् थीं।" (रेगमी 1976 : 53-54)

सभी भूमि राज्य के अंतर्गत आती थी, फिर भी यहाँ विभिन्न प्रकार की भूमि- काश्तकारी प्रथा प्रचलित थी। ये प्रथाएँ थीं—रायकर, बीरता, जागीर, रकम, सेरा, किपातब्रगुती।

1. बीरता

इस भू-व्यवस्था में राज्य किसी व्यक्ति को व्यक्तिगत तौर पर भूमि प्रदान करता था, जिससे वह उस जमीन से प्राप्त धन एवं राजस्व से स्वयं का जीविका उपार्जन कर सके। यद्यपि इस व्यवस्था के अंतर्गत भूमि पर अधिकार उस व्यक्ति का ही था, परंतु अंतिम अधिकार राज्य का ही होता था। (रेगमी 1964 : 2) इस व्यवस्था में मुख्य बात यह थी कि बीरता भू-स्वामी को उस भूमि का कर राज्य को नहीं चुकाना पड़ता था। नेपाली भाषा में बीरता का समानार्थी शब्द 'माफी' था। इससे यह पता चलता है कि कर-माफी बीरता व्यवस्था का प्रमुख गुण था, इसीलिए बीरता व्यवस्था ने इन भू-स्वामियों में सामंतवाद की धारणा को जन्म दिया। यद्यपि समय-समय पर सरकार ने बीरता भूमि पर अपने अधिकार-क्षेत्र बढ़ाए, परंतु सरकार के ये अधिकार कालक्रमानुसार बदलते रहे। इनमें प्रमुख बात यह थी कि सरकार आवश्यकता पड़ने पर इन भू-स्वामियों को अपनी सेवा के अधीन रख सकती थी। अंतत: बीरता भूमि पर राज्य के स्वयं के अधिकार जताते रहने से बाद में राजाओं को प्रशासन के केंद्रीयकरण में सुविधा मिली। (रेगमी 1964 : 5-10)

2. रायकर

इस व्यवस्था में स्वयं राज्य ही भू-स्वामी होता था। इस व्यवस्था के अंतर्गत उस जमीन पर रहनेवाले लोग प्रत्यक्ष रूप से राज्य को कर देते थे। रायकर व्यवस्था का प्रमुख आधार

यह था कि उस जमीन पर उसी व्यक्ति का हक होगा, जो उस जमीन को प्रयोग में लेता था तथा सरकार को कर देता था। इस व्यवस्था में उस संपत्ति का मूल्य नहीं था, क्योंकि जमीन को प्रयोग में लेनेवाले व्यक्ति बदल जाते थे, परंतु स्वामित्व सरकार का ही रहता था। व्यक्तिगत तौर पर चलनेवाले इस स्वामित्व को 'राजीनामा' कहा जाता था। (रेगमी 1976 : 16)

3. जागीर

इस व्यवस्था के अंतर्गत सरकार अपने अधिकारियों को वेतन के तौर पर जमीन प्रदान करती थी। यह व्यवस्था मुख्यतया भारत में प्रचलित थी, खासतौर पर मुगल शासनकाल में। यद्यपि यह व्यवस्था भारत में हिंदू शासकों के समय में भी थी, लेकिन नेपाल में इस व्यवस्था का विकास मुगलों के समय पर ही हुआ। जिसके फलस्वरूप नेपाल में जागीर की हिंदू प्रणाली के बजाय मुसलिम प्रणाली का प्रभाव पड़ा। इस पद्धति को नेपाल में राष्ट्रीय एकीकरण (1769) के पहले ही अपना लिया गया था, हालाँकि समय-समय पर इस पद्धति ने नेपाल में स्वयं अपनी विशेषताएँ विकसित कीं। मुख्य रूप से जागीर व्यवस्था का क्षेत्र नेपाल में भूमि वितरण तक ही नहीं रुका (जैसा कि भारत में था), बल्कि इसके अंतर्गत अन्य मदें भी आने लगीं, जैसे—खानें, जलचक्की, सीमा शुल्क एवं नमक कर इत्यादि। इस व्यवस्था में कुछ पेचीदगियाँ भी थीं, जैसे कभी-कभी बीरता भूमियों से प्राप्त राजस्व को भी जागीर के तौर पर दे दिया जाता था। जागीर व्यवस्था का विकास बहुत से कारकों के कारण हुआ, जैसे—अमौद्रिक एवं विकेंद्रित, जो कि देश की राजकोषीय नीति के प्रमुख तत्त्व थे। राजनीतिक एकीकरण के बाद बनी प्रशासनिक व्यवस्था के आर्थिक ढाँचे को मजबूत करने की कोशिश की गई। (रेगमी 1964 : 2-7)

4. रकम

रकम भूमि से शिल्पकारों, लकड़ीवालों इत्यादि लोगों को वेतन भत्ते के तौर पर दी जाती थी। इस व्यवस्था के अधीन भूमि का दायित्व समुदाय के आधार पर सौंपा जाता था। इसमें मुख्य बात यह थी कि रकम भू-स्वामियों की सेवा सरकार द्वारा रोपित होती थी, वह स्वयंसेवी नहीं थी। रकम भू-व्यवस्था पूरे नेपाल में नहीं फैली थी, बल्कि काठमांडू एवं कुछ पहाड़ी क्षेत्रों तक सीमित थी। (रेगमी 1964 : 5) जहाँ देश में मुद्रा प्रचलन नहीं था, वहाँ सरकार द्वारा रकम व जागीर जैसी व्यवस्था स्थापित कर अर्थव्यवस्था को सुसंगठित किया गया था।

5. गुट्ठी

जो भूमि धार्मिक कार्य एवं दानस्वरूप नरेश द्वारा प्रदान की जाती थी, वह 'गुट्ठी भूमि' कहलाती थी। जिस प्रकार वीरता, जागीर और रकम रायकर भूमि व्यवस्था के प्रकार है, उसी प्रकार गुट्ठी भूमि व्यवस्था भी उसी का विकल्प है। गुट्ठी भू-व्यवस्था का मूल स्वरूप धार्मिक दान से शुरू होता है, जिससे जमीन एवं कुछ भव्य प्रकार की संपत्ति धार्मिक व परोपकारी संस्थाओं, जैसे—मंदिर, मठ, पाठशाला, अस्पताल इत्यादि की स्थापना व देखरेख के लिए धन दिया जाता था। मूलरूप से गुट्ठी भूमि-व्यवस्था काठमांडू घाटी के नेवार समुदाय से शुरू हुई। गैर-नेवारी लोगों के लिए गुट्ठी व्यवस्था में भूमि दी जाती थी, क्योंकि भूमि एक मुख्य संपत्ति थी एवं साथ ही आय का भी स्रोत था। अन्य मामलों में गुट्ठी नकद प्रदान की जाती थी, जिसमें इस नकद से आनेवाले ब्याज का प्रयोग धार्मिक व परोपकारी संस्थाओं को प्रदान की गई व्यवस्था के लिए होता था। (अधिकारी 2008 : 27)

इस प्रकार राणाओं के सत्तारूढ़ होने से पूर्व नेपाल में विभिन्न प्रकार की भूमि काश्तकारी व्यवस्था विकसित हो चुकी थी। यद्यपि राणाओं से पूर्व राज्य एवं भूमि व्यवस्था के संबंध में महत्त्वपूर्ण बदलाव आए, जिससे शासन पर सकारात्मक और नकारात्मक प्रभाव पड़े। सकारात्मक प्रभाव यह रहा कि नेपाल के प्रशासनिक व आर्थिक रूप को प्राथमिक आधार या मूल रूप प्राप्त हुआ। नकारात्मक बात यह रही कि इसने नेपाल में सामंतवाद को बढ़ावा दिया। अतः इस प्रकार देश की राजनीतिक व्यवस्था में इस भूमि काश्तकारी व्यवस्था का महत्त्वपूर्ण योगदान रहा, जिसकी स्पष्ट छाप आज भी नजर आती है।

प्राचीन काल से ही नेपाल में व्यापार कृषि के पूरक के रूप में सहयोगी रहा है। देश के कई स्थानीय आर्थिक क्षेत्रों में दक्षिण क्षेत्र के अनाज के बदले उत्तरी क्षेत्र के नमक का लेना एक महत्त्वपूर्ण गतिविधि थी। लंबी दूरी के व्यापार काठमांडू घाटी के लिए महत्त्वपूर्ण थे, क्योंकि घाटी से गुजरनेवाले दो रास्ते तिब्बत की ओर जाते हैं। काठमांडू घाटी भारत एवं तिब्बत के व्यापार के मध्य एक प्राकृतिक सेतु की तरह कार्य करती है। (वेल्पटन 2005 : 27)

राजनीतिक दृष्टिकोण के अनुसार इस व्यापार पर नियंत्रण करने से देश को बड़ी मात्रा में राजस्व प्राप्त होता था। नेपाली शासकों को जब इस व्यापारिक मार्ग की महत्ता का अनुभव हुआ (जो कि भारत व तिब्बत के व्यापार का मुख्य मार्ग था), तब मवला शासकों ने तिब्बत के विरुद्ध युद्ध अभियान छेड़कर नेपाल के आर्थिक हितों को संरक्षित किया। जिसके फलस्वरूप तिब्बत ने नेपाली शासकों के साथ एक समझौता किया, जिसके अंतर्गत तिब्बत-भारत का व्यापार मार्ग काठमांडू घाटी को ही तय किया गया, परंतु इस प्रकार व्यापारिक व वाणिज्यिक व्यवस्था ने नेपाल में दास व्यवस्था को भी जन्म दिया। (वेल्पटन

2005 : 28) दास प्रथा भारत एवं नेपाल दोनों देशों में प्राचीन काल से चली आ रही थी। (सेन 1973 : 159)

शाहवंश का प्रशासनिक तंत्र (1769-1846)

शाहवंश के दौरान शासन की संपूर्ण शक्तियाँ नरेश में निहित थीं, वह हिंदू परंपराओं व मान्यताओं के अनुसार शासन करता था, जो कि वस्तुतः दैवीय सिद्धांत की झलक प्रस्तुत करता था। देश के कार्यपालिका संबंधी कार्यों को संचालित करने हेतु नरेश द्वारा 'मुख्तियार' पद का गठन किया गया, जो शासन संबंधी सभी मामलों की देखरेख करता था। (थापा 1995 : 139) नरेश द्वारा किसी भी अधिकारी को बर्खास्त करना, युद्ध संबंधी घोषणा, संधियों का निर्णय, कर एकत्र करना, धन एवं भूमि का पुरस्कारस्वरूप वितरण, नए नियम निर्मित करना एवं न्याय व्यवस्था आदि कार्यों का संचालन किया जाता था। शाहवंश के प्रशासन में 'लाल मोहर' का काफी महत्त्व था, इस मोहर के जरिए ही पद, सम्मान, पुरस्कार, कानून, अध्यादेश आदि को प्रामाणिकता प्रदान की जाती थी। (शुक्ला 2000 : 18)

नेपाल में सन् 1777 के बाद से एक परामर्शदात्री संस्था का आविर्भाव हुआ, जिसे 'भारदारी सभा' कहा गया। (सिंह 2001 : 11) 'भारदारी' का अर्थ नोबल या राजदरबार के व्यक्तियों के लिए किया जाता था। यह भारदारी सभा आगे चलकर तेजी से केंद्रीय निर्णय प्रक्रिया में एक महत्त्वपूर्ण संस्था बन गई। यद्यपि भारदारी की सदस्यता को कभी परिभाषित नहीं किया गया, परंतु साधारणतः इसमें उच्च सरकारी कर्मचारी तथा प्रमुख राष्ट्रीय संभ्रांत परिवार के बुजुर्गों को शामिल किया जाता था। इस भारदारी सभा की सहमति राज्य के प्रमुख महत्त्वपूर्ण निर्णयों के लिए आवश्यक थी। इस भारदारी सभा में 6 प्रमुख अधिकारी थे, जिन्हें 'भरदार' कहा जाता था। ये अधिकारी एक प्रकार से संपूर्ण प्रशासनिक व्यवस्था के आधार स्तंभ थे। ये इस प्रकार थे—

1. **चौतरा या चौतरा राम चौतरिया (नरेश प्रधानमंत्री)**—यह प्रायः नरेश का नजदीकी रिश्तेदार होता था। चौतरिया नरेश को देश के प्रशासन संबंधी मामलों की जानकारी देता था, जो सत्ता या शक्ति पद उसे प्रदान किया गया, वह 'अख्तियारी', 'मुख्तियारी' कहा जाता था। इस प्रकार उसे नरेश द्वारा शक्ति प्रयोग करने के लिए अनुबंधित किया जाता था।
2. **काजी या कासी**—यह मुगल शासन की तरह मुख्य दीवान था।
3. **सिरदार (सेनापति)**—यह मुगल शासन के बख्शी की तरह होता था।
4. **खुरदारया रवरदार (विदेश मंत्री)**—यह देश के विदेश मंत्री की तरह कार्य करता था। यह बाहरी देशों के साथ संबंधों को सँभालता था एवं संपूर्ण कार्य

विधानों का वह प्रमुख था।

5. **खप्परदारया कयारदार**—यह नरेश के राजमहल का प्रमुख मंत्री था। इसे वस्त्रों, रसोईघर एवं आभूषणों इत्यादि की देखरेख की जिम्मेदारी सौंपी गई। यह सरकारी लेखा-जोखा भी सँभालता था।
6. **खजांची (राजकोष अधिकारी)**—यह राजकोष अधिकारी था एवं सभी प्रकार के भुगतानों को निपटाता था। (अग्रवाल 1976 : 6)

इसके अतिरिक्त अन्य अधिकारी भी होते थे, जो शासन व्यवस्था के अन्य कार्यों को संचालित करते थे। ये अधिकारी इस प्रकार थे—टिकसाली (जो टकसाल का कार्यभार सँभालता था), धर्माधिकारी (आपराधिक मामलों का मुख्य न्यायाधीश), बिछरी (न्यायिक अधिकार), ढिट्ठा (दरोगा), जेठा-बूरा (वरिष्ठ राजनेता), अर्जबेगी (मुख्य कारागाराधीक्षक), तहसीलदार (यह लेखन सामग्री, मोहर, काष्ठ सामग्री नकद एवं अन्य मूल्यवान सामानों की देखरेख करता था) और बहीदार (यह न्यायालय की समस्त याचिकाओं व शिकायतों को लेखबद्ध करके प्रस्तुत करता था)। उपरोक्त में से कई पद सन् 1846 के बाद राजाओं के शासन में ही नहीं, वरन् लोकतंत्र के आविर्भाव (1950) के बाद भी बने रहे। (अग्रवाल 1976 : 7)

वस्तुतः देश की संपूर्ण शक्तियाँ शाह नरेश के हाथों में थीं, परंतु व्यावहारिक राजनीति को देखें तो पारिवारिक अंतरकलह द्वारा यह शक्ति शनैः-शनैः क्षीण होती गई।

राणाओं का उद्भव

सन् 1777 से 1846 के शाही परिवार के आंतरिक झगड़े, दरबारी षड्यंत्र, असमर्थ व अल्पवयस्क नरेश का आना, बड़ी महारानियों एवं पटरानियों का राजनीति में हस्तक्षेप एवं सामंतों व मंत्रियों की राज-व्यवस्था में बढ़ती भूमिका इत्यादि अनेक कारणों ने नरेश की महत्ता को घटा दिया। वर्ष 1837-46 के दौरान नरेश राजेंद्र सत्ता में थे और वे काफी महत्त्वाकांक्षी भी थे, लेकिन उनकी दोनों पत्नियाँ उनके नियंत्रण में नहीं थीं तथा वे एक-दूसरे का विरोध करती थीं। इन दोनों पत्नियों को दरबार के दो विरोधी गुटों का समर्थन था, पांडेय और थापा। इस नौ साल की राजनीतिक अस्थिरता में एक नया छोटा दरबारियों और कुँवरों का समूह उभरकर आया, जो कि 'राणा' कहलाए और आगे नेपाल पर सौ साल निरंकुश प्रधानमंत्री के रूप में शासन किया। इस अव्यवस्थित दौर के परिणामस्वरूप सन् 1846 में एक दरबारी षड्यंत्र हुआ, जो नेपाली इतिहास में 'कोर्ट पर्व' के रूप में जाना जाता है। जिसके परिणामस्वरूप जंग बहादुर राणा देश के प्रमुख शासक संचालक बन गए एवं उन्होंने अपनी 'नई शासन व्यवस्था' को चलाया। (हचिन्स 2007 : 85) जंग बहादुर

राणा ने सत्ता सँभालने के पश्चात् शासन की सभी शक्तियों का केंद्रण अपने हाथों में कर लिया। उसने सभी राजनीतिक एवं सैनिक पदों पर अपने भाइयों व परिवारवालों को ही रखा। (सेवर 1993 : 56) इस नई शासन व्यवस्था की मुख्य विशेषताएँ इस प्रकार थीं—जंग बहादुर राणा द्वारा नरेश के साथ संबंध, उसके भरदारों व सेना के साथ संबंध एवं उन पर निर्भरता, सरकार का तंत्र, नेपाली कानूनों का संहिताकरण, कर नीति एवं ब्रिटिशों के साथ सहयोगात्मक संबंध। (वेल्पटन 1991 : 185)

जंग बहादुर राणा ने अपनी शक्ति को बढ़ाने के लिए अपने सभी विरोधियों को खत्म किया, जिससे शासन के सभी क्षेत्रों में उसका वर्चस्व बढ़ता गया। इस राह में 'लाल मोहर' ने सन् 1846 के बाद बहुत अहम भूमिका निभाई। इस लाल मोहर के आधार पर ही उसे 'कासकी' एवं 'लाभजंग' का महाराजा घोषित किया गया। (जोशी 1966 : 33) साथ ही ऐसी शक्तियाँ व अधिकार उसे लाल मोहर से मिले, जो कि सिर्फ एक 'असीम राजतंत्र' को ही प्राप्त होते हैं, वह शाह नरेश के निर्णयों को नकारकर अपनी बात भी रख सकता था। इसी क्रम में उसे सभी कार्यपालिका, विधायी, न्यायिक एवं अवशिष्ट शक्तियाँ भी प्रदान की गईं। (अग्रवाल 1976 : 10)

अत: सभी प्रकार की शक्तियों के समर्पण के बाद नरेश शक्तिविहीन हो गए एवं मात्र राष्ट्र के सम्माननीय प्रतीक के रूप में रह गए। यद्यपि वे देश की आधिकारिक स्थिति में पदसोपान के अनुसार सर्वोच्च स्थान पर थे, परंतु बिना किसी प्राधिकार व शक्ति को धारण किए। इस प्रकार राणा देश के वास्तविक शासक (de-facto) बन गए एवं नरेश नाममात्र के शासक (dejure)रहे। इन्हें प्राप्त विशेषाधिकार निम्नलिखित हैं—1. जीवन एवं मृत्यु का अधिकार, 2. सरकार के सभी अधिकारियों की नियुक्ति एवं बर्खास्तगी की शक्ति, 3. सभी विदेशी ताकतों जैसे—ब्रिटिश, चीन एवं तिब्बत के साथ युद्ध, शांति और संधि की घोषणा करने की शक्ति, 4. अपराध के आधार पर दंड का निर्धारण करने की शक्ति, 5. नए कानून बनाने और पुराने कानूनों, दीवानी, फौजदारी एवं सैन्य आदि में संशोधन करने की शक्ति। ये शक्तियाँ बाद में वंशानुगत हो गईं। (चौहान 1977 : 12) राणा देश के साधारण प्रधानमंत्री नहीं रहे, बल्कि उन्हें 'श्री तीन महाराज' की पदवी से सुशोभित किया गया। इसके अलावा व्यावहारिक रूप में देखा गया कि नरेश राणाओं की इच्छानुसार ही पदासीन रहे। (थापा 1995 : 151-152)

जंग बहादुर राणा ने राणा परिवार को और स्थायी एवं सुदृढ़ बनाने के लिए एक अन्य चाल चली, जिसके तहत उसने शाही परिवार एवं चौतरियाओं के साथ राणा परिवार के वैवाहिक संबंध स्थापित किए। इससे दो उद्देश्य पूर्ण हुए—पहला यह कि राणाओं के रक्त संबंधी ही राजगद्दी पर आसीन होंगे एवं दूसरा यह कि सामाजिक तौर पर उन्हें शाह राजवंश

के समान ही प्रतिष्ठा व सम्मान प्राप्त होगा। इस प्रकार राणाओं ने एक तरह से राजतंत्र का अराजनीतिकीकरण कर दिया था। यह अराजनीतिकीकरण पूरे राणाकाल में चलता रहा एवं राणाओं ने इसे एक स्थायी संस्था का रूप दे दिया। (शुक्ला 2000 : 41)

जंग बहादुर राणा के शासनकाल में कानूनों का संहिताकरण 'मुल्कि आईन' के द्वारा किया गया था, जिसके कारण नेपाल में सदियों से चली आ रही सामाजिक एवं विधिक संहिताओं का लिखित रूप में निर्माण हुआ। इस आईन में निम्नलिखित बातें शामिल थीं— प्रशासनिक प्रक्रिया एवं वैधानिक ढाँचा, जो कि दीवानी एवं फौजदारी मामले निपटाएगी, कर संग्रह, भू-स्वामी एवं मजदूर के मध्य संबंध, जातीय संघर्ष, विवाह एवं पारिवारिक कानून इत्यादि। इस प्रकार 'मुल्कि आईन' ने नेपाल में प्रशासनिक व्यवस्था के बीज कुछ हद तक रोप दिए थे। (जोशी 1966 : 10)

राणाकाल में शासन व्यवस्था (1846-1950)

सन् 1887 में प्रधानमंत्री जंग बहादुर राणा की मृत्यु के पश्चात् प्रमुख प्रभावशाली राणा प्रधानमंत्री चंद्रशमशेर ने सत्ता सँभाली। उसने प्रशासनिक व्यवस्था को मजबूत करने के लिए केंद्रीय एवं जिला स्तर पर कई प्रकार के सामाजिक, विधिक एवं शैक्षणिक सुधार किए। उसे प्रशासन संबंधी शक्ति अल्पवयस्क नरेश त्रिभुवन द्वारा सन् 1901 के सत्ता परिवर्तन (बलात्) के बाद मिली। इसके बाद नेपाल का इतिहास प्रधानमंत्री की प्रशासन व्यवस्था, सुधारों, विदेश नीति व आंतरिक राजनीति का इतिहास ही रहा। पूर्व राणाओं ने प्रशासन संबंधी जो गलतियाँ कीं, उसने उन्हें नहीं दोहराया, बल्कि व्यवस्था को नए ढंग से नियोजित करने का प्रयास किया। प्रशासनिक व्यवस्था के महत्त्वपूर्ण पद चंद्रशमशेर राणा के परिवार व सगे-संबंधियों को ही मिले। ऐसे प्राधिकारियों को 'रोलवाला' (प्रधानमंत्री के उत्तराधिकारी) कहा जाता था। (थापा 1995 : 154) इन रोलवाला का क्रम इस प्रकार था—

- **श्री तीन महाराज या प्रधानमंत्री**—श्री तीन महाराज देश की सभी शक्तियों के स्रोत थे। वह केंद्रीय प्रशासन के तीनों अंगों पर पूर्ण नियंत्रण रखता था तथा देश के प्रत्येक क्षेत्र पर उनका वर्चस्व बना रहता था।
- **कमांडर इन चीफ या मुख्तियार**—यह प्रशासन में क्रमानुसार दूसरे स्थान का पद था। वह प्रधानमंत्री के तुरंत बाद का उत्तराधिकारी था। हालाँकि वह नागरिक व सैन्य प्रशासन की देखभाल करता था, परंतु मुख्य रूप से उसे नागरिक प्रशासन की जिम्मेदारी सौंपी जाती थी।
- **जांगीलथ**—यह कोई आधिकारिक पद नहीं था, बल्कि वह देश के पश्चिमी विभाग के कमांडिंग जनरल के बतौर प्रशासन को सँभालता था। इसके अतिरिक्त

वह नेपाल के सेना प्रशासन को भी सँभालता था। अतः वह प्रशासन व्यवस्था की पदसोपान वरीयता में तीसरे स्थान पर आता था।

- **कमांडिंग जनरल**—देश को सैन्य सुरक्षा की दृष्टि से चार भागों में बाँटा गया था। जिसके प्रत्येक क्षेत्र की जिम्मेदारी पृथक्-पृथक् कमांडरों को सौंपी गई, लेकिन महत्त्वपूर्ण बात यह थी कि पूर्वी, दक्षिणी एवं उत्तरी क्षेत्र के कमांडिंग जनरल प्रशासनिक व्यवस्था की दृष्टि से जांगीलय (पश्चिमी क्षेत्र का कमांडर) के अधीन आते थे। (थापा 1995 : 154)

सन् 1856 में 'लाल मोहर' के द्वारा यह निश्चित किया गया कि मुख्तियारी का उत्तराधिकार जंग बहादुर से उसके भाइयों एवं फिर उसके पुत्र जगतजंग के पास चला जाएगा, ताकि शासन व्यवस्था उन्हीं के हाथों में घूमती रहे। (गुप्ता 1964 : 12) इन सभी घरेलू राजनीतिक दाँव-पेचों के अलावा जंग बहादुर राणा ने ब्रिटिश सरकार के साथ भी मधुर संबंध बनाने की कोशिश की। अतः उन्हें दरबारी षड्यंत्र के तुरंत बाद ही ब्रिटिश सरकार से भी वैधता एवं मान्यता प्राप्त हो गई, जिससे राणाओं की राजनीतिक व्यवस्था आगे सुगमतापूर्वक चलती रही। (गुप्ता 1964 : 12) राणा शासन का मुख्य लक्ष्य यह रहा कि प्रत्येक क्षेत्र में अपनी शक्ति को यथास्थिति पूर्वक बनाए रखें। (शाह 1990 : 241) राणाओं के शासन में वस्तुतः नेपाली इतिहास में ज्यादा महत्त्वपूर्ण घटनाएँ नहीं घटीं। राणाओं के शासन के दौरान देश की समस्त राजनीतिक एवं सैन्य शक्तियाँ राणाओं के हाथों में ही केंद्रित रहीं। (वर्मा 1981 : 161) इस बात में कोई संदेह नहीं है कि राणाओं की यह नई व्यवस्था देश में काफी लंबे समय तक शांति व स्थिरता लाने में सक्षम रही। इसके अलावा इस व्यवस्था ने विघटनकारी तत्त्वों को भी शासन में नहीं आने दिया। वैसे इस दृष्टिकोण से यह बात भी महत्त्वपूर्ण थी कि ब्रिटिश सरकार के साथ अच्छे संबंध रखने से राणा नेपाल को राजनीतिक रूप से स्वतंत्र और संरक्षित रख पाने में सफल रहे।

राणाकाल में सामाजिक एवं आर्थिक स्थिति

19वीं शताब्दी के प्रारंभ से 20वीं सदी के मध्य तक नेपाल की सामाजिक और आर्थिक स्थिति काफी दयनीय रही। राणाकाल में देश का संपर्क बाहरी दुनिया से लगभग न के बराबर रहा। (कुमार 1967 : 132) राणा शासन में अल्पतंत्रात्मक निरंकुश शासन होने के कारण सरकारी महकमों की ओर से कोई जनकल्याण के कार्य नहीं हो सके। अधिकतर स्वयं को सुरक्षित रखने और अपनी राजनीतिक शक्ति को बढ़ाने में लगे रहे। इस प्रकार राज्य का धन एवं संपदा शासक वर्ग के हितों में खर्च होती थी। राजस्व से प्राप्त आय का मोटा हिस्सा राणाओं के पास चला जाता था और शेष धन जनता पर खर्च होता था। संपूर्ण

शासनकाल में कृषि एवं उद्योग का विकास नगण्य रहा। यद्यपि व्यापार में कुछ उन्नति थी, किंतु वह भी शासकों के हितों को पूरा करती थी। खेती-बाड़ी की पद्धति अभी भी पुरातन स्थिति में थी। काफी मात्रा में भूमि को खेती करने के उपयोग में लाने के प्रयास ही नहीं किए गए। परिणामत: कृषि में उत्पादन की बढ़ोतरी नहीं हो सकी। इस प्रकार कृषि सामग्रियों की कीमतों में काफी वृद्धि हुई।

परंपरागत रूप से बीरता भूमि व्यवस्था का राणाओं द्वारा शोषण किया गया। इस व्यवस्था के अंतर्गत, राज्य के स्वामित्व से भिन्न व्यक्ति का निजी रूप से भूमि पर मालिकाना हक था। बीरता भूमिधारकों को उस भूमि पर या तो स्वामित्व जताने का अधिकार था, या जैसा कि ज्यादातर मामलों में होता था कि भूमि से प्राप्त होनेवाले राजस्व को रखने का हक था। इतिहास में बीरताधारकों को राज्य को दायित्वस्वरूप कुछ देना होता था, उदाहरण के तौर पर, युद्ध के दौरान मनुष्य और सामग्री मुहैया कराए, जिससे शासक के प्रति उनकी स्वामिभक्ति झलके। किंतु राणाकाल के दौरान बीरता एक विशेषाधिकार के रूप में हो गया और इसे करों से मुक्त कर दिया। राणाओं ने इसे एक नया रूप व अर्थ दिया, जहाँ इसे दायित्व से विशेषाधिकार बना दिया। बीरताधारकों का एक समूह शासक राणाओं के मध्य में बना और इसमें रिश्तेदार एवं परिचित लोग उभरकर आए।

इस दौर में नेपाल का व्यापार मुख्यतया: तिब्बत और भारत के साथ होता था। राणा शासनकाल में तिब्बत के साथ व्यापार में ज्यादा उन्नति नहीं हुई, परंतु भारत के साथ काफी अच्छी प्रगति की। किंतु यह विकास ब्रिटिश भारतीय सरकार की तरफ से था, न कि नेपाल की सरकारों की तरफ से। ब्रिटिश निवास (नेपाल में) पर बी.एच. हाडग्सन की नियुक्ति के बाद से नेपाल सरकार पर यह दबाव बनाया गया कि ब्रिटिश भारतीय व्यापारियों पर से प्रतिबंध हटाए और सुविधा मुहैया करवाए, जिससे दोनों देशों के मध्य व्यापार बढ़ सके। ये प्रतिबंध इस प्रकार थे—व्यापारियों को सरल रास्ते से जाना मना था, उन्हें दूसरे रास्ते से जाने के लिए विवश किया जाता था, उन्हें दुकान केवल सीमांत पर लगाने की अनुमति थी और वह भी कुछ समय के लिए और राज्य के विशेष क्षेत्रों में उन्हें व्यापार की अनुमति नहीं थी। (हुसैन 1970 : 112) इसके लिए नेपाल के दरबार (कोर्ट) ने इन प्रतिबंधों को हटाया और व्यापार के लिए कुछ सीमा-शुल्क निर्धारित किया। दोनों देशों के मध्य व्यापार पारगमन प्रमुखतया चंपारन, मुजफ्फरपुर, दरभंगा, भागलपुर एवं पूर्णिया इत्यादि ब्रिटिश भारत के जिलों एवं सीमा से लगते नेपाली जिलों, जैसे इलम से होता था। (अधिकारी 1975 : 187) यद्यपि व्यापार की दिशा में दोनों देशों के मध्य विकास हुआ, किंतु अधिकतर लाभ जनता को न मिलकर राणाओं को मिला। इस प्रकार इस अर्थव्यवस्था ने धनिकों के मध्य असमानता पैदा कर दी।

राणाओं के समय-काल में सामाजिक स्थिति भी आर्थिक स्थिति की तरह ही कमजोर

एवं गतिहीन थी। यह स्वाभाविक है कि बिना दूसरों की मदद के एक व्यक्ति उन्नति नहीं कर सकता। कुछ व्यक्तियों को छोड़कर इस दौर में संपूर्ण देश की जनता का हाल खराब था। यह जनता राजनीति से काफी अलग रही (राणाओं के अंत तक) एवं बाहरी दुनिया में क्या घट रहा है, उससे भी अनजान रही। सामाजिक-आर्थिक परिस्थितियाँ कुछ हद तक राणाओं के दौरान वही रहीं, जो इस शासन से पहले थी। परंपरागत भरदारों को इस नए राणा अल्पतंत्रवाद ने थोड़ा बदला, यद्यपि ब्राह्मणों को उनके पद और वर्चस्व पर बनाए रखा गया। निचले स्तर पर, सैनिक एवं किसान वर्ग विनम्र और दबे ही रहे। सामाजिक पद सोपान क्रम व्यवस्था में कोई परिवर्तन नहीं आया। ब्राह्मण एवं पुरोहित वर्ग सामाजिक एवं आर्थिक रूप से समृद्धशाली रहे, जो कि राणाओं के बाद सबसे शक्तिशाली वर्ग था। 'ठाकुरी' या शासक वर्ग इसके बाद अपना स्थान रखते थे। गैर-ठाकुरी राणाओं को जबरदस्ती अंतर्वैवाहिक संबंध स्थापित करवाकर ठाकुरी सम्मानों से सुशोभित किया गया। इस क्रम में, ठाकुरी इस पद सोपान में लड़ाकू आदिवासी (मगार और गुरुंग) थे, वैश्य (उच्च जाति-नेवार), शुद्र (लिम्बू और राई), अशुद्ध जातियाँ (मुरमी, सुनवार और अन्य अछूत जातियाँ) यह सामाजिक पद सोपान क्रम व्यवस्था गोरखा संयुक्तीकरण होने के बाद अस्तित्व में आई और आगे तक बनी रही। (सनवाल 1993 : 27)

राणा शासन के दौरान देश में शिक्षा, साहित्य, कला, संस्कृति तथा सामाजिक सुधारों का विकास उपेक्षित रहा। जंग बहादुर के शासन के दौरान वर्ष 1877 में सार्वजनिक शिक्षा की व्यवस्था शुरू हुई, किंतु यह अपर्याप्त और उपेक्षित ही रही। प्रधानमंत्री एवं कुछ धनिक वर्ग के परिवारों के बच्चों के लिए अंग्रेजी सिखाने के लिए यूरोपियन और बंगाली अध्यापकों की व्यवस्था होती थी। पंडित या पुरोहित अपने बच्चों को स्वयं पढ़ाते थे या उन्हें शासक वर्ग द्वारा अध्यापक उपलब्ध करवाए जाते थे। निम्न वर्ग के बच्चों के लिए शिक्षा की कोई सुविधा नहीं थी, और इस बारे में कोई सरकारी प्रावधान भी नहीं था। राणाओं के मन में उदार शिक्षा नीति के प्रति डर था। उन्होंने शिक्षा का प्रचार-प्रसार इसलिए नहीं होने दिया, क्योंकि वे अपनी शक्ति और स्थायित्व को बनाए रखना चाहते थे। बाद में राणा चंद्र शमशेर ने इस बात को स्वीकार किया कि नेपाल में शिक्षा की कमी है, परंतु ऐसा करने से उनके देश में तिलक और गोखले जैसे क्रांतिकारी नहीं हुए। अतः नवयुवकों को शिक्षा प्राप्त करने के लिए राणाओं की स्वीकृति का इंतजार करना पड़ता था। (रेगमी 1958 : 128)

इस प्रकार राणाओं के एक शताब्दी के इस शासनकाल में सामाजिक ढाँचे में कोई सकारात्मक विकास नहीं हुआ। जनता को न तो शिक्षा के प्रति सचेत किया गया और न ही कोई व्यवस्था की गई। कला एवं साहित्य के क्षेत्र में अभिव्यक्ति का अभाव था। वे अपने आप को धार्मिक रूढ़ियों एवं परंपराओं से मुक्त नहीं कर पाए। बाहरी प्रभावों से पूर्ण रूप

से कटे रहे। नेपाली जनता एक ऐसे सामाजिक घेरे में रहती थी, जहाँ समानता, मानवता का सम्मान आदि मूल्यों का कोई स्थान नहीं था। शासक एवं शक्ति वर्ग में सामान्य नागरिक अधिकारों में भी असमानता थी। जनसाधारण यातायात, वस्तु, संगीत, मकान इत्यादि, जो कि राणा प्रयोग में लेते थे, उस प्रकार की जीवनयापन की सुविधाएँ नहीं भोग सकते थे। अत: 20वीं सदी के मध्य तक नेपाली समाज उस समय के तत्कालीन समाजों से सौ वर्ष पीछे था। (शर्मा 1982/1983)

राणाओं की यथास्थिति नीति के कारण ही वे सत्ता पर अपनी पकड़ को तो मजबूत बनाए रख सके, परंतु प्रत्येक मामलों में नेपाल बाहरी प्रभावों से अलग ही रहा। इसके अलावा नेपाल की जनता को पड़ोसी देश भारत के साथ संपर्क में आने से रोका गया। इस समय में चली अतिकेंद्रीकरण की राजनीति में 'दरबारी राजनीति', जो कि सामंती शासन से जुड़ी थी, उभरकर सामने आई। इसके अतिरिक्त राणा शासन का शोषण व लूटपाट का दौर रहा, जिसमें प्रधानमंत्री से लेकर निचले स्तर तक के अधिकारी भी इन कार्यों में लिप्त रहे। (गुप्ता 1964 : 16) सर्वाधिक शोषण तराई एवं पहाड़ी क्षेत्रों में हुआ, जो कि नेपाल के अभी तक पिछड़े हुए क्षेत्र हैं। देश के प्रत्येक क्षेत्र में किसी भी परिवर्तन को राणा संदेह की नजर से देखते थे एवं उसे अपने शासन के लिए खतरा समझते थे। इसी कारण देश में शैक्षणिक विकास की गति काफी धीमी रही।

राणा शासन की हर क्षेत्र में उठती आवाजों को दबाने की प्रवृत्ति एवं देश के सामाजिक व आर्थिक रूप से पिछड़े होने के बावजूद कुछ वर्ग के लोगों में परिवर्तन की चाह धीरे-धीरे उभरने लगी। तराई क्षेत्र के कुछ परिवारों ने काठमांडू की अपेक्षा भारतीय सीमा से लगे राज्यों से अपने अच्छे संबंध बनाए, जिसके कारण ये लोग सामाजिक व आर्थिक सुधार के विचारों में सबसे पहले प्रभावित हुए भारत के स्वतंत्रता आंदोलन की हवा सर्वप्रथम इन्हीं में संचारित हुई। इसी काल में कुछ राणा परिवार भी भारत की ओर पलायन कर गए, जहाँ उन्होंने उच्च शिक्षा ग्रहण की। अत: भारत में बसे इन सभी प्रवासी नेपालियों ने 1950 की क्रांति में अहम भूमिका अदा की।

मुल्कि आईन एवं संविधानवाद का विकास

पृथ्वी नारायण शाह के पश्चात् नेपाल के संवैधानिक विकास को यथोचित रूप से दो भागों में बाँटा जा सकता है—

1. वर्ष 1768 से लेकर वर्ष 1846 तक नरेश का शासन रहा। यद्यपि प्रधानमंत्री का पद भी इस दौरान अपरिचित नहीं था, लेकिन नेपाल नरेश ही प्रत्यक्ष रूप से पूर्ण शासन करता था।

2. 1846 से 1951 तक वास्तविक शक्ति के रूप में राणाओं का नेपाल के विधिक विकास में उल्लेखनीय योगदान रहा, इसमें विशेष रूप से एक लिखित 'आईन' को बनाने एवं सुधार करने में रहा।

राणाओं से पहले इस क्षेत्र में जो भी थोड़ा-बहुत विकास हुआ था, उसे वर्तमान में नहीं जाना जाता, किंतु अप्रत्यक्ष स्रोतों से इसकी जानकारी मिलती है। नेपाल के इतिहास में पहली बार, जंग बहादुर राणा ने नेपाली कानूनों को एक ग्रंथ में संकलित किया। उन्होंने इस बड़े कदम को उठाकर देश के प्रशासन में आधुनिकता का समावेश किया (जो वस्तुतः इंग्लैंड की यात्रा का परिणाम था)। इस यात्रा से उन्हें प्रगतिशील पश्चिमी राष्ट्रों एवं नेपाल के राजनीतिक विकास में अंतर समझ में आया एवं उन्होंने अपनी इच्छानुसार देश की विधिक एवं राजनीतिक संस्थाओं को आधुनिक बनाया। जंग बहादुर के पश्चात् वीर शमशेर ने विधिक संहिता में सुधार किए।

नेपाली कानून का एक प्रमुख लक्षण, जो कि प्राचीन काल से राणाओं के समय तक रहा, वह यह है कि राजनीतिक अपराध साधारण कानून (कॉमन लॉ) के न्यायिक क्षेत्र में नहीं आता था। कोई कानून नरेश या प्रधानमंत्री के विरुद्ध उपयुक्त है या नहीं, इस बात को शासक तय करता था। यह बात विशेष तौर पर राणा शासनकाल में रही, क्योंकि नरेश एवं अन्य भारदारों से शक्ति ले ली गई थी, जिसके कारण हमेशा षड्यंत्रों के रचने की साजिश होती रही। (कुमार 1967 : 114)

नेपाल में राजतांत्रिक व्यवस्था हमेशा मुखरित रही एवं कालक्रमानुसार शासन नरेश के मौखिक आदेश पर चलता था। धीरे-धीरे समुदाय की परंपरा एवं हिंदू शास्त्रों में निहित सिद्धांतों से नरेश समुदाय के लिए कानून बनाने में सहायता लेने लगा। प्रथम लिखित कानून होने के साक्ष्य लिच्छिवी काल में मिलते हैं और इन कानूनों का संस्तुतिकरण जनता या मुख्य अधिकारियों द्वारा किया गया था। ज्ञानदेव (400 विक्रम संवत्) एवं शिवादेव (500 विक्रम संवत्) के समय के प्राप्त अभिलेखों से यह बात स्पष्ट होती है कि उस समय भी ऐसे कानून व नियम थे, जो ग्राम पंचायतों को शक्ति देते थे। बाद के समय में ऐसे भी कानून बने, जो कि वेतन, भत्ते, अनुदान इत्यादि को तय करते थे। (खनाल 2000 : 14)

मध्यकाल के दौरान, जयष्ठि मल्ल (1389-1429) ने कुछ कानून बनाए, जो कि जाति, भूमि काश्तकारी, आपराधिक दोष एवं निवारण इत्यादि से संबंधित थे। उसके द्वारा बनाए गए कानून की ग्रंथावली खोजना काफी मुश्किल है। यद्यपि भूमि काश्तकारी से संबंधित कानूनों की झलक राणाओं के दौरान बने 'मुल्कि आईन' में मिलती है। गोरखा नरेश राम शाह (1606-33) ने अपने समय में 40 अनुच्छेद की एक संहिता घोषित की। राम शाह द्वारा बनाए गए कानून काफी महत्त्वपूर्ण रहे और इन्हें काठमांडू घाटी में तब तक माना

गया, जब तक कि गोरखाओं की जीत पूर्ण नहीं हुई थी। नेपाल के एकीकरण के पश्चात् पृथ्वी नारायण शाह ने प्रथम बार घाटी के बाहरी प्रांतों के लिए कानून बनाए। इसके कुछ प्रभाव बाद में बने 'मुल्कि आईन' में भी मिलते हैं।

राणाओं से पूर्व नियम-कानून केवल परंपराओं के तौर पर थे एवं आंशिक रूप से लिखित थे। जंग बहादुर राणा ने कई अवसरों पर कानून में सुधार लाकर देश में प्रशासन को आधुनिकीकरण का रास्ता दिखलाया। इस योजना का असर उनके इंग्लैंड से लौटने के बाद दिखाई दिया। पहला बड़ा साक्ष्य यह नजर आया कि जंग बहादुर ने मृत्युदंड को हटाने का फैसला लिया। उन्होंने 1851 में इंग्लैंड से लौटने के एक माह के अंदर ही कानून को संहिताबद्ध करने के लिए एक 'कौशाल' स्थापित किया। इस कौशाल में 230 सदस्य थे। यह एक महत्त्वपूर्ण संस्था थी, जिसमें सभी वरिष्ठ राणा (जंग बहादुर के भाई, बेटे, भतीजे आदि), राजगुरु जो मुख्य धर्माधिकारी थे, चौतरिया सेना के बड़े अधिकारी, वकील, काजी, सुब्बा, मुंशी, मुखिया; इसके अलावा वैद्य एवं ज्योतिषियों को भी शामिल किया गया, जिससे कौशाल में चिकित्सा विज्ञान एवं ज्योतिष का भी ज्ञान हो। इस कौशाल के तीन साल तक कार्य करने के बाद जंग बहादुर के निर्देशन में 'मुल्कि आईन' 1854 अस्तित्व में आया।

इसके द्वारा कुछ नागरिक प्रशासनिक व्यवस्था का निर्माण किया गया, जिससे शासन व्यवस्था कुछ हद तक शासक अभिजनों से स्वायत्त रह सके। (चौहान और माथुर 1985 : 152) जंग बहादुर ने इसके द्वारा देश में 'विधि का शासन' लाने की कोशिश की, जो कि ब्रिटिश एवं फ्रांस के समान प्रतीत होता था। 'विधि का शासन' के जंग बहादुर ने दो अर्थ बताए। प्रथम—एकल संहिताकरण के अधीन नियमों की व्यवस्था का अवलंबन, जैसा कि फ्रांस में माना जाता था और द्वितीय—ब्रिटिश मान्यताओं के आधार पर विधि की सर्वोच्चता एवं समानता की बात को ग्रहण करना। (डूंगेल 1998 : 17) यद्यपि वास्तविकता में 'मुल्कि आईन' का राणाओं ने संस्थाकरण कर दिया था, परंतु इसे 'चयनात्मक न्याय' के आधार पर लागू किया जाने लगा। इस आईन के प्रारंभ में प्रस्तावना की तरह परिचय लिखा गया है, जिसके अनुसार, "इस आईन को ध्यान में रखकर ही देश के सभी कार्यालयों एवं न्यायालयों के प्रमुख अधिकारी जब कभी किसी प्रकरण को सुलझाएँ, तब एक ही अपराध के लिए विभिन्न व्यक्तियों को भिन्न-भिन्न प्रकार का दंड दें।" इस तरह इसमें एकरूपता का अभाव था। इस प्रकार दंड सभी को समान रूप से नहीं दिया जाता था, अपराध और व्यक्ति की जाति के आधार पर दंड का निर्णय लिया जाता था। अत: इस आईन द्वारा दंड का निर्धारण दोषी एवं पीड़ित की जाति के आधार पर किया जाने लगा। यह विषमता परंपरागत धर्मशास्त्रों के आधार पर रखी गई, इसलिए यह 'मुल्कि आईन' रूढ़िवादी हिंदुओं की मान्यताओं का ही उदाहरण बनकर रह गया।

जंग बहादुर द्वारा घोषित यह आईन कई दृष्टिकोणों से नेपाल के विधिक संस्थाकरण के विकास में मील का पत्थर साबित हुआ। यह प्रथम अद्यतनः लिखित शोधग्रंथ था, जिसे पार्षदों की एक बड़ी संस्था ने बनाया और यह पूरे देश में लागू हुआ। यह एक वृहद् एवं समग्र ग्रंथ था, जो कि तत्कालीन सामाजिक जीवन को संचालित करता था। आईन की मूल प्रति लगभग 1400 पृष्ठों की थी। यह आईन प्रतिदिन आनेवाले मामलों, जैसे—धार्मिक दान एवं अनुदान, भू-काश्तकारी एवं भूमि का मापन, बेचना, खरीदारी और जायदाद का बदलना, दीवानी एवं फौजदारी मामलों की सुनवाई और दंड इत्यादि को संचालित करता था, लेकिन इस आईन का असाधारण लक्षण यह था कि सभी प्रकरणों का सुलझाव अपने तरीके से तत्कालीन सामाजिक एवं आर्थिक परिस्थितियों को देखकर किया जाता था। उदाहरण के तौर पर, दासों की खरीदारी, पत्नी को बेचना, स्वयं के शरीर को बेचना इत्यादि के बारे में विस्तृत रूप से कानून थे। इसके अलावा, इसमें छोटे निजी एवं सामाजिक अपराधों का भी वर्णन था, जैसे—लड़ाई-झगड़ा, गाली देना, शरीर को नंगा दिखाना इत्यादि। अतः यह आईन केवल कानूनों की नियमावली ही नहीं था, वरन् तत्कालीन सामाजिक जीवन का दर्पण भी था। यह आईन निश्चित तौर पर राज्य की सामाजिक कल्याणकारी नीतियों को परिचालित करता था। 'मुल्कि आईन' के बारे में प्रो. कृष्णा खनाल बताते हैं कि यह आईन शासन चलाने का तरीका नहीं था, वरन् देश की संपूर्ण सत्ता राणाओं के हाथों में देता था। इसके आधार पर केवल न्याय प्रदान किया जाता था। सरकार राणा प्रधानमंत्री के 'आदेश' के अनुसार चलती थी। अतः यह व्यवस्था संविधानवाद की तर्ज पर कभी नहीं रही, यह आईन केवल न्याय व्यवस्था बनाए रखने के लिए था। इसमें कई रूढ़ियों, परंपराओं, मान्यताओं, धारणाओं आदि का संकलन था। इसके इस संकलित स्वरूप के कारण इसे 'कोड' कहा गया, न कि 'ऐक्ट'।[1]

देश में संवैधानिक विकास के अनुसार 'मुल्कि आईन' ने प्रशासनिक प्रक्रिया को संचालित किया एवं नागरिकों के अधिकारों को भी शासन में सुनिश्चित किया। नेपाल के इतिहास में पहली बार इसके आधार पर नियमित प्रक्रिया की व्याख्या शासन के विभिन्न अंगों में की गई। इसके द्वारा व्यक्ति की मनमानी को नियंत्रित किया गया। (चौहान और माथुर 1985 : 152) यद्यपि नेपाल का संवैधानिक विकास भारत में हुए विकास की तरह नहीं हुआ, परंतु फिर भी 'मुल्कि आईन' ने यहाँ महत्त्वपूर्ण भूमिका निभाई।

राणाओं का पतन एवं लोकतंत्र की बढ़ती माँग

बीसवीं शताब्दी के प्रारंभिक दशकों में नेपाल में राणाओं के निरंकुश शासन की घोर भर्त्सना होने लगी एवं जनता में अपने अधिकारों को लेकर आंशिक रूप से चेतना का संचार

हुआ। इस समय भारतीय उपमहाद्वीप में काफी हलचल थी। भारत में ब्रिटिश उपनिवेशवाद के खिलाफ स्वतंत्रता के लिए आंदोलन चलाया जा रहा था, जिसका असर थोड़ा-बहुत नेपाल पर भी नजर आया। अत: कहा जा सकता है कि राजनीतिक जाग्रति देश में पनपने लगी थी। इसके अतिरिक्त कुछ अन्य प्रमुख कारक ऐसे भी थे, जिन्होंने राणाओं को पतन की तरफ बढ़ाया एवं नेपाल में लोकतंत्र व संविधानवाद को लाने के सुदृढ़ प्रयास किए। ये प्रमुख कारक इस प्रकार थे—

- **राणाओं का पारिवारिक अंतर्विरोध व संघर्ष**

19वीं सदी के अंत में राणा परिवार दो परस्पर विरोधी गुटों में विभाजित हो गया—प्रथम, जंग का गुट एवं द्वितीय, शमशेर का गुट। उत्तराधिकार के नियमानुसार जंग बहादुर के पुत्रों को उसके बाद शासन सँभालने का जिम्मा मिलनेवाला था, जबकि दूसरी तरफ शमशेर गुट यह चाहता था कि सत्ता उनके पुत्रों को मिले। इस तथ्य के बाद राणा शासन में विरोध की प्रकृति में परिवर्तन आ गया। (जोशी 1966 : 46) उत्तराधिकार का नियम जंग बहादुर द्वारा बनाया गया था, परंतु उसे कई बार तत्काल प्रभाव से बदला भी गया, एक बार हत्या के कारण एवं दूसरी बार सत्ता से हटने के कारण। इसके अलावा उत्तराधिकार के क्रम में भी बदलाव लाया गया था। कालक्रमानुसार, जंग गुट द्वारा राणाओं के वंश को तीन जातीय समूहों में विभाजित कर दिया गया—

- **उच्च वर्ग (अ)**—इस वर्ग में राणाओं की संतान एवं उनके समकक्ष जाति की रानियों की संतान शामिल थी।
- **मध्यम वर्ग (ब)**—इस वर्ग में वे राणा थे, जो अच्छे परिवारों से तो थे, परंतु क्षत्रिय समाज के समकक्ष नहीं थे।
- **निम्न वर्ग (स)**—इस वर्ग में वे राणा आते थे, जो दासियों के उत्पन्न थे। अत: इन्हें राणा परिवार के समकक्ष नहीं समझा जाता था। (जोशी 1966 : 47-48)

इस प्रकार सत्ता के लिए संघर्ष मुख्यत: इन तीन समूहों में ही चलता रहा। इन जातिगत असमानताओं के चलते तथा उत्तराधिकार के मामले को लेकर राणातंत्र की नींव कमजोर होती चली गई। इस तरह से राणाओं के अंदर असुरक्षा एवं संदेह की भावनाएँ व्यापक रूप से फैलने लगीं। अपेक्षा अनुसार राजनीतिक विरोध मुख्य रूप से मध्यम एवं निम्न स्तर के राणाओं द्वारा उभरकर सामने आए। यह विरोध सन् 1946 के बाद निरंतर बढ़ता गया, जिसके फलस्वरूप राणा परिवार जनता के विरोधी आंदोलन का सामना एकजुट होकर संगठित रूप में नहीं कर सका। (जोशी 1966 : 50)

- **भारत का प्रभाव**

यद्यपि भारतवर्ष के साथ नेपाल के संबंध सांस्कृतिक, ऐतिहासिक, सामाजिक, धार्मिक

एवं राजनीतिक तौर पर सुदृढ़ रहे हैं। नेपाल को एक सुसंगठित राष्ट्र के रूप में स्थापित करने के लिए प्रारंभ से ही यह प्रयास किया गया कि बाहरी देशों से इसका संपर्क कम-से-कम हो। पृथ्वी नारायण शाह ने इसी प्रयोजन हेतु देश को ब्रिटिश भारत एवं चीन से दूर रखा। दो महाकाय ताकतों के मध्य एक सैंडविच जैसी स्थिति होने के कारण उन्होंने सोचा कि इनमें से किसी के साथ भी उन्हें अंतरंग संबंध नहीं बनाने चाहिए। भीमसेन थापा, जो कि एक प्रसिद्ध मंत्री एवं शक्तिशाली भरदार था, उन्होंने देश को सन् 1804 से सन् 1837 तक चलाया था एवं चीन के साथ दिखावटी मित्रता बनाकर ब्रिटिश भारत से दूरी बनाए रखी। उन्होंने सन् 1773 की संधि के आधार पर चीन से गठबंधन बनाने का दिखावा करके ब्रिटिशों के आधिपत्य फैलाने के मनसूबे पर पानी फेर दिया। वे जानते थे कि ब्रिटेन नेपाल को प्राप्त करने के लिए चीन से दुश्मनी मोल नहीं लेगा। यद्यपि ओपीयम युद्ध के पश्चात् चीन को ब्रिटेन ने हरा दिया और नेपाल को प्रभावित करने का मौका ब्रिटेन को मिलने लगा। प्रथम राणा प्रधानमंत्री, जंग बहादुर राणा ने इसके बाद व्यवस्थित तरीके से ब्रिटिश भारत का सहयोग प्राप्त किया। (गांगुली और सौप 2005 : 129) इसके साथ-साथ सन् 1855 में एक अतिरिक्त संधि भी की एवं सन् 1857-58 के स्वतंत्रता संग्राम में विद्रोहियों को कुचलने के लिए भारत में अपनी सेना भी भेजी, जिससे कि ब्रिटिश सरकार को मैत्री एवं सहयोग की भावना नजर आए। इस प्रकार के कदम उठाने से नेपाल एक स्वतंत्र सहयोगी घटक के रूप में उभरा, न कि ब्रिटेन के उपनिवेश के रूप में। (कैरन एंड जेन्किंस 1968 : 80)

नेपाल भारत में ब्रिटिश शासन के दौरान शांत एवं निष्क्रिय था, लेकिन अब अंदर-ही-अंदर उबलने लगा था। नेपाल में राणाओं का निरंकुश शासन निश्चित रूप से 20वीं सदी का अराजकतावाद था। राणातंत्र के अधीन नेपाल की राजनीतिक समस्या बहुत पेचीदा थी। वस्तुतः राजतंत्र एवं प्रधानमंत्री दोनों का पद इस समय में वंशानुगत था, किंतु नरेश केवल नाममात्र का शासक था, वह कैदी के समान था। उन्हें जानबूझकर शासन व्यवस्था से दूर निगरानी में रखा गया। इसके बाद राणाओं ने केवल धन-संपदा पर नजर रखी एवं देश के विकास से कोई सरोकार नहीं रखा। जिसके फलस्वरूप नेपाली जनता राणा शासकों की विरोधी होती चली गई।

इस दौर में नेपाल की जनता का बाहरी संपर्क में आना, विशेषकर भारत के साथ, राणाओं के समक्ष और भी मुश्किलें खड़ी करता गया। नेपाली जनता में सामाजिक एवं राजनीतिक जाग्रति की प्रेरणा इस बाहरी प्रभाव का ही परिणाम था। जो सबसे पहले बाहरी प्रभाव में आए, वे थे गोरखा सैनिक, जो कि ब्रिटिश भारतीय सेना में कार्यरत थे। ये गोरखा सैनिक, जो युद्ध के दौरान भारत एवं विदेशों में जा रहे थे, उन्होंने इन देशों को इस प्रकार के विकास में देखा, जो कि उनके देशों में नहीं थे। (मजूमदार 1975 : 23) ये गोरखा सैनिक

पश्चिम के उदारवादी विचारों के प्रभावों से भी अछूते नहीं रहे। इन सैनिकों ने अपने देश में लौटकर इन नए विचारों का संचार किया। नेपाल के जो लोग भारत में अध्ययन के उद्‌देश्य से गए थे, वे भी नेपाल में सामाजिक व राजनीतिक जाग्रति को फैलाने लगे। भारतीय रेल का नेपाल की सीमाओं के नजदीक होने के कारण, नए विचारों को देश में पहुँचने में देर नहीं हुई। (चौहान 1972 : 18)

जब नेपाल परंपरागत रूढ़ियों में जकड़ा हुआ था, तब उत्तर भारत में स्वामी दयानंद सरस्वती के नेतृत्व में आर्य समाजी बड़े स्तर पर सामाजिक एवं धार्मिक सुधारों को लाने की कोशिश कर रहे थे। आर्य समाज मुख्य रूप से भारतीय समाज में ब्राह्मणवाद के प्रभुत्व का विरोध कर रहा था। नेपाल की सामाजिक स्थिति भी लगभग ऐसी ही थी, अत: नेपाल के प्रमुख बुद्धिजीवी भी इस आंदोलन की तरफ आकर्षित हुए। सन् 1896 में आर्य समाज ने अपना एक कार्यालय काठमांडू में स्थापित किया। (गुप्ता 1964 : 23) इन सभी कारकों के फलस्वरूप नेपाली जनता का एक विशिष्ट शिक्षित वर्ग उभरकर सामने आया, जिसका विकास कलकत्ता एवं बनारस में हुआ था। इस उभरते हुए वर्ग ने सामाजिक व राजनीतिक विचारों को पूरी तरह पहचाना था। यह राणाओं की तानाशाही के विरुद्ध एक मुख्य शक्ति के रूप में कार्य कर रही थी। (चौहान 1972 : 19) यद्यपि राणाओं ने इन सुधारवादी प्रवृत्तियों को नियंत्रण में करके खत्म करने की कोशिश की, लेकिन राणाओं के इस कृत्य से सुधारवादी वर्ग ने हार नहीं मानी, वरन् दुगने वेग से राणातंत्र के खिलाफ एकजुट हो गए। परिणामत: 1930 के दशक में इन सामाजिक-धार्मिक सुधारों ने राजनीतिक सुधारकों के मार्ग को प्रशस्त किया।

- **राजनीतिक दलों की उत्पत्ति**

भारत के स्वतंत्रता आंदोलन का प्रभाव नेपाल की आंतरिक राजनीति पर भी पड़ा। इसके प्रभाव से धीरे-धीरे नेपाल में सामाजिक एवं राजनीतिक जाग्रति का भी संचार हुआ। इस जाग्रति का मूर्त रूप संस्थागत परिवर्तनों के रूप में सामने आया। भारत में शिक्षित नेपाली वर्ग की राजनीतिक चेतना विभिन्न प्रकार के संघों द्वारा सामने आ रही थी। ये संघ एवं समूह धीरे-धीरे राणा विरोधी स्वर का आह्वान करने लगे। भारत का सर्वाधिक संगठित एवं सक्रिय समूह था 'गोरखा लीग', जो कि सन् 1921 में देहरादून में बना था। भूतपूर्व गोरखा सैनिक इस संस्था में काफी संख्या में सदस्य बने। (मजूमदार 1975 : 27) इस संगठन में मुख्य भूमिका ठाकुर चंदन सिंह ने निभाई, जो कि इस संगठन के संस्थापक थे। चंदन सिंह का यद्यपि कोई निश्चित राजनीतिक दृष्टिकोण नहीं था, लेकिन उसने अपने विचारों को 'गोरखा संसार' साप्ताहिक पत्रिका के जरिए नेपाल के शिक्षित वर्ग तक पहुँचाया, जिससे भारत में रह रहे नेपालियों के मध्य हलचल मच गई। यद्यपि कुछ वर्षों के पश्चात् चंदन सिंह को अपनी

ये गतिविधियाँ रोकनी पड़ीं, क्योंकि राणा वर्ग ब्रिटिश सरकार पर इन गतिविधियों को रोकने के लिए दबाव डाल रहे थे। (गुप्ता 1964 : 28)

प्रो. कृष्णा खनाल के अनुसार, इस काल में भारत में चल रहे सामाजिक-राजनीतिक सुधारों का पूरा प्रभाव नेपाल पर पड़ा। राणाओं के विरोध में राजनीतिक दल भारत में नहीं, वरन् काठमांडू घाटी में भी बने थे। उदाहरणस्वरूप, प्रजा परिषद् और प्रचंड गोरखा। इन दलों ने प्रारंभ में अपनी कार्रवाई भूमिगत होकर की, लेकिन फिर भी इनका संपर्क भारत से निरंतर बना रहा और भारत के स्वतंत्रता पूर्व की गतिविधियों का असर इन पर रहा। दिली रमण रेगमी, बी.पी. कोईराला आदि सभी भारत में चल रहे आंदोलन में शामिल रहे थे। नेपाली कांग्रेस और कम्युनिस्ट पार्टी की स्थापना भी भारत की शह पर ही हुई थी और इन दलों का भारत के राजनीतिक दलों से काफी निकट संबंध रहा। सन् 1930 का दशक नेपाल में राजनीतिक जागरूकता का दशक रहा। राणाओं के मध्य चलनेवाली राजनीति ज्यादातर षड्यंत्रों पर आधारित रहती थी, वहीं दूसरी तरफ इन नवीन दलों का उद्‌देश्य लोकतंत्र स्थापित करना था। सन् 1930 के बाद से एक 'नगरीय समूह' विरोध के रूप में उभरा।[2]

सन् 1936 में एक और राजनीतिक दल 'नेपाल प्रजा परिषद्' का गठन हुआ, जिसकी स्थापना टंका प्रसाद आचार्य, दशरथ चंद्र एवं राम हरि शर्मा ने की। (चौहान 1972 : 21) इस परिषद् का मुख्य लक्ष्य यह था कि नेपाल में राजतंत्र की छत्रच्छाया में लोकतांत्रिक सरकार की स्थापना हो। ऐसा माना जाता था कि इसे वर्तमान नरेश त्रिभुवन का समर्थन था। परिषद् ने पहला कदम यह उठाया कि राणातंत्र की पोल जनता के समक्ष खोली एवं जनता के सामने उनकी निरंकुशता का वास्तविक चेहरा प्रकट किया। उन्होंने इसी समय विभिन्न लेख भी प्रकाशित किए, जिनमें राणा शासन की जमकर आलोचना की। यद्यपि यह परिषद् लंबे समय तक अपनी गतिविधियों को जारी नहीं रख सकी। राणाओं ने इस दल के नेताओं के खिलाफ कड़ी कार्रवाई की। इस कार्रवाई से राणा विरोधी आंदोलन को बहुत बड़ा धक्का लगा। साथ ही राणाओं ने उन सभी संभावनाओं को समाप्त कर दिया, जिनसे उनके शासन का तख्ता पलट सकता था। (चौहान 1972 : 21)

राणाओं ने नेपाल में चल रहे इस विरोधी आंदोलन पर कड़ी नजर रखी। जिनके कारण विरोधी दलों, समूहों एवं संगठनों ने भारत में अपनी ये गतिविधियाँ प्रारंभ कीं। राणा विरोधी ये गुट भारत में स्वतंत्रता सेनानियों के साथ मिलकर ब्रिटिश सरकार का विरोध करने लगे, क्योंकि वे मानते थे कि राणाओं का सामंती शासन भारत में ब्रिटिश शासन का विस्तारित रूप है। इसी दौरान भारत में मीडिया द्वारा नेपाल के नागरिकों की स्वतंत्रता एवं उत्तरदायी सरकार की माँग उठाई जा रही थी। इस प्रकार प्रेस ने राणा विरोधी आंदोलन में महत्त्वपूर्ण भूमिका निभाई।

नेपाल में पहला समाचार-पत्र 'गोरखापत्र' सन् 1901 में प्रकाशित हुआ था। (मल्ला 1982/1983 : 69) मीडिया के शुरुआती दौर में नेपाल के साप्ताहिक समाचार-पत्र 'गोरखाली' ने राणाओं के विरोध में अपने मत प्रकट किए। प्रारंभ में यह पत्र सन् 1919 में बनारस से प्रकाशित हुआ। इसे स्थापित करने का श्रेय सुब्बा देवी प्रसाद सपकोटा को है। इसने नेपाल में सामाजिक पिछड़ेपन, शिक्षा की कमी एवं गरीबी को लेकर राणाओं की निंदा की। यह समाचार-पत्र नेपाल के लोगों के लिए राजनीतिक अधिकार की माँग कर रहा था एवं इसी संदर्भ में इसने नेपाली जनता को भारत में चल रहे असहयोग आंदोलन में भाग लेने के लिए प्रेरित किया, लेकिन इस पत्र को ब्रिटिश सरकार ने सन् 1922 में बंद कर दिया, लेकिन इस कार्रवाई से नेपाल की राजनीतिक जागरूकता हतोत्साहित नहीं हुई। (मजूमदार 1975 : 25)

सन् 1927 में अखिल भारतीय गोरखा लीग ने अपनी स्थापना के बाद दो साप्ताहिक-पत्र प्रकाशित किए, जो कि 'तरुण गोरखा' एवं 'गोरखा संसार' के नाम से जाने गए। इन पत्रों ने भारत में निवास कर रहे गोरखाओं में राजनीतिक जाग्रति फैलाई एवं राणाओं के विरुद्ध उन्हें संगठित करने का प्रयास किया। (जोशी 1966 : 52)

सन् 1942 में भारत में 'भारत छोड़ो आंदोलन' चलाया गया, जिसमें कुछ नेपाली नेताओं ने भी भाग लिया, जो कि ब्रिटिश सरकार के गिरफ्तारी के दौरान जेलों में बंद हुए। इनमें प्रमुख नेता थे—बिश्वेश्वर प्रसाद कोईराला, के.पी. उपाध्याय और डी.आर. रेगमी। इस प्रयोजन के पीछे यह सोच थी कि यदि ब्रिटिश साम्राज्य का भारत में पतन हो जाता है तो उसी प्रकार नेपाल में राणातंत्र भी धराशायी हो जाएगा। (मजूमदार 1975 : 28)

जनवरी 1947 में प्रवासी नेपाली, विशेषतः युवा एवं छात्रों ने मिलकर 'नेपाली राष्ट्रीय कांग्रेस' नामक एक नए दल की स्थापना की। इस दल ने अन्य सभी बातों के साथ-साथ नेपाल में राणाओं के विरुद्ध अहिंसा आंदोलन चलाने की घोषणा भी की। इसी समय नेपाल में कुछ अन्य घटनाएँ भी घटीं, जैसे—तराई क्षेत्रों में अकाल एवं विराटनगर में औद्योगिक हड़ताल। इसके कारण दलों के नेताओं ने देश के विभिन्न क्षेत्रों में सत्याग्रह का आह्वान किया। इसके अलावा देश भर में धरने, जुलूस इत्यादि निकाले गए, जिनमें पहली बार महिलाओं ने भी भाग लिया। इस प्रकार राणा विरोधी आंदोलन और भी व्यापक एवं प्रतिनिधित्वपूर्ण हो गया। राणा विरोधी आंदोलन सशक्त होने के साथ-साथ नेपाल में प्रशासनिक एवं वैधानिक सुधार भी होते रहे, जिनकी शुरुआत सन् 1854 में 'मुल्कि आईन' से हो चुकी थी। (तुलादार 1980 : 71)

इस समय के दौरान भी भूमि का वितरण शासक वर्ग के हाथों में ही था और वे काश्तकारों एवं किसानों का इसी आधार पर पिछले काफी समय से शोषण करते आ रहे थे।

इसी दौरान शासक वर्ग और किसानों में इस भूमि वितरण मामले को लेकर संघर्ष प्रारंभ हो गया। बाद में यह भूमि के अधिकार का संघर्ष देश में राणाओं के विरोध में चल रहे मुख्य आंदोलन में शामिल हो गया, लेकिन भूमि के अधिकारों का यह संघर्ष 1951 में राणाओं के पतन के बाद और तीव्र हो गया। (अधिकारी 2006 : 8)

इस तरह 20वीं शताब्दी के प्रारंभ से ही नेपाल में राजनीतिक एवं नागरिक अधिकारों की माँग उठने लगी थी। इसके अतिरिक्त राणा विरोधी आंदोलन भी तेजी से बढ़ रहा था। इन विरोधी शक्तियों के दबाव के फलस्वरूप एवं भारत के स्वतंत्र हो जाने के बाद राणा अपने आप को असहाय महसूस करने लगे। अतः राणाओं ने अपनी सत्ता को बचाने के लिए राजनीतिक सुधार प्रस्तुत किए।

□

अध्याय 2

सन् 1948, 1959 एवं 1962 के दौरान नेपाल में संवैधानिक विकास

विगत अध्याय में नेपाल के राणा विरोधी आंदोलन की चर्चा विस्तृत रूप में की गई है। अतः यहाँ वर्ष 1948 के पश्चात् हुए संवैधानिक विकास के बारे में वर्णन किया जाएगा। राणाओं ने बाहरी व आंतरिक दबाव को देखते हुए देश में वैधानिक, राजनीतिक एवं प्रशासनिक सुधारों को पुनर्गठित किया। भारत में लोकतंत्र के प्रति जागरूकता फैलती जा रही थी और दक्षिण एशिया में ब्रिटिश शासन के समक्ष चुनौतियाँ आने लगी थीं। नेपाल में इस प्रकार की स्थिति तो नहीं थी, परंतु इससे ऐसे नेपाली अवश्य प्रभावित हुए, जो राणा शासन को भारत में ब्रिटिश शासन की तरह देखते थे। उन्हें लगा कि जिस प्रकार की गतिविधियाँ भारत में हो रही हैं, वैसे ही नेपाल में भी हों, जिससे सामंती शिकंजा ढीला हो और नेपाल में एक उदार लोकतांत्रिक व्यवस्थावाली सरकार बने। नेपाल के समाज की एक विचित्र बात यह रही कि कभी यहाँ मध्य वर्ग की जनता का आविर्भाव नहीं हो पाया। राणातंत्र के दौरान जो लोग अमीर थे, वे और अमीर हुए, और जो गरीब थे, वे और भी गरीब होते गए। मध्य वर्ग उभरने के लिए सबसे महत्त्वपूर्ण कारक है—औद्योगिकीकरण, जिसका राणाकाल में अभाव रहा। अतः इस सामंती वर्ग के विरोध में बहुत कम लोग एकत्र हुए और उनमें से ज्यादातर वे लोग थे, जो भारत की राजनीति में सक्रिय रहे थे। (गुप्ता 1964 : 28)

प्रथम और द्वितीय विश्व युद्ध के बाद एशिया में लोकतंत्र की हवाएँ चलनी शुरू हो गईं एवं पड़ोसी राष्ट्रों में होनेवाले परिवर्तनों से नेपाल अछूता नहीं रहा। अंतर केवल यह रहा कि यहाँ अत्यधिक पिछड़ापन रहा और बाहरी जगत् से संपर्क की गति धीमी रही। नेपाल में इस समय जैसा हो रहा था, वैसा ही एशिया के अन्य देशों में भी हो रहा था। इस दौरान एशिया में स्वतंत्रता आंदोलन विकसित हो रहे थे एवं स्थानीय राजनीतिक नेताओं ने औपनिवेशिक शक्तियों के खिलाफ आवाज उठाई। नेपाल में भी स्थानीय नेतागण थे, किंतु ये ज्यादातर राणा परिवार के नियंत्रण में रहे। उनके विरुद्ध (राणातंत्र) लड़नेवाले राजनीतिक नेता

अनुभवहीन तथा अप्रशिक्षित थे। शाह परिवार के नरेश इस दौरान एकांतवास में रहे, परंपरा के अनुसार वे देश छोड़ने के लिए प्रतिबंधित थे। नरेश जनता के पूजनीय थे, किंतु उनका सार्वजनिक मामलों पर कोई प्रभाव नहीं था। उनकी स्थिति 'सोगनेट' के अधीन जापानी शासक के समान थी। (लेवी 1952 : 185)

नेपाल में राणा विरोधी आंदोलन 1930 के दशक से प्रारंभ होने लगा था। इसे प्रारंभ करने में दो विरोधाभासी समूहों या संगठनों का महत्त्वपूर्ण योगदान रहा। इन समूहों का लक्ष्य था कि देश में एक लोकतांत्रिक सरकार का गठन हो। पहला संगठन वर्ष 1936 में टंका प्रसाद आचार्य द्वारा चलाया गया। इस राजनीतिक संगठन को 'नेपाल प्रजा परिषद्' कहा गया। यह परिषद् मुख्यतया सैन्य शक्ति के विचार से प्रभावित थी, अर्थात् राणाओं को सत्ता से बलपूर्वक हटाने की नीति। परिषद् इसके लिए नरेश त्रिभुवन का सहयोग प्राप्त करने में भी सफल रही। इस तरह, टंका प्रसाद आचार्य एवं उनके सहयोगियों ने राणा शासकों को मारकर इस सामंती व्यवस्था को हटाने की गुप्त योजना बनाई, परंतु दुर्भाग्य से उनकी यह गुप्त योजना पूर्ण न हो सकी। अक्तूबर 1940 में जुद्धा शमशेर राणा को इसकी भनक लग चुकी थी। इसके बाद जंगलराज शुरू हुआ। 60 व्यक्तियों को गिरफ्तार कर लिया गया, जिनमें से 4 को मृत्युदंड एवं शेष को आजीवन कारावास दे दिया। टंका प्रसाद ब्राह्मण थे, अत: उन्हें कारावास ही हुआ। (लेवी 1952 : 186)

एक अन्य समूह भी राणाओं के विरोध में पनपने लगा था, लेकिन उसकी विचारधारा और लक्ष्य देश की राजनीति तथा सत्ता को परिवर्तित करने पर आधारित नहीं थे। यह समूह राणाओं के मध्य में से ही उभरकर सामने आया। राणाओं के मध्य तीन प्रकार का वर्गीकरण था—प्रथम वर्ग में वे राणा आते थे, जो समान जाति वाली पत्नी से उत्पन्न हुए थे। द्वितीय वर्ग में उन पत्नियों की संतानें थीं, जिनके साथ राणा बैठकर चावल नहीं खा सकता था। तृतीय, जिनके साथ राणा भोजन नहीं करता था। इस प्रकार महाराजा (प्रधानमंत्री) की संतान और बड़ी महारानी की संतान प्रथम श्रेणी के राजा हैं; कांची और माली महारानी की संतान द्वितीय श्रेणी के राणा कहलाए और दासियों की संतान तृतीय श्रेणी के राणा कहलाए। (जोशी 1966 : 47-48)

असंतुष्ट राणाओं में आपसी मतभेद न फैले, इस कारण जुद्धा शमशेर राणा ने सोचा कि तृतीय श्रेणी के राणाओं को देश से बाहर रखा जाए। इस प्रकार बहुत से राणा भारत चले गए, किंतु प्रथम श्रेणी के राणाओं का यह मनमानापन उन निष्कासित राणाओं को पसंद नहीं आया और इस तरह राणा शासन के विरोध में यह दूसरा वर्ग उठ खड़ा हुआ।

द्वितीय विश्व युद्ध के पश्चात् विश्व में हो रहे परिवर्तन को पद्म शमशेर राणा को समझने में ज्यादा देर नहीं लगी और उन्हें महसूस हुआ कि इस पुरानी राजनीतिक व्यवस्था में

थोड़ा परिवर्तन अवश्य लाना होगा। इस प्रकार द्वितीय विश्व युद्ध ने एशिया महाद्वीप के इस प्राचीन देश के लोगों के जीवन में नाटकीय मोड़ ला दिया। (लेवी 1954 : 102)

इस प्रकार जब नेपाल में लोकतंत्र के लिए संघर्ष प्रारंभ हुआ, उस समय देश में सैद्धांतिक तौर पर एक राजतंत्रात्मक शासन रहा और शाह नरेश सरकार के प्रमुख थे। यद्यपि व्यावहारिक तौर पर व्यवस्थापिका, कार्यपालिका एवं न्यायपालिका की शक्ति राणा प्रधानमंत्री के हाथों में होती थी और यह पद हमेशा राणा परिवार के सदस्यों के पास ही रहता था। इस सत्ता केंद्रित राजनीतिक व्यवस्था के खिलाफ विद्रोह, विशेषकर राणाओं के निरंकुश शासन के विरुद्ध आवाज सबसे पहले सन् 1927 में उठनी प्रारंभ हुई थी। इसी वर्ष एक प्रभावशील राजनीतिक संगठन 'खंड गोरखा' की स्थापना देहरादून (भारत) में हुई थी। इसकी अध्यक्षता एक भारतीय पहाड़ी राज्य के पूर्व शासक और नेपाल से निर्वासित राणा चंद्रासिंह ने की थी। राजनीतिक जन प्रचार और दो समाचार-पत्रों को संचालित करना संगठन की दो मुख्य गतिविधियाँ थीं। चार साल तक यह संगठन कार्यरत रहा, लेकिन बाद में इसके बारे में सूचना लगने के बाद इसे खत्म कर दिया गया। (लेवी 1952 : 185)

नेपाल में सन् 1940 के दशक के उत्तरार्ध में राजनीतिक स्थिति बहुत विकट थी। नरेश प्रतीकात्मक रूप में शासन के प्रमुख थे और राणा संपूर्ण शासकीय शक्तियों का उपयोग काफी लंबे समय से करते आ रहे थे। राणाओं पर राजनीतिक सुधार के लिए चौतरफा दबाव पड़ रहा था। जिनमें मुख्य थे—भारत में चल रहे स्वतंत्रता आंदोलन का नेपाली जनता पर प्रभाव, विश्व स्तर पर हो रहे परिवर्तन, राणाओं के निरंकुश शासन से जनता में फैला असंतोष और देश में गठित हो रहे राजनीतिक दलों द्वारा लोकतंत्र के लिए उठती आवाजें, इत्यादि। इसी दौरान नए प्रधानमंत्री पद्म शमशेर राणा ने कार्यभार सँभाला और वर्तमान परिस्थितियों को समझते हुए राणा शासन को बचाने हेतु उन्होंने एक सुधार योजना का आश्वासन दिया। (चौहान 1971 : 25)

जिसके फलस्वरूप राणा प्रधानमंत्री पद्म शमशेर ने 16 मई, 1947 को राजनीतिक सुधारों की घोषणा की एवं नेपाली कांग्रेस के नेताओं से हड़ताल बंद करने का आग्रह किया। इस सुधार योजना में आधुनिक लोकतांत्रिक व्यवस्थाओं के अनुसार एक संविधान बनाने की बात उठी। इसी प्रयोजन के लिए राणा प्रधानमंत्री ने भारत से सहयोग की अपेक्षा की। जिसके बाद पंडित नेहरू ने लखनऊ विश्वविद्यालय के श्री प्रकाश, रघुनाथ सिंह एवं आर.यू. सिंह से अनुरोध किया कि वे नेपाली सरकार को संविधान निर्माण में मदद करें। (गुप्ता 1993 : 22) जिसके उपरांत नेपाल में संविधानवाद की धारा प्रारंभ हुई।

सन् 1948 का संविधान

यह संविधान नेपाल के इतिहास में प्रथम संवैधानिक प्रयास था। यद्यपि राणा प्रधानमंत्री पद्‌म शमशेर के इस कृत्य पर राणाओं का संकीर्ण मानसिकता वाला वर्ग कुपित हो गया, परंतु इस विषम परिस्थिति में उन्होंने नवीन संविधान की घोषणा करना ही उपयुक्त समझा। अतः इस प्रकार नेपाल सरकार अधिनियम, 1948, जो कि प्रथम लिखित संविधान था, घोषित किया गया। (चतुर्वेदी 1993 : 35) इस संविधान में नरेश को राजनीतिक शक्तियों से पृथक् रखा गया तथा समस्त शक्तियाँ राणा प्रधानमंत्री ने स्वयं अपने पास रखीं। सन् 1948 के संविधान के प्रमुख लक्षण इस प्रकार हैं—(1) एक तीन स्तरीय चुनावी व्यवस्था—ग्राम या नगर, जिला और राष्ट्रीय स्तर पर। यहाँ प्रथम स्तर की पंचायत वयस्क मताधिकार के आधार पर चुनी जाती थी और अगले दोनों उच्च स्तरों (जिला और राष्ट्रीय स्तर) के सदस्य अप्रत्यक्ष रूप से प्रथम स्तर द्वारा चुने जाते थे। (2) एक द्विसदनीय राष्ट्रीय संसद, जिसमें उच्च सदन (भारदारी सभा), जिसके सदस्यों को राणा प्रधानमंत्री द्वारा मनोनीत किया जाता था। (3) अंतिम व्यवस्थापन की शक्तियाँ राणा प्रधानमंत्री के पास आरक्षित रहती थीं। जिसमें वृहद् स्तर पर आपातकालीन शक्तियाँ भी शामिल थीं और (4) मंत्रिपरिषद् प्रधानमंत्री के प्रति जवाबदेह था, न कि संसद के प्रति। (रोज़ एंड फिशर 1970 : 47) देश में सन् 1948 में प्रथम लिखित संविधान की इस घोषणा को 'नेपाल सरकार ऐक्ट 2004 संवत्' (1948) भी कहा गया। यह प्रथम लिखित संविधान था, जिसे लोकतांत्रिक मूल्यों एवं आधारों पर स्थापित करने का प्रयास किया गया था। वास्तव में यह राणाओं के दो गुटों के मध्य समझौता था, जिसमें राणाओं ने लोकतांत्रिकरण के लिए आंतरिक एवं बाहरी दबावों को देखते हुए, उदारवादी रवैया अपनाने का फैसला लिया। संविधान के प्रथम भाग में तीन बिंदु हैं, जो कि सरकार को कानून, परंपरा एवं अभिसमयों के आधार पर असीमित शक्ति प्रदान करते हैं और यह शक्ति अपरिवर्तनीय रहेगी और इस शक्ति को लागू करने की क्षमता पूर्ण रूप से प्रधानमंत्री के पास होगी। इसी भाग के अन्य दो बिंदु राणा शासन के स्थायित्व का भी आश्वासन देते हैं और उसकी अबाध शक्ति एवं अधिकारों के बारे में बताते हैं। (भाग 1 : नेपाल अधिराज्य का संविधान, 1948)

सन् 1948 के संविधान में एक लघु प्रस्तावना, 6 भाग और 68 अनुच्छेद तथा एक अनुसूची रखी गई। इस संविधान में मौलिक अधिकारों एवं जनता के कर्तव्यों की चर्चा की गई।

मौलिक अधिकार एवं कर्तव्य

जनादेश एवं नैतिकता के आधार पर यह संविधान नेपाल के नागरिकों को भाषण की स्वतंत्रता, पूजा करने की स्वतंत्रता, कानून की दृष्टि में सभी नागरिकों की समानता, शीघ्र

एवं सस्ता न्याय, सार्वभौमिक निःशुल्क अनिवार्य प्राथमिक शिक्षा, सार्वभौमिक एवं सभी वयस्कों के लिए समान रूप से मताधिकार, राज्य के कानून के आधार पर निजी संपत्ति की सुरक्षा आदि अधिकार प्रदान करता है। (अनुच्छेद 4 : नेपाल अधिराज्य का संविधान, 1948) संविधान के अनुच्छेद पाँच में नागरिकों के कुछ कर्तव्यों का भी उल्लेख किया गया है। शारीरिक, मानसिक और आर्थिक रूप से सक्षम सभी नागरिकों का यह कर्तव्य है कि वे जनकल्याण को बढ़ावा दें, जन अनुदान में सहयोग करें और हमेशा शारीरिक एवं बौद्धिक तौर पर देश के विकास में योगदान दें। इसके अतिरिक्त महामहिम महाराजाधिराज श्री पाँच और महामहिम महाराजा श्री तीन के प्रति निष्ठावान रहे तथा राज्य और इसके संविधान के प्रति विश्वसनीयता बनाए रखे। (अनुच्छेद 5 : नेपाल अधिराज्य का संविधान, 1948)

इसके अतिरिक्त राणा शासकों ने मानवाधिकारों से संबंधित भी कुछ कानून बनाए, जैसे *वाक् स्वतंत्रता ऐक्ट 1949, प्रेस एवं प्रकाशन ऐक्ट 1949, सभा एवं संगठन ऐक्ट 1949 और जन अधिकार ऐक्ट 1950*। उपरोक्त अधिकार व्यक्तिगत अधिकार और आपराधिक न्याय तथा बंदी प्रत्यक्षीकरण के अधिकार से मेल खाते थे। यद्यपि इन अधिकारों की प्रकृति घोषणात्मक रूप में ही रही, और इनके उपचारात्मक प्रभावों की कमी रही। ये सभी अधिकार सत्तावादी व्यवस्था के अधीन थे, जहाँ सभी विधायी, कार्यकारी और न्यायिक शक्तियाँ राणा प्रधानमंत्री के हाथों में रहीं। यही नहीं, इन अधिकारों को कई प्रकार के प्रतिबंधों से सीमित भी किया जा सकता था। इन अधिकारों के पीछे कोई प्रभावी मशीनरी भी नहीं थी। अंततः देश में जनता के इन अधिकारों के अनुकूल राजनीतिक और न्यायिक स्थिति भी नहीं थी। (श्रेष्ठा 1993 : 6)

कार्यकारी

इस ऐक्ट का तीसरा भाग संविधान की कार्यकारी का वर्णन करता था, यहाँ इसके सिद्धांत एवं लागूकरण की नीतियों को बताया गया, इसमें 10 अनुच्छेद थे। इसमें सर्वप्रथम स्पष्ट रूप से कहा गया कि कार्यपालिका की शक्तियाँ महामहिम श्री तीन महाराज में निहित होंगी। ये शक्तियाँ प्रत्यक्ष रूप से हो सकती थीं या फिर अप्रत्यक्ष रूप से उनके अधीनस्थ अधिकारियों द्वारा। (अनुच्छेद 6 : नेपाल अधिराज्य का संविधान, 1948) यहाँ एक मंत्रियों की परिषद् होगी, जो कि महामहिम को राज्य की कार्यकारी शक्तियों में सलाह एवं सहायता प्रदान करेगी। इसके सदस्यों की संख्या कम-से-कम 5 होगी, जो कि महामहिम द्वारा व्यवस्थापिका के सदस्यों में से चुने जाएँगे। ([उपधारा अ] अनुच्छेद 7 : नेपाल अधिराज्य का संविधान, 1948) प्रधानमंत्री इस परिषद् के मंत्रियों के न केवल पद निर्धारण कर्ता थे, वरन् साथ ही उनके विशेषाधिकारों, वेतन, अवधि आदि के भी निर्धारण कर्ता थे। महामहिम

महाराजा की अनुपस्थिति में कमांडर-इन-चीफ मंत्रिपरिषद् की बैठक की अध्यक्षता करेंगे। मंत्री महामहिम द्वारा बनाए गए नियमों के अंतर्गत ही कार्य करेंगे। ([उपधारा अ] अनुच्छेद 8 : नेपाल अधिराज्य का संविधान, 1948) अन्य शब्दों में—मंत्री जनता के प्रतिनिधि नहीं रहे, बल्कि वे राणाओं के वैतनिक कर्मचारी हो गए, और निश्चित रूप से इस स्थिति में प्रधानमंत्री अकेले ही जवाबदेह रहे। इस प्रकार मंत्रिपरिषद् की मौजूदा रचना यह साबित करने के लिए काफी थी कि वह राणाओं की तरफ पूर्ण रूप से झुकी हुई थी और जनता के प्रतिनिधि मुश्किल से ही कुछ बोल पाते थे।

संरचना के तौर पर मंत्रिपरिषद् चार वर्ष के लिए बनाई जाती थी और इसमें कम-से-कम पाँच सदस्य होते थे। इसमें पंचायत के अध्यक्ष और उपाध्यक्ष भी शामिल थे। परिषद् की अध्यक्षता राणा प्रधानमंत्री या कमांडर-इन-चीफ करता था, वह उसके लिए जवाबदेह भी होता था। इसके कार्य की रूपरेखा राणाओं द्वारा बनाए गए नियमों द्वारा निर्धारित होती थी। अतः मंत्रिपरिषद् एक तरह से संपूर्ण रूप से राणा प्रधानमंत्री के हाथों में थी। इस प्रकार प्रशासनिक समिति के नाम पर यह कार्यकारी 'निगरानी' रखनेवाली संस्था बन गई, जो कि प्रशासन संबंधी सभी मामलों को निपटाती थी। (अग्रवाल 1980 : 12)

संसद (व्यवस्थापिका–'पंचायत व्यवस्था')

संविधान के चौथे भाग में 32 अनुच्छेद थे, जो कि व्यवस्थापिका के संगठन एवं संचालन को वर्णित करते थे। यहाँ प्रारंभिक 6 अनुच्छेद पंचायत के प्रावधानों से संबंधित थे एवं शेष केंद्रीय व्यवस्थापिका का वर्णन करते थे। यह पंचायती व्यवस्था की शुरुआती संस्था थी, जिसे एक दशक बाद नरेश महेंद्र ने लागू किया था। व्यवस्था की संपूर्ण शक्ति नेपाली समाज के मनोनीत कुछ विशिष्ट वर्ग के व्यक्तियों के हाथों में थी। यह तृणमूल व्यवस्थापिका की संस्था 'ग्राम पंचायत' कहलाई, जिसमें 5 से 15 सदस्य योग्यताओं के आधार पर मताधिकार द्वारा चुने जाते थे। (चतुर्वेदी 1993 : 39) इसके बाद 'नगर पंचायत', जिसमें 10 से 15 सदस्य होते थे, जो कि ग्राम और नगर के प्रधान पंचों द्वारा चुने जाते थे। ग्राम और नगर पंचायतों को वृहद् तार्किक शक्तियाँ दी गईं, जो कि शिक्षा, जनकल्याण, न्याय, जलापूर्ति, रखरखाव, सड़क, पुल, भूमि नापना, आधारभूत संरचना, बेरोजगारी से राहत, वस्त्र उद्योग इत्यादि को स्वायत्त बना सके। (अनुच्छेद 16 : नेपाल अधिराज्य का संविधान, 1948) गाँव और नगर पंचायतों के प्रधान पंच अपने स्वयं से ही जिला पंचायत के लिए 15 से 20 सदस्य चुनते थे। यह जिला पंचायत भी ग्राम और नगर पंचायतों के समान ही कार्य करती थी। इस प्रकार पंचायती संस्था गाँव, कस्बा और जिला स्तर पर पूर्ण रूप से विकेंद्रीकरण के सिद्धांत के अनुरूप थी, किंतु ये सब पूरी तरह केंद्रीकृत थे।

केंद्रीय व्यवस्थापिका दो सदनों से मिलकर बनती थी; निम्न सदन–राष्ट्र सभा और उच्च सदन–भारदारी सभा। व्यवस्थापिका एक स्थायी अंग था। इसके एक चौथाई सदस्य प्रत्येक वर्ष सेवानिवृत्त हो जाते थे, इस प्रकार के प्रावधान सभा में लाना व्यवस्थापिका के अध्यक्ष के हाथों में होता था। इस व्यवस्थापिका के कार्य और शक्तियाँ 1935 के भारत अधिनियम के समान ही थे। (पौड्याल 1981 : 32)

उच्च सदन में 20 से 30 सदस्य होते थे, जो कि महामहिम द्वारा मनोनीत किए जाते थे। वहीं निम्न सदन में 70 सदस्य होते थे, उनमें 42 सदस्य चुने जाते थे व 28 सदस्यों को मनोनीत किया जाता था। चुने हुए 42 सदस्यों में 32 जिला पंचायत और 4 नगर पंचायतों से होते थे, अर्थात् 36 सदस्य इन पंचायतों के विभिन्न स्तरों से होते थे और शेष 6 सदस्यों का चयन राणा प्रधानमंत्री उन लोगों में से करता था, जो व्यापारीगण सौ रुपए से ज्यादा आयकर शुल्क देते थे या ऐसे भू–स्वामी, जो भू–राजस्व के लिए एक वर्ष में एक हजार रुपए देते थे। इस प्रकार 36 प्रतिनिधि जनता द्वारा चुने गए और 34 सदस्य राणा प्रधानमंत्री द्वारा मनोनीत किए गए। अतः निश्चित रूप से इस संविधान की व्यवस्थापिका जबरदस्त तरीके से विशिष्ट शासन वर्ग के पक्ष में थी। (चतुर्वेदी 1993 : 40)

आरेख 2.1

1948 के राणा संविधान के अधीन दलविहीन पंचायत पदसोपानक्रम व्यवस्था

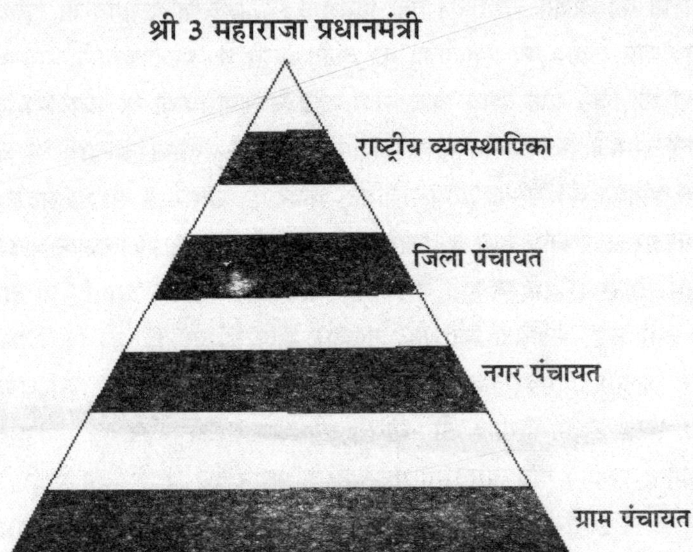

(अग्रवाल 1980 : 13)

न्यायपालिका

संविधान का भाग पाँच, जिसमें अनुच्छेद 48 से 59 तक विस्तृत रूप से न्यायपालिका का विवेचन किया गया है। प्राथमिक स्तर पर ग्राम पंचायतें दीवानी और फौजदारी दोनों प्रकार के मामलों को देखने में समर्थ थी। न्यायाधीश अपने फैसले के लिए स्वतंत्र थे और अदालतों में सर्वप्रथम अपील की जा सकती थी। (अनुच्छेद 48 : नेपाल अधिराज्य का संविधान, 1948) अदालतों को संचालित करने के नियम, न्यायाधीशों को कार्य का वितरण एवं उनकी नौकरी के लिए योग्यता, वेतन, अवधि इत्यादि मामलों का निर्णय संवैधानिक कानूनों द्वारा निर्धारित होता था। यदि न्यायालय अपने कार्यों को भलीभाँति नहीं करते हैं तो श्री तीन महाराज विशेष न्यायालयों की स्थापना कर सकते थे।

प्रधान न्यायालय के लिए भी इस संविधान में प्रावधान था, जिसकी अध्यक्षता मुख्य न्यायाधीश करते थे। इसके अलावा 11 अन्य न्यायाधीश भी थे। इन सबकी नियुक्ति प्रधानमंत्री करते थे। इसके अलावा राणा प्रधानमंत्री मुख्य न्यायाधीश की सलाह से अधीनस्थ न्यायाधीशों की नियुक्ति भी कर सकता था। स्थायी न्यायाधीशों का कार्यकाल 65 की आयु तक निश्चित किया गया। उनकी सेवाकाल शर्तें, वेतन एवं अन्य सुविधाएँ राणा प्रधानमंत्री द्वारा निश्चित की जाती थीं, जो कि उनके सेवाकाल के दौरान अपरिवर्तनीय रहती थीं। यद्यपि उन्हें संसद के दोनों सदनों की सहमति और न्यायिक समिति की सलाह पर हटाया भी जा सकता था। (अनुच्छेद 53 और 54 : नेपाल अधिराज्य का संविधान, 1948) इस परिप्रेक्ष्य में यह बात भी उल्लेखनीय है कि संविधान में न्यायाधीशों को असक्षमता, अभद्र व्यवहार एवं दुर्बलता के कारण उन पर महाभियोग लगाने की कोई विशेष प्रक्रिया का प्रावधान नहीं था। इसके अलावा संविधान में उनकी योग्यता और अनुभव से संबंधित कोई प्रावधान नहीं था, जिसके कारण राणाओं को पूर्ण रूप से स्वतंत्रता थी कि वे किसी भी व्यक्ति को न्यायाधीश बना सकते थे। इस प्रकार देश की राजनीतिक और न्यायिक संरचना काफी हद तक राणा प्रधानमंत्री के नियंत्रण में थी। यदि कोई न्यायाधीश उनके बनाए रास्ते में बाधा बनता, तो उसे वे बहुत आसानी से हटा देते थे। (शाह 1990 : 186)

अंततः, राणा प्रधानमंत्री को यह अधिकार था कि वह किसी भी प्रकार की सजा से किसी भी व्यक्ति को क्षमा, राहत, माफी, आदि दे सकता था। (अनुच्छेद 59 : नेपाल अधिराज्य का संविधान, 1948) इस ऐक्ट द्वारा न्यायपालिका केवल कानून मात्र थी और यह राणाओं के तानाशाह परिवार का ही एक अंग रही।

अन्य

अनुच्छेद 60, 61, 62, 63, 64, 65, 66, 67, और 68 अन्य प्रकार के प्रावधानों को वर्णित करते हैं। इसमें संपूर्ण राष्ट्र में प्राथमिक स्तर पर शिक्षा, तकनीकी शिक्षा एवं उच्च शिक्षा का प्रावधान था। इसमें देश से गरीबी हटाने की बात भी कही गई। अनुच्छेद 62 महालेखा परीक्षक के बारे में बताता है, इसकी नियुक्ति महामहिम महाराजा द्वारा की जाती थी। इनका मुख्य कार्य राज्य के लेखा विभाग का परीक्षण करना था। इनका सेवाकाल, नियुक्ति एवं बर्खास्तगी उच्च न्यायालयों के न्यायाधीशों के समान ही थी।

पश्चिम की उदार लोकतांत्रिक व्यवस्था के अनुरूप इस संविधान में भी सरकार के स्वेच्छाचारी कृत्यों के विरुद्ध कुछ सुरक्षात्मक उपाय बनाए गए। (शाह 1990 : 186) इस परिप्रेक्ष्य में संविधान का अनुच्छेद 65 लोकसेवा आयोग को वर्णित करता था। इसके संचालन के कारण सरकारी भर्तियों द्वारा योग्य व्यक्तियों को स्थान मिलने लगा और राणाओं की अपनी इच्छा से नियुक्ति की परंपरा पर कुछ नियंत्रण लगा।

इस संविधान ने महाराजा प्रधानमंत्री के सभी परंपरागत अधिकारों को संरक्षित रखा। उदाहरण के तौर पर, केंद्रीय व्यवस्थापन, इसमें चुने हुए सदस्य होने के बावजूद भी इसके अधिकार क्षेत्र सीमित थे। (गुप्ता 1993 : 36) नेपाल में शासन शुरू से ही पैतृकता पर आधारित रहा था, जहाँ जन कल्याण का कोई स्थान नहीं था, लेकिन इस तरह के ऐतिहासिक परिदृश्य में सन् 2004 विक्रम संवत् का यह ऐक्ट लोकतांत्रिकरण की प्रक्रिया की दिशा में महत्त्वपूर्ण कदम था। इस ऐक्ट ने शासन व्यवस्था में आंशिक तौर पर ऐसी बातों को उठाया, जिससे राणाओं की निजी पसंद-नापसंद, इच्छा आदि का स्थान घटने लगा था। नेपाल के इतिहास में पहली बार राणा प्रधानमंत्री संवैधानिक नियंत्रण की व्यवस्था के अधीन आए थे। मंत्रिपरिषद् में जनता द्वारा चुने हुए 2 सदस्यों को प्रवेश देने से, इस ऐक्ट ने गैर-राणा तत्त्वों को शासन में सहभागिता की शक्ति प्रदान की। इसी प्रकार इस ऐक्ट ने गाँवों और कस्बों की पंचायतों में चुनाव की प्रक्रिया से प्रतिनिधात्मक शासन को पुख्ता बनाया, जो कि काफी महत्त्वपूर्ण था। नेपाल में पहली बार इस संविधान ने जनता को मौलिक अधिकारों से अवगत कराया। (परमानंद 1982 : 23) जिससे देश के नागरिकों ने भाषण एवं अभिव्यक्ति की स्वतंत्रता, धार्मिक स्वतंत्रता, मताधिकार आदि मूलभूत अधिकारों का पहली बार उपयोग किया। यह सब संवैधानिक और लोकतांत्रिक व्यवस्था को मजबूत करने की दिशा में महत्त्वपूर्ण पहल थी।

कुछ उदारवादी नेताओं का मानना था कि यह ऐक्ट देश में लोकतंत्र के एक नए युग का सूत्रपात कर रहा था। यद्यपि अन्य लोग इस ऐक्ट को देश के लोकतांत्रिक तत्त्वों और कुलीन तंत्र परिवार की परंपरागत संस्था के मध्य समझौते के तौर पर देखते थे, जिनका

प्रभाव न तो नरेश पर पड़ा और न ही राणा परिवार पर। (रेगमी 1950 : 206) इस संविधान की घोषणा 26 जनवरी, 1948 को हुई और यह पूर्ण रूप से अप्रैल 1948 में प्रभाव में आया। यद्यपि बाद में इसे प्रभुत्वशील राणा परिवार द्वारा रद्द कर दिया गया। परंपरावादी राणाओं ने इसी दौरान प्रधानमंत्री पद्म शमशेर से कहा कि उभरती हुई शक्तियों को दबाने के लिए परंपरागत नीतियों को अपनाएँ, न कि सुधारवादी तुष्टीकरण की नीति। (चौहान 1973 : 27) समकालीन कमांडर-इन-चीफ मोहन शमशेर राणा ने उदारवादी राणा प्रधानमंत्री पद्म शमशेर पर दबाव बनाया कि वे अपने पद से इस्तीफा दे दें। इस दौरान प्रधानमंत्री पद्म शमशेर भारत में थे और यहीं से उन्होंने पद त्यागने का पत्र भेज दिया, जिसके परिणामस्वरूप राणा मोहन शमशेर सत्ता में आ गए। सत्ता में आने के बाद जल्द ही उन्होंने यह स्पष्ट कर दिया कि वे इस ऐक्ट के तहत होनेवाले सुधारों को लागू नहीं कर रहे हैं। उन्होंने नेपाली कांग्रेस पर प्रतिबंध लगा दिए और जनता के मौलिक अधिकारों को अमान्य कर दिया, जो उन्हें इस ऐक्ट (2004) से मिले हुए थे।

यद्यपि यह संविधान जनता के अधिकारों की रक्षा के लिए बनाया गया था, परंतु इसमें वैधानिक तौर पर राणातंत्र को और भी सुरक्षित कर दिया था। नेपाल का सामंतवाद भरा इतिहास इतना भारी था कि उसने इस आधुनिकता एवं विकास के प्रयास को मिट्टी के ढेर की तरह ढहा दिया और अंततः यह संविधान बिना पूर्ण रूप से लागू हुए ही निरस्त हो गया।

सन् 1948 के संविधान का अंत और जनआंदोलन (सन् 1950) की शुरुआत

पद्म शमशेर राणा ने अपने खराब स्वास्थ्य के कारण प्रधानमंत्री पद से इस्तीफा दे दिया। इसके बाद मोहन शमशेर प्रधानमंत्री बने एवं उन्होंने पूर्व घोषित सुधारों एवं इस नवनिर्मित संविधान को पूरी तरह नकार दिया। उन्होंने सत्ता में आते ही पुनः पूर्व प्रचलित परंपरागत रीति-रिवाजों के आधार पर शासन प्रक्रिया प्रारंभ कर दी। इस समय दक्षिण एशिया में राजनीतिक परिवर्तन का दौर चल रहा था, जिसका प्रभाव नेपाल पर पड़ना स्वाभाविक था, जो कि राणातंत्र के लिए अनुकूल नहीं था, परंतु राणा प्रधानमंत्री इस तथ्य को नहीं समझ पाए और उन्होंने इन अव्यावहारिक नीतियों का अनुसरण किया, जो कि आगे चलकर आत्मघाती साबित हुईं। (चतुर्वेदी 1993 : 48) त्रिपुबार सिंह, गोपाल प्रसाद रिमाल और बिजय बहादुर मल्ला आदि युवाओं के समूह द्वारा अक्तूबर 1948 में नेपाल प्रजा पंचायत का गठन किया गया। इस संगठन की माँग थी कि तुरंत संविधान के प्रावधानों को लागू किया जाए। (गुप्ता 1993 : 38) वहीं दूसरी तरफ बी.पी. कोईराला ने राष्ट्रीय कांग्रेस के कार्यकर्ताओं के साथ अंदरूनी तौर पर राणा शासन का विरोध करना प्रारंभ किया, परंतु योजना की खबर सरकार को लगने से उन्हें पुलिस द्वारा हिरासत में ले लिया गया। यद्यपि

नेपाल एवं भारत के समाजवादी नेताओं ने नेपाल के निरंकुश राणातंत्र के विरुद्ध सत्याग्रह चलाने की धमकी दी, परंतु इसका कोई लाभ नहीं हुआ। राणा शासकों के इस रुख के कारण लोकतांत्रिक शक्तियों द्वारा आंदोलन चलाने से सुधार की आशा करना उसी प्रकार था, जैसे किसी बाँझ गाय से दूध की आशा करना। (गुप्ता 1993 : 39)

राणाओं द्वारा इस संविधान को रद्द करने से देश में एक जनआंदोलन शुरू हो गया। इस उभरते हुए जनआंदोलन को राणा शासन ने दमनकारी और अत्याचारी तरीकों से दबाने की कोशिश की। इसी समय, राणाओं का समूह तीन वर्गों—'अ', 'ब' और 'स' राणाओं में बँट गया, जो कि रक्त के शुद्धीकरण के आधार पर विभाजित था। इस वर्गीकृत व्यवस्था में मोहन शमशेर राणा ने 'ब' और 'स' वर्ग के ऐसे राणाओं की संपत्ति को जब्त कर लिया, जो कि प्रधानमंत्री की राजगद्दी पर बैठने के लिए अयोग्य थे। ऐसी परिस्थिति में संपत्ति से बेदखल इन राणाओं ने सत्ताधारी राणा विरोधी ताकतों के साथ हाथ मिला लिया। वहीं दूसरी ओर ब्रिटिश सेना से सेवामुक्त किए गए गोरखा सैनिकों ने भी राणा विरोधी समूह का साथ दिया एवं इस प्रकार एक सैन्य व हथियारबद्ध समूह भी उभरकर सामने आया। बी.पी. कोईराला और सुबर्ण शमशेर के नेतृत्व में नेपाली कांग्रेस ने भी राणा विरोधी आंदोलन फैलाना शुरू कर दिया था।

भारत में इस आंदोलन को संचालित करने के लिए तीन केंद्र थे—वाराणसी, पटना और कलकत्ता। यहाँ पर नेपाली युवक और छात्र भारतीय नेताओं, जैसे—महात्मा गांधी, जयप्रकाश नारायण, राम मनोहर लोहिया आदि से प्रभावित हुए और उन्होंने नेपाल में निरंकुश राणातंत्र को उखाड़ फेंकने की योजना बनाई। बनारस हिंदू विश्वविद्यालय में नेपाली संघ, पटना विश्वविद्यालय में नेपाली छात्र संघ और कलकत्ता में हिमाचल विद्यार्थी संघ आदि छात्र संगठनों के छात्रों ने नेपाल की जनता को निरंकुश राणातंत्र की राजनीतिक स्थिति को बतलाया और जनक्रांति का आह्वान किया। नेपाल के नेता, जैसे—बी.पी. कोईराला, डी.आर. रेगमी, के.पी. उपाध्याय आदि एक अन्य समूह के तौर पर काठमांडू में सक्रिय थे। इस प्रकार नेपाल के अंदर और बाहर दोनों ओर से राणा विरोधी आवाजें उठने लगी थीं। लोगों के अलावा राजनीतिक दल, असंतुष्ट राणा और नेपाल के गृहबंदी राजा सभी राणा सत्ता को उखाड़ फेंकने के लिए आंदोलन में आ गए। एक अन्य कारण ने भी जनता को राणा विरोधी बना दिया था, वह यह था कि राणाओं ने नरेश को बहुत समय से गृहबंदी बना रखा था और शासकीय शक्तियों को अपने पास रखा था। जनता में नरेश के लिए सदैव से ही काफी सद्भाव और सम्मान था। नेपाली जनता के लिए नरेश भगवान् विष्णु का अवतार थे। (लेवी 1952 : 189)

इसी मध्य राणा प्रधानमंत्री मोहन शमशेर ने 24 सितंबर, 1950 को गणेश मान सिंह,

सुंदरराज चालिसे, सुशीला चालिसे, प्रताप विक्रम शाह एवं दिलमान सिंह आदि 14 प्रबुद्ध राजबंदी नेताओं को राणा शासकों की हत्या करने के आरोप में मृत्युदंड देना चाहा। नरेश त्रिभुवन ने अभियोग को संदिग्ध मानकर प्राणदंड के प्रस्ताव पर लाल मोहर नहीं लगाई। इस कारण राणा शासकों ने नरेश पर हमला करने की योजना बनाई, जिसके कारण 6 नवंबर, 1950 को नरेश त्रिभुवन ने सपरिवार भारतीय राजदूतावास में शरण ली। इस अप्रत्याशित घटना से नेपाल अधिराज्य में तूफान उठ खड़ा हुआ और राणा सरकार ने नरेश त्रिभुवन को पदच्युत करके उन्हीं के तीन वर्षीय पौत्र शिशु ज्ञानेंद्र को नेपाल का नरेश बना दिया। तदुपरांत भारत सरकार ने 10 नवंबर को नरेश त्रिभुवन को सपरिवार नई दिल्ली बुला लिया और नेपाली कांग्रेस ने भारत के सहयोग से नेपाल में व्यापक स्तर पर 'जन क्रांति' प्रारंभ कर दी। (श्रीवास्तव 1986 : 125) इस घटना ने नेपाली राजनीति में खलबली मचा दी तथा नरेश के भारत जाने के पश्चात् नेपाली कांग्रेस ने राणा विरोधी संघर्ष को चलाने के लिए 'मुक्ति सेना' का गठन किया, जिनमें छात्रों व युवाओं ने हिस्सा लिया तथा पूरे राष्ट्र में गुरिल्ला युद्ध की तर्ज पर लूटमार करके जमींदारों एवं भू-स्वामियों को लूटा। यही नहीं, काठमांडू में भी लोग राणा शासन का विरोध करने के लिए सड़कों पर आ गए।

8 दिसंबर, 1950 को भारत सरकार ने नेपाल सरकार को एक ज्ञापन पत्र सौंपा, जिसमें संवैधानिक सुधारों के लिए सुझाव प्रस्तुत किए गए। भारत सरकार का मूल उद्देश्य था कि नेपाल स्वाधीन विकासशील एवं शक्तिशाली राष्ट्र बने। इस उद्देश्य के लिए सर्वजनमत से एक संविधान का निर्माण हो, जो कि देश की आकांक्षाओं को पूरा कर सके। इसमें निम्नलिखित सुझाव बताए गए—

(1) नेपाल की जनता निर्वाचित प्रतिनिधियों द्वारा संवैधानिक सभा का गठन हो, जो कि संविधान निर्मित करे।

(2) संवैधानिक सभा के गठन तक एक अंतरिम सरकार बनेगी, जो कि लोकप्रिय जनमत पर आधारित होगी। इसमें राणा परिवारों के सदस्य भी शामिल होंगे एवं इन्हीं के मध्य से प्रधानमंत्री का पद भी गठित होगा।

(3) तत्कालीन परिस्थितियों के अनुसार त्रिभुवन ही नरेश बने रहेंगे। (जोशी 1966 : 77)

भारत सरकार द्वारा प्रस्तुत प्रस्ताव के पाँच दिन बाद 'सिंह दरबार' में बैठक हुई, जिसमें कुछ अलग निर्णय लिये गए, जिससे नेपाली कांग्रेस एवं भारतीय सरकार संतुष्ट नहीं थी। इस बैठक के तुरंत बाद शासित राणा परिवार के 40 अधिकारियों के इस्तीफा देने से राणा प्रधानमंत्री को विवशतापूर्वक भारत सरकार के प्रस्ताव को अमल में लाना पड़ा। जिसमें यह स्पष्ट कहा जा चुका था कि नेपाल नरेश त्रिभुवन राजसत्ता सँभालेंगे, अंतरिम

सरकार का गठन होगा, जिसमें 14 सदस्य जनता द्वारा चुने हुए प्रतिनिधि होंगे। 8 जनवरी, 1951 को भाषण देते हुए मोहन शमशेर ने ज्ञापित सभी बातों को माना। 10 जनवरी, 1951 को नरेश त्रिभुवन ने मुक्ति सेना से अपील की कि वे देश के हितों की खातिर अब हथियार त्याग दें। (अग्रवाल 1980 : 17) 16 जनवरी को नेपाली कांग्रेस के आंदोलन का अंत हुआ तथा नरेश, राणा शासक एवं नेपाली कांग्रेस के नेताओं के मध्य एक बैठक हुई एवं भारत सरकार का इस संपूर्ण घटनाक्रम में महत्त्वपूर्ण हाथ रहा, इसलिए इस संपूर्ण प्रकरण को 'दिल्ली समझौता' के नाम से जाना जाता है। जिसके परिणामस्वरूप 1951 के अंतरिम संविधान का मार्ग प्रशस्त हुआ। (चौहान 1971 : 42) वार्नर लेवी ने इस बारे में स्पष्ट रूप से कहा कि भारतीय सरकार के सहयोग से नेपाल में पुनः लोकतांत्रिक सरकार का रास्ता आसान हो गया। (लेवी 1953 : 6) नरेश त्रिभुवन की संविधानवाद और लोकतंत्र के प्रति वचनबद्धता ने उन्हें 'राष्ट्रपिता' और 'नेपाली लोकतंत्र का मुख्य कर्णधार' बनाया था। (शाह 1970 : 97)

सन् 1951 का संविधान

सन् 1951 का साल नेपाल के राजनीतिक परिप्रेक्ष्य में काफी महत्त्वपूर्ण था, क्योंकि त्रिभुवन नरेश और नई निर्वाचित दिल्ली सरकार की मध्यस्थता द्वारा एक अंतरिम संविधान की रचना की गई, जो कि नेपाल अधिनियम, 1951 के नाम से जाना गया। इस संविधान द्वारा सन् 1846 के बाद पहली बार राणाओं के हाथ से प्रधानमंत्री पद की संपूर्ण शक्तियाँ छीन ली गईं और एक लोकतांत्रिक संविधान की रचना करने के लिए जनता के प्रतिनिधियों को अवसर दिया गया।

यद्यपि नेपाल में संवैधानिक लोकतंत्र एवं संविधानवाद का प्रयोग 1951 के बाद इतना आशातीत नहीं रहा, क्योंकि यह जनक्रांति की गरिमा और जन आकांक्षाओं के अनुरूप नहीं बन पाया। फिर भी सन् 1951 के बाद नेपाल को नरेश के नेतृत्व में पश्चिमी अवधारणा पर आधारित संवैधानिक मॉडल को प्रयोग में लाने का अवसर मिला। यह वर्ष नेपाल के लिए काफी परिवर्तनकारी रहा, क्योंकि राणाओं के सामंतवादी शासन का पतन हो चुका था तथा नरेश पश्चिमी अवधारणाओं को अपना चुका था। इस प्रकार नेपाल में प्राचीन हिंदू विधियों पर आधारित कानून का स्थान क्रमशः ब्रिटिश कानून व संवैधानिक व्यवस्था लेने लगी। (डूंगेल 1998 : 22)

सन् 1951 का संविधान एक अंतरिम संविधान था, क्योंकि यह एक संविधान निर्माण करने के बीच का समय था। इसी कारण इस अंतरिम संविधान का जोर लोकतांत्रिक जन-प्रतिनिधित्व के आधार पर संवैधानिक सभा का निर्माण करना था, जो कि एक संविधान का

निर्माण करे एवं अंतरिम संविधान का स्थान ले। इस अंतरिम संविधान में नेपाल की जनता के हितों की रक्षा के लिए मौलिक अधिकारों पर जोर दिया गया। अंतरिम संविधान में राष्ट्र के आर्थिक, राजनीतिक व सामाजिक कर्तव्यों को भलीभाँति दरशाया गया। नरेश ने राणा प्रधानमंत्री की शक्तियों को इस संविधान के जरिए अपने हाथों में ले लिया। एक सलाहकारी सभा का गठन किया गया, जिसके पास विधायी शक्तियाँ होंगी, जिसमें राणा एवं जनता के चुने हुए प्रतिनिधि होंगे, वे नरेश को कार्यपालिका शक्ति में सहायता प्रदान करेंगे। नरेश ने अध्यादेश जारी करने की शक्ति अपने पास रखी। संविधान में यह कहा गया कि मंत्री अपने पदों पर नरेश के प्रसादपर्यंत ही बने रहेंगे तथा वे सामूहिक रूप से नरेश के प्रति उत्तरदायी रहेंगे। (मुनि 1977 : 52) अंतरिम संविधान में व्यवस्थापिका की कोई भूमिका नहीं थी। इस कारण मंत्रिपरिषद् इन विधायी शक्तियों के सहारे काफी शक्तिशाली बन गई थी।

अंतरिम संविधान अंतरिम होने के कारण स्वयं की महत्ता खोने लगा था, क्योंकि अध्यादेशों के द्वारा इस संविधान में लिखे अनुच्छेदों को आसानी से बदला जा सकता था। इस संविधान के प्रथम भाग में वृहद् रूप से मौलिक अधिकारों एवं राज्य के नीति-निर्देशक तत्त्वों का वर्णन किया गया। काफी हद तक इन्हें भारतीय संविधान से उधार लिया गया था। मौलिक अधिकारों में विशेषत: नागरिकों को बोलने एवं अभिव्यक्ति की स्वतंत्रता, संघ एवं संगठन बनाने की स्वतंत्रता तथा निजी संपत्ति का अधिकार इत्यादि प्रदान किए गए। (अनुच्छेद 5 : नेपाल अधिराज्य का अंतरिम संविधान, 1951) राज्य के नीति-निर्देशक तत्त्वों में यह कहा गया कि राज्य कल्याणकारी कार्यों द्वारा जनता के सामाजिक, आर्थिक एवं राजनीतिक न्याय को संरक्षित करेगा, परंतु उन्हें लागू करने की कोई कारगर प्रणाली नहीं बतलाई गई। (जोशी 1966 : 150) सन् 1951 का संविधान सन् 1959 तक तीन बार संशोधित हुआ और इन संशोधनों द्वारा संविधान का मूल आधार ही परिवर्तित हो गया। नीति-निर्देशक तत्त्व इन संशोधनों से लगभग महत्त्वहीन-से हो गए थे। सन् 1951 के पश्चात् से ही राजनीतिक अस्थिरता के कारण नेपाली राणाओं की शक्ति के घटने, नेपाली कांग्रेस पार्टी का विखंडन होने और नेपाली जनता की माँगों के परिणामस्वरूप इस संविधान में संशोधन आए। अप्रैल 1952 में प्रथम संशोधन में नरेश ने सलाहकारी सभा को गठित करने की शक्ति अपने हाथों में ले ली तथा सभा की शक्तियों को घटा दिया। नेपाली कांग्रेस जुलाई 1952 में आधिकारिक रूप से विखंडित हो गई। (जोशी 1966 : 74) सितंबर 1952 में एक अधिनियम पास किया गया, जो 'विशेष आपातकाल अधिनियम, 2009 विक्रमी संवत्' कहा गया। (जोशी 1966 : 76) यह अधिनियम सन् 1951 के अंतरिम संविधान की आत्मा के ही विपरीत था, क्योंकि सलाहकारी सभा की जो भूमिका थी, वह पूर्णत: ध्वस्त कर दी गई। तीसरा संशोधन 1954 में आया, जिसमें प्रधान न्यायालय की शक्तियों को घटा दिया गया।

इस संशोधन को 'अंतरिम सरकार का नेपाल अधिनियम, 1954' कहा गया। (जोशी 1966 : 154) इस संशोधन के बाद नेपाली राजनीति में नरेश की असीमित निरंकुशता का दौर प्रारंभ हुआ, जिस कारण अंतरिम संविधान को कम एवं नरेश की इच्छाओं को ज्यादा बल मिलने लगा। सन् 1955 के बाद नरेश ने क्रमानुसार सरकारों को गिराया और बनाया। नरेश का बार-बार सरकार गिराने का कारण यह था कि राजनीतिक दल संवैधानिक सभा द्वारा नए संविधान का निर्माण न कर पाएँ।

संविधानवाद पर राजतंत्र के हावी होने का प्रमुख कारण था—नए नरेश महेंद्र का सत्ता में आना। सन् 1955 के प्रारंभ से ही नरेश त्रिभुवन का स्वास्थ्य गिरने लगा एवं राजकुमार महेंद्र की शक्तियाँ बढ़ने लगीं। मार्च 1955 में नरेश त्रिभुवन की मृत्यु के पश्चात् महेंद्र ने सत्ता सँभाली। (शाह 1990 : 1) नरेश महेंद्र ने जो प्रमुख कदम उठाए, वे थे—उच्च न्यायालय की स्वतंत्रता स्थापित करना, न्यायपालिका एवं कार्यपालिका का पृथक्करण करना, भूमि सुधार लाना, बेगार प्रथा को बंद करना आदि। इस समयावधि के दौरान बहुत सी सरकारें इस आधार पर आ रही थीं कि वे चुनाव द्वारा एक संवैधानिक सभा का गठन करेंगे, लेकिन इसी आधार को लेकर नरेश बार-बार सरकार बदलते रहे। 26 जुलाई, 1957 को नरेश ने के.आई. सिंह को सरकार बनाने के लिए आमंत्रित किया। के.आई. सिंह एक ऐसे राजनीतिक दल के नेता थे, जो नेपाली राजनीति में मुख्य भूमिका नहीं निभाते थे। इस कारण नरेश और के.आई. सिंह के विरुद्ध सारे राजनीतिक दल और सामाजिक दल एकजुट हो गए। सन् 1957 में जनारोष को दबाने के लिए नरेश ने के.आई. सिंह की सरकार को बर्खास्त कर दिया। इसके दौरान राजतंत्र विरोधी गतिविधियों और राजनीतिक दबाव आदि को शांत करने के लिए नरेश ने 18 फरवरी, 1959 को संवैधानिक सभा गठित करने के लिए चुनाव की घोषणा की, जिसमें द्वि-सदनीय व्यवस्थापिका की स्थापना का आश्वासन दिया।

सन् 1950 के विद्रोह ने न केवल राणा शासन की समाप्ति सुनिश्चित की, अपितु राजतंत्र की पवित्र संस्था को जन श्रद्धा का पात्र बना दिया। यह सत्य है कि विश्व के बहुत सारे देशों में राजतंत्र को प्रजातंत्र के साथ समन्वय बैठाना पड़ा है, परंतु इस काल में नेपाल एक ऐसा उदाहरण था, जहाँ नरेश ने प्रजातंत्र को सुदृढ़ करने का प्रयास किया। विदित है कि नरेश त्रिभुवन ने भारत से लौटने के पश्चात् सन् 1951 में जिस अंतरिम संविधान की घोषणा की थी, उसमें कहीं भी नरेश की संप्रभुता या असीमित सत्ता का उल्लेख नहीं था। इसके अतिरिक्त नेपाल के नागरिकों को पहली बार विस्तृत रूप में मौलिक अधिकार प्रदान किए गए, जिससे संघ तथा संगठन बनाने के महत्त्वपूर्ण अधिकार को शामिल किया गया, लेकिन नरेश त्रिभुवन की मृत्यु के बाद स्थिति लोकतंत्र के विपरीत होने लगी थी। (सिंह 2001 : 24)

सन् 1951 से सन् 1959 तक की राजनीतिक हलचलें

नरेश त्रिभुवन के चार साल के शासन के दौरान, सन् 1951 से सन् 1955 तक के साल राजनीतिक विकास की दृष्टि से काफी अच्छे रहे, क्योंकि क्रांति के बाद देश में पारिवारिक राजनीति की जगह दलीय राजनीति उभरने लगी थी और इसी दौरान सरकार एवं राजनीति को आधुनिक एवं लोकतांत्रिक बनाने के प्रयास किए गए।

लेकिन दूसरी तरफ, इस दौर में अतार्किक विखंडित दलीय राजनीति की शुरुआत भी होने लगी, जिसके कारण नरेश त्रिभुवन के सामने काफी कठिन परिस्थितियाँ खड़ी हो गईं। राणाओं और नेपाली कांग्रेस के मध्य 18 फरवरी, 1951 के दिन गठबंधन की सरकार बनी, जो कि सन् 1951 के दिल्ली समझौते के आधार पर गठित हुई थी। महत्त्वपूर्ण बात यह रही कि बिना अंतरिम संविधान के ही यह सबकुछ निश्चित हुआ था। मोहन शमशेर (प्रधानमंत्री) और बी.पी. कोईराला (गृहमंत्री) के मध्य लगातार द्वंद्व चलता रहा, जिसके परिणामस्वरूप कांग्रेस मंत्रियों के खेमे ने इस्तीफा देना शुरू कर दिया। इस प्रकार पहली कैबिनेट 10 नवंबर, 1951 को टूट गई। 16 नवंबर, 1951 को मातृका प्रसाद कोईराला साधारण नागरिक की तरह नेपाल के प्रथम प्रधानमंत्री बने, परंतु विखंडित राजनीति ने 6 अगस्त, 1951 के दिन उन पर इस्तीफा देने का दबाव डाला। 14 अगस्त, 1952 से 14 जून, 1953 तक नरेश त्रिभुवन ने पाँच शाही सलाहकारों से बनी सलाहकार समिति की सहायता से शासन किया। जनरल केशर शमशेर इसके मुख्य सलाहकार थे। सन् 1953 में इस अंतरिम संविधान में संशोधन हुआ, जिसके द्वारा इस संविधान के अध्याय तीन के अनुच्छेद 1 और 2 को परिवर्तित करके सरकार पर शाही नियंत्रण और मजबूत किया गया। इसके बाद विशेष आपातकालीन शक्ति ऐक्ट (वि.सं. 2009), 1953 अस्तित्व में आया, जिसने राजतंत्र को और भी शक्तिशाली बनाया। सलाहकारी समिति के शासन को खत्म करने के लिए नरेश ने 15 जून, 1953 को राष्ट्रीय प्रजा पार्टी कांग्रेस के कैबिनेट को नियुक्त किया। नरेश ने पुनः अपनी शक्तियों को बढ़ाने के लिए अंतरिम संविधान में संशोधन किया। न्यायपालिका का संपूर्ण अध्याय हटा दिया गया, परंतु उच्च न्यायालयों को ज्यों-का-त्यों रहने दिया गया। 17 फरवरी, 1954 को राष्ट्रीय गठबंधन कैबिनेट बनी, जिसमें राष्ट्रीय प्रजा पार्टी, राष्ट्रीय कांग्रेस, प्रजा परिषद् और जन कांग्रेस के प्रतिनिधि शामिल थे। हालाँकि मुख्य राजनीतिक दल, नेपाली कांग्रेस को बाहर रखा गया एवं साथ ही साम्यवादी दलों को भी बाहर रखा गया। अतः सही मायने में यह 'राष्ट्रीय' सरकार नहीं थी, इसमें मातृका प्रसाद कोईराला प्रधानमंत्री थे। (अग्रवाल 1980 : 28) यह पाँचवीं सरकार भी विखंडित राजनीति से कमजोर हो रही थी और इस समय नरेश त्रिभुवन स्विट्जरलैंड में बीमार थे। 10 जनवरी, 1955 को नेपाली कांग्रेस ने देश भर में बड़े पैमाने पर 'लोकतंत्र के हितों की रक्षा के लिए' सविनय अवज्ञा आंदोलन प्रारंभ

किया। असहाय और बेबस प्रधानमंत्री मातृका प्रसाद कोईराला ने 31 जनवरी, 1955 को अपना इस्तीफा राजकुमार महेंद्र को सौंप दिया। नरेश त्रिभुवन की मृत्यु ज्यूरिक में सन् 1955 में हो गई और उनकी मृत्यु के साथ ही जनक्रांति के बाद चार सालों की अस्थायी कैबिनेट भी खत्म हो गई।

सन् 1955 से सन् 1959 तक के वर्षों में भी नेपाल की राजनीति काफी उतार-चढ़ावों के दौरों से गुजरी। नरेश महेंद्र ने इस काल में ऐसे निर्णय लिये और इस प्रकार के प्रधानमंत्रियों की नियुक्ति की, जिससे राजतंत्र की शक्ति को बढ़ावा मिला। साथ ही उन्होंने देश के नीति निर्माण में अत्यधिक भाग लेना शुरू कर दिया इसके अतिरिक्त उन्होंने राणाओं को मंत्रिपरिषद् में अधिक स्थान दिया और लोकतंत्र को दरकिनार करने की कोशिश की। इसके अतिरिक्त नरेश ने सेना और नौकरशाही को अपने नियंत्रण में लेना शुरू कर स्वयं को देश की राजनीति के मुख्य पटल पर ला दिया। नरेश महेंद्र ने अपने कार्यकाल की शुरुआत 14 अप्रैल, 1955 को एक शाही सलाहकार समिति से प्रारंभ की, जिसमें गुंजमान सिंह मुख्य सलाहकार थे। इसमें अधिकतर राणा परिवार के सदस्य थे, जो कि लोकतंत्र के लिए सही संकेत नहीं था। नरेश के इन कृत्यों का विरोध लगातार सन् 1956 तक होता रहा। जिसके फलस्वरूप 30 जनवरी, 1956 को टंका प्रसाद आचार्य को प्रधानमंत्री बनाया गया, और इस कैबिनेट में 4 सदस्य प्रजा परिषद् दल से और तीन शाही सदस्य थे। इस दौरान आचार्य एक तरह से नरेश के अनुचर बनकर ही रहे और उन्होंने कहा कि नेपाल में राजतंत्र को निचले पायदान पर रखना असहनीय है। (लेवी 1959 : 150)

सन् 1959 का संविधान

15 मई, 1959 को नरेश की देखरेख में एक अंतरिम सरकार का गठन किया गया, जो संविधान और संवैधानिक सभा के चुनाव में सहायता करेगा। सन् 1959 का संविधान एक प्रारूप समिति द्वारा तैयार किया गया, जिसकी अध्यक्षता बागबती प्रसाद सिंह कर रहे थे। यह संविधान संसदीय व्यवस्था पर आधारित था। अतः इसका विशेष महत्त्व था। सर आईवर जैनिंग्स को इस संविधान का प्रारूप तैयार करने के लिए आमंत्रित किया गया, वे ब्रिटेन में विधिक मामलों के विशेषज्ञ थे। (पौड्याल 1981 : 89) इनके द्वारा तैयार प्रारूप काफी छोटा और अपेक्षाकृत सरल था। इस दौरान एक विचित्र स्थिति यह थी कि उस समय में नरेश के अतिरिक्त अन्य कोई भी ऐसा नहीं था, जिसके इर्द-गिर्द भी संविधान की सत्ता निर्धारित की जा सकती थी। इस प्रारूप में नरेश को अत्यधिक शक्तियों से विभूषित किया गया, विशेष रूप से उस समय के लिए, जबकि संवैधानिक तंत्र अंशतः या पूर्णतः असफल हो जाए। इसी समय में अंतरिम सरकार और नरेश ने एक संवैधानिक आयोग की रचना

की। इस आयोग में अन्य सदस्य थे—रामाराज पंत, होराप्रसाद जोशी, एस.पी. उपाध्याय और रणधीर सुब्बा। (चौहान 1971 : 99) लगभग दस वर्ष के इंतजार के बाद 13 फरवरी, 1959 को संविधान को प्रस्तुत किया गया और दूसरे ही दिन एक शाही घोषणा के द्वारा उसे लागू किया गया। इस संविधान के प्रथम भाग में प्रस्तावना दी गई, जिसमें स्पष्ट रूप से लिखा है कि जो पूर्व निर्मित कानून इस संविधान के साथ मेल नहीं खाते, वे सभी अमान्य माने जाएँगे। तथापि यह घोषित किया गया, "कानून, परंपरा, अभिसमय आदि सिंहासन के उत्तराधिकार पर प्रभाव डालेंगे।" इस प्रकार यह शाहवंश की वंशानुगतता को मान्यता देता था। आर्यन सभ्यता और हिंदू धर्म व साथ ही नेपाल के नरेश का भी समर्थन करता था। (प्रस्तावना : नेपाल अधिराज्य का अंतरिम संविधान, 1959)

यह संविधान 77 अनुच्छेद तथा 10 भागों में विभक्त था। जो संप्रभुता का प्रश्न नेपाल की जनता के समक्ष खड़ा था, इस संविधान ने संप्रभुता जनता में निहित कर इस प्रश्न को समाप्त कर दिया। (गुप्ता 1993 : 128) यह संविधान चार मुख्य बातें लिये हुए था—राष्ट्र एवं जनता के मध्य एकता, समृद्धि एवं उन्नति को स्थापित करना, संवैधानिक राष्ट्र का सम्मान और सुरक्षा कायम रखना। (चतुर्वेदी 1993 : 80) सन् 1951 के संविधान के समान ही इस संविधान में भी मौलिक अधिकारों पर जोर दिया गया। सन् 1959 का संविधान संसदीय लोकतंत्र लाने का प्रयास था।

मौलिक अधिकार

संविधान का भाग तीन, जिसमें 7 अनुच्छेद हैं, वह नेपाल के नागरिकों को राज्य की कल्याणकारी भावना के आधार पर मौलिक अधिकार प्रदान करता है। इसमें यह कहा गया कि स्वतंत्रता का अधिकार, समानता का अधिकार, धार्मिक स्वतंत्रता का अधिकार, संपत्ति का अधिकार, राजनीतिक स्वतंत्रता का अधिकार इत्यादि नागरिकों को धर्म, लिंग, जाति, नस्ल के भेदभाव के बिना मुहैया कराए जाएँगे। नागरिकों को निजी स्वतंत्रता या जीवन से उपेक्षित नहीं किया जा सकता, जैसा कि कानून द्वारा उल्लेखित था। ([उपधारा 1] अनुच्छेद 3 : नेपाल अधिराज्य का अंतरिम संविधान, 1959) यह नागरिकों को स्वेच्छाचारी गिरफ्तारी, पूर्व प्रभावी दंड, पिछले व्यवस्थापन के कानून से संरक्षण प्रदान करता था। नजरबंदी निवारक के मामले में यह कहा गया था कि यह तीन महीने से ज्यादा नहीं हो सकती, जब तक कि सलाहकारी बोर्ड सलाह न दे। किसी भी व्यक्ति को बिना उसकी जानकारी के गिरफ्तार करके हिरासत में नहीं रखा जा सकता और साथ ही उसे विधिक सहायता लेने के अधिकार से वंचित नहीं किया जा सकता। ([उपधारा 6] अनुच्छेद 3 : नेपाल अधिराज्य का अंतरिम संविधान, 1959) संविधान का अनुच्छेद चार सभी नागरिकों को कानून के समक्ष

समान संरक्षण एवं राजमुकुट की सेवा में नियुक्ति के दौरान धर्म, जाति, लिंग, नस्ल आदि पर भेदभाव नहीं होने की बात करता था। किसी भी व्यक्ति को जाति, जनजाति, वर्ग, क्षेत्र आदि के आधार पर लोगों के मध्य घृणा और द्वेष फैलाने की अनुमति नहीं थी। ([उपधारा 3, 4] अनुच्छेद 4 : नेपाल अधिराज्य का अंतरिम संविधान, 1959) अनुच्छेद 5 नागरिकों को अपने धार्मिक कार्यों को करने की और मानने की पूर्ण अनुमति देता था, जो कि तत्कालीन परंपराओं के अनुरूप था एवं साथ ही धर्मांतरण के लिए पूर्ण प्रतिबंध का प्रावधान भी था। अगर संविधान के प्रथम भाग पर गौर करें, जहाँ संप्रभु नरेश ने नेपाल को हिंदू राष्ट्र घोषित किया, यह एक प्रकार से लोकतंत्र के आधुनिक मूल्य 'धर्मनिरपेक्षता' के विपरीत था। (अनुच्छेद 5 : नेपाल अधिराज्य का अंतरिम संविधान, 1959)

संपत्ति का अधिकार जनता को अनुच्छेद 6 के प्रावधानों के अनुसार दिया गया, जिसमें कहा गया कि प्रत्येक नागरिक को जो जमीन नामित थी, वह सरकार उनसे छीन नहीं सकती थी। (अनुच्छेद 6 : नेपाल अधिराज्य का अंतरिम संविधान, 1959) इस प्रकार जनता के मन में जो पहले डर उठ रहा था कि सरकार कभी भी बीरता, गुट्ठी, रायकर आदि जमीनों को छीन सकती है, संविधान के इस अनुच्छेद ने इस भय को खत्म कर दिया। अनुच्छेद 7 नागरिकों को चिर-परिचित वाक् एवं अभिव्यक्ति की स्वतंत्रता और नेपाल में किसी भी जगह निवास करने की स्वतंत्रता प्रदान करता था। इनको रद्द और निरस्त करने के मामले में सर्वोच्च न्यायालय को शक्तियाँ प्रदान की गईं। यदि इन अधिकारों के विरुद्ध कोई कृत्य होगा तो न्यायालय को यह शक्ति प्रदान थी कि वह निर्देश एवं आदेश जारी कर सकता था। (अनुच्छेद 7 : नेपाल अधिराज्य का अंतरिम संविधान, 1959)

नेपाल के इतिहास में पहली बार हुआ कि मौलिक अधिकारों को राज्य द्वारा गारंटी प्रदान की गई, जैसा कि न तो सन् 1948 के संविधान में हुआ और न ही सन् 1951 के संविधान में हुआ था। हालाँकि इस संविधान में भी इन मौलिक अधिकारों का प्रत्याभूत न्यूनाधिक रूप से सैद्धांतिक ही रहा। इन अधिकारों को मजबूत तथ्यों एवं साक्ष्य के अनुसार ही न्यायालय द्वारा पुनर्व्याख्या और निर्माण किया जा सकता था। इन्हें संविधान में स्थान मिला, क्योंकि इसके निर्माता अंतरिम संविधान की रूपरेखा को इसमें देखना चाहते थे। किंतु इन अधिकारों को सही प्रकार से लागू करना पूर्ण रूप से राजतंत्र की इच्छा पर निर्भर करता था, जो कि इसके किसी भी भाग को रद्द करने में सक्षम थे। (गुप्ता 1993 : 131)

कार्यपालिका

संविधान का चौथा भाग कार्यकारी शक्तियों को विवेचित करता था। यह आठ अनुच्छेदों में विभक्त था और विशेष रूप से राष्ट्रीय परिषद् का वर्णन करता था। यह सन् 1959 के

संविधान के द्वारा रचित एक नई संस्था थी, जिसके कार्य थे—कैबिनेट, प्रधानमंत्री और सहायक मंत्रियों की नियुक्ति, पारिश्रमिक, सरकारी कार्यों को आयोजित करवाना एवं तदर्थ बर्खास्तगी करना आदि। नरेश की कार्यकारी शक्तियों का वर्णन अनुच्छेद 10 में वर्णित है। इस संविधान का कार्यपालिका के तौर पर एक प्रमुख उद्देश्य यह रहा कि इसने वेस्टमिंस्टर मॉडल पर आधारित कैबिनेटवाली सरकार को मुहैया करवाया। संविधान के अनुच्छेद 10 के अनुसार, "नेपाल की कार्यकारी शक्तियाँ नरेश में निहित रहेंगी, नेपाल के कानून और संविधान के निष्पादन और रखरखाव के लिए शक्तियाँ या तो स्वयं उनके द्वारा प्रत्यक्ष रूप से या मंत्रियों एवं अन्य अधीनस्थों द्वारा प्रयोग में लाई जाएँगी एवं ये संविधान के प्रावधानों के कानूनों के अनुसार निर्धारित होंगी।" (अनुच्छेद 10 : नेपाल अधिराज्य का अंतरिम संविधान, 1959)

असल में यहाँ नरेश को कुछ स्थितियों में संविधान वास्तविक शासन बना देता है। उदाहरण के तौर पर, अनुच्छेद 10 के उपभाग 6 के अनुसार नरेश द्वारा लिया गया निर्णय महामहिम की सरकार का निर्णय होगा। ([उपधारा 6] अनुच्छेद 10 : नेपाल अधिराज्य का अंतरिम संविधान, 1959) जो कि सरकार में असमन्वयात्मक व्यवस्था को परिलक्षित करता था (जोशी 1966 : 289) और दूसरी तरफ अनुच्छेद 10 के उपभाग 2 में कहा गया कि, "नरेश कैबिनेट की संस्तुति पर कार्य करेंगे और उसे प्रधानमंत्री द्वारा प्रस्तुत किया जाएगा।" इस प्रकार यह संविधान कार्यकारी शक्तियों को लेकर भ्रमित करता था। यह राजतंत्रात्मक और संसदीय सरकार दोनों की वकालत करता था। राजतंत्र को विवेकात्मक शक्तियाँ प्रदान की गईं और नरेश न्यायालय के समक्ष जवाबदेह भी नहीं थे। इस प्रकार प्रधानमंत्री की कमजोर स्थिति संसदीय व्यवस्था के प्रचलित व्यवहार के विरुद्ध हो गई और इसने नरेश एवं प्रधानमंत्री के मध्य उलझनवाली समस्याओं को खुला निमंत्रण दिया। (चतुर्वेदी 1993 : 83)

इस संविधान में कार्यपालिका की संरचना में एक मंत्रिमंडल का प्रावधान रखा गया, जिसकी अध्यक्षता प्रधानमंत्री करेंगे एवं इन सभी के ऊपर संवैधानिक नेतृत्व नरेश प्रदान करेंगे। नरेश के पास दो तरह की शक्तियाँ रहीं, मनोनीत करने और विवेक-सम्मत निर्णय लेने की शक्ति, साथ ही आपातकालीन शक्तियाँ भी नरेश के पास ही रहीं। नरेश प्रधानमंत्री को तभी बर्खास्त कर पाएँगे, जब वह किसी असंवैधानिक कार्य में लिप्त हो या संसद के निचले सदन में बहुमत खो दे। उच्च न्यायालय को इस संविधान में काफी उच्च स्थान दिया गया।

संसद

संविधान का पाँचवाँ भाग संसद की संरचना की व्यवस्था करता था। इसमें इसकी बैठकों, प्रक्रियाओं, काररवाइयों का ब्योरा भी शामिल था। इस संविधान में व्यवस्थापिका

को दो सदनों में बाँटा गया—महासभा या ऊपरी सदन और प्रतिनिधि सभा या निचला सदन। प्रतिनिधि सभा में 109 सदस्य होंगे और महासभा में 36 सदस्य होंगे। संसदीय प्रक्रिया को सुदृढ़ करने हेतु एक निष्पक्ष स्पीकर होना चाहिए, इसलिए संविधान द्वारा यह अनुमति दी गई कि चयनित व्यक्ति प्रतिनिधि सभा के सदन का गैर-सदस्य भी हो सकता था। (पंत 2001 : 107) महासभा में 18 सदस्य प्रतिनिधि सभा से चुनकर आते थे और शेष सदस्य 6 वर्षों के लिए नरेश द्वारा मनोनीत किए जाते थे, जिसमें एक-तिहाई सदस्य प्रत्येक दो वर्ष में सेवानिवृत्त होते थे। अनुच्छेद 28 में कहा गया कि महासभा एक अध्यक्ष और उपाध्यक्ष को सदन के सदस्यों में से चुनेगी, जो कि सदन के कार्यों को संचालित करेंगे। (अनुच्छेद 28 : नेपाल अधिराज्य का अंतरिम संविधान, 1959) प्रतिनिधि सभा का गठन जिला निर्वाचिकाओं से चुने हुए 109 सदस्यों से होता था, जिनका निर्धारण परिसीमन आयोग द्वारा किया जाता था और जिन्हें नरेश नियुक्त करता था, जिसका आधार उस जगह पर रहनेवाली जनसंख्या के घनत्व, यातायात सुविधा और निवास करनेवाले समुदाय की विभिन्नताओं द्वारा तय होता था। प्रतिनिधि सभा के सदस्य अपने पद पर पाँच वर्ष तक रहते थे। सदन के कार्यों को संचालित करने के लिए इसके सदस्य एक सभापति और उप-सभापति को चुनते थे। (अनुच्छेद 29 : नेपाल अधिराज्य का अंतरिम संविधान, 1959)

एक महत्त्वपूर्ण बात यह भी रही कि सन् 1959 के संविधान को प्रारूप समिति और राजमहल से स्वीकृति प्राप्त थी। इन दोनों पक्षों ने ही अपने-अपने मतानुसार इस संविधान में परिवर्तन किए। इस संविधान में भी नरेश को शक्ति के स्रोत के रूप में देखा गया तथा ईश्वर माना गया। (परमानंद 1982 : 201)

वहीं दूसरी ओर इस संविधान में प्रधानमंत्री की भूमिका और स्थिति को काफी न्यून कर दिया गया। इस संविधान में उसे एक सामान्य नागरिक का दर्जा दिया गया। यदि प्रधानमंत्री नरेश से कोई सिफारिश करता था तो नरेश उस सिफारिश को ठुकरा भी सकते थे। नरेश को यह भी शक्ति थी कि वे किसी भी व्यक्ति को प्रधानमंत्री के रूप में चुन सकते थे, चाहे वह प्रतिनिधि सभा का सदस्य न हो। संशोधन का प्रावधान संविधान के अनुच्छेद 53 में बतलाया गया, परंतु अंतिम निर्णय नरेश का ही होता था और इसे चुनौती नहीं दी जा सकती थी। (गुप्ता 1993 : 136)

न्यायपालिका

संविधान के छठे भाग के अनुच्छेद 57 और 58 में न्यायपालिका के प्रावधानों का वर्णन किया गया, किंतु इनमें संपूर्ण न्यायिक व्यवस्था को स्पष्ट नहीं किया गया। यहाँ अनुच्छेद 57 में स्पष्ट रूप से कहा गया कि नरेश मुख्य न्यायाधीश की नियुक्ति प्रधानमंत्री और सर्वोच्च

न्यायालय के अन्य न्यायाधीशों के परामर्श से करेंगे। अन्य न्यायाधीशों की नियुक्ति भी नरेश सर्वोच्च न्यायालय के प्रमुख न्यायाधीश एवं अन्य न्यायाधीशों के परामर्श से करते थे। नरेश द्वारा बनाया गया आयोग यदि इस प्रकार की सिफारिश करे कि यह न्यायाधीश अपने कर्तव्यों को करने में असक्षम या अन्य कोई दुर्व्यवहार करता है तो नरेश उन्हें पद से हटा सकता था। (भाग 4 : नेपाल अधिराज्य का अंतरिम संविधान, 1959) सर्वोच्च न्यायालय को देश के न्याय की सबसे बड़ी शक्ति माना गया। मुख्य बात यह रही कि सर्वोच्च न्यायालय के प्रावधान आपातकाल के दौरान भी बर्खास्त नहीं किए जा सकते थे, क्योंकि इसे राष्ट्र का सबसे बड़ा न्यायालय माना गया।

अन्य

नरेश को आपातकालीन शक्तियाँ दी गईं, जिन्हें वह विशेष परिस्थितियों में प्रयोग कर सकता था। यदि उसे ऐसी संकटमय स्थिति लगे, जहाँ देश की सुरक्षा और आर्थिक स्थिति को खतरा पहुँच सकता था तो वह आपातकाल लागू कर सकता था। इसके अतिरिक्त यदि उसे लगे कि युद्ध और आंतरिक गृहयुद्ध जैसी स्थिति है तो वह संविधान के किसी एक भाग या पूरे संविधान को ही रद्द कर सकता था। (अनुच्छेद 56 : नेपाल अधिराज्य का अंतरिम संविधान, 1959) संविधान के भाग सात में अनुच्छेद 59 और 60, जिनमें लोकसेवा आयोग के बारे में बताया गया। महामहिम की सरकार में लोक-सेवकों की पद्धति, नियुक्तियाँ, स्थानांतरण, पदोन्नति के सिद्धांत, लोक-सेवकों की पेंशन और उपदान इत्यादि मामले नरेश के समक्ष पेश किए जाते थे। आयोग सदैव एक रिपोर्ट नरेश को सौंपता था एवं नरेश को यह अधिकार था कि वह किसी भी सदस्य को नियुक्त एवं बर्खास्त कर सकता था। संसद के पास संवैधानिक संशोधन करने की क्षमता थी। अनुच्छेद 53 के अनुसार संसद किसी भी प्रावधान में संशोधन ला सकती थी, जिसके लिए एक बिल दोनों सदनों से पास होना चाहिए, तब इसे नरेश की संस्तुति के लिए भेजा जाता था।

सन् 1959 के संविधान के अधीन राजनीतिक विकास

सन् 1959 के संविधान के घोषित होने के एक माह पश्चात् ही राष्ट्रीय चुनाव हुए। चुनाव प्रचार के दौरान सरकार एवं नरेश की शक्तियों तथा नेपाल की राजनीति का नया चेहरा 1959 के संविधान द्वारा मुखरित हो रहा था, उसे राजनीतिक दल नहीं समझ पाए। इस प्रकार नेपाल के इतिहास में प्रथम बार राष्ट्रीय चुनाव 18 फरवरी, से 3 अप्रैल, 1959 तक हुए।

यह चुनाव प्रतिनिधि सभा की 109 सीटों के लिए हुआ। इस चुनाव में सभी निर्वाचन

क्षेत्र एक सदस्यीय थे। (गुरुंग 1982 : 307-308) इसमें 9 दलों ने भाग लिया। इनमें प्रमुख थे—नेपाली कांग्रेस, गोरखा परिषद्, नेपाल कम्युनिस्ट पार्टी, संयुक्त प्रजातंत्र पार्टी, प्रजा परिषद् (टी.पी. आचार्यवाली), प्रजा परिषद् (बी.के. मिश्रा समूह) और तराई कांग्रेस। परिणाम नेपाली कांग्रेस के पक्ष में रहा। (चौहान 1971 : 101) जैसा कि निम्न तालिका में स्पष्ट होता है। अतः नेपाली कांग्रेस ने सरकार बनाई।

सारणी 2.1

1959 की प्रतिनिधि सभा का गठन

	दलों के नाम	लड़ी गई सीटें	जीती गई सीटें	कुल प्राप्त मत	प्राप्त मतों का प्रतिशत
1.	नेपाली कांग्रेस	108	74	666,898	37.2
2.	गोरखा परिषद्	86	19	305,118	17.3
3.	संयुक्त प्रजातंत्र पार्टी	86	5	177,508	9.9
4.	नेपाल कम्युनिस्ट पार्टी	47	4	129,142	7.2
5.	प्रजा परिषद् (आचार्य)	46	2	53,083	2.2
6.	प्रजा परिषद	36	1	59,820	3.3
7.	नेपाल तराई कांग्रेस	21	0	36,107	2.1
8.	नेपाल राष्ट्रीय कांग्रेस	ग्राम पंचायत	0	12,707	0.7
9.	प्रजातांत्रिक महासभा	68	–	59,896	3.3
10.	निर्दलीय	268	4	291,149	16.7

(जोशी और रोज़ 1966 : 502)

3 अप्रैल को चुनाव के परिणाम आए, जिसमें स्पष्ट हुआ कि नेपाली कांग्रेस प्रतिनिधि सभा में बहुमत के आधार पर सरकार का गठन कर सकेगी। बी.पी. कोईराला के नेतृत्व में

सरकार बनी। (क्रोसेट 2005/2006 : 69) यह सरकार पिछले 9 सालों में आकारानुरूप सबसे बड़ी सरकार थी। (जोशी 1966 : 313) परंतु बी.पी. कोईराला के मंत्रिमंडल में पहले से ही मतभेद था, जिस कारण सरकार के अंदर एकता का अभाव था। तुलसी गिरि, जो कि कैबिनेट में विदेश मंत्री थे, उनके सरकार विरोधी बयान एवं अव्यावहारिक तरीकों ने सरकार को अस्थिरता व विखंडता की तरफ बढ़ाया। (जोशी 1966 : 315) गिरि ने अगस्त 1960 में इस्तीफा दे दिया तथा इसके पश्चात् उन्होंने सरकार की जमकर भर्त्सना की।

कोईराला सरकार की भी कुछ असफलताएँ रहीं। वे इस प्रकार थीं, जैसे नेपाली कांग्रेस ने सत्ता में आने से पूर्व भूमि सुधार की बात की, जिसके अंतर्गत बीरता की समाप्ति की बात की गई, परंतु सरकार गठित होने के बाद नए संविधान के अनुसार इस सुधार को नहीं ला पाए एवं बीरता को समाप्त करने में नरेश ने भी रुकावटें पैदा कीं। सरकार में आंतरिक गुट पैदा हो जाने के कारण कोई भी कानून लागू होने से पहले ही विवादों में घिर जाता था। इस कारण सरकार अपने कार्यों को सही प्रकार से संचालित नहीं कर पा रही थी। वामपंथी दल ने सरकार के ऊपर भ्रष्टाचार का आरोप लगाया। बी.पी. कोईराला के प्रस्तावों को नरेश ने उसके सम्मुख तो माना परंतु उनके पीछे से उन्हें नकार दिया। (परमानंद 1982 : 257) जिसके कारण नरेश एवं प्रधानमंत्री में मतभेद उत्पन्न होने लगे।

नरेश महेंद्र ने आकस्मिक तरीके से 15 दिसंबर, 1960 को सरकार को बर्खास्त कर दिया और बी.पी. कोईराला एवं उनके समस्त कैबिनेट मंत्रियों को गिरफ्तार करने का आदेश जारी किया। उन पर जो दोषारोपण किए, गए वे इस प्रकार थे—

1. राजनीतिक दल के हित के लिए उन्होंने देश व जनता के हितों की बलि चढ़ा दी।
2. देश के कानूनों को न मानते हुए उन्होंने प्रशासनिक संरचना को पंगु बना दिया।
3. भ्रष्टाचार के तौर-तरीके अपनाए।
4. कानून और व्यवस्था को बनाए रखने में असमर्थता।
5. सरकार के कदम अव्यावहारिक होने के कारण अस्थिरता आ गई।
6. देशद्रोह की भावनाओं को बढ़ावा देना।

सामान्य चुनावों में विजयी कोईराला सरकार को बर्खास्त करने के बाद नरेश महेंद्र को कुछ ऐसा प्रदर्शित करना पड़ा, जिससे उनके.इस कृत्य को संवैधानिक रूप दिया जा सके। सन् 1959 के संविधान के अनुच्छेद 55 का प्रयोग करके नरेश ने एक सलाहकारी परिषद् का गठन किया, जिसमें नेपाली कांग्रेस से बहिष्कृत नेताओं को चुना गया। नरेश की शक्तियों में वृद्धि करना एवं राजनीतिक दलों के कार्यों को असंवैधानिक घोषित करना इस सलाहकारी परिषद् का उद्देश्य था। ऐसी परिस्थिति में जनारोष होना सामान्य सी बात थी, जो कि राष्ट्र के प्रत्येक भाग में नजर आने लगा। (चौहान 1971 : 171) सन् 1961 के समय जो वृहद्

पैमाने पर आंदोलन प्रारंभ हुआ, जो कि त्रिभुवन विश्वविद्यालय के छात्रों द्वारा किया गया। जितने भी विद्रोह नजर आए, उन्हें कड़े तरीके से नरेश एवं उनकी सरकार ने दबाने की कोशिश की। इसमें बहुत संख्या में लोग मारे गए। नरेश ने ये सभी आरोप नेपाली कांग्रेस पर लगा दिए, जो कि उस समय प्रतिबंधित राजनीतिक दल था। इस समय यह विचार किया गया कि ऐसे संविधान की रचना की जाए, जिसमें राजनीतिक दल नहीं होंगे तथा लोकतंत्र की जड़ें गाँवों से प्रारंभ हों। इसके फलस्वरूप ही सन् 1962 का संविधान अस्तित्व में आया, जो राजनीतिक दलविहीन पंचायती लोकतंत्र पर आधारित था। (चौहान 1971 : 171-190)

कैबिनेट व्यवस्था के पतन के दो अन्य कारण भी माने जाते हैं—प्रथम मंत्रिमंडल ने राणाओं द्वारा स्थापित सामंतीय व्यवस्था को समाप्त करने तथा स्वयं को राजप्रसादीय व्यवस्था से अलग रखने का कोई सार्थक प्रयास नहीं किया। द्वितीय सरकार द्वारा भूमि सुधार संबंधी प्रयास का विरोध जमींदारों तथा प्रतिक्रियावादी शक्तियों द्वारा किया गया था। (पूनम 2001 : 110)

सन् 1960 में शासन का तख्ता पलटने के बाद नरेश महेंद्र ने सरकार की बागडोर को अपने हाथों में ले लिया। उन्होंने नेपाली कांग्रेस का ही नहीं, बल्कि संपूर्ण संविधान, जो एक संसदीय लोकतंत्र पर आधारित था, उसकी भी आलोचना की। नरेश ने कहा कि पश्चिमी आधारों पर बना लोकतंत्र नेपाल की राजनीतिक संस्कृति, इतिहास और जनता के अधिकारों की रक्षा करने में पूरी तरह असमर्थ है। जिस कारण नेपाल में ऐसी राजनीतिक व्यवस्था की जरूरत है, जो नेपाल के लिए ही बनी हो। (जोशी 1966 : 395) लियो रोज़ के अनुसार, नरेश महेंद्र के दिमाग में सरकार को परिवर्तित करने के अलावा भी बहुत कुछ था। महत्त्वपूर्ण यह था कि नरेश संपूर्ण राजनीतिक व्यवस्था के सैद्धांतिक आधार और संरचनात्मक एवं कार्यात्मक स्तर पर नए प्रयोग के बारे में सोच रहे थे। (रोज़ 1963 : 16-17)

तख्ता पलटने के कुछ ही समय के अंतराल बाद नरेश ने एक समिति को गठित किया, जो कि यूगोस्लाविया, मिस्र, पाकिस्तान और इंडोनेशिया की राजनीतिक संस्कृति और व्यवस्था का अध्ययन करके एक नए नेपाली राजनीतिक व्यवस्था की स्थापना कर सके। एक वर्ष पश्चात् एक अन्य समिति का गठन किया गया, जिसने नए संविधान का निर्माण किया।

त्रिभुवन के पश्चात् महेंद्र नरेश की राजगद्दी पर आसीन हुए थे। उन्हें प्रजातंत्र से कोई खास लगाव नहीं था, वे अपनी विचारधारा में राजतंत्र की संस्था के सक्रिय तथा निश्चयात्मक भूमिका के समर्थक थे। सन् 1950 से सन् 1960 का दशक अस्थिरताओं से परिपूर्ण था। जिसके फलस्वरूप राजनीतिक दलों के नेताओं में आपसी एकता न होने के कारण लोकतंत्र की स्थापना का लक्ष्य पीछे रह गया और राजनीतिक दलों ने नरेश की

संप्रभुता को स्वीकार कर लिया, जिससे नरेश के हाथों में असीमित शक्ति का संचार हुआ। (शुक्ला 2000 : 99) इसी शक्ति के फलस्वरूप नरेश ने सन् 1960 में कोईराला सरकार को पदच्युत किया एवं राजनीतिक दलों पर प्रतिबंध भी लगाए।

सन् 1959 के बाद संवैधानिक विकास

सन् 1950 की क्रांति के बाद से देश में एक स्थिर सरकार के विपक्ष में दल उभरने लग गए थे, जो कि सन् 1951 की अंतरिम सरकार के दौरान भी देखे जा सकते थे। यही समस्या सन् 1959 की चुनी हुई सरकार के समक्ष भी आई। बहुत ही कम समय में बनी इस सरकार के समक्ष देश के कोने-कोने से नई-नई चुनौतियाँ उभरकर सामने आने लगीं। इसका मुख्य कारण था—हारे हुए दलों के नेता असंतुष्ट थे और वे सामान्य चुनावों के बाद बनी बी.पी. कोईराला की सरकार को गिराना चाहते थे। के.आई. सिंह के चीन से लौटने के बाद, उन्होंने सितंबर 1956 में यूनाइटेड डेमोक्रेटिक पार्टी बनाई, जो कि चुनावों में केवल 5 सीट ही हासिल कर पाई। के.आई. सिंह चुनाव में इस व्यक्तिगत हार को नहीं पचा पाए और उन्होंने नेपाली कांग्रेस को 'राष्ट्र विरोधी' दल बताया और कहा कि यह दल भारत की सहायता से सत्ता में आया है तथा नेपाल की जनता का कल्याण इससे नहीं हो सकता। तीन प्रमुख दल, जो चुनाव में हारे, वो थे—नेपाल प्रजा परिषद्, संयुक्त लोकतांत्रिक दल और प्रजातांत्रिक महासभा। इन दलों के नेताओं ने नव-निर्वाचित सरकार पर हस्तक्षेपों के हमले शुरू कर दिए। टंका प्रसाद आचार्य ने निर्वाचित सरकार को भंग करने की माँग की और नरेश से अनुरोध किया कि प्रजा परिषद् को नई सरकार बनाने के लिए बुलाएँ। (पौड्याल 1981 : 98)

सामंतवादी भक्तों ने भी कांग्रेस सरकार के खिलाफ आवाज उठाई। कांग्रेस विरोधी आंदोलन को 'कर्मवीर महामंडल' (जो कि सुधारों का विरोधी था) ने आगे बढ़ाया। ये लोग ऐसी सरकार, जिसमें शाहवंश के पूर्वज सत्तासीन थे, उन्हें हटाना चाहते थे। 'कर्मवीर महामंडल' की अध्यक्षता योगी नरहरि नाथ कर रहे थे, जो कि इस सरकार को हिंसा एवं आतंक के माध्यम से हटाना चाहते थे। काठमांडू में इसी समय कांग्रेस सरकार के विरोध में हड़ताल प्रारंभ की गई, जिसमें ज्यादातर सामंती वर्गों का हाथ था। इसने काठमांडू घाटी में जन-जीवन को काफी बाधित किया। इसके साथ ही सरकार ने अनावश्यक टैक्स एवं जनता के विपक्ष में ऐसी नीतियाँ लागू कीं, जो कि अप्रासंगिक थीं।

सामंती तत्त्व राजमहल के सामने पहुँचकर धरना देने लगे और वे चाहते थे कि नरेश नेपाली कांग्रेस की सरकार को भंग कर दें। यद्यपि साम्यवादी दलों का उद्देश्य पहले से भिन्न था। उन्होंने गोरखा परिषद् के साथ मिलकर विपक्षी राजनीति का संस्थाकरण किया,

जबकि इसी समय सामंतवादी वर्ग क्षुब्ध था और अन्य राजनीतिक नेता कांग्रेस सरकार को गिराने की जुगत में थे। (बराल 1977 : 37-39)

कुछ महत्त्वपूर्ण बिलों को संसद में विपक्षी दल भंग करने में सफल रहे। विपक्ष हमेशा नई सरकार का विरोध करता रहा एवं अन्य चुनौतियाँ स्वयं कांग्रेस दल के अंदर से आने लगीं। बी.पी. कोईराला सरकार के समक्ष संसद से आंतरिक एवं बाहरी समस्याएँ आने लगी थीं, क्योंकि यहाँ हमेशा सुधारवादी पक्ष की अपेक्षा विरोधी पक्ष ही उभरने लगे। बी.पी. कोईराला ने यह महसूस किया कि गरीबी, अशिक्षा और पुरानी पद्धति की कृषि व्यवस्था ने देश के विकास को काफी बाधित किया है। अत: उन्होंने आर्थिक योजना के विकासवाले सिद्धांत को अपनाया। उन्होंने पंचवर्षीय योजना स्थापित करने के लिए अमेरिका, रूस और भारत से आर्थिक सहायता के लिए हस्ताक्षर किए। इस प्रकार वे सेना को पुनर्गठित और भ्रष्ट प्रशासनिक व्यवस्था में सुधार लाने का प्रयास करते रहे। वे इस दौरान पीकिंग जाकर सीमा संबंधी विवादों को सुझाने में भी प्रयासरत रहे, ताकि शीतयुद्ध की राजनीति से हिमालय को बचाया जा सके। (चटर्जी 1967 : 163-164) किंतु देश में स्थिति इतनी विकट हो गई कि बी.पी. कोईराला सरकार का ज्यादा दिन टिक पाना संभव नहीं था। नरेश महेंद्र देश की राजनीति से प्रेरित हो गए, जो कि संसद के भंग होने का कारण बना। 15 दिसंबर, 1960 को नरेश महेंद्र ने संसद को भंग कर दिया, सरकार को बर्खास्त किया और बी.पी. कोईराला एवं उसके समर्थकों की गिरफ्तारी के आदेश दिए। इस प्रकार नरेश ने आपातकालीन शक्तियों का प्रयोग करके संसदीय व्यवस्था को भंग कर दिया। यह शक्ति सन् 1959 के संविधान द्वारा नरेश में निहित थी। (अनुच्छेद 51 : नेपाल अधिराज्य का अंतरिम संविधान, 1959)

नेपाल की राजनीति में चल रहे परिवर्तनों ने वहाँ की संवैधानिक व्यवस्था में भी आधारभूत परिवर्तन किए। वर्ष 1950-60 के दशक के दौरान नेपाली राजनीति अस्थिरता के दौर से गुजर रही थी। यह अस्थिरता का दौर काफी हद तक नरेश महेंद्र के लिए लाभदायक रहा। वर्ष 1959 में निर्मित नेपाली संविधान संसदीय व्यवस्था का परिचायक था। इस नवीन संविधान के तत्त्वावधान में देश में पहली बार संसदीय चुनाव हुए थे, जिसमें बहुमत प्राप्त किया नेपाली कांग्रेस दल ने एवं प्रथम निर्वाचित प्रधानमंत्री का पद बिश्वेश्वर प्रसाद कोईराला ने ग्रहण किया, परंतु 18 माह पश्चात् ही नरेश द्वारा सत्ता का हस्तांतरण हो गया। कोईराला सरकार पर कई प्रकार के आरोप लगाए गए एवं सभी राजनीतिक नेतागणों को गिरफ्तार करके जेल में डाल दिया गया। नरेश के इस निर्णय ने न केवल नेपाली कांग्रेस सरकार की आलोचना दरशाई, वरन् संसदीय व्यवस्था पर भी यह एक चोट थी। नरेश महेंद्र संसदीय तंत्र को पश्चिमी राजनीतिक व्यवस्था द्वारा थोपी गई अवधारणा मानते थे, जो उनके विचार से नेपाल की परंपरा और संस्कृति से मेल नहीं खाता था। (रोज़ 1963 : 16)

नारायण खड़का के अनुसार सन् 1960 के शाही हस्तांतरण के तत्कालीन कारण इस प्रकार थे—प्रधानमंत्री बी.पी. कोईराला की बढ़ती लोकप्रियता, शाही परिवार के सदस्यों के साथ उनका बढ़ता अड़ियलपन एवं नेपाली कांग्रेस द्वारा उग्र समाजवाद की विचारधारा ग्रहण करना (जो कि सामंती वर्गों व कुलीन वर्गों के हितों के विरुद्ध भावना पैदा कर रहा था), जनता की बढ़ती हुई माँगों को सरकार द्वारा पूरा न किया जाना, इत्यादि, जिसके परिणामस्वरूप एक अव्यवस्थित राजनीतिक स्थिति बन रही थी। एक अन्य कारण यह भी था कि नेपाली कांग्रेस भारतीय राष्ट्रीय कांग्रेस दल का अनुसरण कर रही थी, जो कि नरेश के विचारों से बिल्कुल मेल नहीं खाती थी। इन कारणों से वहाँ दो अस्थिर परिस्थितियाँ पैदा हुईं—एक, नेपाल में उग्र राजनीति का आविर्भाव हुआ और दूसरा, चीन-नेपाल संबंधों पर प्रतिकूल प्रभाव पड़ा। उस स्थिति में नेपाल में बढ़ती समस्याओं पर नियंत्रण अत्यावश्यक हो गया था। नरेश को ऐसा अनुभव होने लगा कि चीन व भारत के मध्य बढ़ते तनाव के परिणामस्वरूप नेपाल की सुरक्षा को खतरा उत्पन्न होने लगा था। (खड़का 1986 : 430) एक अन्य मूलभूत कारण था—नरेश महेंद्र के पिता नरेश त्रिभुवन के लोकतांत्रिक शासन के दौरान सकारात्मक सोच की असफलता एवं महेंद्र का दलीय व्यवस्था के प्रति उपेक्षा भाव। इस कैबिनेट व्यवस्था के पतन के दो प्रमुख आधारभूत कारण थे—1. मंत्रिमंडल का राणाओं द्वारा स्थापित सामंती व्यवस्था को समाप्त करना तथा स्वयं को राजप्रसादीय व्यवस्था से अलग रखने का कोई सार्थक प्रयास नहीं करना, 2. सरकार द्वारा भूमि-सुधार संबंधी प्रथम प्रयास का विरोध (जमींदारों तथा प्रतिक्रियावादी शक्तियों द्वारा) किया गया। (पूनम 2001 : 110)

इनके अतिरिक्त नरेश महेंद्र ने जो आरोप मुख्यतया शासक दल पर लगाए, वे थे—1. शक्ति का दुरुपयोग एवं भ्रष्टाचार को बढ़ाना, 2. प्रशासनिक तंत्र को दिशाहीन एवं पंगु बनाना, 3. राष्ट्र-विरोधी तत्त्वों को प्रोत्साहित करना एवं ऐसी परिस्थितियाँ पैदा करना, जिनसे नेपाली राष्ट्र की एकता को खतरा पैदा हुआ, 4. देश की कानून व्यवस्था को संचालित करने में असमर्थता, 5. अलाभप्रद आर्थिक नीतियों को अपनाना, 6. देश के संविधान एवं राजमुकुट की पवित्रता को भंग करने का प्रयास तथा 7. ऐसी विदेश नीति का अनुसरण करना, जो कि राष्ट्रीय संप्रभुता एवं स्वतंत्रता को क्षति पहुँचानेवाली थी। (चौहान 1971 : 149)

अतः उपर्युक्त आरोपों एवं पूर्व उल्लेखित खड़का द्वारा बताए गए तत्कालीन कारणों ने नरेश के लिए राजनीति में सीधे हस्तक्षेप के द्वार खोल दिए थे। नरेश द्वारा शाही सत्ता का पुनः स्थापन देश में राजतंत्र की गत्यात्मक प्रकृति का संकेत था, क्योंकि 20वीं शताब्दी में राजतंत्र के लिए परंपरागत तौर-तरीकों को बनाए रखना कठिन था। इसलिए उन्होंने आधुनिकता

का रास्ता पकड़ना उचित समझा, परंतु आधुनिकता और परंपरागतता के मध्य खाई को पाटना काफी मुश्किल काम था। सैम्युअल पी. हंटिंग्टन ने इस संकल्पना को 'सुधार की दुविधा' कहा था। (हंटिंग्टन 1968 : 168) लुईस डी. हेयस के अनुसार यह दुविधा इस प्रकार थी—यदि नेपाल नरेश आधुनिकता को ग्रहण करते तो उन्हें अपने परंपरागत शक्ति समर्थकों जैसे कि भूमि कुलीन वर्ग, सेना एवं दरबार के भरदारों को गँवाना पड़ सकता था, परंतु यदि नरेश सामाजिक परिवर्तन की जरूरतों के अनुसार देश में आधुनिकता नहीं लाते तो राजतंत्रात्मक संस्था के अस्तित्व के लिए खतरा पैदा हो सकता था, क्योंकि सामाजिक परिवर्तन द्वारा उत्पन्न होनेवाला नेतृत्व राजतंत्र का स्थान लेने का प्रयास करता। (हेयस 1975 : 616–617)

□

अध्याय 3

दलविहीन पंचायती व्यवस्था : 1962 से 1990 तक

पंचायत व्यवस्था का 'नया विचार' वास्तविकता में हिंदू राजतंत्र की अवधारणा को एक अन्य राजनीतिक व्यवस्था के साथ पुनः प्रस्तुत करने का प्रयास था। हिंदू धर्म के अनुसार एवं पौराणिक कथाओं में ग्रामीण समुदायों का उत्तरदायित्व एक 'ग्रामीण परिषद्' पर देने की बात मिलती है, जो कि 'पंचायत' के नाम से जानी जाती थी। यह पाँच सदस्यों की समिति थी, जिन्हें 'पंच' कहा जाता था। यह परिषद् गाँव के झगड़ों, कानून संबंधी मामलों, जातीय मामलों, कराधान एवं अन्य गाँवों से संबंधित सभी मामलों का निर्धारण करती थी। (नेपाल प्रेस डाइजेस्ट 1985 : 606) इस परिषद् के मामलों को सुलझानेवाले व्यक्ति गाँव के ही शिक्षित व्यक्तियों में से होते थे। इस परिषद् में तीन या इससे अधिक व्यक्ति वेद, वेदांग एवं इतिहास के ज्ञाता होते थे एवं वे इनके आधार पर तर्क एवं व्याख्याओं द्वारा परिषद् के मामलों का निर्धारण करते थे। (खड़का 1986 : 434) ये परंपरागत विधियाँ एवं तौर-तरीके पंचायत व्यवस्था की अवधारणा को आकार एवं व्यवस्थित रूप देने में काफी मददगार रहे। नरेश महेंद्र ने राजशाहीवाले विचार को अपनाया, जो प्राचीन काल से प्रचलित था। इसके अतिरिक्त उन्होंने कहा कि उस समय नेपाल में विशेष परिस्थितियाँ पैदा हो गई थीं, जहाँ लोकतंत्र जनता को एक घरेलू संस्था के रूप में ही प्रदान किया जा सकता था। उनके अनुसार, "नेपाल में दो संस्थाएँ हैं—राजशाही और पंचायत। जिन्हें देश की जनता भलीभाँति समझती है और ये संस्थाएँ ही देश में एकता, स्थिरता एवं शांतिपूर्ण उन्नति को बढ़ा सकती हैं और यही संस्थाएँ भविष्य में देश की उन्नति की इमारत तैयार कर सकती हैं।" (सूचना एवं प्रसारण मंत्रालय, नेपाल 1962 : 146-149) इस प्रकार अपनी छवि बनाकर एवं पुरानी राजनीतिक संस्थाओं को आधार बनाकर नरेश ने 'लोकतंत्र' को निर्देशित एवं नियंत्रित करने की संपूर्ण शक्ति अपने पास रखी। वास्तव में, नरेश महेंद्र ने 16 दिसंबर, 1962 को जो पंचायती संविधान देश के समक्ष रखा, वह 'परिचित संस्थाओं' के विचारों व व्यवहारों के अनुरूप था। नेपाली कांग्रेस की सरकार को अपदस्थ करने के पश्चात् नरेश महेंद्र ने अपने

निर्णयों को औचित्यपूर्ण बतलाते हुए कहा था कि संसदीय शासन प्रणाली एक पाश्चात्य किस्म की लादी हुई ऐसी व्यवस्था है, जिसका नेपाल की परंपराओं, प्रथाओं, इतिहास और उद्‌देश्यों से कोई तालमेल नहीं है।

वास्तव में विश्व के राजनीतिक रंगमंच पर कुछ ऐसे महत्त्वाकांक्षी व्यक्तियों ने, जो देश का शासन अपनी इच्छानुसार करना चाहते थे तथा अपने हाथों में ही संपूर्ण शक्तियों को रखना चाहते थे, परिस्थितियों का लाभ लेते हुए संसदीय शासन व्यवस्था को यह कहकर समाप्त कर दिया कि यह व्यवस्था देश की परंपराओं, प्रथाओं और रीति-रिवाजों के प्रतिकूल है तथा देश के आर्थिक एवं सामाजिक विकास में बाधक है। अतएव इस व्यवस्था के स्थान पर इन सत्ताधारियों ने अपने-अपने देशों में अलग-अलग तरह की सरकारों की स्थापना की और अपनी शक्ति को मजबूत करने के लिए स्वयं रचित व्यवस्था को सर्वोत्कृष्ट व्यवस्था का नाम दिया, जिसकी परिणति नेपाल में पंचायत व्यवस्था के आगमन के रूप में हुई। (द्विवेदी 1978 : 20) नरेश के इस कदम की देश भर के कई बड़े राजनीतिक दलों और बुद्धिजीवियों ने आलोचना की और कहा कि लोकतांत्रिक संस्थाओं के लिए यह उचित नहीं है।

1962 का संविधान

1962 का संविधान नेपाल की राजनीति में लिखित रूप से चौथा, लेकिन लागू होने के हिसाब से तीसरा संविधान था। पंचायती संविधान में 97 अनुच्छेद एवं 1 अनुसूची थी। यह एक लिखित संविधान था एवं साथ ही इसमें काफी नम्यता एवं लचीलापन था। यह संविधान देश में नरेश महेंद्र द्वारा लाया गया। जिसके पीछे मूल मान्यता थी—देश में उन्नति एवं जनकल्याण को प्रोत्साहित करना। (वैद्य 2001 : 48)

इस संविधान को बनाने से पहले नरेश महेंद्र ने एक तदर्थ समिति बनाई। जिसमें सरकारी सचिवालय के उच्च अधिकारी थे, जिनकी नियुक्ति दिसंबर 1960 के सत्ता हस्तांतरण के बाद ही हो गई थी। इस समिति ने यूगोस्लाविया, मिश्र, पाकिस्तान एवं इंडोनेशिया की राजनीतिक संस्थाओं का सर्वेक्षण किया, ताकि एक नई नेपाली राजनीतिक व्यवस्था की स्थापना करते समय इन संस्थाओं के अनुभवों को प्रयोग में लाया जा सके। इसके लगभग एक वर्ष बाद एक अन्य संवैधानिक प्रारूप आयोग का गठन हुआ, जिसने 1959 के स्थान पर एक नए संविधान का प्रारूप तैयार किया। पंचायत का यह संविधान किसी निर्वाचित आयोग द्वारा नहीं, वरन् नरेश महेंद्र द्वारा जनता को उपहार था। इस आयोग में 6 सदस्य थे एवं इसकी अध्यक्षता उस समय के वित्त मंत्री आर.के. शाह कर रहे थे। इस आयोग के अन्य सदस्य थे—शंभू प्रसाद ग्यावली, महान्यायवादी प्रकाश बी. खत्री चेतरी (कर न्यायालय के मुख्य न्यायाधीश), श्रीमती अनगुर बाबा जोशी, दमबार एन. यादव

एवं कुलशेखर शर्मा, जो आयोग के सचिव थे। इस आयोग ने संविधान का निर्माण करने के पश्चात् इसे नेपाल नरेश को सौंप दिया। उपरोक्त प्रयत्नों के परिणामस्वरूप एक नया संविधान अस्तित्व में आया, जिसे नरेश महेंद्र ने 16 दिसंबर, 1962 को राष्ट्र के समक्ष पेश किया। (दहाल 2001 : 48)

यद्यपि यह काफी आकस्मिक एवं विचित्र था, परंतु फिर भी इस संविधान में कुछ लक्षणों को बड़ी चतुराई से समाहित किया गया था। इसमें इंडोनेशिया से 'राष्ट्रीय निर्देशन', पाकिस्तान से 'आधारभूत लोकतंत्र', मिश्र एवं यूगोस्लाविया से 'वर्ग संगठन' एवं 'पंचायत' भारत से लिया गया, जो कि भारत के काफी राज्यों में प्रचलित रहा है। (रोज 1963 : 17) सन् 1962 में नरेश महेंद्र ने सागरमाथा संवाद-समिति के प्रतिनिधियों से एक साक्षात्कार में कहा था, "मुझे संसदीय लोकतंत्र के गुण और दोष के संबंध में इसके सिवाय और कुछ भी नहीं कहना है कि हमारे जैसे अविकसित देश के लिए यह शासन व्यवस्था उपयुक्त नहीं है। मुझे किसी के प्रति बुरी भावना या द्वेष नहीं है और न ही संसदीय शासन के प्रति किसी तरह की घृणा है। अपने देश के परिभ्रमण के समय मैंने यह देखा कि अधिकांश लोगों ने इस तथ्य का अनुभव कर लिया है कि संसदीय शासन प्रणाली हमारे देश के लिए बिल्कुल ही अनुपयुक्त है।" (सूचना एवं प्रसारण मंत्रालय, नेपाल 1962 : 20)

यह नए प्रकार का लोकतंत्र, जो कि पंचायत लोकतंत्र की विचारधारा से प्रेरित था, नरेश महेंद्र द्वारा स्वयं खोजी गई व्यवस्था थी। यह राजनीति विज्ञान के इतिहास में शायद ही कभी देखा गया हो कि एक शासकीय नरेश अपनी संपूर्ण शक्तियों का निर्वाह करते हुए भविष्य के लिए एक ऐसा लोकतंत्र लाया, जो वास्तविक लोकतंत्र के पास था, किंतु पाश्चात्य लोकतंत्र से दूर था। एशिया और अफ्रीका के कई देशों में संसदीय लोकतंत्र के असफल होने तथा अन्य पेचीदगियों के कारण चुनौतियाँ उभरकर आने लगीं, जिससे सारी शक्तियाँ राजतंत्र के हाथों में चली गईं या फिर सैन्य शासन स्थापित हो गया। किंतु नरेश महेंद्र एक दूरदर्शी राजनीतिज्ञ की तरह एक नए प्रकार की लोकतांत्रिक सरकार लाए। उन्होंने राष्ट्रीय और अंतरराष्ट्रीय परिदृश्यों के अनुभवों से तीन तथ्यों पर ध्यान दिया—प्रथम, बीसवीं शताब्दी के राजनीतिज्ञों की प्रवृत्ति। द्वितीय, अंतरराष्ट्रीय लोकतांत्रिक मूल्यों का परीक्षण। तृतीय, कार्यशील और विकासशील लोकतंत्र की माँग। (सिन्हा 1972 : 26-27)

पंचायत व्यवस्था की संरचना

नेपाल की पंचायती व्यवस्था वास्तव में चार स्तर की शक्ति संरचना थी, जिसमें सबसे निचले स्तर पर गाँव एवं सबसे ऊपरी स्तर पर राष्ट्रीय व्यवस्थापिका थी। यद्यपि वास्तव

में यह संरचना 'ग्रामीण सभा' पर आधारित थी, जिसमें उस गाँव की वयस्क जनसंख्या होती थी, जो ग्राम पंचायत के लिए 11 सदस्य चुनती थी। प्रत्येक ग्राम पंचायत अपना एक प्रतिनिधि जिला सभा को भेजती थी। इस प्रकार ये नामित प्रतिनिधि पुनः एक 11 सदस्यीय जिला पंचायत का निर्माण करते थे। संपूर्ण देश प्रशासनिक दृष्टि से 14 अंचलों में विभक्त था। अंचल पंचायत का निर्माण वृहद् स्तर पर उन्हीं जिला स्तरीय अंगों की तरह ही होता था। अंचल सभा निर्वाचन क्षेत्रों को निर्धारित करती थी, जिसके द्वारा प्रत्येक जिले से प्रतिनिधि राष्ट्रीय व्यवस्थापिका को भेजे जाते थे। इसे ही 'राष्ट्रीय पंचायत' कहा जाता था। (खड़का 1986 : 434)

प्रतिनिधित्व के चुनाव के दृष्टिकोण से, पंचायती व्यवस्था ने लोकप्रिय जनप्रतिनिधित्व का आधार काफी संकुचित कर दिया। इस पिरामिड संरचना की अन्य दो पूरक संस्थाएँ भी थीं—वर्ग संगठन एवं राष्ट्रीय निर्देशन का मंत्रिमंडल, जिनके नतीजतन पंचायत व्यवस्था की प्रकृति एक दलीय सरकार की हो गई थी। वर्ग संगठन—इसका गठन, इसमें 4 स्तरीय संरचना का समानांतर गठन किया— विचारधाराओं के विभक्तिकरण के रूप में हुआ, जो कि दलीय व्यवस्था को प्रतिबंधित करता था। (प्रधान 1963 : 73) ये संगठन राजनीतिक व्यवस्था के अभिन्न अंग थे। इनसे यह उम्मीद की जाती थी कि ये 'वर्ग सचेतनता' एवं 'वर्ग हितों' का संरक्षण करेंगे। इनके सदस्यों का मत था कि उनका व्यवहार 'दल-विरोधी प्रकृति' का होगा। नरेश महेंद्र की इस नई राजनीतिक व्यवस्था में राष्ट्रीय निर्देशक परिषद् का मुख्य कार्य था कि 'पंचों' की उन कार्रवाई पर निगरानी रखे, जो कि देश की नीतियों को नियंत्रित करती थी एवं जिनका प्रभाव 'पंचायत लोकतंत्र' पर पड़ता था। (खड़का 1986 : 434)

रत्ना कमल वैद्य ने पंचायती व्यवस्था के आधारभूत लक्षण निम्न प्रकार से बताए हैं—

1. दलविहीनता।
2. वर्ग सह-समन्वय।
3. विकेंद्रीकरण।
4. एकसदनीय व्यवस्थापिका।
5. नरेश की सक्रिय एवं गतिशील भूमिका।
6. गुट निरपेक्ष विदेश नीति। (वैद्य 2001 : 148)

इस प्रकार पंचायती व्यवस्था सैद्धांतिक तौर पर एक लोकप्रिय आधार प्रस्तुत करती है, लेकिन व्यवहार में यह राजनीतिक सहभागिता को काफी हद तक सीमित कर देता है। नेपाल की राष्ट्रीय व्यवस्थापिका की संख्या प्रारंभ में 125 थी, परंतु संवैधानिक संशोधन के बाद में यह संख्या 140 हो गई। इसमें 16 सदस्यों को नरेश प्रत्यक्ष रूप से मनोनीत करते थे एवं शेष 109 सदस्यों में से 90 सदस्य 14 अंचल सभाओं द्वारा चुने जाते थे। 15 सदस्य

वैधानिक रूप से मान्यता प्राप्त नियंत्रित वर्ग संगठनों द्वारा चुने जाते थे, इसके अंतर्गत 4-4 सदस्य किसान संगठन एवं युवा संगठन द्वारा, 3 सदस्य महिला संगठन से एवं 2-2 सदस्य भूतपूर्व सेवाकर्मी संगठन एवं मजदूर संगठन द्वारा चुने जाते थे एवं शेष 4 सदस्य स्नातक निर्वाचकों द्वारा चुनकर राष्ट्रीय पंचायत में आते थे। यद्यपि बाद में संवैधानिक संशोधन द्वारा इन्हें समाप्त कर दिया गया था। (शुक्ला 2000 : 122-123)

नरेश महेंद्र ने इस राजनीतिक व्यवस्था में राजनीतिक दलों पर पूर्णतया प्रतिबंध लगा दिया, क्योंकि उनका मानना था कि ये अपनी प्रकृति से ही विखंडित एवं विभाजक प्रकृति के होते हैं। उनका यह विश्वास था कि राजनीतिक दल राष्ट्र के परिप्रेक्ष्य में सकारात्मक या एकतापूर्ण भूमिका नहीं निभा सकते। इसके अतिरिक्त उन्हें लगा कि राजनीतिक दल पड़ोसी राष्ट्रों की नीतियों से प्रभावित हो सकते हैं, जो नेपाल की राष्ट्रीय एकता, सुरक्षा एवं सौहार्द के लिए खतरा हो सकती है। बहुलवाद एवं प्रतियोगी प्रकृति, जो दलीय लोकतंत्र के लिए आवश्यक हैं, उन्हें नरेश ने नेपाल के लिए उपयुक्त नहीं माना। अतः राजनीतिक दलों को कोई वरीयता नहीं दी गई। (शाह 1990 : 6)

सारणी 3.1

1962 के संविधान के अंतर्गत राष्ट्रीय पंचायत का गठन

जिला पंचायत सदस्यों से निर्वाचित	90
कृषक संगठन	4
युवा संगठन	4
महिला संगठन	3
भूतपूर्व सैनिक संगठन	2
कामगार संगठन	2
ग्रेजुएट निर्वाचिका	4
नरेश द्वारा मनोनीत	16
कुल योग	125

(वेल्पटन 2005 : 102)

संरचना की दृष्टि से पंचायत व्यवस्था चार स्तरीय लोकतंत्र स्वरूप की व्याख्या करती है, जो निम्न प्रकार है—

ग्राम पंचायत

1962 की पंचायती पद सोपान क्रम व्यवस्था लोगों को अधिकतम प्रतिनिधित्व की सुविधा मुहैया करवाती है एवं उनमें स्व-शासन तथा विकास की भावना का संचार करती है। ग्राम इस पिरामिड व्यवस्था का सबसे निचला स्तर है। इसे पंचायत व्यवस्था का सबसे महत्त्वपूर्ण अंग माना गया है। एक ग्राम पंचायत के लिए लगभग दो हजार जनसंख्या की आवश्यकता होती है। इस प्रकार नेपाल में कुल मिलाकर 3860 ग्राम पंचायतें बन गईं। 21 वर्ष का प्रत्येक नागरिक इस अंग का निर्वाचित सदस्य होने की योग्यता रखता था। ग्राम पंचायत एक सामूहिक संस्था थी एवं इसकी स्वयं की मोहर थी और इसके अपने न्यायिक क्षेत्र भी थे। ग्राम पंचायत ग्राम सभा द्वारा बनती थी, जिसमें ग्राम के सभी वयस्क सदस्य होते थे। इनमें 9 सदस्य वार्डों के द्वारा चुने जाते थे तथा शेष 2—प्रधान पंच और उप-प्रधान पंच प्रत्यक्ष रूप से ग्राम के वयस्क सदस्यों द्वारा चुने जाते थे। इन प्रधान पंच और उप-प्रधान पंच का कार्यकाल 4 वर्ष रहता था, जबकि पंचायत के अन्य सदस्य 6 वर्ष के लिए रहते थे। पंचायत के एक-तिहाई सदस्य प्रत्येक 2 वर्ष में सेवामुक्त होते थे। प्रधान और उप-प्रधान पंच के लिए यह जरूरी था कि वे चुनाव में कम-से-कम 50 प्रतिशत मत प्राप्त करें। इसी प्रकार इन पंचों को 'पुनः बुलाने' के लिए ग्राम सभा के दो-तिहाई बहुमत की आवश्यकता थी। ग्राम सभा की बैठक वर्ष में प्रायः दो बार होती थी।

ग्राम पंचायत के कार्य निम्न प्रकार थे—

1. विकास के कार्य।
2. जन स्वास्थ्य।
3. जन्म एवं मृत्यु के आँकड़े रखना।
4. ग्राम सभा की संपत्ति का संरक्षण करना।
5. प्राथमिक शिक्षा की व्यवस्था।
6. कृषि एवं जानवरों का संरक्षण।
7. सूती वस्त्र उद्योग का विकास।
8. जिला पंचायत और महामहिम की सरकार के बीच समन्वय।
9. ग्राम स्तर पर न्याय करना।
10. अन्य। (द्विवेदी 1978 : 27)

नगर पंचायत

पंचायती दौर में नेपाल में कुल मिलाकर 16 नगर पंचायत थी। नगर पंचायत बनने के लिए कम-से-कम दस हजार जनसंख्या की आवश्यकता होती थी। सदस्यों की संख्या 9 से

33 के मध्य बदलती रहती थी। चुनाव एक सदस्यीय निर्वाचन क्षेत्र एवं वयस्क मताधिकार पर आधारित था, इसलिए पूरा नगर पंचायत क्षेत्र वार्डों में विभक्त था। मतदान गुप्त मतदान द्वारा होता था। नगर पंचायत के निर्वाचित प्रतिनिधियों की कुल संख्या के एक-चौथाई सदस्य सरकार द्वारा मनोनीत होते थे, परंतु मनोनीत सदस्य जिला सभा के सदस्य नहीं हो सकते थे। नगर पंचायत के निर्वाचित प्रतिनिधि ही अपने बीच से चेयरमैन और डिप्टी चेयरमैन का निर्वाचन करते थे। निर्वाचन के समय दो-तिहाई सदस्यों का उपस्थित रहना आवश्यक था। चेयरमैन और डिप्टी चेयरमैन का कार्यकाल भी चार वर्ष का था तथा अन्य सदस्यों का कार्यकाल छह वर्ष था। एक-तिहाई सदस्य प्रत्येक दो वर्ष पश्चात् सेवामुक्त होते थे। (सिन्हा 1972 : 39)

नगर पंचायत के मुख्य कार्य निम्न प्रकार थे—

1. जन स्वास्थ्य।
2. जनकल्याण।
3. शिक्षा।
4. विकास।
5. नगर प्रशासन।
6. न्यायिक कार्य।
7. सांस्कृतिक गतिविधियाँ।
8. जिला पंचायत और केंद्रीय सरकार की मदद। (सिन्हा 1972 : 39)

जिला पंचायत

जिला पंचायत पंचायती व्यवस्था के पद सोपान क्रम में दूसरे स्तर की संस्था थी, लेकिन इस व्यवस्था में इसकी भूमिका काफी महत्त्वपूर्ण थी। यह वह अंग था, जहाँ स्थानीय स्व-शासन और केंद्रीय सरकार का मिलन होता था। इससे ऊपर अंचल समिति, जो कि अब केवल प्रशासनिक संस्था ही रह गई थी और अंचल सभा से ही राष्ट्रीय पंचायत के लिए सदस्य चुने जाते थे। नेपाल में 75 जिले हैं एवं प्रत्येक जिला पंचायत में एक सभा है, जिसे 'जिला सभा' कहते हैं। इसका गठन प्रत्येक ग्राम पंचायत से एक प्रतिनिधि तथा एक जिला क्षेत्र के अंतर्गत हर नगर पंचायत के एक-तिहाई सदस्यों से मिलकर होता है। सरकार को भी यह अधिकार है कि यदि एक जिला पंचायत में 20 गाँव पंचायत से कम हों या उनके सदस्य कम हों, तो वह अन्य सदस्यों को मनोनीत कर सकती है। जिला पंचायत में 11 सदस्य होते हैं, जिनमें अध्यक्ष और उपाध्यक्ष भी शामिल होते हैं। इन सभी 11 सदस्यों का चुनाव जिला सभा द्वारा गुप्त मतदान पद्धति द्वारा होता है। अध्यक्ष और उपाध्यक्ष का कार्यकाल 4 वर्ष का होता

है एवं अन्य सदस्यों का कार्यकाल 6 वर्ष का होता है और प्रत्येक 2 वर्ष में एक-तिहाई सदस्य सेवामुक्त होते हैं। जिला पंचायत के कार्य निम्नलिखित हैं—(द्विवेदी 1978 : 35)

1. जिले का विकास।
2. कृषि एवं पशुओं का संरक्षण।
3. जन स्वास्थ्य और जन कल्याण।
4. शिक्षा।
5. प्रशासनिक कार्य।
6. सूती वस्त्र उद्योग का विकास।
7. ग्राम और नगर पंचायतों का निर्देशन और परीक्षण।
8. केंद्र सरकार को सहायता देना।
9. न्यायिक कार्य।

जिला पंचायत, ग्राम और नगर पंचायत के कुल राजस्व से 10 प्रतिशत टैक्स प्राप्त करता था और इन्हें उचित स्थानों पर अनुदान के रूप में वितरण करता था।

मंडल/अंचल सभा

पंचायत व्यवस्था का तीसरा स्तर मंडल या अंचल स्तर था। इसमें कुल 14 अंचल थे, इसका प्रमुख 'अंचलाधीश' कहलाता था। उसका पद संवैधानिक था, तथा उनकी नियुक्ति महामहिम नरेश द्वारा की जाती थी। प्रत्येक अंचल में अंचल सभा होती थी। इसका गठन जिला पंचायतों के सभी सदस्यों द्वारा किया जाता था। अंचल क्षेत्र के अंतर्गत आनेवाले जिलों को ही इसमें शामिल किया जाता था। यद्यपि इस अंचल सभा को विचार-विमर्श के लिए बनाया गया था, किंतु बाद में यह एक तरह से निर्वाचिका परिषद् बन गई। वर्ष 1967 के बाद पंचायती संविधान में प्रथम संशोधन द्वारा अंचल पंचायत समाप्त कर दी गई और यह मात्र चुनाव प्रक्रिया में ही मददगार रही। (प्रथम संशोधन, 1967 : नेपाल अधिराज्य का संविधान, 1962 : 22) इन 14 अंचलों से 90 प्रतिनिधि राष्ट्रीय पंचायत के लिए चुने जाते थे। प्रत्येक अंचल से एक निर्वाचिका बनती थी, जिसके सदस्यों में से राष्ट्रीय पंचायत के सदस्य चुने जाते थे। एक अंचल समिति या मंडल सभा का भी गठन किया गया, जो कि अंचलाधीश को सलाह एवं मशवरे देते थे। अंचल पंचायतों के खत्म होने के बाद, ये अंचल कम या ज्यादा रूप में समन्वयात्मक अंग बनकर रह गए। (सिन्हा 1972 : 41)

राष्ट्रीय पंचायत/संसद

राष्ट्रीय पंचायत पंचायती व्यवस्था के पिरामिड में शीर्ष बिंदु पर रही। राष्ट्रीय पंचायत

देश की सर्वोच्च विधि निर्माण करनेवाली संस्था थी। इसे देश की संसद भी कहा जाता था। यह एक सदनीय थी तथा इसका अस्तित्व एक स्थायी विधायिका के रूप में रहा। जैसा कि पहले वर्णन किया जा चुका है कि इसमें 140 सदस्य थे, जिनमें से 112 सदस्य अंचलों के 75 जिलों में आवंटन के आधार पर चुने जाते थे। शेष 28 सदस्य नरेश स्वयं मनोनीत करते थे। राष्ट्रीय पंचायत के सभी सदस्यों का कार्यकाल 5 वर्ष था। राष्ट्रीय पंचायत का अध्यक्ष एवं उपाध्यक्ष दोनों उपस्थित सदस्यों के दो-तिहाई बहुमत के मतदान द्वारा चुने जाते थे। सदन की संस्तुति के बाद नरेश इनकी नियुक्ति करते थे। राष्ट्रीय पंचायत के सत्रावसनों को नरेश ही संबोधित करते थे, जो कि साधारणतः मीडिया एवं प्रेस के सामने आता था। (भाग 8 : नेपाल अधिराज्य का संविधान, 1962) राष्ट्रीय पंचायत का मुख्य कार्य विधायी और वित्तीय क्षेत्रों में रहा। इसमें संविधान को संशोधित करने की क्षमता भी थी, किंतु संवैधानिक संशोधन का कार्य एक परिचालन समिति द्वारा संपादित होता था, जिसमें राष्ट्रीय पंचायत, राजसभा और नरेश स्वयं शामिल थे।

यद्यपि राष्ट्रीय पंचायत ने राष्ट्रीय मामलों में नीति बनाने और निर्णय लेने भर की सीमित भूमिका ही अदा की और मुख्यतः नरेश की इच्छा को पूर्ण करने के लिए यह रबर की मोहर ही बनकर रह गई, फिर भी इसके पर्याप्त राजनीतिक महत्त्व थे। देखा जाए तो पंचायत प्रणाली तथा वर्ग संगठनों के भिन्न-भिन्न स्तरों में होनेवाली गतिविधियाँ और भागीदारियाँ राष्ट्रीय पंचायत के समन्वयात्मक व्यवहार के कारण ही संभव थीं। 1962 के संविधान द्वारा प्रस्तुत राष्ट्रीय पंचायत की सत्ता व विशेष अधिकार, 1952 के परामर्शदात्री समिति नियम के अंतर्गत सलाहकार समिति के अधिकारों से ज्यादा समानता रखते थे बजाय 1959 के संविधान के अंतर्गत संसद के अधिकारों से। इस तथ्य के बावजूद कि राष्ट्रीय पंचायत को कुछ मामलों में आदेशात्मक अधिकार प्राप्त थे, फिर भी यह एक सलाहकार समिति के तौर पर ही कार्यरत रही।

राष्ट्रीय पंचायत शाही परिवार के सदस्यों के आचरण और न्यायाधीशों द्वारा अपने उत्तरदायित्व को निभाने के दौरान की गई कारवाइयों के अतिरिक्त और किसी भी विषय पर बहस कर सकती थी। राष्ट्रीय पंचायत की सहमति के बिना कोई भी कानून पास नहीं हो सकता था, यद्यपि अंतिम चरण में नरेश की स्वीकृति आवश्यक थी। आधारभूत प्रक्रिया 1959 के संसदीय संविधान जैसी ही थी, परंतु विधि निर्माण के प्रति दृष्टिकोण और रवैये में विशेष अंतर था।

आरेख 3.1

नेपाल की पंचायत और वर्ग व्यवस्था

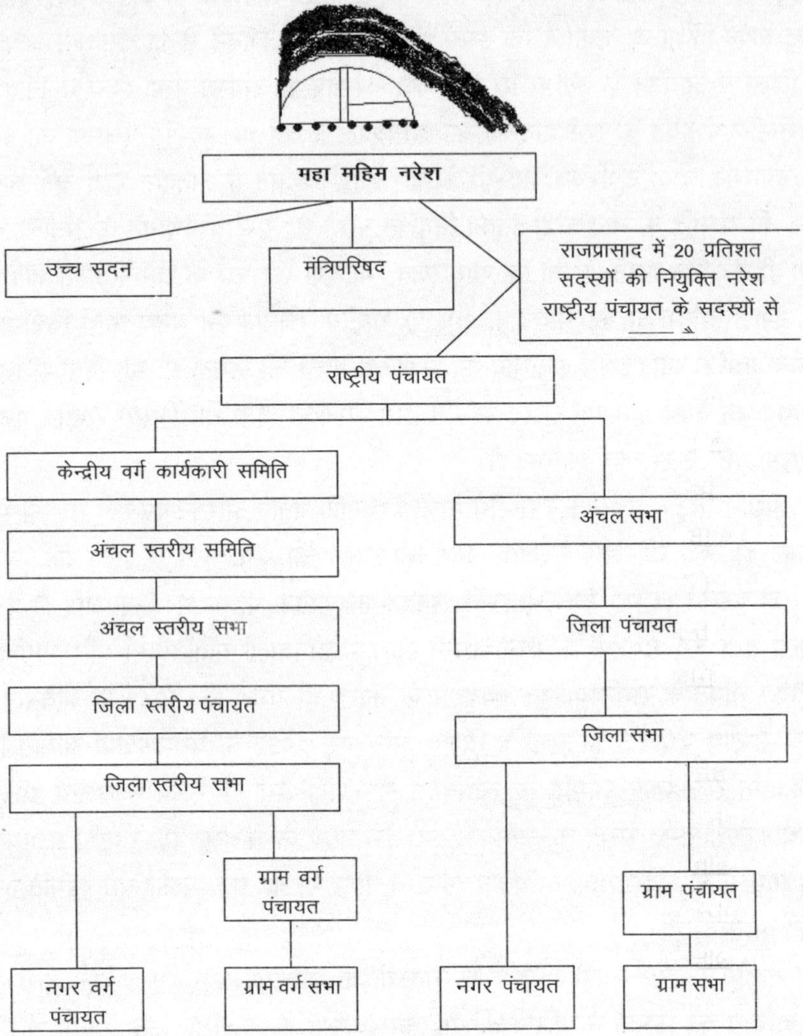

1962 के संविधान में राष्ट्रीय पंचायत और मंत्रिपरिषद् के पारस्परिक संबंधों की स्पष्ट रूप से व्याख्या नहीं की गई थी। जहाँ राष्ट्रीय पंचायत को बाह्य रूप से मंत्रियों के ऊपर कुछ नियंत्रणात्मक अधिकार प्राप्त थे, वहीं मंत्रियों को भी संवैधानिक प्रावधानों के अवरोधों के नितांत अधीन नहीं समझना चाहिए। मंत्रियों की नियुक्ति राष्ट्रीय पंचायत के निर्वाचित सदस्यों में से ही की जाती थी और यदि गैर-राष्ट्रीय पंचायत के सदस्यों की मंत्री के रूप में नियुक्ति होनी है तो उस स्थिति में, उन्हें नियुक्ति के 6 माह के दौरान राष्ट्रीय पंचायत के लिए या तो निर्वाचित हो जाना चाहिए या नरेश द्वारा मनोनीत हो जाना चाहिए। नरेश मंत्रियों की नियुक्ति

करते थे और इस संविधान में ऐसी कोई व्यवस्था नहीं थी, जिसके अनुसार मंत्रियों की नियुक्ति में नरेश को विधान मंडल से परामर्श लेना आवश्यक था।

देश की कार्यपालिका मंत्रियों के परिषद् का एक संयुक्त समूह थी, जो कि नरेश को उनके कार्यकलापों में सहायता एवं सलाह प्रदान करती थी। नरेश प्रधानमंत्री को राष्ट्रीय पंचायत के समर्थन से नियुक्त करते थे एवं अन्य मंत्रियों को प्रधानमंत्री की सलाह से नियुक्त करते थे। सभी मंत्री अपने कार्यों को लेकर व्यक्तिगत रूप से या सामूहिक रूप से व्यवस्थापिका के प्रति उत्तरदायी होते थे। संप्रभु शक्तियाँ नरेश में निहित की गई थीं। नरेश का स्थान संविधान से ऊपर था एवं कार्यपालिका, व्यवस्थापिका एवं न्यायपालिका की शक्तियों का अंतिम स्रोत भी वही था। (भाग 7 : नेपाल अधिराज्य का संविधान, 1962)

न्यायपालिका

संविधान के अधीन सर्वोच्च न्यायालय का गठन किया गया, जिसकी जिम्मेदारी थी कि वह देश के नागरिकों के मौलिक अधिकारों को सुरक्षा प्रदान करे, जैसा संविधान में वर्णित है। इस काल में न्यायिक व्यवस्था चतुष्फलकीय थी, जिसमें ग्राम पंचायत, जिला न्यायालय, अंचल या क्षेत्रीय न्यायालय एवं सर्वोच्च न्यायालय। (पौड्याल 1981 : 107-108) यहाँ एक न्यायिक समिति भी थी, जो नरेश द्वारा संविधान के अनुच्छेद 72 के द्वारा अपना कार्य संचालित करती थी। यदि कोई व्यक्ति नरेश को अपनी याचिका प्रस्तुत करता था तो उस स्थिति में उनका न्याय नरेश ही करते थे, क्योंकि उन्हें देश की न्याय व्यवस्था का अंतिम स्रोत माना गया। (भाग 11 : नेपाल अधिराज्य का संविधान, 1962)

पंचायती संविधान द्वारा नरेश को कार्यपालिका, विधायिका तथा न्यायपालिका संबंधी शक्तियों का उद्गम स्थल कहा गया। इसके फलस्वरूप न्यायपालिका के स्वतंत्र सिद्धांत पर लिखित और व्यावहारिक दोनों क्षेत्रों में अधिक बुरा प्रभाव पड़ा। 1959 के संविधान के अनुसार न्यायाधीश तभी अपने पदों से नरेश द्वारा पदच्युत किए जा सकते थे, जब नरेश द्वारा नियुक्त एक समिति उनसे संबंधित जाँच करके अपनी स्वीकृति नरेश को दे। उसे उनके पदों से हटाने के संबंध में संसद के बहुमत द्वारा पारित औपचारिक महाभियोग के प्रस्ताव अपनाने के संबंध में कोई ऐसा संवैधानिक नियम नहीं था। इस संविधान के अनुसार एक मुख्य न्यायाधीश अध्यक्षता करते थे, जिसकी सहायता अन्य 6 न्यायाधीश करते थे। इन सभी न्यायाधीशों तथा प्रमुख न्यायाधीश का कार्यकाल 10 वर्ष का होता था, परंतु नरेश यदि चाहें तो इस अवधि को एक निश्चित समय के लिए बढ़ा सकते थे। प्रमुख न्यायाधीश तथा अन्य न्यायाधीश 65 वर्ष की आयु में निश्चित रूप से अवकाश ग्रहण करते थे।

संविधान की धारा 71 सर्वोच्च न्यायालय में संविधान के भाग 3 में उल्लेखित नागरिकों

के मौलिक अधिकारों को क्रियान्वित करने का अधिकार प्रदान करती थी। इस क्षेत्राधिकार के अंतर्गत इसे निर्देश, आदेश या बंदी प्रत्यक्षीकरण लेख, परमादेश लेख, उत्प्रेषण लेख, अधिकार पृच्छा, प्रतिबंध लेख जारी करने के अधिकार थे। इसके साथ ही सर्वोच्च न्यायालय को दीवानी, फौजदारी और संवैधानिक मामलों से संबंधित विषयों में भी अपील सुनने का अधिकार था। (अनुच्छेद 71 : नेपाल अधिराज्य का संविधान, 1962) कुछ विशेष परिस्थितियों एवं दशाओं में यह अपने निर्णयों का पुनरावलोकन कर सकता था। नरेश अपने द्वारा नियुक्त न्यायिक समिति की राय से किसी भी दायर मुकदमे से संबंधित मामले को सर्वोच्च न्यायालय को पुनर्विचारार्थ भेज सकते हैं, जिसके बारे में निर्णय पहले ही ले लिया गया हो। इस प्रकार परंपरागत रूप से नरेश ही अपील करने का अंतिम न्यायालय थे।

राजतंत्र एवं शाही विशेषाधिकार

नेपाल में राजतंत्र का इतिहास काफी पुराना है। सन् 1846 से सन् 1950 तक देश की वास्तविक शक्तियाँ राणाओं के हाथों में रहीं, लेकिन उसके बाद राजतंत्र पुनः शक्तिशाली होने लगा। 1962 के संविधान के प्रावधानों एवं प्रायोगिकता के आधार पर भी नरेश ही सर्वशक्तिशाली बने रहे। वस्तुतः इस तथ्य के पीछे नरेश महेंद्र का महत्त्वाकांक्षी होना एवं राजनीतिक स्थिति का अस्थिर होना था। नरेश महेंद्र देश में सामाजिक राजनीतिक एवं आर्थिक आधुनिकीकरण की प्रक्रिया का आरंभ सक्रिय राजशाही के माध्यम से करने में विश्वास रखते थे, इसीलिए उन्होंने राजतंत्र की संस्था तथा जनसहभागिता के बीच संतुलन स्थापित करने की दृढ़ इच्छा से इस नवीन राजनीतिक पंचायत व्यवस्था की स्थापना की। (शुक्ला 2000 : 119)

1962 के संविधान के भाग 5 में नरेश की शक्तियों के बारे में बतलाया गया है। अनुच्छेद 20 के उपवाक्य दो के अनुसार देश की संप्रभुता नरेश में निहित थी एवं अन्य सभी शक्तियों यथा कार्यपालिका, व्यवस्थापिका एवं न्यायपालिका का उद्‌भव भी नरेश से ही होता था। इन शक्तियों का प्रयोग नरेश द्वारा किया गया। अनुच्छेद 21 के उपवाक्य दो के अनुसार नरेश को उत्तराधिकारी के नियम में परिवर्तन व संशोधन करने की पूर्ण रूप से छूट थी। (भाग 5 : नेपाल अधिराज्य का संविधान, 1962)

राजनीतिक दलों और संसदीय संस्थाओं को 1962 के संविधान द्वारा हटा देने के कारण नरेश महेंद्र को चुनौती देने लायक कोई भी शक्ति नेपाल में नहीं रही। शक्ति के एकत्रीकरण का जो प्रयास 1956 से प्रारंभ हुआ, उसने 1962 के संविधान द्वारा नरेश महेंद्र को सुदृढ़ बनाया। राजनीतिक शक्ति को संकेंद्रित कर नरेश महेंद्र ने पाया कि विश्व के राजनीतिक परिदृश्य में इस कृत्य को अच्छी नजर से नहीं देखा गया। इसी कारण 1962 के संविधान घोषित होने के एक सप्ताह के अंदर ही नरेश ने अपने प्रतिनिधियों को भारत के प्रधानमंत्री पंडित जवाहरलाल

नेहरू के पास भेजा। नेहरूजी इस सत्ता हस्तांतरण के पक्ष में नहीं थे, अतः उनको यह विश्वास दिलाने का प्रयास किया गया कि यह संविधान जनहित में बनाया जाएगा और नेपाल के सर्वांगीण विकास के लिए यह जरूरी है। नरेश महेंद्र स्वयं संयुक्त राज्य अमेरिका व इंग्लैंड गए और वहाँ उन्होंने नेपाल की राजनीति में हो रहे परिवर्तन के बारे में एक विश्वास प्राप्त करने की कोशिश की। (रोज़ 1964 : 727)

नरेश महेंद्र ने निर्वाचित सरकार को 1960 में बर्खास्त किया एवं उन्होंने तत्कालीन सरकार पर कई आरोप प्रस्तुत किए। यह एक ऐसा प्रयास था, जहाँ यह बताया गया कि संसदीय लोकतंत्र इस सब अस्थिरता के लिए जिम्मेदार है तथा राजतंत्र ही इसका एकमात्र उपाय है, जिसके द्वारा देश में कानून एवं व्यवस्था स्थापित हो सकती है। उपरोक्त आधार पर जब पंचायत व्यवस्था स्थापित हुई तो उसका विरोध वृहद् स्तर पर नहीं हुआ। यह जानना जरूरी है कि कोईराला सरकार की बर्खास्तगी से लेकर नए संविधान की घोषणा तक के दो वर्षों के दौरान नरेश ने अपने हितों को पूरा करने के लिए राजनीतिक दलों को निशाना बनाया। नरेश ने एक बात स्पष्ट रूप से कही कि राजनीतिक दल सिर्फ अपने राजनीतिक हितों की पूर्ति कर रहे हैं, जबकि नरेश जनता के हितों की पूर्ति करना चाहते थे। 1962 के संविधान में जब नरेश एवं उनकी सरकार के हाथों में शक्ति का केंद्रीकरण हो चुका था, तब उन्होंने पंचायत के विचार को प्रसारित करना प्रारंभ किया एवं लोगों के मन में यह बात बैठाने की कोशिश की कि उनके द्वारा लाई गई लोकतांत्रिक व्यवस्था ही उपयुक्त है। नरेश ने यह भी तर्क दिया कि जब से पंचायत लोकतंत्र आरंभ हुआ है, तब से जनता की देश की सरकार के मामलों में सहभागिता बढ़ गई है। इससे यह निष्कर्ष निकला कि यह व्यवस्था नेपाल के लोगों का सच्चा प्रतिनिधित्व करती थी। (पंत 1995 : 35)

1962 के संविधान के प्रावधानों के अनुसार 1959 के संविधान की तुलना में नरेश के विशेषाधिकारों के दायरे में काफी विस्तार हो गया था। इस संविधान के अनुच्छेद 81 के अनुसार, "यदि श्री 5 की राय में गंभीर संकट की स्थिति उत्पन्न हो गई है (जब समस्त नेपाल या उसका कोई भाग युद्ध के संकट, बाह्य आक्रमण या आंतरिक अव्यवस्था से त्रस्त है), तब श्री 5 घोषणा द्वारा संविधान के किसी भी अनुच्छेद को अनिश्चित काल के लिए उस समय तक स्थगित कर सकते हैं, जब तक श्री 5 इस बात के लिए आश्वस्त न हो जाएँ कि गंभीर संकट काल की अवस्था समाप्त हो गई है।" (अनुच्छेद 81 : नेपाल अधिराज्य का संविधान, 1962) नरेश के संकटकालीन अधिकारों का दायरा इतना विस्तृत था कि उन पर लगाए गए औपचारिक अवरोध व्यर्थ ही सिद्ध हुए। नरेश के पास 1962 के संविधान को 1959 के संविधान की तरह ही स्थगित, संशोधित और निराकृत करने की पूर्ण स्वतंत्रता थी। 1962 का संविधान तीन बार—1967, 1975 और 1980 में संशोधित हो चुका था और प्रत्येक बार

नरेश के हाथों में अधिकाधिक सत्ता का केंद्रीकरण कर दिया गया। नरेश के विशेषाधिकारों के प्रयोग का एक उदाहरण प्रधानमंत्री और मंत्रियों के चुनाव से संबंधित था। प्रमुख मंत्रियों का चुनाव हमेशा राष्ट्रीय विधानसभा के मनोनीत सदस्यों की श्रेणी से होता आया और उन्हें ही महत्त्वपूर्ण विभाग सौंपे गए। 1963 के निर्वाचनों के तुरंत बाद एक मनोनीत सदस्य मंत्रिपरिषद् का सभापति या प्रमुख बना और कुछ काल तक प्रधानमंत्री के पद पर भी रहा। नरेश वीरेंद्र के शासनकाल के प्रथम चार वर्षों में नियुक्त तीन प्रधानमंत्रियों में तुलसी गिरि तो प्रधानमंत्री के पद पर नियुक्त होने से पूर्व राष्ट्रीय सभा के सदस्य भी नहीं थे। आलोचकों की राय में यह नरेश की ओर से न केवल प्रधानमंत्री के पद को, वरन् संसद की गरिमा को नई राजनीतिक संरचना में उसकी गौण एवं अप्रधान स्थिति को स्पष्ट कर नीचे उतारने के लिए जानबूझकर की गई चेष्टा थी। राजनीतिक दलों तथा राजनीतिक संगठनों के प्रति नरेश महेंद्र का रुख (जैसा कि वह 1967 के संवैधानिक संशोधन से व्यक्त होता है) संभवतः पंचायत की भावना को, संविधान की किसी भी पंक्ति से अधिक स्पष्ट करता है। नरेश ने 1962 के संविधान के प्रति उन राजनीतिक दलों को वफादारीपूर्ण 'मौन' रखा, जिन पर 15 दिसंबर, 1960 को जारी किए गए शाही अध्यादेश द्वारा रोक लगा दी गई थी। इस अध्यादेश ने आगे चलकर संगठन तथा समुदाय नियंत्रण कानून का रूप ले लिया। सिद्धांतः 1962 के संविधान ने राजनीतिक दलों को कार्य करने की आज्ञा दे रखी थी, क्योंकि यह न्यायशास्त्र का स्वीकृत सिद्धांत है कि जिसे कानून 'वर्जित' नहीं करता, उसे वह 'स्वीकृत' करता है। फिर भी, 1967 के संवैधानिक संशोधन के अनुसार यद्यपि 'सभा करने की स्वतंत्रता' का अधिकार दिया गया था, लेकिन ऐसे राजनीतिक दलों और संगठनों पर स्पष्टतः रोक लगा दी गई, जो कि राजनीतिक उद्देश्यों से प्रेरित थे। इस प्रकार राजनीतिक दलों और संगठनों पर रोक पंचायत-पद्धति के मूलभूत और स्थायी लक्षण के रूप में शुरू की गई। चूँकि किन्हीं विशेष कार्यक्रम के स्वीकृत सिद्धांतों या तफसीलों के आधार पर किसी भी किस्म के राजनीतिक गठजोड़ या गुटबाजी की आज्ञा राष्ट्रीय पंचायत के भीतर नहीं थी, इसलिए एक प्रतिनिधिक संस्था और वैधानिक समिति या संस्था के रूप में राष्ट्रीय पंचायत की प्रभावकारी उपादेयता अत्यंत क्षीण हो गई। (धर्मदासानी 1982 : 45-46)

निष्कर्ष रूप में इतना ही कहना पर्याप्त होगा कि 1962 के पंचायत संविधान के द्वारा राजतंत्र की सर्वोपरिता को नेपाली जीवन के प्रत्येक क्षेत्र में प्रतिस्थापित किया गया। नरेश के हाथों में और अधिक शक्ति केंद्रित करने के लिए इस संविधान में कुछ संशोधन भी किए गए। वर्ष 1973 में नरेश महेंद्र की मृत्यु के बाद सत्ता हस्तांतरण हुआ और उनके पुत्र नरेश वीरेंद्र राजगद्दी पर बैठे। हालाँकि शुरू में उन्होंने पंचायत व्यवस्था के बारे में कुछ नहीं कहा, पर बाद में शाही दबाव के चलते उन्होंने कहा कि पंचायत व्यवस्था ही नेपाल के लिए सर्वाधिक

उपयुक्त है। इस प्रकार महेंद्र के उत्तराधिकारी नरेश वीरेंद्र ने पंचायत व्यवस्था को 1990 तक बनाए रखा।

मौलिक अधिकार

इस संविधान में मौलिक अधिकारों का वर्णन विगत संविधानों से कहीं अधिक वृहद् रूप में किया गया। इस संविधान के भाग 3 में मौलिक अधिकारों का विवेचन किया गया, जिससे राज्य के समक्ष नागरिकों के कुछ दायित्वों को निश्चित किया गया। (चतुर्वेदी 1993 : 100) इस भाग के अनुच्छेद 9 में कर्तव्यों का वर्णन किया गया है, जो कि सोवियत संघ के स्टालिन के संविधान की तरह नागरिकों पर कुछ कर्तव्यों को थोपता है। संविधान के अनुच्छेद 9 में निहित मौलिक कर्तव्यों के अनुसार, "प्रत्येक नागरिक राष्ट्र के प्रति समर्पित और देश के प्रति विश्वसनीय रहेगा। स्वयं के अधिकारों का प्रयोग करते समय कानून का सम्मान करना होगा और दूसरे के अधिकारों का ध्यान रखना होगा।" (अनुच्छेद 9 : नेपाल अधिराज्य का संविधान, 1962)

मौलिक अधिकारों की गारंटी अनुच्छेद 10 से 16 के अंतर्गत वर्णित की गई। अनुच्छेद 10 समानता के अधिकारों को संरक्षित करता है, जिसमें कानून के समान संरक्षण की बात कही गई। धर्म, नस्ल, लिंग, जाति और आदिवासी इत्यादि आधार पर कानून के समक्ष किसी भी प्रकार का भेदभाव नहीं किया जाएगा। किसी भी नागरिक के साथ सरकारी नौकरी में नियुक्ति के समय धर्म, नस्ल, जाति, आदिवासी और अन्य किसी भी आधार पर भेदभाव नहीं किया जा सकता। (अनुच्छेद 10 : नेपाल अधिराज्य का संविधान, 1962)

इस संविधान का अनुच्छेद 11 स्वतंत्रता के अधिकार को संरक्षित करता है, जिसमें भाषण एवं अभिव्यक्ति की स्वतंत्रता, शांतिपूर्वक और बिना शस्त्र के एकत्र होने की स्वतंत्रता, संघ एवं संगठन बनाने की स्वतंत्रता, देश के किसी भी हिस्से में बसने की स्वतंत्रता, संपत्ति रखने और अर्जन करने की स्वतंत्रता आदि है। इसके अतिरिक्त इस अनुच्छेद में यह भी कहा गया कि कोई भी व्यक्ति उसके जीवन और निजी स्वतंत्रता से वंचित नहीं किया जा सकता। (अनुच्छेद 11 : नेपाल अधिराज्य का संविधान, 1962)

इस प्रकार नेपाल के संविधान में अनुच्छेद 11 में वर्णित 'क़ानून के अनुसार संरक्षित' की तुलना भारत के संविधान के अनुच्छेद 21 में वर्णित 'कानून द्वारा स्थापित प्रक्रिया' से की जा सकती है। (अग्रवाल 1980 : 89) इस अनुच्छेद को प्रथम संशोधन द्वारा कठोर बनाया गया, जिसके अनुसार, "कोई भी राजनीतिक दल या अन्य संगठन दलीय राजनीति की विचारधारा के आधार पर नहीं चलाया जा सकता।" (प्रथम संशोधन, 1967 : नेपाल अधिराज्य का संविधान, 1962) इस प्रतिबंध द्वारा नेपाल में दलीय राजनीति की उद्भावना को खत्म कर दिया गया,

जो कि नरेश महेंद्र को पहले से ही खतरा नजर आ रही थी। अनुच्छेद 14 नेपाली संविधान में प्रत्येक नागरिक को प्राचीन काल से उसके धर्म की उपासना को मानने की स्वतंत्रता देता है। इस प्रकार यह वक्तव्य नेपाल की पंचायती व्यवस्था में हिंदू अधिराज्य की घोषणा करता है। हिंदू परंपराओं को संरक्षित रखने के लिए यह संविधान कहता है कि, "कोई भी व्यक्ति दूसरे व्यक्ति पर धर्मांतरण के लिए दबाव नहीं डाल सकता।" इस प्रकार नेपाल में धर्म-परिवर्तन पर मनाही थी। (अनुच्छेद 14 : नेपाल अधिराज्य का संविधान, 1962)

दो अन्य अनुच्छेद यद्यपि नकारात्मक प्रकृति के थे, किंतु अधिकार द्वारा अधिकारों की सुरक्षा करते थे। अनुच्छेद 12 के अनुसार, "किसी भी नागरिक को देश से निर्वासित नहीं किया जा सकता।" (अनुच्छेद 12 : नेपाल अधिराज्य का संविधान, 1962) यह नेपाल के अनुभवों में विशेष संदर्भ में था, जहाँ राणा काल के दौरान जो व्यक्ति राणाओं को पसंद नहीं आता था, उसे देश से निर्वासित कर दिया जाता था और उसकी संपत्ति जब्त कर ली जाती थी। (अग्रवाल 1993 : 91)अनुच्छेद 13 शोषण के विरुद्ध अधिकार की बात करता है। यह मानव तस्करी, दास प्रथा और बेगार प्रथा पर रोक लगाता है। (अनुच्छेद 13 : नेपाल अधिराज्य का संविधान, 1962) अनुच्छेद 16 संवैधानिक उपचारों के अधिकार की बात करता है, जो अधिकार संविधान द्वारा प्रभाव में लाए गए हैं। मौलिक अधिकारों का संरक्षण और प्रभाव की गारंटी अनुच्छेद 71 के अधीन सर्वोच्च न्यायालय द्वारा होगी। अनुच्छेद 17 'जन कल्याण' के लिए मौलिक अधिकारों पर प्रतिबंधों की बात करता है, जिसमें नेपाल की सुरक्षा के लिए, कानून एवं व्यवस्था के लिए, विदेशों के साथ मैत्री संबंध बनाए रखने के लिए, आंतरिक गड़बड़ी और बाहरी हमले की रोकथाम के दौरान, राष्ट्रीय पंचायत और न्यायालय की अवमानना के निवारण के लिए और अन्य संवैधानिक संकटों के दौरान। (अनुच्छेद 17 : नेपाल अधिराज्य का संविधान, 1962) हालाँकि नेपाल का पंचायती संविधान सांस्कृतिक और शैक्षिक अधिकारों को शामिल नहीं करता, जो कि किसी भी आधुनिक लोकतांत्रिक देश के लिए काफी महत्त्वपूर्ण है।

नीति-निर्देशक तत्त्व

पंचायती संविधान के भाग 4 में वर्णित अनुच्छेद 18 और 19 'राज्य नीति के सिद्धांत और उद्देश्यों' की व्याख्या भारतीय संविधान के 'राज्य नीति के निर्देशक सिद्धांतों' की तर्ज पर की गई है। दोनों संविधानों में इनका गठन सामान्य निर्देशन और गैर-न्यायिक संवैधानिक व्यवहारों पर किया गया। वर्ष 1967 में पंचायती संविधान में हुए प्रथम संशोधन द्वारा भाग 4 का पुनर्नामकरण किया गया, जहाँ इसे 'पंचायत व्यवस्था के निर्देशक सिद्धांत' कहा गया। ये 'सामान्य निर्देशन के सिद्धांत' ही बने रहे और जिन्हें न्यायालय द्वारा परिवर्तन में नहीं

लाया जाना चाहिए। (प्रथम संशोधन, 1967 : नेपाल अधिराज्य का संविधान, 1962) इनकी स्थापना राज्य को जनकल्याण के लक्ष्य प्राप्त करने में मदद करना था और देश में उन्नत राजनीतिक-आर्थिक और सामाजिक लोकतंत्र की स्थापना करना था। संशोधित संविधान के अनुच्छेद 19 के अनुसार, "पंचायत व्यवस्था का उद्देश्य जनता के लिए कल्याणकारी तत्त्वों को ऐसे स्थापित समाज में बढ़ाना था, जहाँ राष्ट्रीय पटल पर लोकतांत्रिक, सुलभ न्याय और शोषणविहीन समाज हो तथा जहाँ विभिन्न वर्ग और व्यवसायों के लोग सौहार्दपूर्ण माहौल में रहे।' (अनुच्छेद 19 : नेपाल अधिराज्य का संविधान, 1962) इस प्रकार नेपाल में पंचायत व्यवस्था कल्याणकारी राज्य और विभिन्न वर्गों के मध्य सौहार्दता को इंगित करता था। अनुच्छेद 19 के उपवाक्य दो के अनुसार, इसमें पंचायत व्यवस्था के 'राजनीतिक लक्ष्यों' की बात कही गई, जहाँ राष्ट्रीय संसाधनों के लिए अधिकतम स्तर पर स्वैच्छिक रूप से 'लामबंदी' पर जोर दिया गया। साथ ही मंथर गति से विकेंद्रीकरण स्थापित कर एक ऐसी सामाजिक संरचना स्थापित करना, जो लोकतांत्रिक, गतिशील और शोषणमुक्त हो। ([उपधारा 2] अनुच्छेद 19 : नेपाल अधिराज्य का संविधान, 1962) इस अनुच्छेद के उपवाक्य 3 के अनुसार आर्थिक उद्देश्य इस प्रकार हैं—एक ऐसी व्यवस्था स्थापित करना, जहाँ जनसाधारण को देश की अर्थव्यवस्था उन्नत करने में भागीदारी मिले, साथ ही सहकारी एवं निजी संस्थाओं को भी प्रोत्साहन मिले और अधिकतम नेपाली प्रशासन के प्रतिनिधि जनता को सतर्क और जागरूक बनाएँ। ([उपधारा 3] अनुच्छेद 19 : नेपाल अधिराज्य का संविधान, 1962) इस प्रकार सहकारी और निजी संस्थाओं पर जोर दिया गया तथा साथ ही वर्ग प्रभुत्व का विलोपन हुआ और अवांछित आर्थिक दबावों का भी अंत हुआ। प्रथम और द्वितीय संशोधनों द्वारा पंचायती संविधान के इन निर्देशकों में सामाजिक, सांस्कृतिक, आर्थिक, नैतिक, राजनीतिक और प्रशासनिक आयामों को जोड़ा गया।

अन्य

संविधान के अनुच्छेद 82 की उपधारा 1 के अनुसार नरेश अपने अभिभाषण द्वारा संविधान में संशोधन कर सकता है। इसी अनुच्छेद की उपधारा 2 के अनुसार, नरेश संविधान में संशोधन करने से पहले एक विशेष समिति से विचार-विमर्श करेगा। इस उपवाक्य 3 के अनुसार, इस समिति में निम्न सदस्य होंगे—1. राज्यसभा की स्थायी समिति के सदस्य, 2. राष्ट्रीय पंचायत की परिचालन समिति के सदस्य। (भाग 16 : नेपाल अधिराज्य का संविधान, 1962)

यहाँ तीसरे संशोधन द्वारा यह जोड़ा गया कि राष्ट्रीय पंचायत में उस समय के दौरान ऐसी समिति अस्तित्व में होनी चाहिए। इसी अनुच्छेद के उपवाक्य पाँच में कहा गया है, "कोई भी

संशोधन, जो नरेश द्वारा घोषित किया गया है, वह इस अनुच्छेद के अंतर्गत संविधान का एक अभिन्न अंग होगा।" (अनुच्छेद 82 : नेपाल अधिराज्य का संविधान, 1962)

संविधान का भाग 6 राजसभा के संगठन के बारे में बतलाता है। इस भाग के अनुच्छेद 23 के अनुसार, 'नेपाल में एक राजसभा होगी', जिसमें प्रधानमंत्री, मुख्य न्यायाधीश, राष्ट्रीय पंचायत का अध्यक्ष, उप-प्रधानमंत्री, मंत्री, बड़ा गुरुजी, कमांडर-इन-चीफ, महालेखा परीक्षक, लोकसेवा आयोग का अध्यक्ष, मुख्य चुनाव आयुक्त, महान्यायवादी, मूल पुरोहित एवं अन्य जाने-माने व्यक्तियों को मंत्रालय में पदासीन आदि सभी व्यक्तियों को, जिन्हें नरेश योग्य समझता है, उन्हें नियुक्त करता है। अनुच्छेद 23 के उपवाक्य 4 के अनुसार नरेश ही राजसभा की बैठकों की अध्यक्षता करता है। (भाग 6 : नेपाल अधिराज्य का संविधान, 1962)

संवैधानिक संशोधन : 1967, 1975 एवं 1980

शायद किसी देश के लिए दलविहीन पंचायती व्यवस्था लाभप्रद हो सकती है, लेकिन जिस देश में राजनीतिक अपरिपक्वता, अशिक्षा, गरीबी, जैसी बुराइयाँ निवास करती हैं, उस देश में पंचायती लोकतंत्र का लागू करना देश में कई भयानक परिस्थितियाँ भी पैदा कर सकती है। इसी काल के दौरान नेपाल में साम्यवादी दलों के सान्निध्य से कई संजातीय समूहों में अशांति एवं असंतोष उत्पन्न होने लगा। इस अशांति ने काठमांडू घाटी की राजनीतिक व्यवस्था पर भी प्रभाव डाला, जिससे देश के संविधान में संशोधन की बातें उभरकर सामने आने लगीं। पंचायती व्यवस्था के इस संविधान में तीन संशोधन हुए—पहला 1967, दूसरा 1975 में और तीसरा 1980 में। संविधान के भाग 16 में अनुच्छेद 82 के अंतर्गत संशोधन के प्रावधानों का वर्णन किया गया, जो कि काफी हद तक संविधान संशोधन की शक्ति को नेपाल नरेश के हाथों में केंद्रित करता है। पंचायती संविधान में हुए संशोधनों के बारे में त्रिभुवन विश्वविद्यालय के प्रोफेसर कृष्णा खनाल का कहना है कि इन संवैधानिक सुधारों को लाने के काफी सामाजिक और राजनीतिक कारण थे, लेकिन सबसे महत्त्वपूर्ण कारण था—शिक्षा। पंचायती काल में देश के लोगों का संपर्क बाहरी दुनिया से तेजी से होने लगा। हालाँकि नेपाली विद्यार्थी काफी पहले से उच्चतर शिक्षा के लिए भारत आते रहे थे, परंतु इस काल में यहाँ के विद्यार्थी अन्य देशों में जाकर नए प्रकार के विचारों से अवगत हुए, जिसके कारण नेपाल में समय-समय पर छात्रों एवं बुद्धिजीवी वर्ग द्वारा सरकार पर राजनीतिक सुधारों की माँग की जाती रही।[1]

प्रथम संशोधन : 1967

1962 के संविधान का पहला संशोधन 27 जनवरी, 1962 को राष्ट्रीय पंचायत की राज्य परिषद् की विशेष तदर्थ समिति के अनुरोध पर नरेश ने संविधान के अनुच्छेद 82 के अंतर्गत

किया। इस संशोधन के अनुसार, संविधान की प्रस्तावना में 'दलविहीन एवं लोकतांत्रिक' शब्दों को पंचायती व्यवस्था में जोड़ा गया। मौलिक अधिकारों को पुनः परिभाषित किया गया। इनमें संघ एवं संगठन बनाने की स्वतंत्रता दी गई, लेकिन कोई राजनीतिक दल या संघ या संगठन राजनीतिक दलों के उद्देश्य से निर्मित नहीं होगा। पंचायत व्यवस्था के नीति-निर्देशक सिद्धांतों में परिवर्तन किया गया। वे मात्र सामाजिक आदेश ही नहीं रहे, जैसा कि प्रारंभ में संविधान में वर्णित था, वरन् उन्हें 'लोकतांत्रिक, गत्यात्मक एवं शोषणविहीन' बनाया गया। (नेपाल प्रेस डाइजेस्ट 1967 : 22)

इस संशोधन द्वारा मंत्रिपरिषद् "नरेश को उनके कृत्यों में सलाह एवं सहायता प्रदान करेगी", एवं इसके साथ-साथ, "यह मंत्रिपरिषद् देश के प्रशासन पर निरीक्षण एवं नियंत्रण भी रखेगी, जो कि देश के संविधान के प्रावधानों के अनुसार होगा, अन्य कानून एवं नीति सिद्धांत नरेश द्वारा समय-समय पर जारी किए जाएँगे, जो कि देश की जनता के हितों को पूरा करते हों।" नरेश के पास यह अधिकार बना रहा कि वह अपने विवेकानुसार परिषद् में अन्य व्यक्ति को भी ला सकता था। परिषद् के अध्यक्ष पद को पुनर्गठित किया गया, इसे प्रधानमंत्री पद बनाया गया एवं उपाध्यक्ष को उप-प्रधानमंत्री पद बना दिया गया। संशोधन द्वारा प्रधानमंत्री का कार्यकाल 5 वर्ष निश्चित किया गया एवं "नरेश राष्ट्रीय पंचायत के अनुसार, जो उसे सूचना मिलती है, उसके विवेकानुसार वह प्रधानमंत्री की नियुक्ति करता एवं सभी मंत्री सामूहिक एवं व्यक्तिगत रूप से नरेश के प्रति उत्तरदायी होंगे।" प्रावधान नरेश को यह शक्ति देते थे कि वह प्रधानमंत्री को स्वविवेक से बर्खास्त कर सकता था या राष्ट्रीय पंचायत सदस्यों के दो-तिहाई बहुमत के प्रस्ताव से भी बर्खास्त किया जा सकता था। (नेपाल प्रेस डाइजेस्ट 1967 : 22)

इस संशोधन में यह भी कहा गया कि वर्ग एवं व्यवसाय संगठन के सदस्य इस पंचायत व्यवस्था के किसी भी स्तर पर सदस्य बन सकते हैं, जिसमें राष्ट्रीय पंचायत भी शामिल है। यद्यपि यह व्यवस्था नरेश द्वारा नेपाल गजट में घोषित करने की तारीख के बाद ही प्रभावी होगी। इस प्रकार राष्ट्रीय पंचायत की गुप्त प्रक्रियाओं में आंशिक रूप से ढील आ गई। संशोधन द्वारा नरेश को स्वतंत्र रूप से किसी भी समय सत्र आयोजित करने की छूट मिली।

इस संशोधन से सूक्ष्म किंतु महत्त्वपूर्ण परिवर्तन हुए, जैसे पहली बार चुनाव आयोग को संविधान में जोड़ा गया। शाही सेना के कमांडर-इन-चीफ की नियुक्ति नरेश द्वारा की जाती थी, लेकिन संशोधन में कहा गया कि कमांडर-इन-चीफ की सेवा संबंधी शक्तियों, कार्यों एवं शर्तों को कानून द्वारा संचालित किया जाए। इस संशोधन से अंचल प्रशासन में भी परिवर्तन आया। अंचल पंचायतों को समाप्त कर दिया गया, लेकिन अंचल सभाएँ बनी रहीं। (नेपाल प्रेस डाइजेस्ट 1967 : 23)

द्वितीय संशोधन : 1975

पश्चिमी देशों में शिक्षा ग्रहण करने के बावजूद वीरेंद्र ने पंचायत व्यवस्था को जारी रखा। (थापा 1996/1999/2007; रोज़ और जोशी 2004) 1962 के संविधान के दूसरे संशोधन की घोषणा नरेश वीरेंद्र ने 12 दिसंबर, 1975 के दिन की थी। उन्होंने अपने भाषण में कहा, "इन सुधारों का उपयोग होना चाहिए और इन्हें लागू भी होना चाहिए। हम आशा करते हैं कि हमारे देशवासी, पंचायत व्यवस्था के सदस्य एवं वापस गाँवों की ओर अभियान के सदस्य आदि सभी लोग इन सुधारों को लागू करने में सफल होंगे।" (नेपाल प्रेस डाइजेस्ट 1975 : 514) इससे संविधान में निम्नलिखित परिवर्तन आए—

1. राष्ट्रीय पंचायत—वर्ग संगठनों के पृथक् प्रतिनिधित्व एवं ग्रेजुएट निर्वाचिकाओं को राष्ट्रीय पंचायत से समाप्त कर दिया गया। राष्ट्रीय पंचायत में चुने हुए सदस्यों की संख्या 90 से 112 कर दी गई एवं नरेश द्वारा मनोनीत सदस्यों को 15 से 20 प्रतिशत कर दिया गया। इस प्रकार राष्ट्रीय पंचायत की संख्या 125 से 140 हो गई। राष्ट्रीय पंचायत के सदस्यों का कार्यकाल 4 वर्ष किया गया। राष्ट्रीय पंचायत के सदस्य (प्रधानमंत्री को छोड़कर) जैसे उप-प्रधानमंत्री, अन्य मंत्री, राज्य मंत्री एवं सहायक मंत्रीगणों को कानून के अनुसार ही बुलाया जाएगा। राष्ट्रीय पंचायत के दो सत्रों के मध्य का समय एक वर्ष से ज्यादा नहीं होगा। राष्ट्रीय पंचायत के प्रावधानों के अनुसार नरेश के अभिभाषण कार्य को बंद कर दिया गया।

2. चुनाव—देश में होनेवाले सभी चुनावों को मद्देनजर रखते हुए देश के अंचलों को चार समूहों में विभाजित किया गया। सभी अंचलों के समूहों के चुनाव इस संशोधन की घोषणा के बाद प्रतिवर्ष होने तय किए गए थे। इसके लिए माघ एवं चैत्र महीने तय किए गए।

3. मंत्रिपरिषद्—नरेश राष्ट्रीय पंचायत के सदस्यों में से संविधान के अनुसार राष्ट्रीय अभियान केंद्रीय बोर्ड की सहायता द्वारा प्रधानमंत्री, उप-प्रधानमंत्री एवं अन्य मंत्रियों की नियुक्ति कर सकता था। इसके अतिरिक्त नरेश प्रधानमंत्री एवं उप-प्रधानमंत्री ऐसे व्यक्ति को भी बना सकता था, जो एक साल की अवधि के दौरान राष्ट्रीय पंचायत का सदस्य नहीं रहा था।

4. वर्ग संगठन—नेपाल कृषक संगठन, नेपाल युवा संगठन, महिला संगठन, भूतपूर्व सेवाकर्मी संगठन के अलावा दूसरे संशोधन द्वारा प्रौढ़ संगठन का भी निर्माण हुआ। इन वर्ग संगठनों का उद्देश्य पंचायती व्यवस्था में जनशक्ति को बढ़ाना था।

5. राष्ट्रीय अभियान—संशोधन द्वारा राष्ट्रीय अभियान को संवैधानिक दर्जा मिला।

6. सत्ता दुरुपयोग निवारक आयोग—दूसरे संशोधन द्वारा एक चीफ कमिश्नर के नेतृत्व में संविधान द्वारा 'सत्ता दुरुपयोग निवारक आयोग' का गठन किया गया। संशोधन के अनुसार—चीफ कमिश्नर की नियुक्ति नरेश मंत्रिपरिषद् की सहायता से करेगा या फिर

स्वविवेकानुसार। चीफ कमिश्नर द्वारा जाँची गई शिकायतों का निपटारा मुख्य न्यायाधीश करेंगे। (नेपाल के संविधान का दूसरा संशोधन, परिचर्चा गोष्ठी 1967 : 21)

7. संवैधानिक संशोधन प्रक्रिया—संविधान में संशोधन की प्रक्रिया में भी परिवर्तन आया। प्रारंभ में संविधान अनुसार—राष्ट्रीय पंचायत की संचालन समिति एवं राज्य परिषद् की तदर्थ समिति के अनुमोदन द्वारा संशोधन किया जाता था। किंतु इस संशोधन में कहा गया, "नरेश एक विशेष समिति से विचार-विमर्श करके अपनी स्वयं शक्ति से संविधान में संशोधन कर सकता था।" (नेपाल प्रेस डाइजेस्ट 1975 : 514)

तीसरा संशोधन : 1980

नरेश वीरेंद्र द्वारा संविधान में तीसरे संशोधन की घोषणा 15 दिसंबर, 1980 को की गई। ये निम्न प्रकार थे—

1. पंचायत व्यवस्था के उद्देश्य—तीसरे संशोधन द्वारा पंचायती व्यवस्था के सामाजिक एवं आर्थिक लक्ष्यों को पुनः परिभाषित किया गया एवं विदेश नीति की रूपरेखा भी तैयार की गई।

2. राष्ट्रीय पंचायत—राष्ट्रीय पंचायत देश की मुख्य व्यवस्थापिका थी, जिसमें 112 सदस्य चुने हुए आते थे, एवं एक-चौथाई सदस्य (28) नरेश द्वारा विभिन्न वर्गों, बुद्धिजीवी वर्ग इत्यादि से मनोनीत किए जाते थे। निर्वाचित सदस्यों का चुनाव वयस्क मताधिकार द्वारा प्रति 5 वर्ष में होता था।

3. मंत्रिपरिषद्—मंत्रिपरिषद् नरेश को उनके कार्यों में सलाह एवं सहायता प्रदान करती थी। मंत्रिपरिषद् प्रत्यक्ष रूप से दैनिक प्रशासन पर निगरानी रखती थी एवं इससे संबंधित सभी कानून नरेश द्वारा प्रभावी होते थे।

4. समन्वय परिषद्—यदि नरेश चाहे तो एक समन्वय परिषद् का गठन कर सकता है, जिसके द्वारा संपूर्ण नेपाल को दलविहीन पंचायती लोकतंत्र द्वारा एकजुट करके देश की सुरक्षा, कानून, न्याय एवं स्वतंत्रता को सुरक्षित एवं संरक्षित कर सकता है।

5. पंचायत नीति एवं अन्वेषण समिति—राष्ट्रीय पंचायत के अध्यक्ष की अध्यक्षता में एक पंचायत नीति एवं अन्वेषण समिति का गठन होगा। इस समिति के सभी कार्यों से संबंधित विधानों का निर्धारण नरेश की सहमति द्वारा होगा। किसी भी न्यायालय में इस समिति के विरुद्ध कार्रवाई नहीं की जा सकती। इस समिति का मुख्य कार्य था कि राष्ट्रीय पंचायत की नीतियों का पालन सही प्रकार होता है या नहीं। (नेपाल प्रेस डाइजेस्ट 1980 : 503-506)

वापस गाँवों की ओर अभियान

कालक्रमानुसार नरेश महेंद्र ने दलविहीन पंचायत व्यवस्था का मूल्यांकन जारी रखा, जिसके लिए उन्होंने कई नवीन संस्थाओं की रचना की। जिसमें सबसे महत्त्वपूर्ण संस्था थी—'वापस गाँवों की ओर अभियान', जिसे सितंबर 1967 में राष्ट्रीय पंचायत द्वारा अपनाया गया। (बराल 2003 : 902) यद्यपि 1962 के दौरान ही नरेश महेंद्र ने इसके बारे में सोचा था। इस संस्था का मुख्य उद्देश्य यह बताया गया कि यह पंचायती व्यवस्था को पुनः एक नई स्फूर्ति प्रदान करेगी, एवं राजनीतिक व्यवस्था को जनता के नजदीक पहुँचाएगी, जिससे सत्ता का उत्तरदायित्व भी बढ़ेगा। नरेश महेंद्र ने इस संस्था की उद्घोषणा अपने एक भाषण द्वारा की थी, इसमें उन्होंने कहा, "हमारे यहाँ दलविहीन पंचायती व्यवस्था नेपाल और नेपाली समाज के लिए एक ऐसा भाग हो गई है, जिसे अलग नहीं किया जा सकता; क्योंकि हम क्रमशः विकेंद्रीकरण और एक शोषणरहित समाज की स्थापना के लक्ष्य की ओर इस पद्धति के माध्यम से बढ़ रहे हैं। वैसे हम उसी प्रारंभ की अवस्था में हैं और हमें अभी बहुत कुछ करना है। हमारी जनसंख्या का अधिकांश भाग गाँवों में रहता है, इसलिए इस व्यवस्था के मौलिक उद्देश्यों की प्राप्ति के लिए हमें गाँवों की ओर मुड़ना है। आज भी गाँवों में अशिक्षा, रोग और गरीबी व्यापक रूप से फैली हुई है। यद्यपि इस व्यवस्था के अंतर्गत अनेक विकास के कार्य गाँव पंचायतों द्वारा किए गए हैं, जैसे भूमि-सुधार योजना, जो इस पद्धति का आवश्यक अंग है, के द्वारा सर्वसाधारण जनता के बीच चेतना लाने के प्रति की है, परंतु हम सभी लोग यह महसूस करते हैं कि हमारी प्रगति की गति समय की माँग के अनुसार और भी तेज हाँकनी चाहिए। इन उद्देश्यों की पूर्ति के लिए यह आवश्यक है कि संपूर्ण देश की शक्ति का एकीकरण कर दिया जाए और हर व्यक्ति, चाहे वह एक मंत्री हो या पंच, एक अध्यापक हो या एक विद्यार्थी, एक बुद्धिजीवी हो या एक समाज सेवक, या एक सरकारी कर्मचारी, उसे इस अभियान में कुछ-न-कुछ सहयोग देना है। इसलिए मैं सभी नेपाली लोगों का 'वापस गाँवों की ओर राष्ट्रीय अभियान' के रूप में अनुशासित सहयोग के साथ भाग लेने के लिए आह्वान करता हूँ। मेरा आह्वान है कि मंत्रीगण, विभिन्न स्तर के पंच और विभिन्न स्तर के वर्ग संगठनों के सदस्यों को अनिवार्य रूप से भाग लेना चाहिए तथा सभी इच्छुक, उत्साही नेपाली नागरिकों को भी अधिकाधिक संख्या में उनकी योग्यता के अनुसार सम्मिलित किया जाना चाहिए।" 1975 तक इस संस्था की भूमिका काफी नगण्य रही, क्योंकि इसे तब तक एक महत्त्वहीन संस्था माना जाता रहा था। 1975 के दूसरे संवैधानिक संशोधन के बाद इस संस्था को संविधान का अभिन्न अंग बना दिया गया एवं कई महत्त्वपूर्ण शक्तियाँ दी गईं। इसके अनुसार यह संस्था एक सचेतक, निरीक्षक एवं पोलिट ब्यूरो की तरह काम करती एवं यह केवल नरेश के प्रति ही उत्तरदायी रहती थी।

(बराल 1977 : 18) इस संस्था का मुख्य कार्य यह था कि यह सामाजिक कार्यकर्ताओं की योग्यताओं का आकलन करती थी। यह एक ऐसी विधि का अनुसरण था, जिससे जनता यह जान पाती कि भविष्य में ये सामाजिक कार्यकर्ता जनता के जनप्रतिनिधि बने तो उनके क्षेत्र में उन व्यक्तियों द्वारा विकास एवं कल्याण की दिशा में कितना योगदान रहा। इसका यह भी उद्देश्य था कि इससे जनता में सृजनशील कार्यों एवं योजनाओं की तरफ रुझान बढ़ता। (शाह 1990 : 17)

वापस गाँवों की ओर अभियान की मौलिक विशेषताएँ निम्न प्रकार रहीं—

1. राष्ट्रीयता और राष्ट्रीय एकता की भावना को सुदृढ़ और व्यापक बनाना।
2. दलविहीन पंचायती प्रजातंत्र को विकल्प रहित आवश्यकता का बोध कराने के लिए निर्दलीय भावना को विकसित और सुदृढ़ करना।
3. असंलग्न परराष्ट्र नीति के अनुकूल आचरण करने के लिए प्रयत्न।
4. भ्रष्टाचार, अन्याय, अत्याचार, अनावश्यक ढीलापन और सुस्ती को समाप्त करने के लिए अभियान चलाना।
5. ग्रामीण समाज में चेतना और सक्रियता लाने के लिए प्रयास।
6. चालू भूमि सुधार, राष्ट्रीय कानून, समाज सुधार और देश निर्माण कार्यक्रम के सफल क्रियान्वयन हेतु सहायता प्रदान करना।
7. साझापन, सहकारी भावना और कार्यक्रम के प्रचार और विस्तार के लिए प्रयास।
8. जनजीवन में वृक्षारोपण, वन और अन्य जंतुओं के रक्षा संबंधी महत्त्व का बोध कराने के लिए प्रयत्न।
9. कृषि उत्पादन की वृद्धि में बल देना।
10. स्थानीय आवश्यकताओं के अनुरूप घरेलू उद्योग को प्रोत्साहन और विस्तार की भावना से देशव्यापी रूप में जाग्रत् करना। (द्विवेदी 1978 : 55-56)

फिर भी इस संस्था में कुछ कमियाँ रहीं। इसकी केंद्रीय समिति में 8 सदस्य थे, जिन्हें राष्ट्रीय स्तर पर पंचायत एवं पंचायत पूर्व की राजनीति का कोई अनुभव नहीं था। (द्विवेदी 1978 : 55-56) इसलिए इसके सदस्यों ने पंचायत व्यवस्था की ही कमियों को उजागर कर दिया। समय-समय पर इस संस्था के सदस्य पंचों के निर्णयों में कमी निकालते रहे एवं इसके दौरान उन्हें पंचों की नाराजगी एवं विरोध को सहना पड़ा। हालाँकि इस संस्था की गतिविधियाँ देश के अभिजन वर्ग की स्थिति को सुदृढ़ कर रही थीं। इस प्रकार, जनता को विकासशील कार्यों के लिए प्रोत्साहित करने के बजाय इसने उच्च वर्ग समर्थित होकर एकदम विपरीत काम किया। (फडनीस 1981 : 433) निचले स्तर से लेकर केंद्र तक पंचायती व्यवस्था के कार्य करने के तरीके से सामाजिक एकता में विषमता उत्पन्न हो गई, जिसने एक तरह से 1980 के

जनमत संग्रह के मार्ग को प्रशस्त किया।

1979 के छात्र आंदोलन द्वारा संवैधानिक अंग 'वापस गाँवों की ओर अभियान' को निरस्त करने की माँग की गई। यह आंदोलन 1979 में 6 महीने तक चला। यद्यपि इस आंदोलन का तत्कालीन कारण था—पाकिस्तान के प्रधानमंत्री जुल्फिकार अली भुट्टो को फाँसी पर लटकाया जाना और फिर आंदोलन भी 'नरेश विरोधी एवं सरकार विरोधी' बनने लगा। (कुमार 1980 : 7) इसके अलावा प्रमुख कारण यह था कि फरवरी 1979 में दो नेपाली कांग्रेस के कार्यकर्ता कैप्टन वाई.बी. थापा और बी.एन. श्रेष्ठ को नरेश की सरकार ने फाँसी की सजा सुनाई। (फडनीस 1981 : 435) पुलिस द्वारा इस छात्र आंदोलन को दबाने का प्रयास किया गया, लेकिन इसमें कमी आने के बजाय इसने और भी उग्र रूप धारण कर लिया, जिसके परिणामस्वरूप नरेश ने 24 मई, 1979 को देश में लोकप्रिय राष्ट्रीय जनमत संग्रह की घोषणा की। (शाह 1990 : 19)

जनमत संग्रह

वर्ष 1979 के छात्र आंदोलन ने नरेश के समक्ष तीन विकल्प प्रस्तुत किए—1. पंचायत व्यवस्था को यथास्थिति में ही चालू रखना, 2. वर्तमान व्यवस्था को त्याग कर बहुदलीय व्यवस्था को ग्रहण करना, 3. मध्य मार्ग, जहाँ उपरोक्त विकल्पों के बीच का निर्णय जनता करेगी। (फडनीस 1981 : 439)

पहला विकल्प लागू करना मुश्किल था, क्योंकि नरेश ने स्वयं भी यह महसूस किया था। इसके अलावा इस व्यवस्था को चालू रखना भी एक प्रकार से जनता पर शक्ति आरोपित करने के समान था, जिससे नरेश वीरेंद्र अलोकप्रिय हो सकते थे। दूसरे विकल्प को मानने का अर्थ था--पंचायत के अभिजन वर्ग का समर्थन खोना, जो पंचायत व्यवस्था के स्तंभ थे। अंततः यदि बहुदलीय व्यवस्था को चुना जाता तो वह नरेश के हितों में नहीं होता। इसके अतिरिक्त नरेश ने यह भी देखा कि किस प्रकार अफगानिस्तान (1960) एवं ईरान (1970) के राजतंत्र को लोकतांत्रिक शक्तियों ने उखाड़ फेंका। अतः यदि ऐसा प्रयोग नेपाल में हुआ तो राजतंत्र का भविष्य खतरे में पड़ सकता है। ऋषिकेश शाह के अनुसार, "इस समय के दौरान देश में जनमत संग्रह करवाना कुछ जनसमूहों को संदेहास्पद लगा, क्योंकि बहुत से देश जहाँ नवीन लोकतंत्र को स्थापित किया गया है, वहाँ जनमत संग्रह या आरंभक पद्धति को प्रयोग में लाने का प्रचलन रहा है। फिर भी, जहाँ लोकतंत्र सुदृढ़ रूप से स्थापित नहीं हुआ है, वहाँ जनमत संग्रह द्वारा जनता के मत को जानना एक संकीर्ण या अपर्याप्त तरीका होगा। विशेष तौर पर नेपाल में यह संभावना थी कि राजनीतिज्ञ, अभिजन वर्ग एवं उच्च वर्ग इस लोकतांत्रिक उपकरण का दुरुपयोग कर सकते हैं। वे इस

प्रक्रिया में लोकतंत्र को अपनी स्थिति मजबूत करने के लिए अपनाएँगे एवं जनता को इससे दूर कर देंगे।" (शाह 1992 : 140-141) उर्मिला फडनीस के अनुसार, "नरेश ने जनमत संग्रह का निर्णय इसलिए लिया, क्योंकि उन्हें राजतंत्र को बचाना था एवं वर्तमान संकट से देश को उबारना था। नरेश वीरेंद्र ने 24 मई, 1979 को राष्ट्रव्यापी जनमत संग्रह करवाने की घोषणा की। (स्नेलिंगर 2005 : 25, बराल 1981 : 3) यह नरेश वीरेंद्र की काफी शातिर चाल थी, उनके पिता द्वारा बनाई गई व्यवस्था के नष्ट होने पर भी उनके ऊपर कोई जिम्मेदारी नहीं थी, परंतु उन्हें इस स्थिति में काफी महत्त्वपूर्ण भूमिका निभाने का मौका मिला।" (फडनीस 1981 : 440)

यह जनमत संग्रह 2 मई, 1980 को पूरे देश में संपन्न हुआ एवं यह प्रक्रिया शांतिपूर्वक हुई। इस दौरान नरेश ने अपने भाषणों में कभी भी बहुदलीय व्यवस्था का उल्लेख नहीं किया, वरन् उन्होंने उपयुक्त सुधारों की बात कही। जनमानस में यह विचार भी पनपने लगा था कि यह जनमत संग्रह पक्षपातपूर्ण हो सकता है, परंतु यह भ्रम तब टूटा, जब लोकप्रिय नेता बी.पी. कोईराला, के.पी. भट्टाराई, जी. पी. कोईराला, मनमोहन अधिकारी आदि ने कहा कि यह निष्पक्ष एवं ईमानदारी से संपन्न हुआ है। (नेपाल प्रेस डाइजेस्ट 1980 : 176) नेपाल के प्रेस एवं मीडिया ने भी यही कहा कि नरेश की सरकार द्वारा हुआ यह चुनाव निष्पक्ष रूप से हुआ है। नेपाल के प्रमुख समाचार-पत्रों—नेपाल समाचार, दैनिक नेपाल, गोरखा पत्र और नवीन खबर के संपादकीय में नेपाली जनता की प्रशंसा की गई कि वे राजनीतिक रूप से काफी जागरूक हैं और अपने लोकतांत्रिक अधिकारों का उपयोग काफी अच्छी तरह से करते हैं। (नेपाल प्रेस डाइजेस्ट 1980 : 191)

इस जनमत संग्रह का आयोजन 14 अंचलों एवं 54 जिलों में हुआ। इसका परिणाम 14 मई, 1980 को घोषित किया गया। इसमें कुल मतों की संख्या 4,813,486 थी, जो कि कुल मतदाताओं का मात्र 67 प्रतिशत था। उत्तरी एवं मध्य पर्वतीय क्षेत्रों में 61 प्रतिशत मतदान हुआ एवं वहीं दक्षिणी तराई क्षेत्र में 72.2 प्रतिशत मतदान हुआ, यह उपरोक्त मानचित्र 1 में अंकित है। काठमांडू में मतदान 53 प्रतिशत रहा। सबसे कम मतदान सुदूर पश्चिम में बैतदी (38.8 प्रतिशत) एवं डोटी (41.8 प्रतिशत) जिले में हुआ, जबकि सर्वाधिक मतदान उत्तरी जिले डोलपा (91.9 प्रतिशत) एवं मनंग (90.2 प्रतिशत) में हुआ। (फडनीस 1981 : 446)

नक्शा 3.1

1980 जनमत संग्रह : मतदान

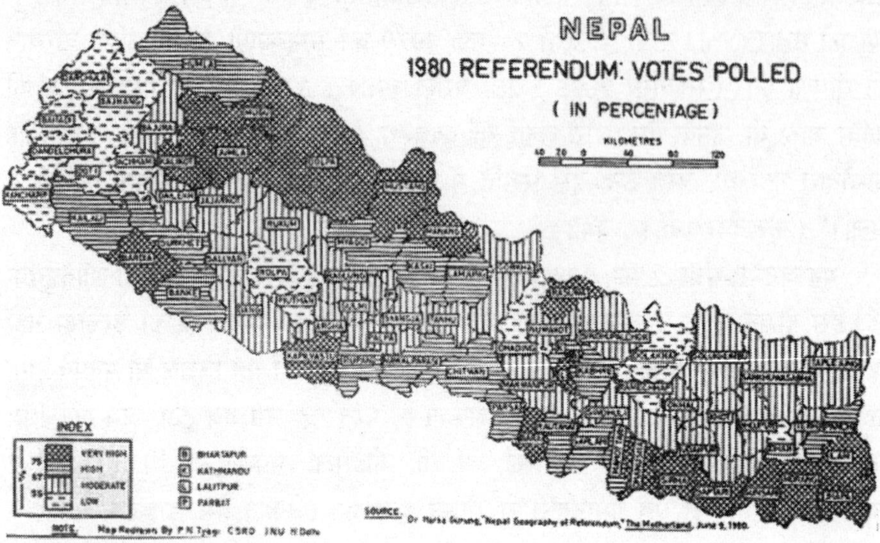

(फडनीस 1981 : 449)

हालाँकि इस चुनाव का परिणाम पंचायती व्यवस्था के पक्ष में रहा। पंचायत व्यवस्था के पक्ष में वोट देनेवाले लोगों की संख्या 24,33,452 (54.79%) थी एवं बहुदलीय व्यवस्था के पक्ष में यह संख्या 20,07,965 (45.21%) थी। इस प्रकार पंचायती पक्ष एवं बहुदलीय व्यवस्था पक्ष में मतों का अंतर 4,28,487 (लगभग 10%) रहा। वस्तुतः पंचायती पक्ष की यह विजय ज्यादा सबल नहीं थी। संदेहशील लोगों में यह धारणा बनी कि पंचायती पक्ष की यह विजय केवल तकनीकी एवं आँकड़ों के रूप में ही थी। इसके अलावा 1.5 मिलियन जनता, जिसमें युवा एवं छात्र भी शामिल थे, को मतदान से वंचित कर दिया गया था। वे सब निर्वाचक जनसंख्या के हिसाब से 14 प्रतिशत थे। इन सब तथ्यों से यह स्पष्ट होने लगा था कि इस पंचायत व्यवस्था को भविष्य में काफी अड़चनों का सामना करना पड़ेगा। (नेपाल प्रेस डाइजेस्ट 1980 : 206) हालाँकि जनमत संग्रह ने एक राजनीतिक प्रक्रिया को गति प्रदान की, जिससे 'अल्पमत'—बहुदलीय लोकतंत्र समर्थकों की आवाज को नहीं नकारा जा सकता। दोनों पक्षों—पंचायती एवं बहुदलीय व्यवस्था में गुटबंदी का विकास हुआ, जिसके कारण नेपाली राजनीति की संरचना कई समूहों में बँट गई एवं ऐसी स्थिति में नरेश की भूमिका स्वयमेव निर्णायक हो गई।

सामाजिक एवं आर्थिक स्थिति

संविधान का अनुच्छेद 19 पंचायत व्यवस्था में निहित सामाजिक उद्देश्यों की व्याख्या करता था। इस अनुच्छेद के उपवाक्य 4 के अनुसार, "पंचायत व्यवस्था का लक्ष्य एक ऐसे सौहार्दपूर्ण समाज को स्थापित करना है, जहाँ सभी नागरिकों को ऐसी व्यवस्था मिले, जिसमें लोकतंत्र एवं शोषणमुक्त समाज हो तथा सभी वर्गों एवं व्यवसायों के हित भी सन्निहित रहें।" इस प्रकार पंचायत व्यवस्था के इस लक्ष्य को निम्न बिंदुओं द्वारा निरूपित किया जा सकता है—1. लोकतांत्रिक समाज की स्थापना, 2. सभी के लिए न्याय का संरक्षण, 3. विभिन्न वर्गों एवं हितों के मध्य सौहार्दता बनाते हुए शोषणमुक्त समाज की ओर मुखरित होना, 4. समाज में भौतिक सुविधाओं के साथ-साथ नैतिकता का संचार करना। (अनुच्छेद 19 : नेपाल अधिराज्य का संविधान, 1962)

ये सभी उद्देश्य यद्यपि सामाजिक विकास की बात करते थे, किंतु ये राजनीतिक एवं आर्थिक उपायों पर ज्यादा निर्भर थे। अत: यहाँ सामाजिक लक्ष्यों को प्राप्त करने के लिए जनता में ऐसा वातावरण तैयार किया गया, जिससे ये निर्धारित लक्ष्य पूरे हो सकें एवं सभी बाधाओं को दूर कर जनता के मध्य से ऐसी परंपराओं को हटाना था, जो राष्ट्र के विकास में अड़चनें पैदा कर रही थीं। लोकतांत्रिक समाज का यह मतलब नहीं कि यहाँ केवल उच्चस्तरीय सामाजिक-आर्थिक व्यवस्था स्थापित कर दी जाए और कुछ निश्चित राजनीतिक अधिकार दे दिए जाएँ। लोकतंत्र की आत्मा की उपस्थिति के बिना ऐसे उच्च स्तरीय लोकतंत्र की स्थापना नहीं हो सकती। काफी विकासशील राष्ट्रों में अत्यधिक परंपराएँ और रूढ़ियाँ होने के कारण मानवीय मूल्यों की महत्ता घट जाती है, जिससे जनता तक लोकतांत्रिक व्यवस्था की पहुँच मुश्किल हो जाती है। नेपाल में विभिन्न प्रकार की पारंपरिक व्यवस्थाएँ हैं, इसलिए यहाँ सामाजिक व्यवस्था की योजना बहुत सावधानी से बनाई गई, जिससे संभव है कि राष्ट्र सामाजिक लोकतंत्र की ओर अग्रसर हो। (सिन्हा 1972 : 128) एक समाज में महत्त्वपूर्ण परिवर्तन के लिए वहाँ बड़े सामाजिक सुधार की आवश्यकता होती है, किंतु दुर्भाग्य से नेपाल में इसकी अनुमति निरंकुश राणाकाल में नहीं मिल सकी। हालाँकि पूर्व में कुछ सुधार जयष्ठि मल्ला, पृथ्वी नारायण शाह और राम शाह के काल में हुए थे। नेपाल के वर्तमान सामाजिक ढाँचों की तरफ देखें तो पाएँगे कि यह काफी हद तक परंपराओं की ओर मुखरित था, किसी क्रांतिकारी परिवर्तन की उम्मीद भी नहीं की जा सकती थी, या फिर जब तक कोई जबरदस्त सुधार आंदोलन द्वारा ऐसे कानून न बन जाएँ। देश के साधारण सर्वेक्षण द्वारा समाज की कुछ आधारभूत कमजोरियाँ नजर आती हैं, जो निम्नलिखित हैं—

प्रथम, समाज में नारियों का स्थान काफी नीचे और दबा-कुचला रहा—यद्यपि देश में जनसंख्या के तौर पर इनकी संख्या 50 प्रतिशत रही। ये हमेशा अशिक्षित और पिछड़ी

रहीं। इस प्रकार काफी सामाजिक बुराइयाँ महिलाओं की इस दयनीय स्थिति के कारण उत्पन्न हुईं।

द्वितीय, वैवाहिक व्यवस्था एवं लिंग भेद—देश के काफी भागों में परंपरागत रूप से बच्चों की शादी 8 या 9 साल में कर दी जाती थी। यह बात कुछ धार्मिक नियमों से भी प्रेरित थी। इसके परिणामस्वरूप देश में विधवा वृद्धि और शारीरिक समस्याएँ बढ़ने लगीं। हालाँकि नए 'मुल्कि आईन' ने इस पर कुछ नियंत्रण करने की कोशिश की, फिर भी विधवा विवाह को कानूनी रूप नहीं दिया गया।

तृतीय, अस्पृश्यता—नेपाल के काफी भागों में कुछ जातियों को कुओं, जलाशय, मंदिर इत्यादि पर जाना मना था। कानून इस प्रकार के भेदभाव को निषिद्ध करता था, किंतु धर्म इसके रास्ते में खड़ा हो जाता था। जब तक समाज के प्रत्येक तबके के साथ समान व्यवहार नहीं होता है, तब तक इसे लोकतांत्रिक समाज नहीं कहा जा सकता। (सिन्हा 1972 : 128) समाज में समय-समय पर होनेवाले इन परिवर्तनों के साध्यों को 'मुल्कि आईन' द्वारा मान्यता दी गई।

नेपाल व्यवहारात्मक और संवैधानिक दोनों दृष्टिकोणों से हिंदू राष्ट्र रहा। नरेश हिंदू धर्म का उपासक रहा। हालाँकि हिंदू धर्म यहाँ काफी उदार रहा, इसने बौद्ध एवं अन्य पंथों को अपने में सन्निहित किया। धार्मिक विद्वेषता का कोई स्थान नहीं था। दोनों धर्मों की उपासना साथ-साथ होती थी। अतः कानूनी रूप से तो नहीं, लेकिन व्यावहारिक रूप से धर्मनिरपेक्षता के कुछ-कुछ लक्षण प्रतीत होते थे। देश में धार्मिक सहिष्णुता और सद्भाव होने के बावजूद भी धर्म ने नेपाल में असमानता और कुछ अन्य दोष ला दिए, जो कि निम्नलिखित हैं—

1. जाति व्यवस्था—वास्तव में इसकी स्थापना समाज में कार्य के अनुरूप की गई थी, किंतु बाद में यह सामाजिक असमानता के रूप में सामने आई। इसने उच्च एवं निम्न वर्ग के मध्य खाई उत्पन्न कर दी। इस प्रकार धार्मिक अंधानुकरण के चलते समाज के कई वर्गों में असहिष्णुता फैलने लगी और काफी समुदायों के लोगों का मंदिरों में प्रवेश वर्जित कर दिया गया।

2. समाज में धर्म द्वारा एक और असमानता नारियों के साथ भी फैलने लगी। इससे समाज में नारियाँ कम उम्र में विधवा होने लगीं और उन्हें धर्म के नाम पर कई प्रकार की यातनाएँ दी गईं।

3. धर्म का अन्य दोष यह उभरकर सामने आया कि इससे ब्राह्मण पुजारियों को धर्म के नाम पर शोषण करने का अवसर मिलने लगा। जनता धर्म और भगवान् के नाम पर पुजारियों का विरोध न कर सकी और ये पुजारी ब्राह्मण और शक्तिशाली होते गए।

इस नए 'मुल्कि आईन' के आगमन से सामाजिक बुराइयों को सुधारा गया और

खासतौर से निम्न वर्ग और महिलाओं पर विशेष ध्यान दिया गया। काफी दोष, जो कि धार्मिक लेखों की गलत व्याख्या करने से उत्पन्न हुए थे, उन्हें भी इस आईन द्वारा सुधारा गया। (ब्लैकी 1980 : 52)

नया मुल्कि आईन (1963)

अप्रैल 1963 में नेपाल में एक नया सिविल कोड नरेश महेंद्र द्वारा घोषित किया गया, जिसे नया 'मुल्कि आईन' कहा गया। इस आईन में पुराने आईन के कुछ प्रावधानों को पूर्ण रूप से हटाया गया, जो कि पूरी तरह परंपरागत हिंदू समाज की रीतियों पर आधारित थे। पुराना आईन बेतुके ढंग से स्थापित था, जिसमें एक ही सजा के लिए जाति के आधार पर भिन्न-भिन्न दंड व्यवस्था थी। पिछला आईन नारियों और निम्न वर्ग को समाज के निचले पायदान पर रखता था। (बज्राचार्य और बक्शी 1993 : 133)

बदलते समाज में विधि का शासन लाना काफी आवश्यक हो गया था। नई सामाजिक-आर्थिक-राजनीतिक व्यवस्था ने इसे अनिवार्य और इसके लिए ऐसा अनुकूल वातावरण बनाया, जिससे सभी को सामाजिक न्याय उपलब्ध हो सके। अतः इस नए सिविल कोड का लक्ष्य रहा कि कानूनी स्तर पर असमानता को घटाया जाए, जो कि जाति और आदिवासी के आधार पर उत्पन्न होती है। नेपाल का समाज विभिन्न जातियों, धर्मों, समुदायों और विवाह के नियमों में काफी बँटा हुआ था। इस आईन द्वारा सभी को एक समान कानून के अधीन लाने का प्रयास किया गया। इस नए सिविल कोड के प्रयास निम्नलिखित थे—1. एक ऐसी सामाजिक व्यवस्था स्थापित करना, जिसमें शोषणविहिन समाज का विकास हो, 2. समाज को परंपराओं की बेड़ियों एवं अंधविश्वासों से निकालकर आधुनिक समाज से जोड़ना, 3. विवाह व्यवस्था को पुनः व्यवस्थित करना एवं बहुविवाह, बाल-विवाह एवं कम उम्र के विवाहों को रोकना, 4. जातीय संबंधों की पुनर्संरचना करना, जिससे कि उच्च और निम्न जातियों में भेदभाव कम हो। (सिन्हा 1972 : 131)

इस प्रकार यह नया सिविल कोड सामाजिक क्रांति का सूचक था, जो कि देश में लोगों के मध्य सकारात्मक आंदोलन की अपेक्षा रखता था।

प्रेस की स्थिति

प्रेस की स्थिति पंचायत काल में काफी कमजोर और जकड़ी हुई रही। समाचार-पत्र सारहीन तथा व्यक्तित्वहीन रहे। सरकारी समाचार-पत्र, जैसे—'गोरखापत्र' और 'राईजिंग नेपाल राजकोष' से ही फल-फूल रहे थे, ये सब व्यवस्था के समर्थक थे और पढ़ने में विज्ञप्ति या गजट की तरह थे। समाचार-पत्रों का अपने अस्तित्व में बना रहना सरकार

के दृष्टिकोण पर निर्भर था। यद्यपि प्रेस व्यावहारिक रूप में 1960 में पहली बार सरकारी प्रतिरूपित छाया में आई, किंतु प्रेस तथा सरकार का रिश्ता कभी सौहार्दपूर्ण नहीं रहा। प्रेस ऐक्ट सर्वप्रथम 1963 में लाया गया। इससे सरकार और प्रेस के मध्य अविश्वास का माहौल बन गया। जिसके चलते इस पर कई प्रकार के प्रतिबंध लग गए, और कहा गया कि, "महामहिम की सरकार ऐसी खबर, आलोचना और प्रकाशन को निर्देशित एवं रद्द कर सकती है, जो जनहित के विरुद्ध है। इन आदेशों के खिलाफ अपील और शिकायत नहीं की जा सकती।" (बराल 1983 : 63) वर्ष 1970 में प्रथम बार प्रेस के क्षेत्र में परिवर्तन आया, जब प्रेस ऐक्ट 1963 में संशोधन लाया गया। इस संशोधन द्वारा प्रेस के न्यायिक संरक्षण और अपील की गारंटी जैसे प्रावधानों को जोड़ा गया, जिसके परिणामस्वरूप कई समाचार-पत्र, जो कि पुराने नियमों के अनुसार प्रताड़ित थे, वे पुनः कार्य करने लगे। हालाँकि यह अनुकूल वातावरण काफी कम समय के लिए रहा, क्योंकि सरकार के अंदर से ही कट्टरपंथी समूह इसका विरोध करने लगे। वर्ष 1975 में सरकार ने सात दैनिक और साप्ताहिक समाचार-पत्रों को बंद करने के लिए एक ज्ञापन जारी किया, जिसमें इन समाचार-पत्रों को दलपक्षीय बताया गया। (बराल 1975 : 169-183)

आर्थिक स्थिति

नेपाल के संविधान पंचायती व्यवस्था के अंतर्गत वर्णित नीति-निर्देशक तत्त्वों में सामाजिक और आर्थिक विषयों का समावेश किया गया, जिनका उद्देश्य शोषण विहीन समाज को स्थापित करना था। इस अनुच्छेद के उपवाक्य के अनुसार, "पंचायती व्यवस्था का लक्ष्य ऐसी व्यवस्था को उन्नत करना था, जहाँ लोग एक लोकतांत्रिक समाज के अंदर विकास कर सकें। एक समाज, जो शोषण से मुक्त हो एवं विभिन्न वर्गों एवं व्यवसायों के लोगों में देश के हितों के अनुसार सौहार्दता ला सके।"(अनुच्छेद 19 : नेपाल अधिराज्य का संविधान, 1962) इस प्रकार शोषण विहीन समाज की अवधारणा सभी प्रकार के शोषण से स्वतंत्रता की बात करता है, जो कि विशेष रूप से आर्थिक अंश पर जोर देता है। यह पद्धति वर्ग सौहार्द एवं व्यवसायों के हितों के अनुसार थी, जो कि राष्ट्रीय दृष्टिकोण के अनुसार था।

1961 से 1990 के पंचायती काल के दौरान, नेपाल में विभिन्न प्रकार की आर्थिक नीतियाँ और कार्यक्रम लागू किए गए। इस काल के दौरान लगभग सात पंचवर्षीय योजनाएँ पूरी हुईं। इन सातों पंचवर्षीय योजनाओं का चालू कीमतों पर कुल व्यय 82.77 अरब (स्थिर कीमतों पर लगभग 25 अरब) रहा। पहली से चौथी पंचवर्षीय योजना तक शक्ति, परिवहन एवं संचार साधनों को प्राथमिकता दी गई, जो कुल व्यय का 40 से 50 प्रतिशत तक होता

था। छठी एवं सातवीं पंचवर्षीय योजना में कृषि प्राथमिकता दिया जानेवाला क्षेत्र रहा, जिस पर कुल व्यय का लगभग एक-तिहाई व्यय होता था। सामाजिक सेवाओं के लिए किया गया व्यय, जो प्रारंभिक पंचवर्षीय योजनाओं में द्वितीय वरीयता प्राप्त क्षेत्र था (लगभग 26 प्रतिशत), अंतिम योजनाओं में बहुत कम कर दिया गया (लगभग 17 प्रतिशत)। प्रारंभिक योजनाओं में आर्थिक वृद्धि की ऊँची दर प्राप्त करने का लक्ष्य रखा गया, वह पूँजी गहन तकनीकों के उपयोग तथा आवश्यक आधारभूत ढाँचे के अभाव में प्राप्त नहीं किया जा सका। (खड़का 1994 : 52-53)

इस प्रकार अर्थव्यवस्था में पंचायत में निहित आर्थिक लक्ष्यों की पूर्ति नहीं हो सकी। इन उद्देश्यों की पूर्ति न होने में एक प्रमुख कारण नेपाली अर्थव्यवस्था का निवेश के लिए विदेशी सहायता पर अत्यधिक निर्भर रहना था। इसके कारण नेपाल नरेश पर संस्थागत परिवर्तन करने एवं बहुदलीय व्यवस्था को पुनर्गठित करने के लिए विदेशी दबाव डाले गए, जिनमें भारत भी शामिल था। जिसके द्वारा नरेश को भूमि सुधारों को लागू करने के लिए विवश किया। इन समस्याओं के निराकरण के लिए गठित शाही भूमि सुधार आयोग भी कोई उपयुक्त तरीके सुझाने में सफल नहीं हो सका। इस पंचायती शासन की योजनाओं के दौरान किए गए विकासात्मक व्यय में उपभोक्ता व्यय सूचकांक से व्यवस्थित वृद्धि दर 3.86 प्रतिशत वार्षिक रही है। पंचायती शासन में पूर्ण हुई सातों पंचवर्षीय योजनाओं में विदेशी सहायता द्वारा वित्त पोषित विकासात्मक कार्यों का हिस्सा औसतन 47.31 प्रतिशत रहा है, जो उत्तरोत्तर बढ़ता ही गया और सातवीं पंचवर्षीय योजना के अंत में 70 प्रतिशत हो गया। विदेशी सहायता के प्रत्युत्तर में चुकाई गई भारी राशि के कारण घरेलू बचत दर या पूँजी निर्माण दर में मामूली वार्षिक वृद्धि दर प्राप्त की जा सकी। यह अनुपात, जो 1967 में 4.98 प्रतिशत था, 1988 में जाकर 10.6 प्रतिशत हुआ। जो अंतरराष्ट्रीय मानकों के अनुसार आर्थिक विकास की ऊँची दर प्राप्त करने के लिए उठाए गए राजकोषीय एवं मौद्रिक उपायों के अनुसार अपर्याप्त था। फलस्वरूप आर्थिक विकास की वृद्धि दर 1.59 प्रतिशत वार्षिक ही प्राप्त की जा सकी। (खड़का 1991 : 697)

इन पंचवर्षीय योजनाओं के दौरान कृषि क्षेत्र की आर्थिक वृद्धि दर केवल 2 प्रतिशत रही, जो उत्पादकता में वृद्धि के कारण नहीं, वरन् कृषि योग्य भूमि के विस्तार के कारण हुई (लगभग 17 प्रतिशत)। नेपाल, जो 1970 के दशक में अनाज का निर्यातक रहा था, 1980 के दशक में अनाजों का आयातक हो गया। अनाजों के आयात 1974 से 1988 की अवधि में 55 हजार मीट्रिक टन और मदद के तौर पर 21 हजार मीट्रिक टन हो गए। पाँचवीं से सातवीं पंचवर्षीय योजनाओं में कृषि को प्राथमिकता देने के बावजूद भी अनाजों के भारी आयातों का प्रमुख कारण इस अवधि में हुई जनसंख्या वृद्धि दर का दबाव था, जो 1988 में

1961 की कुल जनसंख्या का दोगुना हो गई। कृषि आश्रित जनसंख्या, जो 1961 में 94.3 प्रतिशत थी, 1988-89 में भी लगभग 91 प्रतिशत बनी रही। (खड़का 1991 : 699)

भूमि सुधार योजना

भूमि सुधार योजना पंचायती व्यवस्था में कृषि और आर्थिक व्यवस्था में समानता लाने का उल्लेखनीय प्रयास रहा। दिसंबर 1960 में शाही सत्ता प्रत्यक्ष रूप से महामहिम नरेश महेंद्र के अधीन आई और इस दौरान भूमि संबंधी समस्याओं को गंभीरता से लिया जाने लगा। वर्ष 1961 में नरेश ने एक भूमि सुधार आयोग की नियुक्ति की, जो कि भूमि संबंधी समस्याओं की स्थिति को सरकार को सौंपेगी तथा सरकार प्राप्त मापकों के अनुसार देश में सामाजिक न्याय एवं प्रगतिशील सामाजिक आर्थिक लक्ष्यों को कृषि क्षेत्र में तार्किक संस्थागत तरीके से लेगी। वर्ष 1961 में महामहिम ने नेपाल के सभी रजवाड़ों को समाप्त कर दिया और इस प्रकार ये सभी शेष देश के साथ भू-काश्तकारी और न्यायिक सुधार के दायरों में आ गए। सहकारी सेवाओं की स्थापना सहकारी सोसायटी ऐक्ट, 1960 के अधीन की गई, जिससे कृषि संबंधी सेवाओं ने गति पकड़ी। भूमि सुधार आयोग ने वर्ष 1962 में अपनी रिपोर्ट प्रस्तुत की एवं अन्य संस्तुतियों के विचार के बाद भूमि पुनर्संगठन ऐक्ट, 1962 पास हो गया। इसके बाद इसे कुछ पंचायतों में लागू भी किया गया और इस ऐक्ट की प्रदर्शन क्षमता को आँका गया। 1962 के इस ऐक्ट के नए और समग्र प्रावधानों को विधिक रूप देने के लिए इसे एक नए रूप में लाया गया। यह था—1964 का भूमि ऐक्ट। इसके प्रावधानों को विधायिका द्वारा बल मिला और नेपाल के कृषि संबंधी मामलों में यह पहला कानून बना। (पंत 2001 : 58-59)

इस ऐक्ट का उद्देश्य था कि किसानों को उत्पादन का उचित हिस्सा मिले, जिससे शोषणात्मक प्रवृत्ति का अंत हो और कृषि से श्रम एवं पूँजी को अन्य सेक्टर, जैसे संरचनात्मक और व्यापार की ओर ले जाने में प्रोत्साहन मिले। किसानों को अधिक उत्पादन करने के लिए प्रोत्साहित करना—यह प्रोत्साहन काश्तकारी अधिकारों के रूप में था, जिसमें कम दर पर ऋण की प्राप्ति और उचित लाभांश मिलना शामिल था। वस्तुतः ये सभी लक्ष्य सामाजिक, आर्थिक और राजनीतिक परिस्थितियों के कालों पर निर्भर करते हैं। इस ऐक्ट के अन्य लक्ष्य इस प्रकार थे—भू-काश्तकारों की तत्कालीन गरीबी और दयनीय स्थिति को सुधारना, जिससे वे दलविहीन पंचायत व्यवस्था के गतिशील समाज का सक्रिय हिस्सा बन सकें। औद्योगिक क्षेत्र में उत्पादन का मजदूरों को उचित हिस्सा देना, जिससे सामाजिक न्याय की अवधारणा जीवंत हो सके। आर्थिक असमानता को कम करना, जिससे समाज में एक सौहार्दपूर्ण वातावरण बने और देश में आनेवाली आर्थिक समस्याओं का एकजुट होकर सामना किया जा सके। (प्रचार एवं प्रसारण विभाग, राष्ट्रीय निर्देशन मंत्रालय, नेपाल, 1964 : 59-60)

ये उद्देश्य वास्तव में विस्तृत भूमि सुधार की शुरुआती अवस्था थी। यद्यपि अधिकांश लोगों के पास भूमि थी, लेकिन कुछ लोगों के पास औरों के बजाय अधिक भूमि थी। यह तथ्य प्रत्यक्ष रूप से कृषि उत्पादन से संबद्ध था, और विशेषकर तराई क्षेत्र में। खासतौर से भूमि पर मध्यम वर्ग के स्वामित्व होने के कारण किसानों की आय पर असर पड़ने लगा। हालाँकि जमींदारी व्यवस्था ने सरकार को राजस्व इकट्ठा करने में काफी मदद की, लेकिन सही मायने में यह शोषण का जरिया बन गई। इस प्रकार नेपाल के कृषि क्षेत्र में विकास के लिए जमींदारी प्रथा का खत्म होना आवश्यक हो गया। 1964 के भूमि ऐक्ट के अधीन इस व्यवस्था को समयानुसार खत्म किया गया, जो कि काफी हद तक राजनीतिक अनुभवों पर भी निर्भर था। इस भूमि सुधार ऐक्ट के निम्नलिखित प्रावधान हैं—

1. जमींदारी व्यवस्था को खत्म करना।
2. तराई क्षेत्र में भूमि का मालिकाना हक 17 हेक्टेयर, पहाड़ी क्षेत्रों में 4.11 हेक्टेयर तथा काठमांडू घाटी में 2.67 हेक्टेयर तय किया गया।
3. पट्टेधारी धारकों की भूमि सीमा—तराई में 2.67 हेक्टेयर, काठमांडू घाटी में 1.02 हेक्टेयर एवं पहाड़ी क्षेत्रों में 1.51 हेक्टेयर रखी गई।
4. काश्तकारों के अधिकारों की सुरक्षा।
5. उत्पादन के 50 प्रतिशत से अधिक किराया नहीं या फिर उस समय, जब दर कम हो।
6. उप-काश्तकारी प्रथा का अंत।
7. एक आवश्यक बचत कार्यक्रम बनाना, जिससे ऋण का वैकल्पिक जरिया बना रहे। (पंत और जैन 2002 : 61)

पंचायत व्यवस्था के काल में आर्थिक नियोजन जनाकांक्षाओं की पूर्ति करने में असफल रहा। इसके प्रमुख कारण थे—

1. अंतर्निहित कारण—जीवन निर्वाह एवं व्यापार दोनों की कृषि क्षेत्र पर अत्यधिक निर्भरता के बावजूद भी खेती में आधुनिक तकनीकों का प्रयोग न हो पाना, अंतरराष्ट्रीय व्यापार की प्रकृति जिसमें कीमत-शर्तें हमेशा प्राथमिक वस्तुओं के प्रतिकूल रही हैं। नेपाल का भू-आबद्ध राष्ट्र होना, जिससे निर्यातों की ऊँची लागतों ने इसकी अंतरराष्ट्रीय बाजार में प्रतिस्पर्धात्मक शक्ति कम कर दी।

2. संस्थागत कारण—राष्ट्रीय परिदृश्यता और राजनीतिक दूरदर्शिता के अभाव के कारण नेतागण परियोजना की उपयुक्तता को नजरअंदाज करते हुए केवल परियोजनाओं को अपने क्षेत्र में लागू करने को आतुर रहते थे।

3. एक दलीय व्यवस्था—जिसके कारण न किसी संगठन ने विकास कार्यों को

अपना उत्तरदायित्व समझा और समय के साथ राष्ट्रीय विकास परिषद् एक तकनीकी संस्था से राजनीतिक संस्था में रूपांतरित हो गई।

पंचायती व्यवस्था का अनुभव

नारायण खड़का के अनुसार दलविहीन पंचायत व्यवस्था के ढाई दशकों में सरकार आर्थिक सुदृढ़ता, जनकल्याण एवं उन्नति के कार्यों को करने में असफल रही। इस व्यवस्था ने देश के एक बड़े समूह में रोष एवं असंतुष्टता का संचार किया। (खड़का 1986 : 442) पंचायत व्यवस्था ने अपने आरंभ से ही जनता की इच्छाओं को दरकिनार करना शुरू कर दिया था। इस व्यवस्था के प्रारंभिक दौर से ही नेपाली कांग्रेस का (1960-62 और 1972-74) सशस्त्र आंदोलन जारी रहा और सन् 1979 में छात्र आंदोलन भी इस व्यवस्था के सामने व्याधि के रूप में प्रकट होते रहे, परंतु 1979 के इस छात्र आंदोलन ने देश में काफी परिवर्तन ला दिया, जिसके फलस्वरूप नरेश को दबाव में आकर शासन व्यवस्था में परिवर्तन करना पड़ा। जनमत संग्रह में पंचायती व्यवस्था के पक्ष में पड़े मतदान से, हालाँकि राजतंत्र एवं राजनीतिक दलों में कोई अनबन पैदा नहीं हुई। पंचायती सरकार ने 1980 के जनमत संग्रह के बाद जो तरीके अपनाए, उनसे पंचायत विरोधी शक्तियाँ कमजोर नहीं हुईं, बल्कि उन्होंने सरकार की आलोचना जारी रखी। प्रतिबंधित नेपाली कांग्रेस दल ने मई 1985 में शांतिपूर्ण अहिंसा आंदोलन प्रारंभ किया, जो कि अंत में राष्ट्रीय आंदोलन के रूप में उभरकर सामने आया। (खड़का 1986 : 443) वर्ष 1982 में बी.पी. कोईराला की मृत्यु से पंचायती पक्ष को कोई राहत नहीं मिल सकी, क्योंकि सामाजिक-आर्थिक विकास में काफी मुश्किलें आने लगी थीं। (उप्रेती 1983 : 148)

नेपाल के संविधान में हुए तृतीय संशोधन के आधार पर 9 मई, 1981 को पंचायत व्यवस्था के अंतर्गत प्रथम आम चुनाव आयोजित हुए। निर्वाचन प्रणाली के अव्यावहारिक, खर्चीली एवं दोषपूर्ण होने के कारण नेपाली कांग्रेस तथा नेपाल कम्युनिस्ट पार्टी ने चुनाव के बहिष्कार का निर्णय लिया। इस चुनाव में कट्टरपंथी पंचायत समर्थकों को पूर्ण बहुमत प्राप्त हुआ तथा 16 जून, 1981 को सूर्य बहादुर थापा के नेतृत्व में 26 सदस्यों की मंत्रिपरिषद् स्थापित की गई। उन्होंने लगातार बहुदलीय व्यवस्था का विरोध किया और इसके समर्थकों को विदेशी एजेंट बताया। (उप्रेती 1983 : 144) इसके साथ ही 14 सदस्यों की समन्वय परिषद् भी बनाई गई। इस परिषद् के संगठन तथा कार्यप्रणाली को सर्वोच्च न्यायालय के अधिकार क्षेत्र से बाहर रखा गया। 24 जून, 1983 को नेपाल की राष्ट्रीय पंचायत में प्रधानमंत्री सूर्य बहादुर थापा की मंत्रिपरिषद् के विरुद्ध अविश्वास प्रस्ताव रखा गया। इसके पूर्व सामंतवादी दलविहीन शासन व्यवस्था में दलीय भावना

उभारने तथा प्रशासन में व्याप्त भ्रष्टाचार को संस्थागत रूप देने का आरोप उन पर लगाया जा चुका था तथा उनसे त्याग-पत्र देने की माँग को लेकर पंच रैलियाँ तथा पंच सम्मेलन आयोजित किए जा चुके थे। अतः थापा मंत्रिपरिषद् के प्रति अविश्वास का प्रस्ताव 22 मंत्रियों के यकायक त्याग-पत्र दे देने के कारण 17 मतों के विरुद्ध 108 मतों से पारित हो गया तथा थापा को त्याग-पत्र देने के लिए मजबूर होना पड़ा। सूर्य बहादुर थापा मंत्रिपरिषद् की समाप्ति के उपरांत 13 जुलाई, 1983 को लोकेंद्र बहादुर चाँद को राष्ट्रीय पंचायत का नेता चुना गया तथा उनकी अध्यक्षता में 21 सदस्यों की मंत्रिपरिषद् स्थापित हुई। थापा मंत्रिपरिषद् की तरह चाँद मंत्रिपरिषद् को भी मुद्रास्फीति, मूल्यवृद्धि तथा संस्थागत भ्रष्टाचार की समस्या से जूझना पड़ा। क्रमशः यह मंत्रिपरिषद् भी समस्याओं का समाधान करने में विफल होने लगी तथा इसके विरुद्ध भी असंतोष भड़कने लगा। इस बीच राष्ट्रीय पंचायत में अविश्वास प्रस्ताव रखने की व्यवस्था पुनः आ गई। इससे स्वाभाविक रूप में राष्ट्रीय पंचायत के भीतर विकल्प के रूप में विरोधी दल स्थापित हो गया। इस विरोधी दल ने कांग्रेस, कम्युनिस्ट एवं जनवादी मोर्चे से संबंध स्थापित करके मंत्रिपरिषद् को पदच्युत करने का प्रयास किया। 21 मार्च, 1986 को लोकेंद्र बहादुर चाँद की मंत्रिपरिषद् के स्थान पर नगेंद्र प्रसाद रिजाल के प्रधानमंत्रित्व में तदर्थ मंत्रिपरिषद् गठित की गई। (सिंह 2001 : 68) इस मंत्रिपरिषद् ने 12 मई, 1986 को संपूर्ण देश में पंचायत व्यवस्था के अधीन द्वितीय आम चुनाव संपन्न करवाया। नेपाली कांग्रेस तथा नेपाल कम्युनिस्ट पार्टी ने इस आम चुनाव का बहिष्कार पूर्ववत् जारी रखा। चुनाव परिणाम घोषित हो जाने के बाद मरीच मानसिंह श्रेष्ठ के नेतृत्व में नई मंत्रिपरिषद् का गठन किया गया। मरीच मानसिंह श्रेष्ठ के नेतृत्व में नई पंचायती सरकार जनाकांक्षा की पूर्ति करने में पूर्ववर्ती सरकारों की भाँति असफल सिद्ध हुई। वस्तुतः 1962 के पंचायत संविधान में हुए तीनों संशोधनों के बावजूद भी नेपाली जनता की स्वतंत्रता तथा प्रजातांत्रिक इच्छा इस व्यवस्था से संतुष्ट नहीं हो सकी। इस दौर में नेपाली शासन के कर्णधारों ने भी इस दिशा में विशेष ध्यान नहीं दिया। उन्होंने विश्व में मानवाधिकार तथा स्वतंत्रता की तेजी से बढ़ती बयार की उपेक्षा को पूर्ववत् जारी रखा। गरीबी रेखा के नीचे जीवन की मूलभूत आवश्यकताओं से वंचित नागरिकों की संख्या तेजी से बढ़ने लगी, वहीं शिक्षित युवकों के लिए रोजगार के अवसर दिन-प्रतिदिन कम होने लगे। डाँवाडोल आर्थिक स्थिति के चलते देश विघटन के कगार पर पहुँच गया। इस प्रकार एकदलीय पार्टी व्यवस्था के रूप में पंचायत प्रजातंत्र देश का उचित विकास करने तथा साधारण जनता के जीवन स्तर को ऊपर उठाने में सफल नहीं हो सका। परिणामस्वरूप इस पंचायत संविधान से नेपाली जनता का विश्वास उठ गया। इस तथ्य को भाँपकर नेपाल के प्रतिबंधित राजनीतिक दलों ने भी एक बार पुनः विरोध

का परचम लहराने का निश्चय किया। (सिंह 2001 : 68) संक्षेप में, इस संविधान की असफलता के लिए अनेक कारण उत्तरदायी थे—

संविधान की असफलता के लिए उत्तरदायी कारण

1. अनुत्तरदायी शासन—पंचायत व्यवस्था काल की सभी सरकारें जनता के प्रति उत्तरदायी न होकर नरेश के प्रति उत्तरदायी थीं। अत: सरकार संचालित करनेवाले मुट्ठी भर लोगों का ध्यान सदैव अपनी सरकार को बनाए रखने में केंद्रित रहता था। उन्हें जनता के सुख तथा संतोष की चिंता कम और नरेश की नाराजगी की चिंता सदैव रहती थी। अत: धीरे-धीरे जनता का विश्वास व्यवस्था से उठ गया तथा वह इस व्यवस्था का विकल्प तलाशने लग गई।

2. मानवाधिकारों का हनन—पंचायत व्यवस्था के असफल होने का दूसरा सबसे महत्त्वपूर्ण कारण मानवाधिकारों का हनन होना था। जिस व्यवस्था में जनता को अपनी भावनाओं को प्रकट करने, लेख लिखने तथा रुचिकर अध्ययन की स्वतंत्रता नहीं मिली हो तो वह व्यवस्था स्वयं घृणास्पद बन जाती है। संयुक्त राष्ट्रसंघ द्वारा घोषित मानवाधिकारों के प्रति असम्मान प्रदर्शित करने तथा तानाशाही व्यवस्था सतत रखने की दृढ़ निश्चय नीति की विदेशों में भी आलोचना बढ़ती गई। सरकार इसे सहन नहीं कर सकी तथा उसने परिवर्तन समर्थक तत्त्वों के प्रति अपनी नीति में परिवर्तन करने का निश्चय किया।

3. व्यापक भ्रष्टाचार—पंचायत शासन के इस काल को भ्रष्टाचार का संस्थागत रूप देने के लिए याद किया जाता है। इस व्यवस्था का समर्थन करनेवाले प्रत्येक व्यक्ति ने भ्रष्ट आचरण अपनाने में एक-दूसरे से बढ़-चढ़कर भाग लिया। इस व्यवस्था से जनता के बीच का एक अत्यंत छोटा वर्ग अमीर से अमीर होता चला गया, दूसरी ओर निर्धन व्यक्ति और अधिक निर्धन होते चले गए। भूख, भय, भ्रष्टाचार से लाचार लोगों ने इसका विकल्प बहुदलीय शासन में देखा तथा इसके प्रति अपना समर्थन व्यक्त किया।

4. सत्ता का अत्यधिक केंद्रीकरण—यद्यपि पंचायत व्यवस्था का समर्थन करनेवाले इसे विकेंद्रीकृत शासन व्यवस्था बतलाने तथा इसे सिद्ध करने से नहीं थकते थे, किंतु यह विकेंद्रीकरण एक छलावा मात्र था, जिसका उद्देश्य जनसाधारण वर्ग को मूर्ख बनाना था। वास्तविकता यह थी कि प्रत्येक संविधान संशोधन के पश्चात् सत्ता का शिखर पहले की अपेक्षा और अधिक शक्तिसंपन्न होता चला गया। धीरे-धीरे जनता इस तथ्य को समझ गई तथा उसने इस व्यवस्था के समर्थकों को इसका परिणाम बतलाने का निश्चय किया।

5. बढ़ता आर्थिक संकट—पंचायत शासन के काल में नेपाल के उद्योग तथा व्यापार सभी पर कुछ निश्चित परिवारों का अधिकार स्थापित हो गया था। इसके चलते

जनता की स्थिति दयनीय हो गई, महँगाई आकाश छूने लगी। उद्योग तथा व्यापार में कार्यरत मजदूरों का शोषण करने की प्रवृत्ति दिन-प्रतिदिन बढ़ने लगी थी। विदेशों से प्राप्त सहायता राशि का व्यापक दुरुपयोग तथा अनियमितता के चलते देश की आर्थिक व्यवस्था नाजुक तथा कमजोर हो चली थी।

6. बुद्धिजीवी वर्ग की उपेक्षा—पंचायत व्यवस्था के इस दौर में दरबार से संबंधित एवं सैन्य विभाग से संबंधित मामलों को छोड़कर अन्य सभी संवैधानिक एवं विदेशी मामलों के पदों पर होनेवाली नियुक्तियों में योग्यता का महत्त्व बहुत अधिक नहीं था। ऐसे विषयों में सभी नियुक्तियाँ एक ही परिवार तथा एक विशिष्ट वर्गवाले व्यक्तियों से की जाती थी, जिनकी संख्या देश में 150 से अधिक नहीं थी।

7. सिद्धांत एवं व्यवहार में अंतर होना—पंचायत संविधान में बहुत सारे आदर्शों की स्थापना के लक्ष्य बतलाए गए थे, परंतु व्यवहार में इनका कोई महत्त्व नहीं था, ये सभी केवल कागज तक सीमित थे। पंचायत के सिद्धांतों को व्यावहारिक रूप नहीं दिया जा सका, क्योंकि इसके नियम तथा कानून व्यक्तियों के मध्य अंतर करते हुए लागू किए गए थे। दूसरे शब्दों में, यह कहा जा सकता है कि पंचायत व्यवस्था में सभी व्यक्तियों को विधि का समान संरक्षण प्राप्त नहीं था। अत: आगे चलकर सर्वसाधारण जनता का सरकार के प्रति विश्वास उठ गया। (प्रधान [संपा.] 1990 : 9-10)

इस प्रकार नरेश के प्रत्येक हस्तक्षेप तथा सक्रिय नेतृत्व के बावजूद भी उच्चस्तरीय राजनीतिक भ्रष्टाचार, अंतरराष्ट्रीय अवैध व्यापार तथा अल्पसंख्यक कमजोर वर्ग के साथ सामाजिक अन्याय चरमोत्कर्ष पर बढ़ता गया। इसकी राजनीतिक समाप्ति नहीं हुई तथा यह दिनोदिन बढ़ती गई। पंचायत सरकार इन समस्याओं को हल करने में सफल नहीं हो पाई तथा उसने दमन का सहारा लेना शुरू कर दिया।

पंचायत व्यवस्था का परंपरागत एवं दमनकारी स्वभाव देश में उत्पन्न विभिन्न राजनीतिक शक्ति समूहों को एक साथ सँभालने में असमर्थ रहा। (पांडे 1982 : 161) यह तो मात्र नेपाल की राजनीति के रोग का एक ही लक्षण था। नेपाल के तीन दशकों की राजनीति इस बात की गवाह थी कि नरेश ने लोकप्रिय आवाज को दबाया है एवं कई तरीकों से संविधान को परिवर्तित कर अपने स्वार्थों की पूर्ति की है, जैसे—प्रधानमंत्री को नियुक्त एवं बर्खास्त करना, कार्यपालिका में इच्छानुसार मंत्रियों की नियुक्ति करना, स्वेच्छा से व्यवस्थापिका का संचालन करना, सभी संस्थाओं को इच्छानुसार निर्धारित करना एवं सभी शक्तियों को अपने हाथ में रखना। उनके ये सभी प्रयास नेपाल की राजनीति में अव्यवस्था को क्रमश: फैला रहे थे। सरकार द्वारा विरोधी ताकतों को दबाना लोकतंत्र पक्ष को कमजोर नहीं वरन् मजबूत कर रहा था, जिससे नरेश की सरकार कमजोर होती गई। (चतुर्वेदी 1993 : 163-164) 1981

का संवैधानिक संशोधन एवं 1986 के चुनाव से भी यही प्रमाणित हुआ कि सहभागितापूर्ण लोकतांत्रिक व्यवस्था मात्र एक ही दिन का सपना मात्र था। पंचायती काल में प्रतिबंधित राजनीतिक दलों एवं संगठनों ने शासन व्यवस्था के विरुद्ध धरने, हड़ताल इत्यादि जारी रखे। युवा संगठन एवं मजदूर संगठनों में कई नेताओं ने अपने पदों से त्याग-पत्र दे दिए और पूर्ण रूप से सरकार का विरोध करना शुरू कर दिया। पंचायत व्यवस्था को लोकतंत्र के नाम पर धोखा बतलाया गया और नारे लगाए गए कि, "बिना चुनाव के पंचायत नहीं और बिना मूल अधिकारों के चुनाव और कुछ नहीं सिर्फ धोखा है।" (बराल 1977 : 75) इस व्यवस्था के दौरान वृहद् स्तर पर भ्रष्टाचार का प्रसार, आपराधिक गतिविधियाँ, हिंसा, सरकार की शक्तियों का केंद्रीकृत होना, अलोकप्रिय नेतृत्व एवं इस व्यवस्था द्वारा जनता की इच्छाओं को पूरा न कर पाना इत्यादि कारणों ने जनता को कुंठित और उपेक्षित स्थिति में ला दिया, जिसके फलस्वरूप देश में बड़े पैमाने पर शासन व्यवस्था के खिलाफ आंदोलन छिड़ गया। (बिस्ता 1989 : 223) इसी काल में वर्ष 1989 के दौरान भारत एवं नेपाल की व्यापार एवं आवागमन की मैत्री संधि, (1951) का समय भी खत्म हो गया था, जिससे देश में आर्थिक संकट गहराने लगा, परंतु सरकार पर इसका कोई असर नहीं हुआ, जिससे जनता सरकार से और भी नाराज हो गई। नरेश सरकार ने इस विरोधी जनता की आवाज दबाने की काफी कोशिश की, परंतु इस आवाज ने एक जनआंदोलन का रूप ग्रहण कर लिया। अंततः नरेश को जनता की माँगें माननी पड़ीं, जिनके लिए लोकतांत्रिक शक्तियाँ माँग कर रही थीं। उन्होंने के.पी. भट्टाराई को प्रधानमंत्री नियुक्त किया और एक संवैधानिक आयोग को गठित किया, जो कि देश के लिए नए संविधान की रचना करेगा। इस आयोग ने संविधान का एक प्रारूप पत्र अंतरिम सरकार को सौंपा, जिस पर काफी विचार-विमर्श हुआ। इसके पश्चात् नरेश ने इस संविधान की घोषणा 9 नवंबर, 1990 के दिन की। अत: यह संविधान एक ऐसे नाटकीय परिवर्तन के बाद अस्तित्व में आया, जो कि जनआंदोलनकारियों ने पंचायत व्यवस्था के विरोध में चलाया था। (चतुर्वेदी 1993 : 163-164)

संदर्भ

1. कृष्णा खनल के साक्षात्कार से सी.एन.ए.एस. त्रिभुवन विश्वविद्यालय काठमांडू दिनांक 25 मार्च, 2008

□

अध्याय 4

जनता का संविधान (1990) : जन संविधान एवं उसके विशिष्ट पहलू

पंचायत व्यवस्था लगातार आधुनिक और परंपरागत मूल्यों को संश्लेषित करने का प्रयास करती रही। यह उसके स्वयं द्वारा स्थापित दर्शन था, जो कि एक मिश्रित लोकतंत्र के सिद्धांत को मजबूती देता था, जहाँ संपूर्ण ग्रामीण समुदाय की सहभागिता विभिन्न जातियों, नस्लों और समुदायों द्वारा होती थी। इसका मुख्य उद्देश्य ग्राम, नगर और जिलों के विकास के लिए पंचायत के सभी स्तरों पर लोगों को संगठित करना था, जिससे ये लोग सक्रिय रूप से देश में आधारभूत लोकतंत्र स्थापित करने में भाग ले सकें। पंचायत व्यवस्था के बारे में नेपाली कांग्रेस, नेपाल साम्यवादी दल तथा अन्य राजनीतिक दलों का मत था कि पंचायती व्यवस्था में राजतंत्र पूर्ण शक्तिशाली अंग है। दलविहीन पंचायत के साथ प्रमुख समस्या यह रही कि आधुनिकता के उद्भव से उभरते लोकप्रिय जनता के दबाव को यह अनुकूल नहीं कर पाई। दलों के राजनीतिज्ञों ने यह जताया कि यह व्यवस्था राष्ट्र-निर्माण में संसाधनों को उचित रूप से संचालित नहीं कर पा रही थी, क्योंकि इसमें वास्तविक लोकतांत्रिक मूल्यों और विचारों का अभाव था। पंचायत व्यवस्था अपनी जिम्मेदारियों को पूरा करने में असफल रही और इसने लोकतंत्र के झूठे आवरण के पीछे छुपने की कोशिश की थी। (वैद्य 2001 : 190-191)

सन् 1990 नेपाली राजनीति के लिए काफी महत्त्वपूर्ण साल रहा। इस वर्ष पंचायती शासन व्यवस्था का स्थान बहुदलीय लोकतांत्रिक व्यवस्था ने ग्रहण कर लिया। सन् 1990 में देश का पाँचवाँ संविधान अस्तित्व में आ चुका था, जिसने राजतंत्र की शक्तियों को कम कर दिया एवं जनता के अधिकारों और जनता को अधिक वरीयता दी। सन् 1960 से सन् 1990 तक देश में नरेश महेंद्र और नरेश वीरेंद्र के निर्देशन में दलविहीन पंचायत व्यवस्था चलती रही। जिसके तहत देश के राजनीतिक दलों पर पूर्णतया प्रतिबंध रहा, प्रेस एवं मीडिया पर भी नियंत्रण रहा एवं राष्ट्र के सभी प्रमुख राजनीतिक संस्थानों

पर नरेश की भूमिका ही सर्वोपरि रही। अतः पंचायत के दौर में जनता के प्रतिनिधित्व का पूर्णतया अभाव रहा एवं नागरिकों के मौलिक अधिकारों की उपेक्षा की गई, जिससे जनता के मन में शासन के प्रति रोष निरंतर पनपता रहा, जिसकी परिणति सन् 1990 के सर्वव्यापी जनआंदोलन के द्वारा हुई। सन् 1990 की बहुदलीय व्यवस्था पर आधारित इस नवीन संविधान की स्थापना के पीछे तत्कालीन कारण ही नहीं वरन् दीर्घकालीन कारण थे, जिनमें प्रमुखतया राजनीतिक दलों पर प्रतिबंध, जनता के अधिकारों की उपेक्षा, आर्थिक विपन्नता, पड़ोसी राष्ट्र भारत के साथ संबंधों में कड़वाहट, राजनीतिक अस्थिरता, राजतंत्र की असीम सत्ता एवं 1990 के दशक के दौरान विश्व राजनीति में हो रही हलचलें इत्यादि कारणों ने नेपाल की जनता में राजनीतिक जाग्रति का संचार किया, जिसके फलस्वरूप शासन विरुद्ध यह रोष जनआंदोलन के रूप में उभरकर सामने आया। अतः सर्वप्रथम सन् 1990 के संविधान के बनने से पूर्व की घटनाओं, कारणों एवं उपरोक्त वर्णित मुद्दों का वर्णन करना नितांत आवश्यक है।

बाहरी कारण

सन् 1980 के उत्तरार्ध में एवं सन् 1990 के पूर्वार्ध में लोकतंत्र एवं मानवाधिकारों के संदर्भ में हुए 'महान् पुनरुत्थान' को बहुत महत्त्वपूर्ण माना गया। मिखाइल गोर्बाचेव की 'नई सोच' पेरेस्त्रोइका (पुनर्संरचना) एवं ग्लास्नोस्त (खुलापन) ने ऐसे उत्प्रेरक की तरह कार्य किया, जिससे साम्यवादी व्यवस्था में विश्व पटल पर परिवर्तन आने प्रारंभ हो गए। पूर्वी यूरोप के देशों, जैसे—हंगरी, पोलैंड, चेकोस्लोवाकिया, पूर्वी जर्मनी, बुल्गारिया एवं यूगोस्लाविया इत्यादि देशों में रूढ़िवादी साम्यवादी शासन के स्थान पर बहुदलीय व्यवस्था का आगमन हुआ एवं साम्यवाद का अवसान प्रारंभ हो गया। (खड़का 1995 : 55) यद्यपि यह लोकतंत्र की क्रांति संपूर्ण विश्व में होने लगी थी, इसमें न केवल सर्वहारा के अधिनायक हारे, वरन् एशिया, अफ्रीका, लैटिन अमेरिका के तानाशाह (चाहे वे सेनाध्यक्ष हों या नरेश हों) भी इस वैश्विक लोकतांत्रिक क्रांति के समक्ष झुक गए। (हच्छेतू 1990 : 177)

बहुत से बुद्धिजीवियों का यह मानना था कि गोर्बाचेव की ग्लास्नोस्त एवं पेरेस्त्रोइका एवं पूर्वी यूरोप की राजनीतिक उथल-पुथल ने नेपाल में लोकतांत्रिक परिवर्तन लाने में महत्त्वपूर्ण भूमिका निभाई। इन घटनाओं ने पूरे विश्व में हलचल पैदा कर दी, विशेषकर साम्यवादी राष्ट्रों में। इन्होंने अप्रत्यक्ष तौर पर नेपाल की लोकतांत्रिक शक्तियों को स्वतंत्रता एवं लोकतंत्र के लिए संघर्ष की ओर प्रोत्साहित किया। इस बाहरी वातावरण के कारण नेपाल की प्रतिस्पर्धी राजनीतिक शक्तियों के मध्य जारी गहरी शंकाओं का आवरण हटता

गया एवं इन शक्तियों ने एकजुट होकर लोकतंत्र के संघर्ष की राह पकड़ी। (पारजूले 2000 : 12–13)

सन् 1960 के शाही हस्तांतरण के बाद नेपाल की विदेश नीति का मुख्य सिद्धांत भारत एवं चीन की शत्रुता का फायदा उठाना एवं दोनों देशों के साथ समान संबंध बनाए रखना रहा। (हट् 1994 : 23) सन् 1975 में नरेश वीरेंद्र द्वारा नेपाल को 'शांति क्षेत्र' बनाने का प्रस्ताव रखा गया था एवं इस पर भारत द्वारा स्वीकृति न दिए जाने से नेपाल ने प्रतिक्रियास्वरूप चीन के साथ अपने संबंधों को मजबूत करने का प्रयास किया। भारतीय वस्तुओं की अपेक्षा चीन की वस्तुओं को अधिक रियायतें दी जाने लगीं। इससे भारत को स्पष्टतः यह आभास हुआ कि नेपाल शांति एवं मैत्री संधि (1950) के प्रावधानों एवं भावनाओं को अनदेखा कर रहा है, जिससे भारत के हितों की क्षति हो रही है। इसी कारण भारत ने कड़ा रुख अपनाने का निर्णय लिया, जिसकी परिणति 1989–90 के आर्थिक नाकेबंदी द्वारा हुई। (अग्रवाल 2003 : 194)

आर्थिक कारण

यह आर्थिक नाकाबंदी 19 मार्च, 1989 के दिन शुरू हुई। भारत द्वारा 4 पारगमन स्थानों को छोड़कर (2 भारत व नेपाल सीमा पर एवं 1–1 नेपाल–भूटान एवं नेपाल–बंगलादेश सीमाओं पर) दूसरे सभी मार्ग बंद कर दिए गए। इसकी वजह से अत्यंत आवश्यक वस्तुएँ, जैसे—कैरोसीन, पेट्रोल, कोयला, दूध, चूर्ण इत्यादि की पूर्ति बंद हो गई। इन सब बातों के पीछे भारत के निम्न उद्देश्य थे—1. भारत से आयातित वस्तुओं पर किसी प्रकार का भेदभाव न रखा जाए, 2. व्यापार एवं पारगमन संधि एक ही हो, 3. नेपाल, दोनों देशों के संबंधों को वर्ष 1950 की शांति एवं मैत्री की संधि के प्रावधानों के अनुसार ही संचालित करे। (अग्रवाल 2003 : 195)

23 मार्च, 1989 को भारत और नेपाल के मध्य चल रही व्यापार एवं आवागमन संधि की अवधि पूर्ण हो गई। भारत के साथ व्यापार एवं आवागमन संधि की समयावधि समाप्त हो जाने से जनता का असंतोष और भी उग्र हो गया। (चतुर्वेदी : 135) इस हालात से निकलने के लिए जो प्रयास नेपाली सरकार ने किए, वे व्यर्थ रहे, जैसे—भारत की सहायता के बगैर बाहर से सामान ले आना। इस संधि का नवीनीकरण न करने में तीन कारण प्रमुख थे—प्रथम, इस संधि के आधार पर भारत की अनुमति के बिना नेपाल किसी अन्य देश से हथियार विनिमय या खरीद नहीं सकता था। मगर नेपाल की संप्रभुता के लिए यह उस समय एक प्रश्न था। जिस कारण नेपाल ने इसी समय के दौरान भारत की अनुमति के बगैर चीन से हथियार खरीदने का निर्णय लिया था, जो भारतीय सरकार

के लिए चिंता का कारण था। द्वितीय, जो भारतीय नेपाल में जीविकोपार्जन कर रहे थे, उनको एक विशेष कार्य अनुमति (वर्क परमिट) की जरूरत थी। जो नेपाली भारत में काम करने आ रहे थे, उन्हें इसकी जरूरत नहीं थी। अतः यह व्यवहार पक्षपातीय प्रतीत होने लगा। तृतीय, अन्य कारण, जो इस संधि के नवीनीकरण में बाधा डाल रहे थे, वे थे आयात शुल्क, जो भारत से लाए गए सामानों के ऊपर लगाए जा रहे थे। दोनों देशों के बीच जो अवैध व्यापार चल रहा था, उसे दोनों सरकार मानने को तैयार नहीं थी। (खड़का : 344)

अंततः यह कहा जा सकता है कि नेपाल अपने रक्षा संबंधी मुद्दों को भारत के साथ हुई व्यापार एवं आवागमन संधि से पृथक् रखना चाहता था, किंतु भारत इसके लिए तैयार नहीं था।

पंचायती व्यवस्था के अंतिम वर्षों से ही देश की कमजोर आर्थिक स्थिति उजागर होने लगी थी। इस बारे में अमेरिकन राजदूत लियोन जे. वेल ने काठमांडू के रोटरी क्लब में अपने भाषण के दौरान कहा, “यह एक कठोर सच है कि नेपाल अपने साध्यों से काफी पीछे है, जो कि विदेशी सहायता में बढ़ोतरी किए बिना, नेपाल सरकार द्वारा मुहैया कराई जानेवाली सामग्री एवं सेवाओं को संचालित एवं बनाए रखने में असमर्थ है···अतः मैं यहाँ की परिस्थितियों को देखकर इस कड़वे निष्कर्ष पर पहुँचा हूँ कि यहाँ विकास के लिए पहले दो आवश्यक चीजों की जरूरत है, जो हैं—संसाधन आधारित और अनुकूल आर्थिक वातावरण, जो कि नेपाल में सुस्त है।” (नेपाल प्रेस डाइजेस्ट 1987 : 90)

इस समय के दौरान भारत-नेपाल के मध्य संबंधों में मतभेद गहराते गए। इससे संबंधित प्रमुख मुद्दे थे—सन् 1988 के मध्य नेपाल द्वारा चीन से हथियार खरीद, सन् 1950 की शांति एवं मैत्री संधि के विभिन्न प्रावधानों की नेपाल द्वारा अवहेलना, भारतीय मूल के नागरिकों की समस्याएँ, भेदभाव की नीति, इत्यादि विषयों को लेकर दोनों देशों के बीच खाई बढ़ती चली गई। इन सभी कारणों से भारत-नेपाल व्यापार संबंध अत्यंत संकट के दौर में आ गए। (मुनि 1992 : 52) इस संदर्भ में यह स्मरण रखना महत्त्वपूर्ण है कि नेपाल का व्यापार भारत के साथ सन् 1960 के दशक तक विदेशी व्यापार के तौर पर 98 प्रतिशत था और 1989-90 में इतना जबरदस्त गिरा कि यह मात्र 22.5 प्रतिशत ही रह गया। (लामा 2004 : 265)

सारणी 4.1
नेपाल के विदेशी व्यापार के आँकड़े (1956/57 से 1989/90)
(मिलियन (10 लाख) रुपए)

	निर्यात		आयात		कुल व्यापार		
वर्ष	भारत का अंश (%)	विदेशी अंश (%)	भारत का अंश (%)	विदेशी अंश (%)	कुल व्यापार	भारत का अंश (%)	विदेशी अंश (%)
1956–57	97.9	2.1	97.6	2.4	265.4	99.2	0.8
1960–61	97.4	2.6	94.2	5.8	607.7	99.1	0.9
1966–67	85.2	14.8	96.6	3.4	907.6	93.1	2.9
1970–71	77.4	29.1	88.2	11.8	1099.7	91.8	7.2
1976–77	66.9	33.1	66.8	33.2	3172.7	66.9	33.1
1980–81	60.7	39.3	49.0	51.0	4899.0	51.9	48.1
1986–87	43.5	56.5	39.1	60.9	13896.2	40.0	60.0
1989–90	11.7	88.3	25.5	74.5	23481.1	22.5	77.5

(लामा 2004 : 265)

यद्यपि कुछ हद तक रक्सोल एवं जोगबंदी द्वारा पारगमनता को अनुमति दी गई। पेट्रोल उत्पादों की कमी को पूरा करने के लिए ऐसे उत्पादों का आयात तीसरे देश से किया गया एवं सागरमाथा वनीकरण प्रोजेक्ट द्वारा जलाने की लकड़ी की पूर्ति की गई। (नेपाल प्रेस डाइजेस्ट 1989 : 118) इस नाकेबंदी का असर पूरे नेपाल पर पड़ा एवं नेपाल की आर्थिक व्यवस्था क्रमशः चरमराने लगी, जिसका असर देश की जनता पर भी पड़ने लगा। काठमांडू के त्रिभुवन विश्वविद्यालय एवं महेंद्र संस्कृत विश्वविद्यालय के कैंपस लगभग दो महीने तक बंद रहे। (नेपाल प्रेस डाइजेस्ट 1989 : 120) इसका प्रमुख कारण यह था कि कोई छात्र संगठन धरना, हड़ताल इत्यादि न कर पाए, किंतु छात्रों को इस बारे में पहले से ही भनक लग गई थी। 31 मार्च, 1989 के दिन ऑल नेपाल नेशनल इंडिपेंडेंट स्टूडेंट यूनियन द्वारा त्रिचंद्र कैंपस में एक सार्वजनिक सभा का आयोजन किया गया। (नेपाल प्रेस डाइजेस्ट 1989 : 121) इस सभा में छात्र संगठनों के नेताओं ने भारत की विस्तारवादी नीतियों की आलोचना की एवं पंचायती व्यवस्था की कमियों को उजागर किया। इसी तरह के धरने एवं प्रदर्शन देश के अन्य क्षेत्रों में भी हुए। दोनों देशों के बीच चल रहे इन विवादों का हल

निकालने के लिए सभी प्रयत्न किए गए, परंतु सफलता नहीं मिली। दोनों देशों के बीच इस गतिरोध के चलते काफी राजनीति चली, जबकि नेपाली शासकों की यह धारणा थी कि भारत में होनेवाले चुनावों के बाद नई सरकार की स्थापना होगी एवं वह उदार रुख अपनाएगी, जबकि भारत का यह सोचना था कि नेपाल सरकार की बात मानने का अर्थ है, नेपाल में चल रहे पंचायती विरोधी आंदोलन को नरेश द्वारा दबा देना। (अग्रवाल 2003 : 196) इसी दौरान काठमांडू में नेपाली कांग्रेस और संयुक्त वाम मोर्चा ने एक राष्ट्रीय सम्मेलन का आयोजन किया, जिसमें भारत के नेताओं ने भी भाग लिया। इस सम्मेलन में फरवरी 1990 से शांतिपूर्ण आंदोलन शुरू करने की घोषणा की गई, जिसका भारत ने भी समर्थन किया।

घरेलू राजनीतिक कारण

1980 के दशक के अंत में, नेपाल के राजनीतिक पटल पर दो भिन्न प्रकार की प्रवृत्तियों का आविर्भाव हुआ। प्रथम, पंचायती व्यवस्था में बहुत सी खामियाँ नजर आने लगी थीं, जैसे—देश के संभ्रांत वर्ग के लोगों की महत्त्वाकांक्षी प्रवृत्ति, किसी भी प्रकार के लोकतांत्रिक विषय की कमी, राजतंत्र की राजनीति में सक्रिय भूमिका एवं पंचायत व्यवस्था के अंतर्गत चल रहे नेतृत्व पर अंकुश, अत्यधिक आडंबरपूर्ण असमर्थता, गंभीर आर्थिक हालत एवं निरंकुश एकदलीय संस्कृति वाली शासन व्यवस्था। इस दलविहीन व्यवस्था में विचारधारात्मक दृष्टिकोण का नितांत अभाव रहा, इस प्रकार इस व्यवस्था में निरंकुशता एवं सीमित बहुलवाद के अंतर्संबंध नजर आए। जिससे कि न तो पूर्ण रूप से निरंकुशवाद का लक्षण समाप्त हुआ और न ही आधारभूत लोकतांत्रिक परिवर्तन आए। यद्यपि पंचायती व्यवस्था के दौरान संविधान में हुए तीसरे संशोधन द्वारा कुछ हद तक संसदीय गुणों का समावेश किया गया। किंतु इस प्रकार का असंतोष उच्च सरकारी वर्गों में था, जो कि समय-समय पर व्यवस्था की आलोचना करते रहते थे, जिससे शासन में आंतरिक मतभेद गहराते गए। (पारजूले 2000 : 75)

दूसरी प्रवृत्ति यह रही कि इस दशक के बाद विरोधी समूह बौद्धिक एवं सांगठनिक तौर पर मजबूत होते चले गए, साथ ही 1980 के दशक ने इन्हें अनुकूल वातावरण प्रदान किया। इस समय की प्रमुख बात यह रही कि लोकतांत्रिक शक्तियाँ संवैधानिक सुधारों एवं सामान्य चुनावों से संतुष्ट नहीं थीं, इन्हें बहुदलीय व्यवस्था की स्थापना चाहिए थी। (मिश्रा 2006 : 15) लोकतांत्रिक शक्तियाँ इस दौरान मनोवैज्ञानिक रूप से एक निर्णायक आंदोलन शुरू करने के लिए तैयार हो चुकी थीं। उनका यह विश्वास था कि यही समय उचित है, जबकि एक सुनियोजित एवं सुदृढ़ आंदोलन को प्रारंभ किया जा सकता था। यहाँ विगत समय की तरह नहीं, जहाँ देश की मुख्य राजनीतिक शक्तियाँ—नेपाली कांग्रेस एवं वामपंथी

दल विरोध में थे, बल्कि ये दोनों ही पंचायती शासन के विरोध में एक साथ काम करने की इच्छा जता रहे थे। इस बदलते परिवेश ने शासकीय पक्ष को रक्षात्मक रवैया अपनाने की ओर जोर दिया। शासक पक्ष की चिंता इस बात से प्रमाणित होती है कि पंचायत व्यवस्था की विचारधारा को उचित ठहराने के लिए सरकारी मीडिया एवं सरकार समर्थित रैलियों द्वारा समर्थन दिया गया। (हट् 1994 : 16)

जनआंदोलन

सितंबर 1989 में बहिष्कृत नेपाली कांग्रेस के नेताओं ने 'राजनीतिक जाग्रति सप्ताह' की घोषणा की। इसी वक्त यूरोप में भी साम्यवादी देशों के टूटने की शुरुआत हुई, जिसने नेपाल की जनता के अंदर एक जोश का संचार किया। सन् 1990 के जनवरी महीने में भारतीय नेता चंद्रशेखर एवं सुब्रह्मण्यम स्वामी की देखरेख में एक तीन दिवसीय राष्ट्रीय बैठक की घोषणा की गई। यह बैठक नेपाली कांग्रेस के नेता गणेश मानसिंह के निवास स्थान 'थामेल' पर हुई, जिसमें करीब तीन हजार नेपाली कांग्रेस के सदस्यों ने योगदान दिया। (पंत 1995 : 49) यह पहला अवसर था, जब विरोध सरकार के सामने अपने विकराल रूप में आया। आश्चर्यजनक बात यह रही कि पुलिस ने इसमें कोई हस्तक्षेप नहीं किया और नेतागण खुले रूप से जनआंदोलन की योजना प्रस्तुत कर पाए, जो कि 18 फरवरी से शुरू होनेवाला था और इसे बाद में सरकारी तौर पर 'लोकतांत्रिक दिवस' घोषित कर दिया गया। इस आंदोलन में एक खास बात यह रही कि पहली बार नेपाली कांग्रेस और साम्यवादी दल एक बैनर के तले एक ही उद्‌देश्य के लिए साथ-साथ लड़ रहे थे। इस जनआंदोलन में जुलूस, हड़ताल, रैलियाँ, सभाएँ, सरकारी भवनों का घेराव इत्यादि का प्रयोग किया गया। इन राजनीतिक चुनौतियों का सामना करने के लिए श्रेष्ठा की सरकार ने पंचायती लोकतंत्र को बढ़ावा देने के लिए 'पंच रैली' की घोषणा की, जो कि पूर्ण रूप से असफल रही। सरकार ने दो प्रमुख अखबार 'बीमर्स' और 'नेपाली आवाज' को बंद कर दिया, इस कारण भी जनारोष उग्र हुआ। 14 फरवरी, 1990 को शहाना प्रधान, जो कि संयुक्त वामपंथ की अध्यक्ष थीं, उन्हें गिरफ्तार कर लिया गया। इसके तीन दिन बाद नेपाली कांग्रेस दल के सभी प्रमुख नेताओं को, जिनमें गणेश मानसिंह, कृष्ण प्रसाद भट्टाराई और गिरिजा प्रसाद कोइराला को गृहबंदी बना लिया गया। (रेपर 1992 : 53-55)

जनआंदोलन को बढ़ावा देने के लिए भारत के राजनीतिक नेताओं और बुद्धिजीवी वर्ग ने भी सहायता की। जिस समय जनआंदोलन चल रहा था, उस समय बहुत से नेपाली राजनीतिक नेता, जैसे—ऋषिकेश शाह, बिश्वेश्वर प्रसाद कोइराला, बाबूराम भट्टाराई आदि भारत के मुख्य शहरों में आकर जनमत पैदा करने में सफल रहे। ऋषिकेश शाह ने दिल्ली में

नेपाली जनता पर हो रहे अत्याचारों और सरकार द्वारा मानव अधिकारों के उल्लंघन के बारे में बताया। शाह जब दिल्ली से वापस नेपाल गए तो उन्हें देशद्रोह के आरोप में सरकार द्वारा नजरबंद कर दिया गया। नेपाल के राजनीतिक नेता अपनी बातों को सरकार के सामने रखने के लिए भारतीय मीडिया का सहारा लेने लगे एवं जनता का विश्वास व समर्थन प्राप्त किया। अत: भारत के मीडिया का जनआंदोलन में भी महत्त्वपूर्ण योगदान रहा।

18 तारीख दोपहर को रॉयल नेपाल एयर लाइंस कॉरपोरेशन के भवन के सामने करीब दस हजार आंदोलनकारी की पुलिस के साथ मुठभेड़ हुई। 19 फरवरी को काठमांडू में हड़ताल घोषित की गई और भक्तपुर में बड़े पैमाने पर आंदोलनकारी पुलिस पर टूट पड़े। जनआंदोलन कुछ ही दिनों में पूरे नेपाल में आग की तरह फैल गया। 20 फरवरी को पहली बार वकीलों के संघ ने देशव्यापी हड़ताल की घोषणा की। काठमांडू के त्रिभुवन विश्वविद्यालय में भी अनिश्चितकालीन हड़ताल की घोषणा की गई। 25 फरवरी, जो कि शिवरात्रि का अगला दिन था, उस दिन 'काला दिवस' मनाया गया, जिससे संपूर्ण नेपाल में हलचल मच गई। उस दिन के अंत तक हजारों आंदोलनकारियों को गिरफ्तार कर लिया गया और मार्च के पहले सप्ताह में ही सड़कों पर लाशें नजर आने लगीं। मार्च के अंत में सारे काठमांडू व आसपास के इलाकों में अँधेरा छा गया। आंदोलनकारियों के साथ देश की जनता ने भी शाम में कोई बिजली नहीं जलाई और 'बाती निबाउ'—पंचायत व्यवस्था मुर्दाबाद! (बत्ती बुझाओ, पंचायत व्यवस्था मुर्दाबाद) के नारे लगाए गए। (रेपर 1992 : 57-63) 1 अप्रैल के दिन पाटन शहर के हालात सरकार के नियंत्रण से बाहर हो गए एवं 2 अप्रैल को राष्ट्रव्यापी हड़ताल का आह्वान किया गया। 6 अप्रैल एवं 9 अप्रैल के दिन जनआंदोलन अपनी चरम सीमा पर था। 6 अप्रैल की राष्ट्रव्यापी हड़ताल में सरकारी कर्मचारियों एवं एयरपोर्ट के कर्मचारियों ने भाग लिया। उसी दिन श्रेष्ठा की सरकार को बर्खास्त किया गया एवं लोकेंद्र बहादुर चाँद को प्रधानमंत्री बनाया गया। सरकार परिवर्तन के बाद नरेश ने स्वयं रेडियो नेपाल पर एक संदेश दिया, जिसमें संवैधानिक संशोधन की बात कही गई और कहा गया कि आंदोलन के दौरान हुई हत्याओं की जाँच-पड़ताल की जाएगी। इस घोषणा के बाद काठमांडू की सड़कों पर करीब पचास हजार जनता एकत्र हुई। जब जनता दरबार मार्ग की तरफ बढ़ने लगी, जो कि नारायणहिती राजप्रासाद का मुख्य मार्ग है, वहाँ पुलिस ने भीड़ पर नियंत्रण पाने के लिए फायरिंग की, जिसमें बहुत सी जानें गईं। इस आंदोलन के दौरान लगभग 23 लोगों की जान गई। 6 अप्रैल शाम को काठमांडू व पाटन शहर में कर्फ्यू घोषित किया गया, जो कि अगले दो दिन तक चालू रहा। 9 अप्रैल मध्यरात्रि में नेपाल नरेश ने यह घोषणा की कि राजनीतिक दलों के ऊपर से प्रतिबंध हटा लिया गया है। इस घोषणा से जनआंदोलन में विराम आ गया। 14 अप्रैल के दिन नेपाली कांग्रेस व संयुक्त

वामपंथ के नेताओं की प्रधानमंत्री के साथ कई घंटों बातचीत हुई और प्रधानमंत्री चाँद ने इस वार्त्तालाप के बाद स्वयं का इस्तीफा नरेश को सौंप दिया। (कोईराला 1991 : 136) उसी दिन सुबह एक शाही फरमान रेडियो नेपाल पर जारी हुआ कि पंचायत नीति, जाँच समिति, वर्ग संगठन आदि को भंग किया जा रहा है। 19 अप्रैल को एक अंतरिम सरकार गठित की गई, जिसमें कृष्ण प्रसाद भट्टाराई को अंतरिम प्रधानमंत्री चुना गया। (हट् 1994 : 30-41)

अंतरिम सरकार का गठन

तदुपरांत नरेश वीरेंद्र ने 19 अप्रैल, 1990 को नेपाल कांग्रेस के कार्यकारी अध्यक्ष तथा नेता कृष्ण प्रसाद भट्टाराई को अंतरिम सरकार के प्रधानमंत्री पद की शपथ दिलाई। प्रधानमंत्री पद की शपथ लेने के उपरांत भट्टाराई ने अपने मंत्री परिषद् के 9 सदस्यों—श्रीमती शहाना प्रधान, सर्वश्री केशव जंग, राय माँझी, अच्यूजरा रेगमी, योग प्रसाद उपाध्याय, नीलांबर आचार्य, मार्शल झुलुम शाक्य, झालानाथ खनाल, देवेंद्र राज पांडेय तथा मथुरा प्रसाद श्रेष्ठ को उनके मंत्री पद तथा गोपनीयता की शपथ दिलाई। इस प्रकार नेपाली जनता की चिरकाल से प्रतीक्षित आशा पूर्ण हुई तथा नेपाल में एक नए युग का सूत्रपात हुआ। अपनी अंतरिम सरकार के उद्देश्यों पर प्रकाश डालते हुए प्रधानमंत्री भट्टाराई ने कहा था, "अंतरिम सरकार का प्रमुख लक्ष्य नेपाल के लिए संविधान का निर्माण कराना तथा नए आम चुनाव संपन्न करवाना है।" (सिंह 2001 : 72-73)

नया संविधान एवं संवैधानिक सभा की बहस

लोकतंत्र के संक्रमण काल के दौर में अगला कदम नए संविधान का प्रारूप तैयार करना था। इसका कारण यह था कि पंचायत व्यवस्था तो भंग हो चुकी थी, परंतु पंचायत का संविधान अभी भी लागू था। जब तक यह संविधान अस्तित्व में था, तब तक नरेश अपनी इच्छा अनुसार कोई भी कदम उठा सकता था। यदि किसी भी शाही गतिविधि को रोकना है तो लोकतांत्रिक शक्तियों को नए संविधान के लिए जल्द-से-जल्द सोचना शुरू कर देना चाहिए। इसके बावजूद विभिन्न राजनीतिक दलों में नए संविधान का प्रारूप तैयार करने के लिए कोई एकजुटता नजर नहीं आई। अस्पष्ट दृष्टिकोण होने के कारण संवैधानिक प्रक्रिया संबंधी रणनीति लगातार बदलती रही। इसके पश्चात् राजनीतिक दलों ने स्पष्ट किया कि वे संसदीय व्यवस्था के अधीन संवैधानिक राजतंत्र का निर्माण करेंगे। इसका यह अर्थ हुआ कि वे यह चाहते थे कि नरेश एक संवैधानिक आयोग का गठन करे और जहाँ प्रस्तावित संविधान में नरेश की कम-से-कम भूमिका हो। हालाँकि कुछ राजनीतिक शक्तियाँ, जैसे नेपाल साम्यवादी दल के कुछ गुटों ने संवैधानिक आयोग की बात को नकार दिया और

संवैधानिक सभा के चुनाव की बात की। इस विचार को लेकर नेपाली कांग्रेस के नेताओं ने असहमति जताई एवं दल के नेता मातबर सिंह ने कहा कि "यह बुद्धिजीवियों का दिखावा है।" (नेपाल प्रेस डाइजेस्ट, 7 मई, 1990) 6 माह के दौरान लोकतांत्रिक शक्तियों एवं शाही पक्ष के मध्य संविधान के निर्माण को लेकर मतभेद होते रहे। लोकप्रिय जन इच्छाओं की उपेक्षा करते हुए नरेश ने सात-सदस्यीय संवैधानिक सुधार संस्तुति आयोग गठित किया, जिसकी अध्यक्षता न्यायाधीश विश्वनाथ उपाध्याय ने की। नरेश ने आयोग को निर्देश दिया कि वह अपने सुधार तीन माह के अंदर तैयार करे, लेकिन इसके साथ तीन समस्याएँ थीं—

पहली, पंचायत संविधान में सुधार करके नए संविधान के आधार को खत्म किया गया, जो कि विरोधी पक्षों को स्वीकार नहीं था।

दूसरी, फिर भी आयोग ने दो उदारवादी सदस्यों को शामिल किया, ये थे—दमन नाथ ढूंगाना (नेपाली कांग्रेस) एवं भारत मोहन अधिकारी (संयुक्त वाम मोर्चा)। आयोग में शेष सदस्य संकीर्ण मतवादी/राजतंत्र पक्षीय सदस्य भी शामिल किए गए, इस प्रकार संकीर्ण मतवादियों का आयोग में बहुमत रहा। इसका अर्थ यह हुआ कि नरेश की शक्ति को किसी भी प्रकार से इन दो उदारवादी सदस्यों द्वारा घटाया गया तो भी संकीर्ण मतवादियों के बहुमत होने की वजह से उनकी बातों को अमान्य ही माना जाएगा। अतः इस आयोग की स्थापना को लेकर नेपाली कांग्रेस एवं संयुक्त वाम मोर्चा लगातार विरोध करते रहे।

तीसरी समस्या, राजमहल एवं लोकतंत्रीय शक्तियाँ संवैधानिक आयोग को लेकर विचार-विमर्श करते रहे। नरेश ने फिर भी अपने तौर-तरीकों से इस प्रकार के आयोग का गठन किया एवं लोकतंत्र पक्षीय गुटों की कोई सलाह नहीं मानी। (मालागोडी 2007 : 4-6)

यह घटना राजमहल के अपने पुराने दाँव-पेचों में से एक थी, जिससे यह प्रदर्शित होता है कि प्रत्येक राजनीतिक मामले में राजतंत्र का वर्चस्व रहेगा। प्रत्येक दाँव-पेच के जवाब में जब मीडिया, जनता एवं राजनीतिक दलों द्वारा करारे जवाब आने लगे, तब नरेश ने अपने सभी दाँव-पेचों को वापस ले लिया। माइकल हट के अनुसार, "ये शाही गतिविधियाँ दो तरीकों से बताई जा सकती हैं—पहली, नरेश एवं उसके सचिव नेपाल में हो रहे परिवर्तनों को लेकर गंभीर नहीं थे, यह एक प्रकार से मार्क्सवादी दृष्टिकोण को इंगित करता है। दूसरी, नरेश स्वतंत्र एवं सक्रिय राजनीतिक दलों के साथ काम करने के मामलों में अनुभवहीन था एवं बदलती हुई परिस्थितियों के साथ वह धीमी गति से सामंजस्य बैठा पा रहा था, यह कुछ नेपाली कांग्रेस के नेताओं का मत था।" (हट् 1994 : 30-41)

अंततः नरेश की जब घोर भर्त्सना होने लगी, तब उन्होंने चार दिन के भीतर ही इस आयोग को बर्खास्त कर दिया। नरेश ने इसके बाद अंतरिम सरकार से विचार-विमर्श किया एवं 30 मई, 1990 के दिन एक नौ सदस्यीय संवैधानिक संस्तुति आयोग का गठन

किया गया। इस नए आयोग में नेपाली कांग्रेस, संयुक्त वाम मोर्चा एवं राजमहल की तरफ से 3-3 प्रतिनिधि थे। इस आयोग की अध्यक्षता भी न्यायाधीश उपाध्याय के द्वारा ही की गई, परंतु इस बार उन्हें सभी राजनीतिक दलों का समर्थन प्राप्त था। विशेष रूप से, नरेश ने इस आयोग से 'सुधार' शब्द को निकाल दिया, जो कि एक नए संविधान के तैयार होने की संभावनाएँ दिखलाता था। आयोग के तुरंत गठित होने के बाद ही न्यायाधीश उपाध्याय ने कहा कि नौ में से प्रत्येक सदस्य को विशिष्ट कार्य सौंपा जाएगा, जिसके आधार पर वे राजनीतिक दलों एवं जनता से उपयुक्त सुझाव लेंगे एवं पुनः आयोग को अपनी-अपनी रिपोर्ट सौंपेंगे। (हट् 1991 : 1027) आयोग ने दो पृथक्-पृथक् स्रोतों से विभिन्न प्रकार की जानकारी प्राप्त की। ये स्रोत थे—हित समूह एवं राजनीतिक दल। विभिन्न हित समूहों ने धर्म, संजातीय, क्षेत्रीय, भाषाई एवं अल्पसंख्यक मुद्दों पर आयोग का ध्यान आकर्षित किया। आयोग ने इन हितों को मानने की अपेक्षा इन्हें सांप्रदायिकता फैलानेवाले तथ्य मानकर एवं राष्ट्रीय एकता के लिए खतरा मानकर इनकी उपेक्षा कर दी। इसलिए न्यायाधीश उपाध्याय ने अपना दुःख प्रकट करते हुए कहा कि अधिकतर सुझाव केंद्रीय बातों पर न होकर परिधि के मुद्दों के बारे में ही थे। उन्होंने राजनीतिक दलों से कहा कि जनता को राजनीतिक शिक्षा प्रदान करें एवं उन्हें संवैधानिक विषयों की जानकारी मुहैया करवाएँ। ज्यादातर राजनीतिक दलों के सुझाव संवैधानिक राजतंत्र, बहुदलीय लोकतंत्र, द्विसदनीय व्यवस्थापिका, वयस्क मताधिकार, जनता की संप्रभुता इत्यादि तत्त्वों को शामिल करने के लिए थे। (नेपाल प्रेस डाइजेस्ट, जुलाई 2, 1990)

आयोग के समक्ष विवाद के मुद्दे इस प्रकार थे—धार्मिक स्वतंत्रता, नेपाली भाषा एवं अन्य भाषाओं को दर्जा देने, प्रशासन में जातीय व अल्पसंख्यकों, शोषित वर्ग, तराई, महिलाओं के अधिकार एवं सेना पर कर संबंधी इत्यादि। यहाँ पर मुख्य मुद्दा था—नेपाल को धर्मनिरपेक्ष राष्ट्र बनाएँ या हिंदू राष्ट्र बनाएँ? मुसलिम, बौद्ध, ईसाई एवं तिब्बत-बर्मन आदिवासी इत्यादि समूहों ने संविधान में देश को धर्मनिरपेक्ष घोषित करने का समर्थन किया। जबकि दूसरी ओर हिंदू संगठन, जैसे—विश्व हिंदू परिषद्, सनातन धर्म सेवा समिति आदि ने नेपाल को हिंदू राष्ट्र घोषित करने की बात कही। इसके साथ ही इन हिंदू संगठनों ने धार्मिक स्वतंत्रता की बात को भी स्वीकार किया।

आयोग के अंदर वार्त्तालाप में कुछ मुख्य बिंदुओं पर भी ध्यान दिया गया। वे थे—

1. नरेश की स्थिति—एक नया संविधान, जहाँ संवैधानिक राजतंत्र का लक्षण भी रहेगा, आयोग की इस वचनबद्धता के बावजूद भी आयोग के नौ सदस्यों का रुख नरेश की स्थिति को लेकर भिन्न-भिन्न था। नेपाली कांग्रेस एवं शाही पक्ष के सदस्य उदार मत अपना रहे थे, जबकि संयुक्त वाम मोर्चा के सदस्य शाही परिवार की शक्तियों एवं विशेषाधिकारों

को घटाने के पक्ष में थे। वे चाहते थे कि शाही परिवार संसद के प्रति उत्तरदायी रहे।

2. संविधान के मूलभूत सिद्धांत—आयोग के सदस्य संविधान के मौलिक सिद्धांतों को लेकर भी बँटे हुए थे। बहस इस बात को लेकर थी कि ये सिद्धांत खंडनीय बनाए जाएँ या अखंडनीय? शाही पक्ष एवं संयुक्त वाम मोर्चा के दृष्टिकोण यद्यपि भिन्न थे, परंतु उनकी अंतिम राय थी कि इसे खंडनीय ही बनाया जाए। शाही पक्ष यह नहीं चाहता था कि संविधान के मौलिक सिद्धांतों को भविष्य में आनेवाली पीढ़ियों के लिए बाँध दिया जाए। जबकि साम्यवादी दलों के सदस्य संवैधानिक राजतंत्र एवं संसदीय लोकतंत्र के सामंजस्य के साथ सहज अनुभव नहीं कर रहे थे, इसलिए वे चाहते थे कि संविधान में इन दोनों प्रावधानों में परिवर्तन करना चाहिए। कुछ नेपाली कांग्रेस के सदस्यों ने शाही सदस्यों का समर्थन किया एवं वहीं कुछ सदस्य इन दोनों प्रावधानों में कोई परिवर्तन नहीं चाहते थे। इन सभी विभिन्न प्रकार के मतों में एक बात पर समझौता हुआ कि इसके लिए एक जटिल संशोधन प्रक्रिया बनाई जाए। जहाँ तीन–चौथाई बहुमत की जरूरत हो या फिर जनमत संग्रह की व्यवस्था हो, और इनसे ही संविधान के मौलिक ढाँचे में परिवर्तन हो सकेगा।

3. नियंत्रण एवं संतुलन का सिद्धांत—आयोग ने सीमित सरकार को वरीयता दी और इसके लिए वे सरकार के तीन अंग बनाने के पक्ष में थे। जैसे न्यायपालिका को वे एक स्वतंत्र निकाय के रूप में रखना चाहते थे एवं कार्यपालिका के अति सशक्तीकरण को घटाने के लिए संविधान में कुछ विशेष प्रावधान रखे गए।

सारणी 4.2

संविधान के मूल प्रारूप और राजमहल प्रस्तावित प्रारूप में अंतर

मूल प्रारूप	राजमहल प्रस्तावित प्रारूप
नेपाली जनता के द्वारा ऐतिहासिक जनांदोलन से संविधान में परिवर्तन आना उनकी इच्छा एवं अभिव्यक्ति का द्योतक है।	उपबंध को हटाया गया।
नेपाली जनता की इच्छाओं एवं वृहद् रूप से भागीदारी के परिणामस्वरूप यह तैयार किया गया।	नेपाल एवं नेपाली जनता की खुशी एवं समृद्धता हमारा मुख्य ध्येय होगा एवं इन लक्ष्यों को पूरा करना भी हमारा उद्‌देश्य होगा एवं इसी की इच्छानुरूप संविधान निर्मित एवं घोषित होगा।

हम यह घोषित करते हैं कि यह संविधान मंत्रिपरिषद् की सलाह एवं सहमति से स्वीकृत होगा।	हम यह घोषित करते हैं कि यह संविधान नेपाल के संवैधानिक कानून, परंपराओं, रीति-रिवाजों एवं रूढ़ियों के अनुसार होगा।
हम यह दृढ़ संकल्प करते हैं कि देश का शासन लोकप्रिय इच्छाओं के अनुरूप ही चलेगा।	हमारे पूर्वज और हम शासन को जन इच्छाओं के आधार पर चलाएँगे।
संप्रभुता नेपाली जनता में निहित होगी।	संप्रभुता नेपाली जनता में निहित रहेगी, परंतु यह साथ ही नरेश में भी निहित रहेगी।

(हट् 1991 : 1033)

10 सितंबर, 1990 को न्यायाधीश उपाध्याय ने संविधान का प्रारूप नरेश वीरेंद्र को सौंप दिया। नरेश ने इसे कैबिनेट की सहमति के लिए प्रधानमंत्री के सुपुर्द कर दिया। इस दौरान एक विवादास्पद स्थिति भी आई, जब नरेश ने अंतरिम सरकार से कहा कि मूल संविधान के अतिरिक्त कुछ राजनीतिक दलों द्वारा संवैधानिक अंगों के लिए सुझाव भी हैं, जिन्हें इस नए संविधान में परखा जाना चाहिए। इस बात को कहने के पीछे नरेश का स्वयं की भूमिका को बढ़ाने से था।

संविधान के विषयों को अंत में परिवर्तित करने या नए संविधान का विषय बदलने के उद्देश्य से ही नरेश अंततः राजमहल द्वारा तैयार एक नए संविधान का प्रारूप सामने लाए। राजमहल द्वारा निर्मित यह प्रारूप आयोग द्वारा बनाए प्रारूप से सर्वथा भिन्न था (उपरोक्त तालिका में वर्णित है)। इसमें पूर्ण राजतंत्र की बात कही गई थी।

राजनीतिक दल एकजुट होकर इस शाही कृत्य के विरोध में खड़े हो गए एवं अंततः लोकतांत्रिक शक्तियों के सख्त प्रतिरोध के सामने नरेश को झुकना पड़ा। नरेश ने तर्क दिया कि शाही प्रारूप मात्र दिखावे के लिए ही था। नरेश ने यह स्वीकार किया कि 9 नवंबर को इस नए संविधान को घोषित किया जाएगा। अंतरिम कैबिनेट ने संविधान के प्रारूप का पुनर्संस्करण किया, जिसमें मूलभूत सिद्धांत की उपेक्षा किए बिना राजमहल की कुछ बातों को स्वीकार कर लिया गया। नरेश को कुछ अवशिष्ट शक्तियाँ दी गईं, जैसे—शाही परिवार एवं मुकुट के उत्तराधिकार संबंधी शक्ति, इसके अलावा राजपरिवार को करमुक्त भी किया गया।

9 नवंबर, 1990 को नया संविधान घोषित किया गया, जिससे एक अनिश्चितता एवं शक्ति संघर्ष का दौर खत्म हो गया। नए संविधान की घोषणा के दौरान नरेश ने पुरानी परंपरा को दोहराया, जिसके तहत उन्होंने जनता से लोकतंत्र को सुदृढ़ बनाने की अपील की।

1990 का संविधान

सन् 1990 के संविधान ने नेपाल में संसदात्मक प्रजातंत्र का नया अध्याय प्रारंभ किया तथा साथ ही संवैधानिक राजतंत्र की स्थापना की। संविधान की प्रस्तावना में यह स्पष्ट रूप से उल्लेख किया गया कि संप्रभुता राष्ट्र की जनता में निहित रहेगी। यह संविधान अपने अंदर कुछ विशिष्ट तत्त्व समाए हुए था, जैसे—सामाजिक, राजनीतिक और आर्थिक न्याय, आधारभूत मानवाधिकार, वयस्क मताधिकार, सरकार का संसदात्मक रूप, संवैधानिक राजतंत्र, बहुदलीय लोकतंत्र, जनता के मध्य भ्रातृत्व की प्रवृत्ति, स्वतंत्रता एवं समानता के आधार पर उत्पन्न एकता, स्वतंत्र न्यायालय, जो सामाजिक न्याय के द्वारा देश में विधि का शासन स्थापित करेगा। (प्रस्तावना : नेपाल अधिराज्य का संविधान, 1990) नेपाल के लोग स्वतंत्रता एवं देश के एकीकरण, सभी धर्मों, नस्लों, जातियों व जनजातियों का सम्मान करेंगे एवं इसी विश्वास एवं प्रेरणा से राष्ट्र को एकता के सूत्र में बाँधे रखेंगे। इस संविधान में कुल 23 भाग और 3 परिशिष्ट थे। संपूर्ण संविधान 135 अनुच्छेदों में विभक्त था, जो कि नेपाल की शासन व्यवस्था के पूरे ढाँचे को इंगित करते थे।

पहले भाग में सात अनुच्छेद थे, जो संविधान को एक मौलिक कानून की तरह प्रदर्शित करते थे। यह संविधान नेपाल को बहुभाषीय, बहुसंजातीय, लोकतांत्रिक, स्वतंत्र, पृथक्, सार्वभौमिक, हिंदू एवं संवैधानिक राजतंत्रात्मक राष्ट्र घोषित करता था। भाग प्रथम में राष्ट्र की एकता और मजबूती के ऊपर जोर दिया गया तथा संप्रभुता को जनता में निहित किया गया। चौथे अनुच्छेद में नेपाल को 'नेपाल अधिराज्य' कहा गया। नेपाली भाषा को राष्ट्र भाषा का दर्जा दिया गया तथा बहुभाषाएँ, जो कि मातृभाषा के रूप में बोली जाती थीं, उन्हें नेपाल की भाषा के रूप में जाना जाता था। (प्रस्तावना : नेपाल अधिराज्य का संविधान, 1990)

दूसरे भाग में तीन अनुच्छेद थे, जो नागरिकता से संबंधित थे। इस भाग में कहा गया कि नागरिकता जन्म के आधार पर या पैतृकता के आधार पर मानी जाएगी। बाहरी व्यक्ति के लिए नागरिकता ग्रहण करने का भी प्रावधान था, जिसके अनुसार वह व्यक्ति, जो राष्ट्र भाषा को लिख व पढ़ पाएगा, नेपाल के अंदर किसी कार्य में संलग्न रहेगा, अन्य नागरिकता को त्याग देगा तथा नेपाल में उसे कम-से-कम पंद्रह वर्ष रहना होगा। इस संविधान के अनुसार अंतरराष्ट्रीय स्तर पर जाने-माने व्यक्ति को भी नागरिकता प्रदान की जा सकती थी।

संविधान के विशिष्ट लक्षण

सन् 1990 का संविधान विगत संविधानों की तुलना में अलग और काफी मायनों में प्रगतिशील रहा, लेकिन इस बात की गारंटी नहीं थी कि इसके आधार पर लोकतंत्र कितने

समय तक टिक पाएगा, क्योंकि यह मात्र दस्तावेज था और जनता की आस्था और विश्वास से इसको जीवंतता मिलती है। इस नए संविधान के विशिष्ट लक्षणों पर गौर करें तो—पहला, नेपाल की राजनीतिक इतिहास में पहली बार संप्रभुता जनता में निहित की गई, जो कि 'संप्रभु सत्ता की स्रोत' बन गई। (प्रस्तावना : नेपाल अधिराज्य का संविधान, 1990) यदि नेपाल के विगत इतिहास को देखें तो यह मानना मुश्किल होगा कि देश की जनता को संप्रभु सत्ता का स्रोत बनाया गया। दूसरा, संवैधानिक राजतंत्र की अवधारणा में भी परिवर्तन आया, यद्यपि नरेश वीरेंद्र इसका दावा सन् 1973 से करते आ रहे थे। जब उन्होंने नेपाल की व्यवस्था को संवैधानिक राजतंत्र बताया, जहाँ नरेश अपनी शक्तियाँ संविधान से प्राप्त करता था। बल्कि सन् 1990 के संविधान में बहुत ही सीमित जगह थी, जहाँ नरेश अपनी इच्छानुसार कदम उठा सकते थे। इस बारे में महत्त्वपूर्ण बात यह थी कि, 'राजनीतिक दलों पर प्रतिबंध को निषेध' कर दिया गया। सन् 1990 के संविधान के अनुच्छेद 112 के अनुसार यह कहा गया कि कोई भी ऐसा कानून, जिससे दलगत प्रजातंत्र के उद्देश्य संविधान से असंगत होते थे, उन्हें असंवैधानिक और अमान्य माना जाता था। (अनुच्छेद 112 : नेपाल अधिराज्य का संविधान, 1990) तीसरा, इस संविधान में प्रमुख बात यह भी थी कि संवैधानिक रूप से एक सीमित सरकार की स्थापना की गई, जहाँ नेपाल के सर्वोच्च न्यायालय को न्यायिक पुनरीक्षण की शक्ति प्रदान की गई।

मौलिक अधिकार

नेपाली संदर्भ में मूल अधिकारों को प्राय: सभी सन् 1948, 1951, 1959 एवं 1962 में उल्लेखित किया गया था। पंचायत शासन की समाप्ति एवं प्रजातंत्र की पुनर्स्थापना के उपरांत सन् 1990 के संविधान द्वारा भी देश के नागरिकों को मौलिक अधिकार प्रदान किए गए। संविधान का तीसरा भाग, जो कि अनुच्छेद 11 से अनुच्छेद 23 तक थे, जिसमें कुल 11 धाराएँ थीं, जिसके अंतर्गत मौलिक अधिकारों का विस्तृत वर्णन किया गया था। (भाग 3 : नेपाल अधिराज्य का संविधान, 1990)

अनुच्छेद 11 कानून के समक्ष समानता एवं संरक्षण की बात करता है। इसमें 5 उपधाराएँ सम्मिलित की गई थीं। इनके अनुसार कानून के समक्ष सभी नागरिक समान होंगे। किसी भी व्यक्ति को कानून का समान संरक्षण प्राप्त होने से वंचित नहीं किया जा सकता था। सामान्य कानून के व्यवहार करने में किसी भी नागरिक के विरुद्ध धर्म, नस्ल, लिंग, जाति, जनजाति या विचारधारा के या इनमें से किसी एक के आधार पर कोई विभेद नहीं किया जा सकेगा। अनुच्छेद 12 में मौलिक स्वतंत्रता का उल्लेख किया गया था। जिसमें दो उपधाराओं के अंतर्गत व्यक्तियों को निम्नलिखित स्वतंत्रताएँ दी गईं—विचार तथा अभिव्यक्ति की स्वतंत्रता, संघ तथा संगठन बनाने की स्वतंत्रता, नेपाल के किसी भी

भाग में निवास करने की स्वतंत्रता, व्यवसाय की स्वतंत्रता एवं किसी भी व्यक्ति को उसकी व्यक्तिगत स्वतंत्रता से कानून के उपबंधों के अनुसार वंचित नहीं किया जाएगा तथा ऐसा कोई कानून नहीं बनाया जाएगा, जो मृत्युदंड की व्यवस्था करे। (अनुच्छेद 12 : नेपाल अधिराज्य का संविधान, 1990) अनुच्छेद 13 प्रेस तथा प्रकाशन की स्वतंत्रता को वर्णित करता था। यद्यपि 1990 के संविधान से पहले इस प्रकार की कोई व्यवस्था नहीं थी। इस अनुच्छेद में कहा गया कि कोई समाचार, लेख अथवा पठनीय सामग्री सेंसर नहीं की जाएगी, कोई भी प्रेस किसी भी समाचार विषय, लेख या पाठ्य-सामग्री को जब्त नहीं कर सकता, किसी भी समाचार-पत्र या पत्रिकाओं का पंजीकरण किसी समाचार लेख या किसी अन्य पाठ्य-सामग्री को मात्र प्रकाशन के आधार पर निरस्त नहीं किया जाएगा। (अनुच्छेद 13 : नेपाल अधिराज्य का संविधान, 1990) अनुच्छेद 14 में फौजदारी के मामलों की सुनवाई इत्यादि की प्रक्रिया के संबंध में उल्लेख किया गया था। वहीं अनुच्छेद 15 में यह व्यवस्था की गई थी कि किसी भी नागरिक को बिना पर्याप्त कारणों के नजरबंद नहीं किया जाएगा। विधि के विरुद्ध अथवा बुरी नियति से की गई नजरबंदी के लिए विधि के अनुरूप मुआवजा प्राप्त करने का हर व्यक्ति को अधिकार होगा। अनुच्छेद 16, 17 और 18 राष्ट्र में एकता बनाए रखने की कोशिश में बनाए गए। ये अनुच्छेद भाषा, लिपि, संस्कृति, विभिन्न संजातीय समूहों की पहचान एवं संपत्ति के अधिकार आदि की चर्चा करता था। इस संविधान में नागरिकों को संवैधानिक उपचार के अधिकार भी प्रदान किए गए। संविधान में यह कहा गया कि सर्वोच्च न्यायालय किसी भी कानून को अमान्य घोषित कर सकता था। अनुच्छेद 19, 20, 21, 22, और 23 में नागरिकों को धार्मिक अधिकार, शोषण के विरुद्ध अधिकार, निर्वासन के विरुद्ध अधिकार, गोपनीयता का अधिकार एवं संवैधानिक उपचारों का अधिकार इत्यादि के प्रावधान वर्णित थे। (वैद्य 2001 : 194-195)

राज्य के नीति-निर्देशक तत्त्व

राज्य के नीति-निर्देशक तत्त्व, जो कि संविधान के भाग चार में इंगित किए गए थे, इन्हें 'निर्मित अधिकार' कहा जा सकता था। उसके पूर्व संविधान के भाग तीन में नागरिकों के मौलिक अधिकारों का वर्णन किया गया था, जो कि स्वभावत: नकारात्मक रूप लिये हुए थे, जिन्हें राज्य संरक्षित करने के लिए बाध्य थे, जिसके अंतर्गत 3 अनुच्छेद आते थे। इन तीनों अनुच्छेदों में देश के अंदर सामाजिक, आर्थिक और राजनीतिक न्याय की स्थापना की बात की गई एवं आधारभूत जीवन की उन्नति करना भी इसका ध्येय रहा। इस भाग में राष्ट्र की वैदेशिक नीति के बारे में भी कहा गया था। इसमें कहा गया कि नेपाल अंतरराष्ट्रीय पटल पर शांति, सौहार्द एवं भाईचारे को स्थापित करने और नेपाल की पृथक् पहचान बनाने का प्रयास

करेगा। साथ ही नेपाल पड़ोसी देशों के साथ समानता के आधार पर मित्रता एवं सौहार्दता का वातावरण बनाने के लिए कोशिश जारी रखेगा। (भाग 4 : नेपाल अधिराज्य का संविधान, 1990) वस्तुतः राज्य के नीति-निर्देशक सिद्धांतों से नेपाली जनता के प्रति राज्य दायित्व का बोध होता था। इन सिद्धांतों के परिप्रेक्ष्य में जनता अपने अधिकारों का सार्थक उपयोग करने हेतु उठ खड़ी हो सकती थी।

राजतंत्र

संविधान का भाग 5 नरेश की भूमिका, स्थिति और शक्ति को वर्णित करता था। इसके अंतर्गत अनुच्छेद 27 से 33 तक नरेश की संवैधानिक भूमिका, राजसिंहासन की स्थिति आदि का वर्णन था। नरेश एवं राजपरिवार के मदों व खर्चों इत्यादि के लिए किसी भी न्यायालय में उन्हें चुनौती नहीं दी जा सकती थी। अनुच्छेद 27 के अनुसार नरेश को श्री 5 महाराजाधिराज की परिभाषा दी गई। जिसके अनुसार, श्री 5 शब्द का आशय श्री 5 बड़ा महाराजाधिराज पृथ्वी नारायण शाह के वंशज, आर्य संस्कृति के अनुयायी, हिंदू धर्मावलंबी, सिंहासनारूढ़ महाराजाधिराज के लिए संबोधन करने तथा समझने से था, जिसका यहाँ स्पष्ट रूप से उल्लेख किया गया था। नरेश को नेपाल की राष्ट्रीयता तथा नेपाली जनता की एकता का प्रतीक माना गया। (अनुच्छेद 27 : नेपाल अधिराज्य का संविधान, 1990) अनुच्छेद 26 की उपधारा 3 के अनुसार, नरेश ने नेपाली जनता के सर्वोत्तम हित तथा समुन्नति के लिए इस संविधान के अनुपालन तथा संरक्षण देने का विश्वास दिया था। नरेश संवैधानिक राजतंत्र होने के नाते इस संविधान को रक्षित करेंगे एवं बढ़ावा देंगे और यह ध्यान रखेंगे कि प्रत्येक कानून नेपाल की जनता के हित में रहे। संविधान की धारा 28 में नेपाल के राजसिंहासन के उत्तराधिकार के बारे में बताया गया था। जिसमें कहा गया था कि उत्तराधिकार से संबंधित सभी मामले नरेश एवं राजतंत्र के अधीन रहेंगे। अनुच्छेद 29 में नरेश तथा राजपरिवार के खर्चे एवं विशेषाधिकार की बात कही गई। जिसके अंतर्गत कहा गया कि इन खर्चों एवं विशेषाधिकारों का वहन देश के संचित कोष से किया जाएगा एवं इनको कम करने की दृष्टि से कोई भी कानून पास नहीं किया जाएगा। (अनुच्छेद 29 : नेपाल अधिराज्य का संविधान, 1990)

विशिष्ट बात अनुच्छेद 31 में थी, जो कि नरेश को विशेष छूट प्रदान करता था। इसके अनुसार राष्ट्राध्यक्ष के रूप में किए गए उनके किसी कार्य के विषय में किसी न्यायालय में कोई प्रश्न नहीं उठाया जा सकेगा। 'नरेश गलती नहीं करता है' के सिद्धांत पर आधारित व्यवस्था से इस धारा के अंतर्गत नरेश की सरकार के कर्मचारियों के विरुद्ध कानून के अंतर्गत कार्रवाई चलाने का वैधानिक अधिकार सीमित किया गया था।

इसके अतिरिक्त नरेश को प्रशासनिक, व्यवस्थापिका, कार्यपालिका एवं न्यायिक शक्तियाँ भी दी गई थीं। अनुच्छेद 119 में कहा गया कि वे नेपाल की शाही सेना के सर्वोच्च सेनापति होंगे एवं उन्हें सेना के संचालन एवं प्रयोग करने का पूर्ण अधिकार होगा। इसके अतिरिक्त नरेश शाही राजदूतों, मुख्य न्यायाधीश, प्रमुख निर्वाचन आयुक्त, महालेखा परीक्षक, लोकसेवा आयोग के अध्यक्ष इत्यादि महत्त्वपूर्ण पदों पर नियुक्ति भी उन्हीं के द्वारा होगी। (भाग 5 : नेपाल अधिराज्य का संविधान, 1990)

संसद

भाग 6 राजपरिषद् के बारे में बताता था, जिसमें 23 सदस्य होते थे। ये सभी सदस्य नरेश के प्रसादपर्यंत ही अपने पदों पर बने रहते थे। राजपरिषद् को कार्यों में सहायता करने के लिए नरेश द्वारा एक 15 सदस्यीय समिति का गठन किया गया, जिसके सदस्य नरेश द्वारा चुने जाते थे। (भाग 6 : नेपाल अधिराज्य का संविधान, 1990) इन 15 सदस्यों के अतिरिक्त अन्य सदस्यों का कार्यकाल 4 वर्ष होता था। भाग 7 में अनुच्छेद 35 से 43 तक नरेश एवं राजपरिषद् की कार्यपालिका शक्तियों का वर्णन किया गया था। अनुच्छेद 35 में यह कहा गया कि नरेश अपनी कार्यपालिका शक्ति के अनुसार निर्णय राजपरिषद् की सहमति एवं सलाह से लेंगे, परंतु कुछ जगहों पर निर्णय लेते समय राजपरिषद् की सहमति की आवश्यकता नहीं थी। प्रधानमंत्री एवं मंत्रिपरिषद् सामूहिक रूप से प्रतिनिधि सभा के प्रति उत्तरदायी होते थे। यदि अविश्वास प्रस्ताव में कोई मंत्री विश्वास मत खो दे तो संपूर्ण मंत्रिपरिषद् एवं प्रधानमंत्री को नरेश के समक्ष इस्तीफा देना होता था एवं चुनाव की याचना करनी पड़ती थी। प्रधानमंत्री एवं मंत्रिपरिषद् द्वारा किए गए कृत्यों व निर्णयों के बारे में सारी जानकारी नरेश को देना जरूरी था। यह प्रधानमंत्री का दायित्व होता था कि वह प्रशासन संबंधी सभी सूचना नरेश को स्वयं दे। भाग 8 में 24 अनुच्छेदों का वर्णन था, जो कि संसद के कार्य, संगठन एवं शक्तियों के बारे में बतलाते थे। इस भाग में व्यवस्थापिका के बारे में कहा गया था, जिसमें नरेश, दोनों सदनों—प्रतिनिधि सभा व राष्ट्रीय परिषद् के बारे में वर्णन किया गया। इसमें द्विसदनीय संसद का प्रावधान था तथा एक व्यक्ति द्वारा एक मत के आधार पर प्रतिनिधि सभा को गठित करने का प्रावधान भी रहा। इसमें 205 सदस्य होते थे। (भाग 8 : नेपाल अधिराज्य का संविधान, 1990) राष्ट्रीय परिषद् में 60 सदस्य थे, जिसमें 35 सदस्य प्रतिनिधि सभा से चुने जाते थे। प्रतिनिधि सभा का कार्यकाल 5 वर्ष होता था। वहीं राष्ट्रीय परिषद् स्थायी सदन था, जिसमें प्रत्येक दो वर्ष में एक-तिहाई सदस्य पदमुक्त होते थे। प्रतिनिधि सभा के स्पीकर द्वारा नरेश को भेजा गया प्रस्ताव, जो कि दोनों सदनों द्वारा सहमति से स्वीकृत किया जाता था, उसे नरेश वापस भी कर सकते थे, परंतु जब धन

विधेयक को नरेश के पास विचार हेतु भेजा जाता था, जिसे वे एक बार लौटा सकते थे, परंतु संयुक्त बैठक में पुनर्विचार के उपरांत उसे पुनः नरेश के पास भेजा जाता था तो नरेश को उसे स्वीकृति देनी ही होती थी। (भाग 9 : नेपाल अधिराज्य का संविधान, 1990)

न्यायपालिका

भाग 11 में अनुच्छेद 84 से 94 तक न्यायपालिका के बारे में बताया गया। न्याय के क्षेत्र में सर्वोच्च न्यायालय का स्थान सबसे ऊपर था तथा यह अधीनस्थ न्यायालयों को आदेश जारी करता था और साथ ही निरीक्षण एवं समन्वय का कार्य भी करता था। सर्वोच्च न्यायालय में एक प्रधान न्यायाधीश एवं 13 अन्य न्यायाधीश थे। (अनुच्छेद 87 : नेपाल अधिराज्य का संविधान, 1990) सर्वोच्च न्यायालय के मुख्य न्यायाधीश की नियुक्ति संवैधानिक परिषद् की सलाह पर की जाती थी, वहीं अपीलीय और जिला न्यायालयों के न्यायाधीशों की नियुक्ति न्यायिक परिषद् की सलाह व सिफारिश से की जाती थी। ([उपधारा 1] अनुच्छेद 12 : नेपाल अधिराज्य का संविधान, 1990) सर्वोच्च न्यायालय न्यायिक पुनरीक्षा एवं कानूनों की वैधता की जाँच करने का कार्य भी करता था। इसके अतिरिक्त सर्वोच्च न्यायालय के पास प्रारंभिक, अपीलीय एवं सलाहकारी क्षेत्राधिकार होते थे। इसके अधीन जिला न्यायालय व अपीलीय न्यायालय रहते थे। सर्वोच्च न्यायालय को सलाह देने के लिए संविधान में एक न्यायिक सेवा आयोग का भी प्रावधान था। (अनुच्छेद 94 : नेपाल अधिराज्य का संविधान, 1990)

आपातकालीन प्रावधान

भाग 18 में आपातकालीन शक्तियों के बारे में बताया गया। नरेश द्वारा इन आपातकालीन शक्तियों का प्रयोग विशेष परिस्थितियों में किया जाता था। यदि राष्ट्र की संप्रभुता, एकीकरण एवं सुरक्षा को आँच पहुँचे या बाहरी आक्रमण, आंतरिक अशांति व घोर आर्थिक मंदी इत्यादि के उत्पन्न होने आपातकाल की घोषणा करने का प्रावधान था। नरेश की घोषणा के बाद इसे प्रतिनिधि सभा में तीन माह के अंदर प्रस्तुत करना होता था, जहाँ इसे दो-तिहाई बहुमत से स्वीकृति मिलना जरूरी था तथा स्वीकृति मिलने के बाद यह 6 माह तक जारी रहता था। आपातकाल की अवधि बढ़ाने के लिए यही प्रक्रिया पुनः दोहराई जाती थी। यदि प्रतिनिधि सभा इस समय के दौरान भंग हो जाए तो इसका निर्णय राष्ट्रीय परिषद् करती थी। (भाग 18 : नेपाल अधिराज्य का संविधान, 1990)

संवैधानिक संशोधन

भाग 19 के अनुच्छेद 116 में संवैधानिक संशोधन के बारे में कहा गया। संशोधन प्रस्ताव किसी भी सदन में लाया जा सकता था तथा दोनों सदनों में ही दो-तिहाई बहुमत की आवश्यकता थी तथा मतों का निर्धारण उपस्थिति के आधार पर होता था। अनुच्छेद 119 में नरेश को राष्ट्र की सेना का सर्वोच्च सेनापति घोषित किया गया। अनुच्छेद 126 में यह कहा गया कि नेपाल के साथ हुआ कोई भी समझौता और संधि तब तक मान्य नहीं होगी, जब तक संसद उसे दो-तिहाई बहुमत से पास न कर दे। (भाग 19 : नेपाल अधिराज्य का संविधान, 1990)

अन्य

इस संविधान में कुछ प्रावधान थे, जो नेपाल के पिछले संविधानों में नहीं मिलते। संविधान के भाग 17 में राजनीतिक संगठनों व दलों के बारे में बात की गई, जहाँ कहा गया कि कोई भी राजनीतिक दल धर्म, जाति, समुदाय, जनजाति और अंचल के आधार पर दल का गठन नहीं कर सकेंगे। यह भी कहा गया कि संवैधानिक संशोधन से भाग 17 में कोई बदलाव नहीं आएगा, जिससे कि राजनीतिक दलों पर पाबंदी लगे या एकदलीय विचारधारा वापस आए। इसी भाग में यह भी कहा गया कि कोई दल यदि सदन में तीन प्रतिशत मत से कम मत प्राप्त करता है तो वह राजनीतिक दल नहीं, अपितु स्वतंत्र दल माना जाएगा। सबसे प्रमुख बात यह रही कि प्रत्येक राजनीतिक दल में पाँच प्रतिशत महिलाएँ का स्थान निर्धारित किया गया। (अनुच्छेद 114 : नेपाल अधिराज्य का संविधान, 1990)

अनुच्छेद 126—जल संसाधन

इस संविधान का अनुच्छेद 126 प्राकृतिक संसाधनों की साझेदारी पर होनेवाले समझौतों का वर्णन करता है। इसमें विशेष रूप से जल संसाधनों को लेकर भारत और नेपाल के मध्य महाकाली समझौता हुआ, जिसे लेकर नेपाल ने काफी आपत्ति जताई। नेपाल की सरकार में दो अलग-अलग दल इस संधि के मामले के कारण बन गए। इन दोनों दलों में संधि को लेकर गहरा मतभेद था। नेपाल सरकार के कुछ दल यह माँग कर रहे थे कि जब तक भारत इस संधि के संदर्भ में स्पष्टीकरण नहीं करेगा, तब तक इस संधि को प्रमाणित (Ratify) नहीं किया जाएगा। वहीं दूसरे दल यह माँग कर रहे थे कि संधि के प्रमाणित होने के बाद इन गलतियों को सुधारा जाए। इसी द्वंद्व के चलते 20 सितंबर, 1996 को 29 सदस्यों वाली केंद्रीय समिति द्वारा इस संधि को प्रमाणित किया गया। इस समिति में चुनाव के दौरान, 17 बहुमत मतों के विरुद्ध 16 अल्पमत मतों के होने के मात्र एक मत ज्यादा होने से यह संधि

प्रमाणित की गई। यद्यपि मतों का अंतर काफी कम रहा, जिस कारण इसे काफी राजनीतिक दलों द्वारा 'जाली बहुमत' कहा गया। (कुमार : 259) इसके पश्चात् यह मुद्दा संसद में पहुँचा, जहाँ इस पर भारी विचार-विमर्श हुआ तथा सरकारी पक्ष के स्पष्टीकरण के बाद संयुक्त सत्र के 265 सदस्यों में से 220 सदस्यों ने इसे स्वीकृति प्रदान कर दी तथा इसे अस्थायी निश्चय (Provisonal Ratification) माना गया। यहाँ पर संसद के दो-तिहाई बहुमत का महत्त्व देश के हितों को संरक्षित करता है। इसी कारण इस प्रावधान का उल्लेख संविधान के अनुच्छेद 126 में विस्तृत तौर पर किया गया है। इसके अंतर्गत कहा गया है कि किसी भी अंतरराष्ट्रीय संधि या समझौते को प्रमाणित करने, स्वीकार्य एवं सहमति प्राप्त होने के लिए संविधान में दो तरह के प्रावधान वर्णित हैं—प्रथम, जो समझौते शांति एवं मित्रता से, रक्षा संबंधों से, नेपाल की सीमा से एवं देश के प्राकृतिक संसाधनों से जुड़े हों, उन्हें प्रमाणित करवाने के लिए उन्हें संसद के संयुक्त सत्र में दो-तिहाई बहुमत से पारित करवाना आवश्यक होगा। द्वितीय, वे सभी जन-प्रतिनिधित्व सभा में साधारण बहुमत से पारित किए जाएँगे। (अनुच्छेद 126 : नेपाल अधिराज्य का संविधान, 1990)

यदि गौर किया जाए तो धारा 126 पूरी तरह से भारत राष्ट्र पर केंद्रित है, क्योंकि नेपाल अगर नदी संबंधित या नदी जल से संबंधित संधि या समझौता करे तो वह भारत के अतिरिक्त किसी अन्य देश से इस संबंध में कोई समझौता नहीं कर सकता, क्योंकि यह उसकी भौगोलिक विवशता है तथा चीन से यहाँ कोई मुख्य नदी नहीं गुजरती। ऐसे अनुच्छेद संविधान में रखना एक नकारात्मक दृष्टिकोण दरशाता है। नेपाल के लिए एक बहूद्देशीय जल परियोजना बनाना मुश्किल ही नहीं, नामुमकिन है, क्योंकि इसके लिए आधुनिक तकनीकी के साथ-साथ काफी धन की भी आवश्यकता है। नेपाल इस कारण वित्त सहायता के बगैर अपने राष्ट्र में स्थित असीमित जल संसाधनों को इस्तेमाल नहीं कर सकता, परंतु धारा 126 के गलत इस्तेमाल से विगत तेरह सालों में कोई भी समझौता पूरी तरह से सफल नहीं हो पाया, जो नेपाल के हित के लिए बड़ी रुकावट है। धारा 126 को स्वयं को ही अगर परिपक्वता के साथ इस्तेमाल किया जाए, तब ही नेपाल के लिए यह अनुच्छेद हितकारी साबित होगा।

विगत संविधानों की तरह सन् 1990 के संविधान ने भी संशोधनों के प्रति कठोरता बरती। इस संविधान में प्रशासनिक सेवा के बारे में स्पष्ट रूप से उल्लेख किया गया। संविधान में वैदेशिक संधि एवं समझौते के बारे में कहा गया था कि जब तक संसद में वह समझौता या संधि बहुमत से स्वीकृत न हो जाए, तब तक वह नेपाल राष्ट्र के ऊपर लागू नहीं हो सकता। (अनुच्छेद 127 : नेपाल अधिराज्य का संविधान, 1990) इस संविधान में यह भी कहा गया कि यदि किसी समय किसी प्रकार की ऐसी राजनीतिक समस्या आए, जो कि संसद व राजनीतिक दलों से नहीं सुलझ रही है, तब नरेश का निर्णय माना जाएगा।

बहुदलीय व्यवस्था के अधीन लोकतंत्र के अनुभव

नवीन संविधान के अंतर्गत संशोधन प्रक्रिया, आपातकालीन प्रावधान एवं संधियों की संस्तुति करने संबंधी प्रावधानों पर विशेष ध्यान दिया गया। कोई भी संधि नेपाली नागरिकों को तब तक बाध्य नहीं कर सकती, जब तक वह संसद के संयुक्त अधिवेशन में दो-तिहाई बहुमत से पास न की जाए। इस संविधान की आधारभूत विशेषता यह भी थी कि शक्तियों के पृथक्करण का सिद्धांत एवं नियंत्रण व संतुलन का सिद्धांत मूर्त रूप से लागू किया गया, जो कि वास्तव में आनेवाले समय में देश की संसदीय व्यवस्था के लिए एक प्रभावकारी एवं स्थायी लोकतांत्रिक संस्था का निर्माण करते थे। संविधान के लागूकरण एवं प्रभाव को देश के सभी राजनीतिक दलों के नेताओं ने वृहद् रूप स्वीकार किया। (वैद्य 2001 : 213)

नेपाल में सीमित राजतंत्र के अंतर्गत प्रजातंत्र की स्थापना हुई। नागरिकों को वयस्क मताधिकार प्रदान किया गया। नए संविधान के अनुसार, सन् 1991 में 32 वर्ष पश्चात् प्रथम संसदीय चुनाव हुए। (खड़का 1995 : 55) इस चुनाव में नेपाली कांग्रेस, जो कि देश का प्रमुख राजनीतिक दल है, इसने बहुमत प्राप्त किया। (हट् 2007 : 16) उपरोक्त तालिका सन् 1991 के प्रतिनिधि सभा के चुनावों की स्थिति को स्पष्ट रूप से दिखलाती है। इस चुनाव में नेपाली कांग्रेस ने 110 सीटें जीतकर बहुमत हासिल किया। इस दल ने कुल मतों के 37.75 प्रतिशत लोकप्रिय मत प्राप्त किए। नेपाल की कम्युनिस्ट पार्टी ने 69 सीटें प्राप्त कीं, जो कि कुल मतों के 27.98 प्रतिशत लोकप्रिय मत थे। (गेज और सोल्ज 1991 : 1040, खड़का 1993 : 48) यह तथ्य इस बात को प्रमाणित करता था कि साम्यवादी दलों की लोकप्रियता भी देश में बढ़ने लगी थी। इस चुनाव में तीन निर्दलीय उम्मीदवार भी विजयी हुए, जो कि बाद में नेपाली कांग्रेस में शामिल हो गए। इस प्रकार नेपाली कांग्रेस की सीटें 113 हो गईं। (बराल 2000 : 25)

सारणी 4.3

1991 की प्रतिनिधि सभा का गठन

दल	दल की सीटें	जीती हुई सीटें	कुल प्राप्त मत	प्राप्त मतों का %
नेपाली कांग्रेस	204	110	2,752,452	37.75
कम्युनिस्ट पार्टी ऑफ नेपाल (संयुक्त मार्क्सवादी लेनिनवादी)	117	69	2,040,102	27.98
यूनाइटेड पीपल्स फ्रंट	70	9	351,904	4.83

राष्ट्रीय सद्भावना पार्टी	75	6	298,610	4.10
राष्ट्रीय प्रजातांत्रिक पार्टी (चाँद)	154	3	478,604	6.56
राष्ट्रीय प्रजातांत्रिक पार्टी (थापा)	163	1	177,323	2.43
कम्युनिस्ट पार्टी ऑफ नेपाल (डेमोक्रेटिक)	75	2	–	–
राष्ट्रीय मजदूर किसान पार्टी	30	2	91,335	1.25
निर्दलीय	29	3	–	–

(बराल 2000 : 25)

चुनाव के बाद 29 मई, 1991 को गिरिजा प्रसाद कोईराला नेपाल के प्रथम निर्वाचित प्रधानमंत्री बने। (परमानंद 2008 : 94) प्रजातांत्रिक राज्यों के समान नेपाली कांग्रेस में गणेश मानसिंह, कृष्ण प्रसाद भट्टाराई एवं गिरिजा प्रसाद कोईराला के अपने-अपने गुट बने रहे। (गेज और सोल्ज 1991 : 1040) इस पार्टी में आपसी मतभेद के कारण स्थायी सरकार का गठन समस्या बनी रही। (पूनम 2001 : 135) लेकिन यह नवीन स्थिरता काफी कम समय तक रही, क्योंकि नेपाली कांग्रेस में नए-नए गुट एवं खेमेबंदी होने लगी थी। सन् 1992 में गणेश मानसिंह ने खुलेआम कोईराला के इस्तीफे की माँग की, साथ ही इस दल के अंदर द्वंद्व एवं असंतोष भी पनपने लगा था। सरकार के खिलाफ इस प्रकार का विरोध प्रदर्शन जुलाई 1991 से ही प्रारंभ हो गया था एवं इसका समर्थन प्रतिनिधि सभा में विपक्षी पक्ष ने भी किया। सरकार ने इस समस्या को सुलझाने की अपेक्षा नौकरशाही के खिलाफ कदम उठाए। (वैद्य 2001 : 213-214)

फरवरी 1992 के उप-चुनावों में नेपाली कांग्रेस अध्यक्ष कृष्ण प्रसाद भट्टाराई की बुरी तरह पराजय हुई। (बराल 1995 : 427) चूँकि कोईराला के विरुद्ध भट्टाराई को भावी प्रधानमंत्री के रूप में पेश किया जा रहा था, इसलिए उनकी पराजय के पीछे कोईराला का हाथ माना गया। इसी समय गणेश मानसिंह ने भट्टाराई गुट के साथ मिलकर कोईराला के इस्तीफे की माँग की, न सिर्फ माँग की, वरन् इस्तीफे के लिए दबाव भी डाला। इस दबाव ने प्रतिनिधि सभा के संयुक्त संबोधन पर धन्यवाद का प्रस्ताव 86 मतों के मुकाबले 74 मतों से गिर गया। असंतुष्ट वर्ग की माँग थी कि कोईराला अपने पद से इस्तीफा दें एवं नए व्यक्ति को अवसर दें, परंतु कोईराला ने सभी की आशाओं पर पानी फेरते हुए, न सिर्फ इस्तीफा दिया, वरन् नरेश वीरेंद्र से प्रतिनिधि सभा को भंग कर नए चुनाव करवाने की सिफारिश भी की। (बराल 1995 : 427) इस प्रकार कोईराला एवं भट्टाराई के संघर्ष की परिणति मध्यावधि चुनावों के रूप में

हुई, जो कि जुलाई 1994 में हुए। (पूनम 2001 : 140–141)

इस राजनीतिक परिदृश्य ने वर्ष 1994 के मध्यावधि चुनावों पर काफी प्रभाव डाला। इस चुनाव ने देश में राजनीतिक संकट का माहौल पैदा कर दिया। इस चुनाव में किसी भी राजनीतिक दल को स्पष्ट बहुमत जनता द्वारा नहीं मिला, इससे यह अर्थ लगाया गया कि जनता ने इसके माध्यम से अपनी क्रांति का शोक भाव प्रकट किया था।

सारणी 4.4

1994 की प्रतिनिधि सभा का गठन

दल	दल की सीटें	जीती हुई सीटें	कुल प्राप्त मत	प्राप्त मतों का %
कम्युनिस्ट पार्टी ऑफ नेपाल (संयुक्त मार्क्सवादी लेनिनवादी)	196	88		30.85
नेपाली कांग्रेस	205	83		33.88
राष्ट्रीय प्रजातांत्रिक पार्टी	202	20		17.93
राष्ट्रीय मजदूर किसान पार्टी	27	4	75,072	0.98
राष्ट्रीय सद्भावना पार्टी	86	3	265,847	3.49
यूनाइटेड पीपल्स फ्रंट	49	–	100,285	1.32
जनता दल (एस.पी.)	1	–	404	0.01
जनवादी मोर्चा नेपाल	3	–	3,681	0.05
नेपाल कम्युनिस्ट पार्टी (संयुक्त)	34	–	29,273	0.38
नेपाल जनवादी मोर्चा	41	–	32,732	0.43
नेपाल जनहित पार्टी	2	–	156	0.00
नेपाल प्रजा परिषद्	7	–	1,832	0.02
राष्ट्रीय जनता पार्टी	7	–	1,525	0.02
लिबरल डेमाक्रेटिक पार्टी	1	–	18	0.00
संयुक्त प्रजातंत्र पार्टी)	1	–	218	0.00
नेपाली कांग्रेस पार्टी (बिश्वेश्वर)	10	–	12,571	0.16

यूनाइटेड पीपल्स पार्टी	9	–	1,346	0.02
नेपाली कांग्रेस (बी.पी.)	2	–	840	0.01
राष्ट्रीय जनता परिषद्	28	–	8,931	0.12
राष्ट्रीय जनवादी पार्टी	82	–	79,996	1.05
रेडिकल नेपाली कांग्रेस	1	–	53	0.00
नेशनल कम्युनिस्ट पार्टी (मार्क्सवादी)	49	–	29,571	0.39
नेपाली कांग्रेस (सुबर्ण)	4	–	484	0.01
प्रजातांत्रिक लोक दल	10	–	3,082	0.004
स्वतंत्र	385	7	471,324	6.18

(बराल 2000 : 26)

नेपाली कांग्रेस का स्थान इस चुनाव में घटकर दूसरे स्थान पर हो गया और वहीं साम्यवादी दल इस चुनाव में पहले स्थान पर आ गए। (पौड्याल 1995 : 163) जिसके फलस्वरूप वे सरकार बनाने में सफल हुए। मध्यावधि चुनावों के आँकड़ों के अनुसार कम्युनिस्ट पार्टी ऑफ नेपाल (संयुक्त मार्क्सवादी लेनिनवादी)ने 88 सीटें प्राप्त कीं एवं नेपाली कांग्रेस ने 83 सीटें प्राप्त कीं। (बराल 1995 : 427) इस प्रकार, दक्षिण एशिया के इतिहास में पहली बार एक साम्यवादी सरकार केंद्र में सत्तारूढ़ हो गई। नेपाली कांग्रेस ने अपनी पराजय स्वीकार की एवं जनादेश को माना। (बराल 2000 : 25-26)

इस चुनाव की विशेषता यह थी कि राजतंत्रीय-पक्षीय दल राष्ट्रीय प्रजातांत्रिक पार्टी ने 20 सीटें जीतीं। (वर्मा 2001 : 17) इस दल के नेताओं ने कहा कि वे प्रतिनिधि सभा में संतुलन की स्थिति ला सकते हैं, क्योंकि देश के प्रमुख दलों को पर्याप्त बहुमत नहीं मिला है, जिससे कि ये सभी दल एक सुदृढ़ सरकार बना सकें। प्रतिनिधि सभा के सभी दलों ने बाहर से साम्यवादी दल का अपना समर्थन प्रदान किया, जिससे कि यह सरकार नौ माह तक चली। वस्तुतः मनमोहन अधिकारी के नेतृत्व में यह सरकार अल्पमतीय थी। जिसके कारण साम्यवादी शासक अपने कार्यकाल के दौरान जनता की खुशामद करते रहे, क्योंकि नेपाली कांग्रेस उनकी सरकार को कभी भी गिरा सकती थी एवं साथ ही उनके ये सभी प्रयास अगले चुनावों के लिए भी काम में आनेवाले थे। कालक्रमानुसार, नेपाली कांग्रेस ने समर्थन वापस लिया एवं प्रधानमंत्री मनमोहन अधिकारी ने प्रतिनिधि सभा को भंग करने की नरेश से सिफारिश की। (पौड्याल 1996 : 211-212)

सितंबर 1995 में नेपाली कांग्रेस ने राष्ट्रीय प्रजातांत्रिक दल एवं नेपाली सद्भावना

पार्टी के समर्थन से सरकार का गठन किया, जिसकी अध्यक्षता शेर बहादुर देउबा ने की। यह सरकार भी मात्र 17 माह तक ही चली। मार्च 1997 में देउबा सरकार के गिरने का प्रमुख कारण नेपाली कांग्रेस के आंतरिक मतभेद माने गए। इसके बाद साम्यवादी दल ने लोकेंद्र बहादुर चाँद की अध्यक्षतावाली सरकार को समर्थन दिया। लोकेंद्र बहादुर चाँद ने एक नई पार्टी—राष्ट्रीय प्रजातांत्रिक दल (चाँद) का गठन किया। इस सरकार में बामदेव गौतम उप-प्रधानमंत्री एवं गृहमंत्री (खनल 1997 : 153) बने, जो कि साम्यवादी दल के नेता थे। राष्ट्रीय प्रजातांत्रिक दल (चाँद) में मतभेद होने के कारण लोकेंद्र बहादुर चाँद की सरकार गिर गई। एक नई सरकार अक्तूबर 1997 में राष्ट्रीय प्रजातांत्रिक पार्टी (थापा) के नेतृत्व में सूर्य बहादुर थापा की अध्यक्षता में गठित हुई। (खनल 1997 : 153) इस सरकार को नेपाली कांग्रेस का समर्थन प्राप्त था एवं यह विश्वास बना कि प्रधानमंत्री का पद 6-6 माह उपरांत दोनों दलों के नेताओं के मध्य जाएगा। अप्रैल 1998 में सूर्य बहादुर थापा ने त्याग-पत्र दे दिया एवं नेपाली कांग्रेस के अध्यक्ष गिरिजा प्रसाद कोईराला ने घोषणा की कि राष्ट्रीय प्रजातांत्रिक दल के साथ गठबंधन समाप्त किया जाएगा। इसके बाद नेपाली कांग्रेस ने एक अल्पमतीय सरकार का गठन किया। अक्तूबर 1998 में नेपाली कांग्रेस ने साम्यवादी दलों को एक गठबंधनीय सरकार बनाने के लिए आमंत्रित किया। दिसंबर 1998 में सभी साम्यवादी नेताओं ने इस नवगठित गठबंधनवाली सरकार का अनुसरण किया, जिसमें नेपाली कांग्रेस, साम्यवादी दल एवं सद्भावना पार्टी भी शामिल थे। इस सरकार के गठित होने के तीन सप्ताह के दौरान ही संसद को भंग कर दिया गया एवं सामान्य चुनावों की घोषणा की गई, जो कि मई 1999 में होनेवाले थे।

वर्ष 1999 के चुनावों में नेपाली कांग्रेस ने पूर्ण बहुमत प्राप्त किया एवं 205 में से 111 सीटें जीतकर संसद में पूर्ण बहुमत हासिल किया। (थापा और रोका 1999 : 2386) देश के साम्यवादी दल दूसरे स्थान पर रहे, इन्होंने 71 सीटें प्राप्त कीं। थापा के दल ने 11 सीटें प्राप्त कीं एवं चाँद का दल कोई सीट नहीं जीत पाया। इस सरकार में प्रधानमंत्री का पद कृष्ण प्रसाद भट्टाराई को मिला, लेकिन दिसंबर 1999 में कोईराला समर्थकों ने भट्टाराई के विरुद्ध हस्ताक्षर अभियान किया, जिसके परिणामस्वरूप भट्टाराई के स्थान पर गिरिजा प्रसाद कोईराला प्रधानमंत्री बने।

सारणी 4.5

1999 की प्रतिनिधि सभा का गठन

दल	दल की सीटें	जीती हुई सीटें	कुल प्राप्त मत	प्राप्त मतों का %
नेपाल कांग्रेस	205	111		36.14
नेपाल कम्युनिस्ट पार्टी (संयुक्त मार्क्सवादी लेनिनवादी)	195	71		30.74
राष्ट्रीय प्रजातांत्रिक पार्टी	195	11	902,328	10.74
नेपाल सद्भावना पार्टी	68	5	278,435	3.13
नेशनल पीपल्स फ्रंट	53	5	121,426	1.36
यूनाइटेड पीपल्स फ्रंट	40	1	74,669	0.54
राष्ट्रीय मजदूर किसान पार्टी	41	1	48,685	0.54
नेपाल कम्युनिस्ट पार्टी (मार्क्सवादी लेनिनवादी)	197	–	567,760	6.38

(बराल 2000 : 27)

नेपाल में सन् 1999 के चुनाव की यह विशेषता रही कि मतदाताओं ने उन सभी छोटी-छोटी पार्टियों को नकार दिया, जो अपने 5-7 सदस्यों के माध्यम से गठबंधन सरकार में साझेदार होकर अपनी माँगों को मनवाने के लिए दबाव बनाए रखती थीं। दूसरी विशेषता यह रही कि साम्यवादियों को सत्ता से अलग रखकर माओवादी संगठन के आतंकवाद को झटका दिया। तीसरी विशेषता यह रही कि नवोदित प्रजातांत्रिक देश के नागरिकों ने अवसरवादी गठबंधन की स्थिति को नकारकर द्विदलीय लोकतांत्रिक प्रणाली की ओर अपना रुझान दिखलाया—एक तरफ नेपाली कांग्रेस को स्पष्ट बहुमत प्रदान कर सत्ता सँभालने का अवसर दिया तो दूसरी तरफ कम्युनिस्ट पार्टी को मुख्य विपक्षी दल के रूप में स्वीकार किया। (पूनम 2001 : 156)

माओवादी आंदोलन और संवैधानिक संकट

नेपाल में इस दशक में एक तरफ अस्थिर सरकारें बनीं, वहीं दूसरी तरफ देश में आंतरिक सुरक्षा के रूप में माओवादी आंदोलन उभरकर सामने आया। कम्युनिस्ट पार्टी

(माओवादी) के नेतृत्व में वर्ष 1996 से देश भर में आंदोलन शुरू किया गया। इस माओवादी आंदोलन की चपेट में धीरे-धीरे पूरा नेपाल आ गया। इन माओवादियों ने सरकार विरोधी अभियान जारी रखे एवं अपनी 40 माँगें सरकार के समक्ष रखीं। जिसमें प्रमुख माँगें थीं—संवैधानिक सभा का वयस्क मताधिकार के आधार पर चुनाव हो और नया संविधान निर्मित हो, जहाँ नेपाल में गणतंत्रात्मक शासन व्यवस्था स्थापित हो। (हट् [संपा.] 2004 : 5) नेपाल की कमजोर सरकारें इस आंदोलन को दबाने के प्रयास करती रहीं, लेकिन सफल नहीं हो सकी थीं। इस आंदोलन से न केवल संवैधानिक राजतंत्रात्मक व्यवस्था के लिए खतरा पैदा हुआ है, बल्कि नेपाल की जनता के लिए भी वर्तमान में एक प्रमुख समस्या है।

काठमांडू में स्थित 'मानवाधिकार संगठन' के महासचिव शुभाकर बुद्धठोकी के अनुसार, "इस माओवादी आंदोलन के कारण सन् 1996 से सन् 2003 सितंबर तक राष्ट्र में 7000 से अधिक लोगों की मौतें हो चुकी हैं।" इस आंदोलन का फैलाव राष्ट्र में क्रमिक रूप से होने लगा एवं सन् 2001 में यह अपनी चरम सीमा पर रहा, जिसके फलस्वरूप नेपाल सरकार ने देश में आपातकाल लगाने की घोषणा की। यह आपातकाल का दौर राष्ट्र में दिसंबर 2001 से मई 2002 तक लागू रहा।[2] इन माओवादियों की प्रमुख माँगें इस प्रकार रहीं कि पहले एक अंतरिम सरकार का गठन किया जाए, जिसके पर्यवेक्षण में जनता के चुने हुए प्रतिनिधियों द्वारा नए संविधान की रचना की जाएगी। इसके अतिरिक्त देश में गणतंत्रात्मक शासन की स्थापना की जाए।[3]

यद्यपि इस समय के दौरान विभिन्न सरकारें सत्ता में आईं तथा इन सरकारों ने नरेश की सहायता से माओवादियों के साथ बातचीत करने की कोशिश की, जिसके परिणामस्वरूप राष्ट्र में तीन बार 'शांति प्रक्रिया' की कोशिश की गई, परंतु दोनों पक्षों—शासन पक्ष एवं आंदोलनकारी पक्ष—के मध्य आपसी सहयोग, विश्वास एवं समझौते के अभाव के कारण ये शांति प्रतिक्रियाएँ अंतत: असफल रहीं। इस प्रकार माओवादी आंदोलन राष्ट्र में निर्बाध तरीके से चल रहा है। इस आंदोलन के कारण संविधान में वर्णित मौलिक अधिकारों एवं मानवाधिकारों का हनन निरंतर होता रहा है। अत: माओवादी आंदोलन वर्तमान संविधान के प्रावधानों को लागू करने में एक बाधा बनकर सामने आया है।

माओवादी आंदोलन का संविधान पर प्रभाव

माओवादी विद्रोह की उत्पत्ति नेपाल के साम्यवादी आंदोलनों के संदर्भ में भलीभाँति देखी जा सकती है। 1962 में पंचायत शासन व्यवस्था के दौरान साम्यवादी दल ने नेपाली कांग्रेस के साथ मिलकर बर्खास्त संसदीय व्यवस्था को पुन: स्थापित करने के लिए नरेश के ऊपर दबाव डाला। साम्यवादी दल में हमेशा से विभक्त होने की प्रवृत्ति रही है। सन्

1980 के दशक में नेपाल साम्यवादी दल (मार्क्सिस्ट-लेनिनिस्ट) CPN (ML) के नाम से एक पृथक् दल बना। इस दल में आगे चलकर पुष्पकमल दहाल (प्रचंडा) व बाबूराम भट्टाराई जैसे नौजवान नेता शामिल हुए, जिन्होंने इस दल को आगामी वर्षों में एक पृथक् राह दिखाई।[4]

1990 के जनआंदोलन के दौरान इस दल ने नेपाली कांग्रेस एवं नेपाली साम्यवादी दल (UML) के साथ मिलकर पंचायत शासन का विरोध किया, परंतु इस उग्र साम्यवादी दल की माँगें राष्ट्र के अन्य प्रमुख दलों से पृथक् रहीं। इस दल का उद्देश्य यह रहा कि राष्ट्र से राजतंत्र को पूर्णत: समाप्त कर दिया जाए तथा सरकार का गणतंत्रात्मक रूप स्थापित हो। इस दल के अनुसार राष्ट्र में जनता द्वारा निर्वाचित शासक द्वारा ही शासन किया जाना चाहिए। पैतृकता (राजतंत्र द्वारा) के आधार पर देश में शासन नहीं होना चाहिए। बल्कि वहीं अन्य प्रमुख दल देश में संवैधानिक राजतंत्र की स्थापना से सहमत थे।[5]

यह उग्र साम्यवादी दल CPN (ML) में भी विभक्तिकरण की प्रवृत्ति रही। 1990 में इस दल के दो भाग हुए, जिसमें एक दल भूमिगत रूप से सरकार का विरोध करता रहा तथा दूसरा दल राजनीतिक रूप से सरकार पर दबाव बनाने लगा, परंतु वर्ष 1996 में इन दलों ने पुन: एकजुट होकर माओवादी आंदोलन को उग्र रूप से राष्ट्र में संचालित किया।

इन उग्र साम्यवादियों की राष्ट्र में गणतंत्रात्मक शासन लाने की प्रबल माँग रही। अत: माओवादी 1990 के संविधान के निर्माण से ही नाखुश थे, क्योंकि संविधान निर्माण के लिए संवैधानिक सभा जनता द्वारा न चुनकर नरेश द्वारा चुनी गई। अत: लोकतंत्र को प्रारंभ करने का आधार ही राजतंत्र बन पड़ा है। वहीं राष्ट्र में गणतंत्र लाने के लिए जनता की भागीदारी बेहद जरूरी है। इस प्रकार माओवादियों ने देश में गणतंत्र लाने के लिए क्रांति का तरीका अपनाया। उनके अनुसार संवैधानिक पथों पर चलते हुए गणतंत्र की स्थापना करना असंभव है, क्योंकि नरेश स्वयं की सत्ता नेपाल जैसे सामंती राष्ट्र से हटाना मुश्किल है। माओवादियों के अनुसार राजतंत्र को तभी हटाया जा सकता है, जब नेपाल की जनता राजतंत्र के राजनीतिक चरित्र पर ऐसा दबाव डाले, जिससे राजतंत्र के स्थान पर गणतंत्र खुद-ब-खुद स्थापित हो सके।[6]

नवंबर 2001 में प्रधानमंत्री शेर बहादुर देउबा द्वारा राष्ट्र में आपातकाल की घोषणा के पश्चात् नरेश ज्ञानेंद्र ने सेना को यह आदेश दिया कि माओवादियों को किसी भी प्रकार से कुचल दिया जाए। उपरोक्त तथ्य यह दरशाता है कि नरेश को भी माओवादियों की शक्ति के ऊपर आशंका होने लगी कि ये बहुत कुछ कर सकते हैं। इस कारण उन्हें किसी भी तरह से रोकना ज्ञानेंद्र का मुख्य उद्देश्य था। वहीं नरेश ज्ञानेंद्र के 4 अक्तूबर, 2002 के असंवैधानिक कदम ने माओवादियों के साहस में वृद्धि की।[7] यह घटना माओवादी आंदोलन से प्रत्यक्षत:

जुड़ी हुई है, क्योंकि इस आंदोलन के चलते देउबा सरकार देश में चुनाव करवाने में असफल रही। इसके अलावा इस सरकार की माओवादियों के साथ वार्त्ताएँ भी कोई परिणाम नहीं निकाल सकीं। अत: नरेश ज्ञानेंद्र द्वारा इस सरकार को बर्खास्त कर दिया गया।

सन् 1996 में बाबूराम भट्टाराई एवं प्रचंडा ने पुन: एकजुट होकर इस दल (माओवादी) को मजबूत किया तथा परस्पर विचार-विमर्श करने के पश्चात् उन्होंने सरकार के समक्ष अपनी माँगों को प्रस्तुत करने का निर्णय लिया। जिसके फलस्वरूप 4 फरवरी, 1996 को देश के प्रधानमंत्री शेर बहादुर देउबा की सरकार के समक्ष माओवादियों द्वारा 40 माँगें प्रस्तुत की गईं। इन माँगों के अंतर्गत प्रमुखतया देश की सामाजिक, आर्थिक एवं राजनीतिक स्थिति को सुधारने की बात कही गई। माओवादियों की कुछ माँगें ऐसी भी थीं, जिनसे राष्ट्र में समाजवाद एवं माओवाद की छवि अंकित होती नजर आती है।[8] इन माँगों में प्रमुख हैं—भूमि के असमान वितरण एवं सांस्कृतिक प्रदूषण पर रोक। शिक्षा के निजीकरण पर रोक लगाना एवं नि:शुल्क शिक्षा मुहैया कराई जाए। सभी को काम पाने का अधिकार प्रदान करना।

इनके अतिरिक्ति माओवादियों की 40 माँगों में ऐसी भी माँगें थीं, जो कि देश के संवैधानिक चरित्र में परिवर्तन लाने की बात करती हैं, जो कि इस प्रकार हैं—जनता के चुने हुए प्रतिनिधियों द्वारा बनी संवैधानिक सभा द्वारा एक नवीन संविधान की रचना होनी चाहिए। नरेश एवं नरेश के परिवार को जो संविधान द्वारा विशेषाधिकार एवं विशेष सुविधाएँ प्रदान की गई हैं, उन्हें समाप्त किया जाना चाहिए। देश की सेना, पुलिस एवं प्रशासन जनता के नियंत्रण में रहे। नेपाल को धर्मनिरपेक्ष राष्ट्र घोषित करना होगा। देश में अस्पृश्यता का अंत होना चाहिए एवं दलितों को समाज में समान दर्जा मिले। देश में बोली जानेवाली सभी भाषाओं को समान दर्जा मिलना चाहिए। स्वतंत्र विचार एवं स्वतंत्र प्रेस की गारंटी मिले तथा देश के प्रसार साधनों को स्वायत्तशाषी बनाया जाए। पूँजीपति जमींदारों की जमीन जब्त की जाए एवं उसे खेतिहर मजदूरों व गरीब किसानों में बाँटा जाए, उससे ज्यादा नहीं। प्रत्येक नागरिक को काम देना होगा तथा जब तक उसे काम नहीं मिलेगा, तब तक उन्हें वेतन भत्ता (Stipend) देना होगा। वर्ष 1950 की भारत के साथ शांति एवं मित्रता संधि, जो कि असमान करार और समझौते (Unequal Stipulation and Agrrement) पर आधारित है, उसे खत्म करना होगा। इसके अलावा टनकपुर व महाकाली समझौतों को भी रद्द (Nullifed) करना होगा।[9]

विश्लेषणात्मक तौर पर कहा जा सकता है कि उपरोक्त माँगें राष्ट्र में गणतंत्र आने का आधार प्रदान करती हैं, परंतु इन माँगों को सरकार एवं नेपाल नरेश द्वारा मंजूर करना काफी मुश्किल है, क्योंकि इन माँगों को मानने से वर्तमान संविधान का अस्तित्व ही नहीं रहेगा। यद्यपि माओवादी अपनी माँगों में समय-समय पर परिवर्तन लाते रहे हैं। वर्ष 2001

में राजप्रासाद हत्याकांड के पश्चात् माओवादियों ने अपनी एक प्रमुख माँग—राजतंत्र की पूर्ण समाप्ति की माँग को वापस ले लिया, क्योंकि माओवादी नेताओं ने इस घटना के दौरान देखा कि राष्ट्र में जनता की सहानुभूति राजप्रासाद की तरफ बढ़ रही है।[10] इन माओवादियों के आंदोलन का मुख्य आधार जनता का समर्थन है, इसलिए जनता के रुख को जानना माओवादियों के लिए बेहद जरूरी है। अत: उन्होंने परिस्थितियों के अनुसार अपनी माँगों में परिवर्तन किया, परंतु अपनी अन्य प्रमुख माँगों पर माओवादी डटे रहे।

नेपाल में साम्यवादी दलों के तीन विचारधारात्मक दल बने हुए हैं—प्रथम नेपाली साम्यवादी दल (UML), नेपाल मजदूर एवं किसान दल तथा माओवादी दल।[11]

इस विचारधारात्मक रूप से माओवादियों ने एक नवीन लोकतंत्र (New Democracy) को ग्रहण किया। इस 'नवीन लोकतंत्र' के आधार पर जो माँगें की गईं, वे ज्यादातर तीन क्षेत्रों से जुड़ी हुई थीं—राष्ट्रवाद, जनता की भलाई एवं जनता के जीवन स्तर में सुधार। राष्ट्रवाद के आधार पर माओवादियों ने भारत एवं नेपाल के संबंधों को बतलाया है। इसके अंतर्गत 1950 की शांति एवं मित्रता संधि तथा महाकाली संधि को खत्म करने की बात कही है। इसके अतिरिक्त गोरखा सेना का विदेशी सेनाओं के साथ जुड़ा रहना बंद करना होगा। जनता की भलाई से यहाँ तात्पर्य यह है कि एक नई संवैधानिक सभा का गठन करके नए संविधान का निर्माण करना होगा, जहाँ राजतंत्र को समाप्त करना होगा। नरेश, नरेश के परिवार एवं नेपाली शाही सेना को जनता के नियंत्रण में लाना होगा, नेपाल को धर्मनिरपेक्ष राष्ट्र घोषित करना, न कि हिंदू राष्ट्र। जनता के जीवन स्तर में सुधार के अंतर्गत कहा गया कि भूमि गरीब किसानों को दी जाएगी। काम का अधिकार, उद्योग, कृषि एवं सेवा विभाग के कार्मिकों के लिए न्यूनतम वेतन का प्रावधान रहेगा। नि:शुल्क शिक्षा, भ्रष्टाचार को नियंत्रित करना एवं एक अच्छी सरकार के लिए जिन सुधारों की आवश्यकता है, वे सभी लाए जाएँ।[12]

माओवादी नेता पुष्प कमल दहाल (प्रचंडा) के अनुसार एक दिन में ये सभी सुधार नहीं लाए जा सकते। ये सभी क्रमिक रूप से आएँगे। पहला, देश से सामंतवादी शासन व्यवस्था को खत्म करना होगा। दूसरा, नया संविधान लाना होगा एवं राजतंत्र को पूर्णत: समाप्त करना होगा। इन सुधारों को पूँजीवादी लोकतंत्र के अधीन लाने की कोशिश की जाएगी, न कि राजतंत्र के अधीन।[13]

नेपाल में राजनीतिक अस्थिरता के दौर में राजनीतिक नेताओं द्वारा आरोप एवं प्रत्यारोप का खेल देखा गया है। अत: माओवादी आंदोलन के मुद्दे पर नेता वर्ग राष्ट्रीय चेतना लाने में असफल रहे। सन् 2001 तक देश के नेता वर्ग राजप्रासाद पर आरोप लगाते रहे कि देश में माओवादियों की हिंसक गतिविधियों के बढ़ने के बावजूद भी सेना के प्रयोग की अनुमति नहीं दी जा रही है, परंतु नरेश शायद इसलिए डर रहे थे कि बिना स्पष्ट सुनियोजित रणनीति

और बिना लोकप्रिय नेतृत्व के सेना को माओवादियों के खिलाफ उतारना गलत होगा।[14]

देश में चल रहे इस हिंसक दौर को नियंत्रण में करने के लिए नेपाल नरेश ज्ञानेंद्र ने 26 नवंबर, 2001 को नरेश की सलाह से संविधान के अनुच्छेद 115 (1) के आधार पर राष्ट्र में आपातकाल की घोषणा की। शाही आदेश में यह कहा गया कि, "यह आदेश राष्ट्र के लिए लिया गया है, क्योंकि इस समय राष्ट्र की संप्रभुता, सुरक्षा एवं एकता खतरे में है।" इस आपातकाल की घोषणा से जनता के बहुत से मौलिक अधिकारों पर रोक लगाई गई। इनमें प्रमुख हैं—वाक् स्वतंत्रता, सभा एकत्र करने का अधिकार, देश में भ्रमण करने, प्रेस एवं प्रकाशन का अधिकार, नजरबंदी निवारक के विरुद्ध अधिकार, संपत्ति का अधिकार, गोपनीयता का अधिकार एवं संवैधानिक उपचारों का अधिकार।[15] उपरोक्त मौलिक अधिकारों को संविधान के प्रावधानों के अनुसार निलंबित किया गया। नरेश ज्ञानेंद्र के इस शाही आदेश के बाद नेपाल की शाही सेना ने माओवादी गुरिल्लों को कुचलना प्रारंभ कर दिया। इस प्रकार संविधान में वर्णित मौलिक अधिकारों का हनन निरंतर होता रहा। देश में आपातकाल के इस दौर में प्रेस एवं प्रकाशन पर भी कई प्रकार के प्रतिबंध लगाए गए। जैसे सरकार ने आदेश जारी किया कि माओवादी नेताओं के उग्र विरोधी भाषणों व साक्षात्कारों तथा नेपाल नरेश के विरुद्ध कुछ भी प्रेस प्रकाशित न करे। बल्कि सरकार के निर्देशों एवं नेपाली शाही सेना के बहादुरी के कारनामों को ही प्रकाशित करे। इस प्रकार प्रेस की स्वतंत्रता देश में बाधित होने लगी।

संविधान के अनुसार नेपाली शाही सेना का निर्णय राष्ट्रीय सुरक्षा परिषद् के हाथों में रहता है। जिसमें सदस्य होते हैं—नरेश, प्रधानमंत्री, रक्षा मंत्री, चीफ ऑफ आर्मी, परंतु इस दौरान इस प्रावधान की अवहेलना हुई, क्योंकि प्रधानमंत्री जब रक्षामंत्री के पद को स्वयं सँभालते हैं तथा चीफ ऑफ आर्मी नरेश द्वारा चुना जाता है, तो सेना पर प्रभुत्व नरेश का होगा। इस प्रकार नेपाल की शाही सेना पर जनता के प्रतिनिधियों का कोई नियंत्रण नहीं रहा। सेना पर नरेश की मनमानी चलने लगी। इसी बात को माओवादियों ने अपनी 40 माँगों में रखा कि सेना को जनता के नियंत्रण में छोड़ देना चाहिए।

नरेश ज्ञानेंद्र द्वारा 4 अक्तूबर, 2002 को जनता के निर्वाचित नेता शेर बहादुर देउबा को प्रधानमंत्री पद से हटाना, एक असंवैधानिक कदम था। देश में माओवादी आंदोलन के चलते चुनाव करवाना काफी कठिन था। अत: देउबा ने चुनाव देर से करवाने के लिए नरेश से बातचीत की, परंतु नरेश ने देउबा को अयोग्य मानते हुए बर्खास्त कर दिया। इस घटना के पश्चात् माओवादियों की सरकार के साथ हुई शांति वार्त्ताओं में प्रमुख मुद्दा संवैधानिक सभा की स्थापना कर एक नवीन संविधान को बनाना रहा, परंतु सरकार इसके लिए तैयार नहीं हुई, क्योंकि इससे न केवल राजनीतिक व्यवस्था में परिवर्तन आएगा, बल्कि वर्तमान संविधान का अस्तित्व ही मिट जाएगा।

नरेश द्वारा 4 अक्तूबर, 2002 को लिये गए कदम के खिलाफ देश के प्रमुख राजनीतिक दलों ने आंदोलन प्रारंभ कर दिया तथा लोकतंत्र को पुनर्बहाल करने की माँग की, क्योंकि राजनीतिक दल इस घटना के बाद यह समझ चुके थे कि नरेश वर्तमान संविधान के प्रावधानों का दुरुपयोग करके अपनी शक्ति को बढ़ा रहे हैं। अतः इस संविधान को निरर्थक होते देखकर राजनीतिक दलों ने भी नए संविधान के लिए संवैधानिक सभा की माँग प्रारंभ कर दी। इसके कारण माओवादियों द्वारा की जा रही संवैधानिक सभा की माँग को बढ़ावा मिलने लगा।

वहीं शेर बहादुर देउबा के प्रधानमंत्री पद से बर्खास्त होने के बाद राष्ट्र में शक्ति केंद्र तीन पुंजों में हो गया। प्रथम केंद्र में नरेश एवं नरेश की सेना रही, जो कि माओवादियों को किसी भी प्रकार से कुचलना चाहती थी। दूसरे शक्ति केंद्र में स्वयं माओवादी थे, जो कि देश में एक नए संविधान की रचना करना चाहते थे। तीसरे शक्ति केंद्र में पाँच राजनीतिक दलों का गठबंधन था, जो कि चाहता था कि नरेश पुनः जनता के चुने हुए नेता देउबा को प्रधानमंत्री के रूप में पुनर्बहाल करें, परंतु देउबा के प्रधानमंत्री पद पर वापस आने से देश के इन शक्ति पुंजों में परिवर्तन आया तथा शक्ति केंद्र दो ही रह गए।

अंततः यह कहा जा सकता है कि राजनीतिक दलों में एकजुटता के अभाव, प्रधानमंत्री पद की अस्थिर स्थिति एवं सेना के अति सक्रियतावाद के कारण माओवादी आंदोलन को विराम देना काफी कठिन हो गया था। माओवादियों द्वारा देश की शासन व्यवस्था एवं आर्थिक व्यवस्था को चोट पहुँचाने के कारण जनसाधारण का जीवनयापन करना काफी मुश्किल हो गया था। अतः नेपाल की जनता को भी यह अहसास होने लगा था कि इस आंदोलन को चलते हुए काफी वर्ष हो गए हैं और उनके हित में कुछ खास नहीं हुआ है। इस प्रकार जनता का विश्वास माओवादियों के ऊपर से क्रमशः कम होता जा रहा था।

राजप्रासाद हत्याकांड, जून 2001

जून 2001 नेपाल के राजतंत्र के लिए अशुभ रहा। इस दिन देश के राजप्रासाद नारायणहिति में रक्तरंजित हत्याएँ हुईं। इस हत्याकांड में नरेश वीरेंद्र, रानी ऐश्वर्या एवं इनके पुत्र निरंजन व पुत्री श्रुति समेत 21 व्यक्तियों की हत्याएँ हुईं। ज्ञानेंद्र की अनुपस्थिति ने इस षड्यंत्र को काफी संदेहजनक बना दिया था। (हट् [संपा.] 2004 : 6) राजतंत्र के प्रति नेपाली जनता की श्रद्धा काफी गहरी थी, अतः देश भर में शोक की लहर फैल गई। इस घटना के बाद देश में एक राजनीतिक नेतृत्व और संवैधानिक शून्यता का माहौल बनने लगा था। ज्ञानेंद्र देश के नए नरेश बने एवं राजनीतिक दलों ने राष्ट्र की खातिर उन्हें नरेश स्वीकार कर लिया। यद्यपि काफी बुद्धिजीवियों का यह मानना था कि नरेश ज्ञानेंद्र दिवंगत नरेश महेंद्र की तरह ही राजतंत्र को अधिक मजबूत करेंगे, (बराल 2001 : 199) जो कि आगामी

वर्षों में स्पष्ट रूप से सामने आया। आगामी समय में नरेश ज्ञानेंद्र की महत्त्वाकांक्षी सोच के कारण देश की राजनीति और संवैधानिक व्यवस्था में काफी मूलभूत परिवर्तन हुए।

सन् 2000 के पश्चात् नेपाली राजनीति में काफी उतार-चढ़ाव आने लगे। नब्बे के दशक की अस्थिर सरकारें, माओवादी आंदोलन एवं राजप्रासाद हत्याकांड इत्यादि घटनाओं ने लोकतंत्र की आत्मा को क्षति पहुँचाई। इस समय के दौरान कोईराला की सरकार को काफी चुनौतियों का सामना करना पड़ रहा था। नवंबर 2000 के कांग्रेस सम्मेलन में कोईराला व अन्य मंत्रियों पर भ्रष्टाचार, अकुशलता इत्यादि के आरोप लगाए गए। इस प्रकार दलीय फूट एवं षड्यंत्रों के चलते एवं माओवादियों के प्रसार इत्यादि के कारण 19 जुलाई को कोईराला ने त्याग-पत्र दे दिया। इनके स्थान पर शेर बहादुर देउबा प्रधानमंत्री बने एवं माओवादी समस्या को सबसे ऊपर रखा। इसको सुलझाने के लिए उन्होंने माओवादी नेताओं के साथ शांति वार्त्ता के दौर भी रखे, परंतु सफलता नहीं मिली। (बराल 2001 : 200) इसके पश्चात् देश में आपातकाल की घोषणा कर दी गई। 26 नवंबर, 2001 के आपातकाल के बाद भी देश में गृहयुद्ध जैसी स्थिति बन गई। इस दौरान देश में माओवादी एवं शाही सेना के टकराव के चलते बड़ी संख्या में निर्दोष लोगों की हत्याएँ हुईं। वृहद् स्तर पर मानवाधिकारों का हनन, संसद का भंग होना, लोकतांत्रिक संस्थाओं एवं स्थानीय सरकार की अवमानना, नेपाली कांग्रेस में मतभेद, सामान्य चुनावों में देरी इत्यादि कारणों ने नरेश को राजनीति में खुले रूप से सक्रिय होने का रास्ता दे दिया, (क्रेमर 2002 : 208) जिसके फलस्वरूप उन्होंने देउबा सरकार को अक्तूबर 2002 में बर्खास्त कर कार्यपालिका शक्ति अपने हाथों में ले ली।

सन् 1990 के संविधान के अनुच्छेद 35.2 में कहा गया था कि संविधान के अनुसार जो नरेश की निर्दिष्ट शक्तियाँ हैं, वे मंत्रिपरिषद् की सलाह व सहमति से प्रयोग में लाई जाएँगी तथा इसके पश्चात् इन्हें प्रधानमंत्री द्वारा क्रियान्वित किया जाएगा। ([उपधारा 2] अनुच्छेद 12 : नेपाल अधिराज्य का संविधान, 1990) वहीं अनुच्छेद 127 बताता था कि यदि संविधान में कहीं कोई परेशानी या समस्या उठ खड़ी होती है तो नरेश उसे सुलझाएँगे तथा उसे संसद के समक्ष प्रस्तुत करेंगे। (अनुच्छेद 127 : नेपाल अधिराज्य का संविधान, 1990) जब प्रधानमंत्री शेर बहादुर देउबा अनुच्छेद 53 की उपधारा 4 के अनुसार चुनाव नहीं करवा पाए, तब वहीं नरेश ने अनुच्छेद 127 का इस्तेमाल करके संपूर्ण मंत्रिपरिषद् एवं देउबा सरकार को बर्खास्त कर दिया एवं देउबा के स्थान पर लोकेंद्र बहादुर चाँद को प्रधानमंत्री के पद पर नियुक्त किया। शेर बहादुर देउबा, जो कि जनता के प्रतिनिधि थे, उनके इस तरह से बर्खास्त किए जाने से देश के समक्ष अवश्य ही एक संवैधानिक संकट उत्पन्न हो गया।

लोकेंद्र बहादुर चाँद के नेतृत्व में बनी नवीन अंतरिम सरकार को नरेश ने तीन मुख्य कार्य सौंपे—पहला, सभी राजनीतिक दलों की सरकार में व्यापक तौर पर भागीदारी, प्रतिनिधि सभा का चुनाव एवं माओवादियों के साथ जल्द शांति वार्त्ता शुरू करना। पहले दो कार्यों को पूरा करने में चाँद पूरी तरह से असफल रहे, क्योंकि राजनीतिक दलों ने इस सरकार का साथ नहीं दिया। देश की शाही सेना हमेशा से नरेश के प्रति वफादार रही, जिसके कारण माओवादियों से बात बन नहीं पाई। इन सबके चलते चाँद ने 30 मई को इस्तीफा दे दिया। (क्रेमर 2004 : 43) नरेश के हाथ में पुनः बागडोर आ गई एवं उन्होंने इस बार दलों से अपना प्रतिनिधि पूछा। (क्रेमर 2004 : 45) राजनीतिक दलों ने नेपाल के साम्यवादी दल के सचिव माधव कुमार नेपाल का नाम सुझाया, परंतु सन् 2002 की तरह ही दलों के सुझावों को दरकिनार करते हुए नरेश ने सूर्य बहादुर थापा को प्रधानमंत्री बनाया। वस्तुतः अक्तूबर 2002 के बाद देश में नरेश, राजनीतिक दल एवं माओवादियों के मध्य सत्ता के लिए संघर्ष का दौर चलने लगा था।

□

अध्याय 5

1990 के संविधान का ह्रास : कारण एवं परिस्थितियाँ

सन् 1990 के संविधान ने नेपाल में संवैधानिक राजतंत्र की स्थापना की तथा बहुदलीय व्यवस्था का मार्ग प्रशस्त किया। यद्यपि यह संविधान सभी लोकतांत्रिक पहलुओं को लेकर बनाया गया था, परंतु इस संविधान के लागू होने के पश्चात् धीरे-धीरे इसकी कमजोरियाँ राजनीतिक अस्थिरता एवं संकट के रूप में सामने आने लगीं। उनमें दो प्रमुख संकट थे—माओवादी समस्या एवं 4 अक्तूबर, 2002 की असंवैधानिक घटना। इन समस्याओं ने इस संविधान के प्रावधानों की कमियों को उजागर कर दिया।

यद्यपि इस संविधान की स्थापना के दौरान ही इसकी वैधता एवं लोकतांत्रिक होने पर प्रश्न उठने लगे थे। सर्वविदित है कि किसी भी संविधान के निर्माण के लिए एक संवैधानिक सभा की आवश्यकता होती है तथा लोकतांत्रिक परिपाटी के अनुसार यह संवैधानिक सभा जनता द्वारा चुने हुए प्रतिनिधियों से मिलकर बननी चाहिए, लेकिन नेपाल में इस 1990 के संविधान के निर्माण में ऐसा नहीं हुआ। इस संविधान का निर्माण एक ऐसी संवैधानिक सभा ने किया, जो कि नरेश द्वारा गठित आयोग के सदस्यों से मिलकर बनी थी, जिसे 'संवैधानिक सुझाव आयोग' कहा गया। इस कारण संवैधानिक शक्ति जनता की संप्रभुता पर नहीं, वरन् नरेश की संप्रभुता पर टिकी रही। अत: विगत संविधानों में नरेश के आदेश व हस्तक्षेप जिस प्रकार चले आ रहे थे, यह संविधान भी उनसे अछूता नहीं रहा। संवैधानिक सभा का मुद्दा उस समय सबसे ज्यादा वामपंथी दलों ने उठाया। उस दौरान अंतरिम सरकार के प्रधानमंत्री कृष्णप्रसाद भट्टाराई नेपाली कांग्रेस का प्रतिनिधित्व कर रहे थे और उन्होंने इस संविधान 'सुझाव आयोग' के प्रस्ताव को मान्यता प्रदान की थी। तत्कालीन परिस्थितियों के आधार पर बाबूराम भट्टाराई ने कहा कि, "राजनीतिक दलों के किसी एक नतीजे पर न पहुँचने के कारण संवैधानिक सभा का मुद्दा कोई सही रूप नहीं ले सका।" (भट्टाराई 2002 : 4607)

सन् 1990 के संविधान की प्रारंभ से ही दो महत्त्वपूर्ण कमियाँ रहीं—

प्रथम, इसके प्रारूप प्रक्रिया की व्यापक तौर पर आलोचना हुई थी। माओवादी एवं छोटे राजनीतिक दलों ने इसे शक्तिशाली राजनीतिक दलों एवं राजप्रासाद के मध्य समझौता बताया। इसके अतिरिक्त संयुक्त वाम मोर्चा, जो कि आयोग में भी शामिल था, यह दल भी प्रारूप के अंतिम दस्तावेज पर खुश नहीं था। इस दल की यह अप्रसन्नता केवल 'आलोचनात्मक सहयोग' बनकर रह गई। सन् 1990 के संविधान निर्माण के दौरान आयोग को देश की जनता द्वारा काफी विचार, राय और मत प्राप्त हुए। जिसमें जातीय, भाषायी एवं धार्मिक मुद्दों की समस्याओं को बताया गया, लेकिन जनता की इन बातों को न तो स्वीकार किया गया और न ही इनको शामिल किया गया। (हच्छेतू 1994 : 102)

द्वितीय, 1990 का संविधान राजतंत्र एवं लोकतांत्रिक राजनीतिक शक्तियों के मध्य के संबंधों को संतुलित रखने में असमर्थ रहा। यह संतुलन यद्यपि पहले से बिगड़ना शुरू हो गया था, परंतु नरेश ज्ञानेंद्र के सत्ता में आने के बाद एवं विशेषत: सन् 2002 के बाद स्थिति खराब होती गई। सबसे महत्त्वपूर्ण बात यह रही कि इस दौरान कोई भी राजनीतिक दल नरेश ज्ञानेंद्र की महत्त्वाकांक्षी चालों को नियंत्रित नहीं कर सके और न ही एक स्थिर सरकार की स्थापना कर सके। (वेल्पटन 2005 : 198–202)

नेपाली अध्ययन के प्रसिद्ध शोधार्थी कार्ल हैन्ज के अनुसार सन् 1990 के संविधान में कुछ मूलभूत कमियाँ रहीं, जैसे—प्रमुख संजातीय समूहों, दलितों, जनजातियों एवं महिलाओं के प्रतिनिधित्व की असहभागिता एवं साथ-ही-साथ अति वामपंथियों का संविधान निर्माण में असहयोग। जिनके फलस्वरूप इस संविधान में विभिन्न कमियाँ रहीं, जो कि निम्नलिखित हैं—(क्रेमर 4 जुलाई, 2006 : नेपाल मॉनिटर, ऑनलाइन जर्नलिज्म सिन्स 1999)

- प्रस्तावना में गलत तरीके से वर्णित करना कि संविधान निर्माण प्रक्रिया में बड़ी संख्या में नेपाली जनता की सहभागिता हुई थी।
- हिंदू अधिराज्य की घोषणा करना एवं बहुधार्मिकता को मान्यता न देना।
- नेपालीभाषियों को लाभ पहुँचना (जो कि सन् 2001 के आँकड़ों के अनुसार 48% है), जो कि परंपरागत रूप से देश का संभ्रांत वर्ग था।
- राज्य के नीति-निर्देशक तत्त्वों का कोई कानूनी रूप से क्रियान्वयन नहीं था, बल्कि ये सिद्धांत ही देश की राजनीति एवं सरकार के उद्‌भावक और आधार थे।
- नरेश एवं उसके परिवार को प्रदत्त शक्तियाँ एवं विशेषाधिकार संवैधानिक सीमाओं से बाहर किए गए।
- वर्ष 2001 से नरेश द्वारा राजपरिषद् का दुरुपयोग और साथ ही अपनी शक्ति का प्रभाव संसदीय संस्थाओं और क्षेत्रीय स्तर पर भी डाला था।

- नरेश द्वारा कार्यपालिका एवं व्यवस्थापिका में प्रत्यक्ष रूप से हस्तक्षेप, जो कि उसके दायरे से बाहर थे।
- नरेश का सेना पर कमांडर-इन-चीफ होना, जिससे काफी बार राष्ट्रीय सुरक्षा परिषद् में मतभेद उत्पन्न होते रहे।
- संविधान के बहुत से अनुच्छेदों में अस्पष्टीकरण, जैसे—संसद के भंग होने से संबंधित (अनुच्छेद 53) और संविधान के लागूकरण में समस्या (अनुच्छेद 127)। (क्रेमर 4 जुलाई, 2006 : नेपाल मॉनिटर, ऑनलाइन जर्नलिज्म सिन्स 1999)

संविधान विशेषज्ञों के अनुसार संविधान में वर्णित प्रावधानों को यदि सही तरीके से क्रियान्वित किया जाए तो संविधान के समक्ष आनेवाली समस्याओं व कठिनाइयों को रोका जा सकता है। यह बात 1990 के संविधान के संदर्भ में सही नहीं बैठ पाई।

संविधान के अनुच्छेद 35 में नरेश की कार्यपालिका शक्ति को पूर्णतया मंत्रिपरिषद् की सलाह व सहमति पर निर्भर किया गया। (भंडारी 2007 : 3) परंतु इस संविधान में यह उल्लेख नहीं किया गया था कि यदि नरेश कोई निर्णय मंत्रिपरिषद् की सलाह बगैर लेता है तो इसके लिए क्या संवैधानिक व्यवस्था रहेगी। अक्तूबर 2002 की घटना ने संविधान की इसी कमजोरी को मुख्य रूप से परिलक्षित किया। वहीं अनुच्छेद 127 नरेश को यह शक्ति देता है कि वह मंत्रिपरिषद् एवं प्रधानमंत्री की सलाह पर संसद को भंग कर सकता था। (अनुच्छेद 127 : नेपाल अधिराज्य का संविधान, 1990) परंतु संविधान में यह उल्लेख नहीं किया गया कि यदि नरेश प्रधानमंत्री व मंत्रिपरिषद् की सलाह बगैर संसद को भंग करता है तो संविधान में इसके लिए क्या व्यवस्था होगी। अनुच्छेद 27 के भाग तीन में यह कहा गया कि नरेश का यह कर्तव्य है कि वे देश की जनता के हितों को ध्यान में रखते हुए नेपाल के संविधान को संरक्षित करेंगे। ([उपधारा 3] अनुच्छेद 27 : नेपाल अधिराज्य का संविधान, 1990) परंतु कुछ कदम नरेश ने इस आधार पर ऐसे भी उठाए, जिससे इस अनुच्छेद की अवहेलना हुई। संविधान के अनुच्छेद 43 के भाग दो व तीन में यह वर्णित किया गया कि प्रधानमंत्री नरेश को प्रत्येक नए कानून, नए प्रस्तावित बिल और राजनीतिक निर्णयों के बारे में जानकारी उपलब्ध कराएँगे। यदि नरेश इन सभी पर सहमत न हों तो वे प्रधानमंत्री को इन मामलों पर सलाह एवं मशवरे के लिए बुला सकते थे। (अनुच्छेद 43 : नेपाल अधिराज्य का संविधान, 1990) लेकिन जिस प्रकार अनुच्छेद 127 का प्रयोग करके 4 अक्तूबर, 2002 को नरेश ज्ञानेंद्र ने जनता के चुने हुए नेता शेर बहादुर देउबा को बर्खास्त किया और लोकेंद्र बहादुर चाँद को प्रधानमंत्री नियुक्त किया, यह एक अलोकतांत्रिक एवं असंवैधानिक कृत्य माना गया। (द हिमालयन टाइम्स, 31 जुलाई, 2003) संविधान सुझाव आयोग के सदस्यों ने इस मामले पर

कहा कि नरेश का यह कदम असंवैधानिक था एवं नरेश किसी भी तरीके से सत्ता परिवर्तन स्वयं की इच्छा से नहीं कर सकते, लेकिन जब राष्ट्र में जनता के प्रतिनिधियों की संस्था का अभाव हो या वह कमजोर हो तब नरेश को संवैधानिक सीमाएँ लाँघने का मौका मिल जाता था। (द हिमालयन टाइम्स, 31 जुलाई, 2003)

नेपाल एक ऐसा राष्ट्र है, जिसमें बहुसंजातीय समूह एवं अनेक आदिवासी समुदाय के लोग निवास करते हैं। इस संविधान में राष्ट्र की विभाज्य राजनीति के बारे में बताया गया तथा इसके कारण देश में एकता की जरूरत महसूस की गई। यश घई के अनुसार देश की अखंडता एवं सामाजिक न्याय को संविधान में एक प्रमुख ध्येय के रूप में देखा गया, लेकिन इन्हें प्राप्त करने के लिए संविधान के प्रावधान अपर्याप्त रहे। इस कारण जो समुदाय इतने दिनों तक समाज की मुख्य धारा से अलग थे, उन्हें वापस समाज से जोड़ने में कठिनाइयाँ सामने आने लगीं। (घई, हिमाल, नवंबर, 2003 : 64)

वर्ष 1990 का संविधान जन आकांक्षाओं को ध्यान में रखते हुए बनाया गया था, लेकिन कुछ परंपरागत और समकालीन समस्याओं ने इसे कमजोर और पंगु बना दिया, जो कि मुख्यतया इस प्रकार थे—

निश्चयात्मक राजतंत्र

नेपाल में विगत दशकों की तत्कालीन सामाजिक-राजनीतिक दशा के लिए राजतंत्र काफी हद तक जिम्मेदार रहा। ब्राह्मण परिवारों ने राजपरिवार की शाही शक्ति को हिंदू व्यवस्थाओं के अनुसार वैध प्रमाणित किया, नेपाल में इसी आधार पर हिंदू राष्ट्र की स्थापना हुई थी एवं एक जटिल तथा सुसंस्कृत पदसोपान सामाजिक व्यवस्था की शुरुआत भी हुई। इस व्यवस्था में सर्वोच्च स्थानों पर ब्राह्मण एवं क्षत्रिय जातियों को रखा गया एवं निचले स्थानों पर अनेक जातियों एवं जनजातियों को रखा गया एवं दलितों को यहाँ अछूत माना गया। नेपाल के एकीकरण के दौरान, देश की भूमि का वितरण एवं आवंटन उन उच्च हिंदू जातियों को हुआ, जो कि शाह शक्ति के सैन्य विस्तार को समर्थन प्रदान कर रही थी। इसी समय के दौरान अन्य जनसमूहों की भागीदारी कम होती गई एवं उनका स्थान भी पद-सोपान सामाजिक व्यवस्था में शामिल किया गया। इस प्रकार का विकास संभवतया राणातंत्र (1846-1951) तक चलता रहा। (क्रेमर 2004 : 1-3)

सन् 1951 में नेपाल के बाहरी दुनिया से संपर्क में आने के बाद ही लोकतंत्र के लिए संघर्ष का दौर प्रारंभ हुआ। राजतंत्र अपने पुराने पूर्ण प्रभुत्व शक्तिसंपन्न वाली व्यवस्था को स्थापित करने के पक्ष में था, जबकि नवीन राजनीतिक दल लोकतांत्रिक स्वरूपवाली सरकार लाना चाहते थे, जो कि कई पश्चिमी देशों में चल रही थी। 1959-60 के अल्प

लोकतांत्रिक काल के बाद राजतंत्र अपने निहित लक्ष्यों को पंचायत काल में पूरा कर सका, जब नरेश महेंद्र ने सन् 1960 में जबरन सत्ता हथिया ली और अपनी दलविहीन पंचायत व्यवस्था की नींव रखी। यह सन् 1990 के लोकतंत्र आंदोलन होने तक अस्तित्व में रहा एवं इसके पश्चात् नरेश वीरेंद्र संवैधानिक राजतांत्रिक भूमिका के लिए तैयार हुए। कार्ल हैन्ज के अनुसार, "इस काल में नरेश की भूमिका कम या ज्यादा तौर पर सकारात्मक रही, जब तक सन् 2001 में उनकी (वीरेंद्र) मृत्यु नहीं हुई।" (क्रेमर 2004 : 1)

नेपाल में राजतंत्र द्वारा राजनीतिक परिदृश्य पर मूलभूत परिवर्तन तब नजर आने लगे, जब नरेश ज्ञानेंद्र ने राजसत्ता सँभाली। उनकी गतिविधियों से कुछ समय पश्चात् ही यह नजर आने लगा था कि वे सक्रिय राजतंत्र को सुदृढ़ करेंगे। अन्य शब्दों में, वे अपने भाई वीरेंद्र द्वारा गत दशक में किए गए कृत्यों से संतुष्ट नहीं थे।

चाँद सरकार के कार्यकाल में संवैधानिक धाराओं के साथ बहुत खिलवाड़ हुआ, जो कि प्रत्यक्ष रूप से नरेश का हस्तक्षेप या प्रभुत्व ही था। इस दिशा में दो महत्त्वपूर्ण घटनाएँ हुईं—प्रथम, तथाकथित 'कठपुतली' सरकार द्वारा अध्यादेश जारी करना। यह शाही परिवार खर्चा-भत्ता व्यवस्था अध्यादेश, 2002 था, जो कि नरेश को यह शक्ति देता था कि वह अपने एवं राजपरिवार के खर्चों एवं सुविधाओं में अपनी इच्छानुसार कटौती एवं बढ़ोतरी कर सकते थे। यद्यपि सभी दलों द्वारा इसकी आलोचना की गई। दूसरी, सितंबर 2002 में दीप्ता प्रकाश शाह की घटना, जो कि संसद के उच्च सदन के लिए मनोनीत किए गए थे, इन्हें नरेश ज्ञानेंद्र ने ही मनोनीत किया था, परंतु दीप्ता प्रकाश शाह ने मीडिया के समक्ष कुछ विवादास्पद बयान दिए, जैसे नरेश सभी दलों को मिलाकर एक सरकार का गठन करेंगे, जिसमें माओवादी भी शामिल होंगे। इस बयान से बहुत शोर-शराबा हुआ, जिसके कारण शाह को इस्तीफा देना पड़ा। सांसदों का यह दावा था कि यह सब राजप्रासाद की तरफ से आ रहे दबाव का परिणाम था। यद्यपि प्रोटोकॉल को पूरा करने के लिए उसे अपना इस्तीफा संसद के अध्यक्ष को सौंपना था, यहाँ महत्त्वपूर्ण बात यह थी कि शाह ने वास्तव में अपना इस्तीफा नरेश के पास भेजा और उन्होंने इसे स्वीकार भी किया। (सरकार, द स्टेट्समैन, 18 अप्रैल, 2003) परिणामस्वरूप, नरेश के इन कार्यों से उनकी छवि देश के संविधान पर हावी होने लगी थी। इसके साथ ही सन् 1990 के संविधान के प्रावधानों एवं मर्यादाओं को राजतंत्र द्वारा प्रत्यक्ष रूप में क्षति पहुँचाने का सिलसिला जारी हो गया था। यद्यपि देश के प्रमुख राजनीतिक दलों—नेपाली कांग्रेस, नेपाल-संयुक्त मार्क्सवादी-लेनिनवादी साम्यवादी दल एवं माओवादी दल इत्यादि सभी दलों ने इसे निरंकुश एवं शक्तिगृहीत कृत्य बताया। (सरकार, द स्टेट्समैन, 18 अप्रैल, 2003)

देश के सुरक्षा बलों, जैसे सेना एवं पुलिस को हमेशा नरेश का विश्वस्त माना जाता रहा।

इस प्रकार सन् 1990 का संविधान भी नरेश द्वारा सेना के ऊपर आदेश एवं नियंत्रण के बारे में पूर्व संविधानों के सादृश्य ही बात करता था। अनुच्छेद 119 के अनुसार, नेपाली शाही सेना पर सर्वोच्च नियंत्रण नरेश का होगा और वे ही कमांडर-इन-चीफ की भी नियुक्ति करेंगे, लेकिन अनुच्छेद 118 के अनुसार, एक तथाकथित राष्ट्रीय सुरक्षा परिषद् होगी, जिसकी सहमति के आधार पर नरेश शाही सेना को किसी कार्य में संलग्न होने के लिए आदेश देंगे। राष्ट्रीय सुरक्षा परिषद् में प्रधानमंत्री, रक्षा मंत्री एवं सेना के कमांडर-इन-चीफ शामिल थे। ऐतिहासिक दृष्टिकोण से, नेपाली शाही सेना सदैव से राजतंत्र के प्रति विश्वसनीय बनी रही थी (राणातंत्र के समय को छोड़कर)। उपरोक्त बात को इस घटना ने प्रमाणित किया—जब सन् 1999 में प्रधानमंत्री गिरिजा प्रसाद कोईराला सेना द्वारा माओवादियों पर पूर्ण रूप से नियंत्रण नहीं लगा सके थे, जिसके पीछे स्वर्गीय नरेश वीरेंद्र की महत्त्वपूर्ण भूमिका रही थी, क्योंकि रक्षा मंत्री एवं सेना के कमांडर-इन-चीफ नरेश के अधिक विश्वस्त रहे। वहीं दूसरी तरफ जून 2001 के राजप्रासाद हत्याकांड ने सेना को राजतंत्र के नजदीक लाने में और भी मदद की थी। अतः राष्ट्रीय सुरक्षा परिषद् जैसी महत्त्वपूर्ण संवैधानिक अंगों की महत्त्वता घटती चली गई। (रोका 2003 : 58)

नेपाल में राजतंत्र को राष्ट्र का न केवल जनक माना जाता रहा, वरन् नेपाली राष्ट्रवाद का प्रमुख अंग माना जाता था। कुछ लोगों के विचार से, राजतंत्र देश का अभिन्न अंग है—"राजतंत्र को हटा दें तो यहाँ कोई राष्ट्र नहीं, एवं इसमें से राष्ट्र को हटा दें तो कोई राष्ट्रवाद नहीं है।" कालक्रमानुसार, दलीय व्यवस्था के राजनीतिक नेतृत्व की उजागर होती कमियों ने राजतंत्र को पुनः देश के सर्वोच्च पटल पर ला दिया। यद्यपि 1990 के संविधान को अंगीकार करने के बाद राजतंत्र को संविधान में प्रतीकात्मक स्थिति पर बनाए रखते हुए देश का मुखिया बनाया गया, संप्रभुता जनता में निहित की गई एवं शक्तियाँ संसद के चुने हुए प्रतिनिधियों को सौंप दी गईं। किंतु नरेश द्वारा राजनीतिक मामलों में अत्यधिक दखल देने से ये सब बातें गौण रह गईं। (कुमार इन बराल [संपा.] 2004 : 113)

4 अक्तूबर, 2002 की घटना

वर्ष 2002 में नरेश ज्ञानेंद्र ने संविधान के दो अनुच्छेदों (127 एवं 35) का दुरुपयोग करते हुए देश की राजनीति में एक नया मोड़ ला दिया। नरेश ज्ञानेंद्र ने निर्वाचित नेता शेर बहादुर देउबा को पदच्युत करके (सरकार, 1 जून, 2003, स्टेट्समैन) इस संविधान की आत्मा को चोट पहुँचाई। इस कृत्य ने नरेश को देश की मुख्य कार्यपालिका के पटल पर सर्वोच्च स्थिति में ला दिया।

अनुच्छेद 35 की उपधारा 2 में कहा गया कि नरेश मंत्रिपरिषद् की सलाह व सहमति से

संविधान प्रदत्त शक्तियों का प्रयोग करेंगे। यद्यपि इन शक्तियों का प्रयोग वास्तविक तौर पर प्रधानमंत्री द्वारा होगा। (अनुच्छेद 30 : नेपाल अधिराज्य का संविधान, 1990) वहीं दूसरी तरफ अनुच्छेद 127 में यह कहा गया कि यदि संविधान के समक्ष कहीं परेशानी या समस्या उठ खड़ी होगी तो उसे नरेश सुलझाएँगे तथा संसद के समक्ष प्रस्तुत करेंगे। (अनुच्छेद 127 : नेपाल अधिराज्य का संविधान, 1990) इस दौरान प्रधानमंत्री शेर बहादुर देउबा ने परिस्थितियों के विपरीत होने के कारण नरेश से 13 नवंबर को होनेवाले आम चुनावों को आगे खिसकाने की बात कही, लेकिन नरेश ने देश में चल रहे अस्थिर माहौल का फायदा उठाते हुए अनुच्छेद 127 का प्रयोग किया, जहाँ कहा गया कि "यदि इस संविधान के संचालन में समस्याएँ खड़ी होती हैं तो नरेश इन समस्याओं को हटाने के लिए आवश्यक आदेश जारी कर सकते हैं एवं इन आदेश व सिफारिशों को संसद के समक्ष प्रस्तुत किया जाएगा।" नरेश द्वारा देउबा सरकार को बर्खास्त करने के पश्चात् संसद स्वत: ही भंग हो गई और नरेश के आदेश संविधान से ऊपर हो गए। जिसके कारण समस्या और भी पेचीदा होती गई। नरेश ने इस कृत्य के पीछे कहा कि देउबा एवं उनका कैबिनेट चुनाव समय पर नहीं करवा सके, अत: उन्हें बर्खास्त किया जा रहा है। इसके पश्चात् एक प्रकार से वास्तविक शक्ति नरेश के हाथों में आ गई। नरेश का यह शाही शक्ति हस्तांतरण 15 दिसंबर, 1960 की याद दिलाता था, जब उनके पिता नरेश महेंद्र ने बी.पी. कोईराला सरकार को बर्खास्त किया था, जिसके फलस्वरूप दलविहीन पंचायती व्यवस्था अस्तित्व में आई थी। (मेहता, द पायोनियर, 9 अक्तूबर, 2002)

नरेश ज्ञानेंद्र देउबा के स्थान पर लोकेंद्र बहादुर चाँद को लाए तथा उन्हें प्रधानमंत्री के पद पर नियुक्त किया। शेर बहादुर देउबा, जो कि जनता द्वारा चुने हुए नेता थे, उनके इस तरह से बर्खास्त होने से एक संवैधानिक संकट अवश्य ही राष्ट्र के समक्ष आ गया। इस घटना के बाद देश के प्रमुख राजनीतिक दलों के नेताओं का कहना था कि इस बात में कोई शक नहीं है कि यह कदम असंवैधानिक था और एक झटके में ही 1990 के संविधान को नरेश द्वारा नजरअंदाज किया गया था। (प्रधान, द टाइम्स ऑफ इंडिया, 6 अक्तूबर, 2002)

अत: इस घटना के बाद 1990 के संविधान के ऊपर एक वैधता का प्रश्न अवश्य आता था एवं इसके अतिरिक्त यह बात भी उठती थी कि यह संविधान सरकार चलाने में कितना मददगार होगा। इसी समय के दौरान कम्युनिस्ट पार्टी के नेता रामचंद्र उप्रेती का वक्तव्य था कि "हमारे देश का संविधान नरेश को कार्यपालिका की शक्तियों को अपने हाथ में लेने की अनुमति नहीं देता।" (चंदा, द स्टेट्समैन, न्यू सर्विस, 5 अक्तूबर, 2002) उप्रेती की यह बात और अधिक स्पष्ट तब होती है, जब हम 1990 के संविधान के अनुच्छेद 35 के उपवाक्य 2 पर गौर करते हैं। जहाँ स्पष्ट रूप से यह वर्णित किया गया था कि नरेश

को प्रत्येक कदम उठाने से पहले मंत्रिपरिषद् की सलाह एवं सहमति लेनी होगी। बल्कि 4 अक्तूबर की इस घटना ने संविधान के इस प्रावधान को पूर्ण रूप से अनदेखा कर दिया। यहाँ यह कहना भी उपयुक्त है कि कार्यपालिका की शक्ति मंत्रिपरिषद् की जिम्मेदारी थी, न कि नरेश की। इस आकस्मिक असंवैधानिक घटना को और अधिक विश्लेषित रूप से समझने के लिए बर्खास्त प्रधानमंत्री शेर बहादुर देउबा का कथन उल्लेखनीय था, "मैं हतप्रभ हूँ, क्योंकि जहाँ तक मैं समझता हूँ, नरेश मुझे संवैधानिक आधार पर नहीं हटा सकते।" (प्रेस ट्रस्ट ऑफ इंडिया, 5 अक्तूबर, 2002) इसी घटना के संदर्भ में पूर्व मुख्य न्यायाधीश विश्वनाथ उपाध्याय ने राजनीतिक दलों की दुर्बलताओं को उजागर करते हुए कहा, "नरेश द्वारा उठाया गया यह कदम राजनीतिक दलों की खामोशी का परिणाम है। ये राजनीतिक दल इतने दिनों तक नरेश एवं नरेश के कदमों को संवैधानिक रूप से वैधता प्रदान करते रहे। यद्यपि उनमें काफी ऐसे कृत्य भी थे, जो संविधान को पूरी तरह से दरकिनार करते हैं।" (द काठमांडू पोस्ट, 28 नवंबर, 2002) उपाध्याय के इस कथन से राजनीतिक दलों की विवशता झलकती थी तथा नरेश का शासन व्यवस्था पर प्रभुत्वशील होने की कोशिश का पता चलता था। राजनीतिक दल लोकतंत्र के मूल आधार हैं और उनके कमजोर होने से एवं राजनीतिक संकट के दौरान उनमें एकमत न होने के कारण राष्ट्र में लोकतंत्र का मजबूत होना मुश्किल है। इसी कारण गणेश मानसिंह ने नेपाल के लोकतंत्र को 'शिशु लोकतंत्र' कहा था। (घीमरे, द नेपाल डाइजेस्ट, 23 जनवरी, 2004)

1 फरवरी, 2005 की घटना

4 अक्तूबर, 2002 के दिन नरेश ज्ञानेंद्र द्वारा किया गया कृत्य 1 फरवरी, 2005 को पुनः सत्ता हस्तांतरण के जरिए अपने परिपक्व रूप में सामने आया। 4 अक्तूबर के दिन तो उन्होंने मात्र निर्वाचित नेता शेर बहादुर देउबा को बर्खास्त ही किया था, किंतु 1 फरवरी, 2005 के दिन नरेश ने सरकार को बर्खास्त कर देश की संपूर्ण सत्ता अपने हाथों में ले ली थी। (हट् 2007 : 17) यह देश में तीन साल में दूसरी बार था कि नरेश ने अपनी स्वेच्छाचारिता खुलकर प्रकट की। इस दिन नरेश ने (अक्तूबर 2002 की घटना के बाद वर्ष 2004 में देउबा सरकार को दोबारा पुनर्बहाल किया था) पुनः देउबा सरकार को बर्खास्त किया, आपातकाल की घोषणा की, नागरिक स्वतंत्रताओं पर अंकुश लगाया, सेना को काठमांडू की गलियों में नियुक्त किया, संपूर्ण नेपाल में इंटरनेट व टेलीफोन माध्यमों को ठप्प करके देश को शेष दुनिया से अलग किया, हवाई विमानों की उड़ानें रद्द की गईं एवं देश के प्रमुख राजनीतिक दलों के नेताओं को नजरबंद कर दिया गया। (द हिंदू, 2 फरवरी, 2005)।

यद्यपि नरेश ज्ञानेंद्र ने सन् 1960 में महेंद्र की तरह राजनीतिक दलों पर पूर्ण प्रतिबंध नहीं

लगाया, लेकिन दलों की कुछ गतिविधियों पर नियंत्रण अवश्य लगाया। इस घटना के बाद नरेश ने देश में टेलीविजन के माध्यम से भाषण दिया एवं अपने इस कदम को न्यायोचित ठहराने की कोशिश की। उन्होंने कहा कि राजनीतिक अस्थिरता के लिए राजनीतिक दल पूरी तरह से जिम्मेदार थे एवं देश में फैल रहे भ्रष्टाचार, सत्ता दुरुपयोग एवं जनकल्याण कार्यों की उपेक्षा आदि संकटों को देखते हुए उन्हें यह कदम उठाना पड़ा। नरेश ने यह भी कहा, "तीन वर्ष के दौरान देश में महत्त्वपूर्ण सुधारों के साथ बहुदलीय लोकतंत्र एवं शांति की स्थापना होगी।" (महत 2005 : 343) वहीं दूसरी तरफ बर्खास्त एवं नजरबंद नेता शेर बहादुर देउबा ने कहा कि "हम इस कदम का विरोध करेंगे" एवं साथ ही देश के सबसे बड़े दल नेपाली कांग्रेस ने भी कहा कि "नरेश ने देश को समस्याओं एवं पेचीदगियों की ओर धकेल दिया है, हम इसके लिए आंदोलन करेंगे।" (द हिंदू, 2 फरवरी, 2005)

नरेश ज्ञानेंद्र द्वारा वर्ष 2001 में राजसिंहासन पर आसीन होने के उपरांत संवैधानिक मर्यादा एवं लोकतांत्रिक मूल्यों का शनैः-शनैः कालक्रमानुसार पतन होता चला गया। 4 अक्तूबर, 2002 की घटना, 1 फरवरी, 2005 की घटना एवं शाही सेना का नरेश के प्रति वफादार रहना इत्यादि कारणों ने एक प्रकार से नरेश को प्रतीकात्मक ही नहीं, वरन् वास्तविक शक्तियाँ भी प्रदान कर दीं।

भाषायी, क्षेत्रीय, संजातीय समस्या एवं संवैधानिक संकट

वर्ष 1990 के संविधान द्वारा नेपाल में विभिन्न समुदायों एवं उपेक्षित सामाजिक समूहों की राजनीतिक एवं सामाजिक इच्छाओं को पूरा करने की व्यवस्था की गई एवं इसके साथ ही इन समूहों की पहचान कर इनके अधिकारों को संरक्षण प्रदान करने के लिए संविधान में प्रावधान भी बनाए गए। किंतु देश में बढ़ते क्षेत्रवाद, जातिवाद, भाषावाद और साथ ही कमजोर समुदायों के साथ हो रहे उपेक्षित व्यवहार से ये संवैधानिक प्रावधान मात्र कानूनी बातें ही रह गईं। इस संवैधानिक प्रावधान की असक्षमता और असमानता से जनता में उपजे असंतोष का लाभ आनेवाले समय में माओवादियों ने उठाया। माओवादियों ने देश में दलितों और उपेक्षित जातीय समूहों की स्थिति, धर्मनिरपेक्ष राष्ट्र की माँग, भाषायी विवाद इत्यादि मुद्दों को अपने आंदोलन की ढाल बनाकर राष्ट्र के समक्ष संवैधानिक संकट उत्पन्न कर दिया। (महत 2005 : 237)

नब्बे के दशक की राजनीतिक अस्थिरताओं के बावजूद भी जनगणना आँकड़ों के आधार पर हम कुछ निश्चित राजनीतिक हलचलों के बारे में जान सकते हैं। इनमें पहाड़ी इलाकों में रहनेवाले समूहों में 'पारबतीय' उच्च जातियों का देश की राजनीति में वर्चस्व था। ब्राह्मण, ठाकुरी एवं चेतरी जैसी उच्च जातियों की जनसंख्या पहाड़ी इलाकों में 45.5

प्रतिशत थी। यद्यपि संपूर्ण गणना के आधार पर ये अल्पजन थे एवं शेष 54.5 जनसंख्या अनेक जनजातियों एवं समूहों में विभक्त थी। (गैल्नर [संपा.] 1997 : 57) इसके अलावा देश में एक धर्म—हिंदू, एक लिंग-पुरुष एवं आयु वर्ग 45 वर्ष के ऊपरवाले इत्यादि समूहों का ही राजनीतिक वर्चस्व रहा। संभ्रांत वर्ग सिद्धांत के विद्वान् गैटेनो मोस्का, वेलफ्रेड पैरेटो एवं मिल्स की परिकल्पना के अनुसार, "शक्ति का केंद्रण कुछ चुने हुए अल्पजनों के हाथों में रहता है, जो कि संभ्रांत माना जाता है।" नेपाल के बारे में यह बात 1990 के संविधान के बाद सही साबित हुई। जहाँ शासन जनता के लिए होता है, वहीं इस दौरान शासन जनता द्वारा नहीं, बल्कि एक अल्प वर्ग द्वारा ही रहा। नेपाली सरकारें 1990 से 2002 तक इस तथ्य का अपवाद नहीं थीं। (बराल 2006 : 66)

इस तथ्य के बावजूद कि नेपाली समाज बहुभाषीय, बहुसांस्कृतिक एवं बहुधार्मिक था, फिर भी लोकतंत्र स्थापित होने के बाद पुरानी नीतियों का ही अनुसरण किया गया। उदाहरण के तौर पर, 1956 के राष्ट्रीय शैक्षणिक योजना आयोग के अनुसार, "सभी विद्यालयों में अध्ययन का माध्यम नेपाली भाषा होगी।" (पौड्याल और कोसर [संपा.] 2001 : 70-71) एवं 1959 के संविधान के अनुसार, जो कि प्रथम लोकतांत्रिक संविधान था, जिसमें कहा गया कि, "नेपाल की राष्ट्रीय भाषा देवनागरी लिपि में नेपाली होगी एवं नेपाल एक हिंदू राष्ट्र होगा।" 1962 का संविधान, जो कि पूर्णतया सक्रिय राजतंत्र की इच्छाओं से निर्मित था, जिसमें कहा गया कि, "देवनागरी लिपि में नेपाली राष्ट्रीय भाषा होगी एवं राजतंत्र के संप्रभु नेतृत्व में नेपाल एक हिंदू राष्ट्र होगा।" 1990 के लोकतांत्रिक संविधान के अनुसार, "नेपाल एक बहुजातीय, बहुभाषीय, बहुसांस्कृतिक एवं बहुधार्मिक समाज था एवं सभी भाषाएँ, जो देश के विभिन्न भागों में मातृभाषा के रूप में बोली जाती थीं, वे सभी नेपाल की भाषाएँ थीं।" (पौड्याल और कोसर [संपा.] 2001 : 70-71) लेकिन 1990 के संविधान की दूरदर्शिता के अभाव के कारण यहाँ देश को हिंदू अधिराज्य घोषित किया गया एवं नेपाल की राष्ट्रीय भाषा मात्र नेपाली मानी गई, बल्कि संविधान में समाज की बहुलता को भी मान्यता दी गई थी।

यद्यपि 1990 के बाद देश में बहुल समाज के लिए खुली एवं स्वतंत्र राजनीतिक प्रतिस्पर्धा प्रारंभ हुई। साथ ही, अल्पजनों, संजातीय एवं जनजातियों के लिए स्वायत्तता की बात भी की गई, परंतु वास्तविकता जल्द ही सामने आने लगी, काठमांडू में नेपाली जनजातियों के फेडरेशन की बैठक में शासित संभ्रांत वर्ग (जिन्होंने राजनीतिक शक्ति पर पूर्ण रूप से नियंत्रण किया हुआ था) पर रोष व्यक्त किया गया एवं चेतावनी दी गई कि यदि जल्द ही उनकी बातों को नहीं सुना गया तो आंदोलन प्रारंभ किया जाएगा। (प्रधान, द एशियन एज, 29 जनवरी, 1999)

ज्यादातर राजनीतिक दलों का नेतृत्व उच्च हिंदू जातियों (ब्राह्मण एवं क्षत्रियों) के

हाथों में रहा। त्रिभुवन विश्वविद्यालय के समाजशास्त्री डॉ. कृष्णा भाट्चन के अध्ययन के अनुसार, संसद की लगभग दो-तिहाई सीटों पर उच्च जातियों के सदस्यों का कब्जा रहता था और वे नौकरशाही में भी अपना दबदबा रखते थे। (प्रधान, द एशियन एज, 29 जनवरी, 1999)

'तराई' शब्द 'मधेश' के लिए अंतर्परिवर्तित रूप से प्रयोग में लाया जाता है, जो कि संस्कृत के शब्द 'मध्यदेश' से उत्पन्न हुआ है। जिसका शाब्दिक अर्थ है—हिमालय पर्वत श्रृंखला के उत्तर में एवं विंध्य पर्वत श्रृंखला के दक्षिण के तलहटीवाला क्षेत्र। (झा 1993 : 1) तराई क्षेत्र देश में कृषि एवं औद्योगिक दृष्टि से सर्वाधिक संपन्न क्षेत्र है। किंतु अर्थव्यवस्था के विकास के लाभ पर पहाड़ी क्षेत्र के लोग नियंत्रण किए हुए हैं और यही आधिपत्य इन लोगों का यहाँ की राजनीति पर भी था। तराई क्षेत्र के लोगों का राजनीतिक, प्रशासनिक एवं रक्षा सेवा में उनकी जनसंख्या व आर्थिक सुदृढ़ता के अनुपात में समान स्थान नहीं था। पहाड़ी लोगों का तराई के प्रति काफी उपेक्षित दृष्टिकोण था, सामान्यतया एक मानसिकता यह बन गई थी कि तराई क्षेत्र के लोग नेपाली संस्कृति को प्रस्तुत नहीं करते। (उप्रेती 2001 : 29) एक अन्य महत्त्वपूर्ण तथ्य, जो कि इसे पहाड़ी क्षेत्र से पृथक् करता था, वह यह था कि एक संगठित क्षेत्रीय आंदोलन तराई क्षेत्र में कभी संभव नहीं हो पाया और इसके अतिरिक्त तराई क्षेत्र में एक सुसंगत सामाजिक एवं सांस्कृतिक समूह संगठित नहीं बन पाया, क्योंकि पृथक्-पृथक् आर्थिक हित, भाषायी अंतर, विभिन्न धर्म, अनेक जनजातियाँ इत्यादि कारणों से एक समान हित पैदा नहीं हो पाए। इससे भी अधिक, राजनीतिक जागरूकता का अभाव, जो कि हित संवर्धन एवं हित समूहों के निर्माण के लिए आवश्यक था। इन सब कमियों के कारण तराई क्षेत्र में हमेशा क्षेत्रीय आंदोलन काफी कमजोर रहा था। (उप्रेती 2001 : 29)

1990 के लोकतांत्रिक संविधान की भूमिका सामाजिक-सांस्कृतिक समूहों के अपवर्जन के तौर पर पूर्णतया तब समझी जा सकती है, जब हम इसके विभिन्न अनुच्छेदों का विश्लेषण करेंगे, जो कि भाषा, धर्म, संस्कृति एवं लिंग के बारे में उल्लेख करते हैं। निम्नलिखित महत्त्वपूर्ण बिंदु, जो सैद्धांतिक एवं व्यावहारिक तथ्यों का विश्लेषण करते हुए संवैधानिक भेदभाव, जो कि विभिन्न सामाजिक-सांस्कृतिक समूहों के साथ हुआ है, को चिह्नित करेंगे। (लाहौटी 2005 : 116)

संवैधानिक भेदभाव एवं इसके प्रभाव (लाहौटी 2005 : 116)

1. हिंदू राष्ट्र घोषित करना।

    1.1 हिंदू धर्म को बढ़ावा देना; राज्य द्वारा अन्य धर्मों के साथ असमान व्यवहार।

1.2 शाही नेपाल अकादमी, रेडियो नेपाल एवं राज्य की अन्य एजेंसियों द्वारा हिंदू धर्म को प्रोत्साहित करना एवं अन्य धर्मों की अनदेखी करना।

2. मूल भाषाओं के मध्य असमानता।

2.1 नेपाली या खास–नेपाली भाषा को राज भाषा एवं सरकारी भाषा घोषित करना एवं अन्य मातृभाषाओं को राष्ट्रीय भाषाएँ घोषित करना।

2.2 सभी विद्यालयों में संस्कृत अनिवार्य।

2.3 राज्य द्वारा खास–नेपाली एवं संस्कृत भाषा की उन्नति के लिए अपार अनुदान देना।

2.4 खास–नेपाली एवं अन्य मूलभाषा साहित्य और देवनागरी लिपि एवं अन्य मूल लिपियों के मध्य असमान व्यवहार।

3. नागरिकता की मान्यता में असमानता।

3.1 लिंग पर आधारित : माँ के पूर्वजों की ओर से लाभ नहीं मिलेगा एवं नेपाली महिला के विदेशी पति को भी नेपाली नागरिकता के लिए योग्य नहीं माना गया।

3.2 भाषा पर आधारित : केवल वे ही विदेशी, जो खास–नेपाली भाषा जानते थे, योग्य थे तथा जो विदेशी अन्य मूल भाषाएँ जानते थे, उनके लिए यह अधिकार नहीं था।

3.3 समुदाय विशेष पर आधारित; किन्हीं विशेष समुदायों के 3 मिलियन से भी अधिक वयस्क नेपाली बिना नागरिक प्रमाण–पत्र के थे।

4. धर्म, समुदाय, जाति, जनजाति व क्षेत्र के आधार पर राजनीतिक दल संगठित करने पर पूर्णतया प्रतिबंध।

5. विचार एवं अभिव्यक्ति की स्वतंत्रता पर प्रतिबंध : कुछ कृत्यों को प्रतिबंधित करने के लिए कानून बनाया जा सकता था, जो कि जातियों, जनजातियों एवं समुदायों के मध्य संबंधों को खराब कर सकते थे।

6. संघ एवं संस्था बनाने की स्वतंत्रता पर प्रतिबंध : कुछ कृत्यों को प्रतिबंधित करने के लिए कानून बनाया जा सकता था, जिनसे जातियों, जनजातियों एवं समुदायों के मध्य संबंध खराब हो सकते थे।

7. अल्पसंख्यक एवं अभिनेता राष्ट्रीय प्रतीक के तौर पर शामिल नहीं किए जाएँगे।

8. प्रभुत्वशील समूहों के त्योहारों को सार्वजनिक अवकाश माना गया। वहीं कुछ समूहों को उनके त्योहारों के लिए सार्वजनिक अवकाश नहीं दिया गया।

9. देशीय स्थान, नदी, पहाड़ आदि के नाम एवं अन्य नामकरण प्रभुत्वशील वर्गों के कब्जे में रहे थे।

10. कानून 'पारतीय' हिंदू पुरुष विचारधारा पर आधारित रहा।
    10.1 तलाक, विवाह एवं अन्य कानून हिंदू आचारों पर आधारित।
    10.2 आपराधिक कानून हिंदू मूल्यों पर आधारित रहे, उदाहरण के तौर पर—गौ हत्या के लिए 12 वर्ष की जेल।
11. जाति, समुदाय और धर्म के आधार पर शिक्षा प्राप्त करने में असमानता।
    11.1 राज्य द्वारा संस्कृत विश्वविद्यालयों में पी-एच.डी. तक निःशुल्क शिक्षा एवं ज्यादातर ब्राह्मण पुरुषों द्वारा संचालित।
    11.2 राज्य द्वारा अन्य मूल भाषाओं के शिक्षण संस्थाओं की सहायता में कमी।
    11.3 मदरसा एवं बौद्ध मोनेस्टरी में दी जानेवाली शिक्षा को मान्यता नहीं देना।
12. विभिन्न संस्कृतियों के संरक्षण में असमानता का व्यवहार।
13. जनगणना आँकड़ों में हेरा-फेरी।
14. मुख्यतया जाति, धर्म, लिंग, जनजाति एवं क्षेत्र के पूर्वग्रहों के आधार पर उपेक्षित व्यवहार।
    14.1 अपमानजनक कथन, मुहावरे एवं गीत, जो कि महिलाओं एवं अल्पसंख्यकों को नीचा दिखाते थे।
    14.2 छुआछूत का रिवाज एवं दलितों का सार्वजनिक स्थलों पर प्रतिबंध।
15. धर्मांतरण पर प्रतिबंध और वहीं हिंदू धर्म के रिवाजों को माननेवालों को प्रधान पदों पर रखना।
16. रेडियो कार्यक्रमों में नेपाली भाषा की असमानुपात प्रधानता।
17. मीडिया में अल्पसंख्यकों का कम एवं गलत प्रतिनिधित्व।
18. लोक सेवा परीक्षा में प्रभुत्वशील मूल्यों एवं आचारों का प्रयोग तथा खास-नेपाली भाषा का प्रयोग। (लाहौटी 2005 : 117)

अतः सैद्धांतिक रूप से जो 1990 के संविधान में जाति, धर्म, लिंग एवं क्षेत्र के लिए समानता भाववाले प्रावधान बनाए गए, उन सभी का शनैः-शनैः पतन होता चला गया। इस प्रकार संविधान की अवमानना के चलते देश में माओवाद एवं तराई में मधेश द्वारा अलगाववादी आंदोलन जल्दी ही अपनी पकड़ बनाने में मजबूत हुए।

संविधान के समक्ष उभरते अन्य नवीन मुद्दे—

1. धर्मांतरण का मुद्दा

पहला मुद्दा, जो कि देश की आंतरिक राजनीति के समक्ष चुनौती के रूप में उभरकर सामने आया, वह था—संविधान में वर्णित नेपाल का हिंदू राष्ट्र घोषित होना। ([उपधारा

1] अनुच्छेद 12 : नेपाल अधिराज्य का संविधान, 1990) संविधान में स्पष्ट रूप से पाबंदी लगाई गई थी कि पृथक्-पृथक् धर्मों में विश्वास रखनेवाले व्यक्ति नेपाल में निवास अवश्य कर पाएँगे, परंतु धर्म परिवर्तन नहीं कर सकेंगे तथा अन्य धर्मावलंबी व्यक्तियों का धर्म परिवर्तन कराने की कोशिश भी नहीं करेंगे। ([उपधारा 1] अनुच्छेद 19 : नेपाल अधिराज्य का संविधान, 1990) इस संविधान के बनने से पहले ही भिन्न-भिन्न जनजातियों के व्यक्ति इस मुद्दे पर बहुत असंतुष्ट थे, क्योंकि 1962 के संविधान में भी धर्म को लेकर एवं धर्मांतरण के मामले में यही रुख अपनाया गया था। इस कारण यह माँग की गई थी कि या तो धर्मनिरपेक्षता को अपनाया जाए या 'हिंदू' शब्द को संविधान से हटाया जाए, जिससे राजनीति और धर्म को पृथक्-पृथक् किया जा सके।

धर्मांतरण के मामले पर संजातीय समूह भी यही चाहते थे कि नेपाली जनता को इतनी स्वतंत्रता अवश्य दी जानी चाहिए कि प्रत्येक व्यक्ति अपनी इच्छानुसार किसी भी धर्म को अपना सके, उसकी इस स्वतंत्रता पर संविधान एवं राष्ट्र द्वारा बाध्यता नहीं लगाई जाए, परंतु संवैधानिक सिफारिश समिति की दुर्बलता के कारण और राजनीतिक दलों द्वारा स्पष्ट एवं स्वच्छ निर्णय न ले पाने के कारण इस मुद्दे को नजरअंदाज करते हुए संविधान में हिंदू धर्म की प्रधानता और धर्मांतरण की निषेधता का मार्ग अपनाया गया।

यद्यपि वर्ष 1990 के संविधान के क्रियान्वयन के दौरान धर्म के नाम पर किसी प्रकार के दंगे या हिंसक घटना नहीं हुई, परंतु ईसाई, मुसलमान एवं बौद्ध धर्मावलंबियों पर एक अजीब प्रकार का दबाव रखा गया। धर्म परिवर्तन के मामले में ही सितंबर 1994 में 11 ईसाइयों को दो साल की कैद हुई एवं बाद में नरेश ने उन्हें तीन माह बाद माफ कर दिया, यह मामला अंतरराष्ट्रीय स्तर पर भी पहुँचा था। (कंट्री रिपोर्ट्स ऑन ह्यूमन राइट्स, नेपाल 1998) परंतु राजनीतिक अस्थिरता के इस दौर में सरकार द्वारा ऐसा कोई कदम नहीं उठाया गया, जिससे इन धार्मिक अल्पसंख्यकों को धर्म के मौलिक अधिकार मिल सकें और साथ ही नेपाल में धार्मिक बहुसंख्यक वर्ग की राजनीतिक जागरूकता कम होने के कारण भी इस मामले पर उतना ध्यान नहीं दिया गया, जिससे अल्पसंख्यकों को धर्म के प्रति निर्बाध स्वतंत्रता प्राप्त हो सके।

यद्यपि धर्म को लेकर राष्ट्र में इस दौरान किसी प्रकार के सांप्रदायिक दंगे और वैमनस्य नहीं हुआ, लेकिन देश में हिंदुत्व का प्रचार करना एवं राजनीतिक दलों द्वारा धर्म को राजनीति में लाने का प्रयास शुरू हो गया था। इसके अतिरिक्त भारत में सक्रिय राष्ट्रीय स्वयंसेवक संघ ने भी नेपाल में हिंदू संगठनों को सहायता प्रदान की, जो कि निश्चित रूप से देश के लोकतंत्र की प्रगति एवं स्थिरता में बाधा थी। यदि इतिहास पर नजर डाली जाए तो हम पाते हैं कि हिमालय अधिराज्य के दो राष्ट्रों नेपाल एवं भूटान में अभी तक धार्मिक दंगे

नहीं हुए थे, जबकि दक्षिणी एशियाई क्षेत्र के अन्य राष्ट्रों में सांप्रदायिक दंगे बड़े पैमाने पर देखे गए, अत: इस 1990 के संविधान की छत्रच्छाया में धार्मिक अधिकारों के संकीर्ण बने रहने से सांप्रदायिक दंगों की आशंका हमेशा बनी रही।

2. नागरिकता का मुद्दा

दूसरा उभरता हुआ मुद्दा, जो कि संविधान के गठित होने के बाद देश की जनता एवं राजनीतिक दलों के सामने आया, वह था—नागरिकता प्रदान करने का मामला। नेपाल की सरकार यहाँ के निवासियों को एक 'नागरिकता पत्र' प्रदान करती थी, जिसके आधार पर वह नेपाल में जमीन खरीद या बेच सकता था। इसके साथ-ही-साथ वह सरकारी पदों पर जा सकता था एवं देश में उच्च शिक्षा ग्रहण कर सकता था। नेपाल में ऐसे जनसमूह थे, जिनको राजनीतिक व सामाजिक कारणों के लिए उन्हें यह 'नागरिकता पत्र' प्रदान नहीं किया गया, जिनमें 'मधेशी' समूह प्रमुख रूप से रहा था। (प्रधान, एशियन टाइम्स ऑनलाइन, 19 अक्तूबर, 2001) इस विषय पर नेपाल की सद्भावना पार्टी ने सरकार के ऊपर काफी दबाव बनाया। जिस कारण नब्बे के दशक की शुरुआत में एवं नई शताब्दी के प्रारंभिक वर्षों में यह मुद्दा पुन: उभरकर सामने आया। इस दशक की शुरुआत में यह प्रश्न था कि 'नागरिकता पत्र' किसे दिया जाए? वर्ष 1979 और वर्ष 1984 में हुई जनगणना से प्राप्त आँकड़ों में से नागरिकता के लिए किसे आधार बनाया जाए, यह मुद्दा भी उठ खड़ा हुआ।

इसके साथ-साथ अन्य तथ्य भी थे, जैसे भारत से आए तराई क्षेत्र में रहनेवाले नेपालियों को 'नागरिकता पत्र' दिया जाए या न दिया जाए? इन मुद्दों का कोई हल नहीं निकल सका। इसके अतिरिक्त द्वैध नागरिकता से संबंधित प्रश्न भी आया, इसमें यह था कि नागरिकता माता के आधार पर प्रदान की जाए या पिता के आधार पर?

जब संसद में इस नागरिकता बिल को प्रस्तुत किया गया और अनुमोदन के लिए नरेश के पास भेजा गया, तब नरेश ने इसकी वैधता का परीक्षण करने के लिए इसे सर्वोच्च न्यायालय के पास भेज दिया। इस बिल को सर्वोच्च न्यायालय ने 'असंवैधानिक' घोषित कर दिया। इस संविधान में नागरिकता की जो पहचान बताई गई, उसमें संशोधन करने की बात उठी, लेकिन इससे यह शंका पैदा हुई कि इन प्रावधानों को इस्तेमाल करके भारी संख्या में विदेशी नेपाल के 'नागरिकता पत्र' को हासिल कर पाएँगे, जिससे नेपाल के सामाजिक और राजनीतिक संतुलन को खतरा पहुँच सकता था। यह संशोधन इस संविधान के जीवित रहने तक नहीं आ पाया, क्योंकि राजनीतिक दल एक आम सहमति से इस पर कोई निर्णय नहीं ले सके। इस कारण यह मुद्दा 1990 के संविधान के समक्ष समस्या बना रहा।

3. महाकाली समझौते का मुद्दा

इस दौरान एक और मुद्दा, जो कि अंतरराष्ट्रीय स्तर का था, वह था महाकाली समझौता। वर्ष 1996 में शेर बहादुर देउबा, जो कि इस दौरान नेपाल के प्रधानमंत्री थे, उन्होंने भारत यात्रा के दौरान महाकाली समझौते को निश्चित किया। यह संधि भारत के तत्कालीन विदेश मंत्री प्रणब मुखर्जी और नेपाल के विदेश मंत्री प्रकाश चंद्र लोहानी द्वारा जनवरी 1996 में हस्ताक्षरित की गई, लेकिन जब नेपाली प्रधानमंत्री शेर बहादुर देउबा भारत में इस संधि को निश्चित कर रहे थे, तब नेपाल में विपक्षी दलों ने प्रधानमंत्री के इस कदम को गलत बताते हुए कहा कि देउबा ने देश के हितों को बेच दिया है तथा प्रधानमंत्री देउबा के नेपाल वापस लौटने पर इन दलों ने धरना एवं हड़तालों के माध्यम से विरोध प्रकट किया। इस कारण सितंबर महीने तक इसे अनुसमर्थन प्राप्त नहीं हुआ था, लेकिन बाद में यह संधि नेपाल की संसद द्वारा दो-तिहाई बहुमत से पास हो गई। संसद के 261 सदस्यों में से 220 सदस्यों ने इसके पक्ष में अपना समर्थन दिया। (हच्छेतू 1996 : 151) लेकिन कुछ विश्लेषक मानते हैं कि मतों का अंतर बहुत कम रहा, जिस कारण इसे कई राजनीतिक दलों द्वारा 'जाली बहुमत' कहा गया। (ग्यावली [संपा.] 2000 : 259)

वर्ष 1990 के संविधान की धारा 126 इस परिप्रेक्ष्य में बहुत महत्त्वपूर्ण थी। धारा 126 की उपधारा 2 के बिंदु 3 में नेपाल द्वारा प्राकृतिक संसाधनों के वितरण से संबंधित संधि या समझौते के बारे में बताया गया। ([उपधारा 2] अनुच्छेद 126 : नेपाल अधिराज्य का संविधान, 1990)।

माओवादी आंदोलन

माओवादी विद्रोह की उत्पत्ति नेपाल के साम्यवादी आंदोलनों के संदर्भ में भलीभाँति देखी जा सकती है। सन् 1962 में पंचायत शासन व्यवस्था के दौरान साम्यवादी दल ने नेपाली कांग्रेस के साथ मिलकर बर्खास्त संसदीय व्यवस्था को पुनः स्थापित करने के लिए नरेश पर दबाव डाला। साम्यवादी दल में हमेशा से विभक्त होने की प्रवृत्ति रही थी। (खड़का 1995 : 55) सन् 1980 के दशक में 'नेपाल साम्यवादी दल' (मार्क्सिस्ट-लेनिनिस्ट) के नाम से एक पृथक् दल बना। इस दल में आगे चलकर पुष्पकमल दहाल (प्रचंडा) व बाबूराम भट्टाराई जैसे नौजवान नेता शामिल हुए, जिन्होंने इस दल को आगामी वर्षों में एक पृथक् राह दिखाई। (मुनि 2003 : 3)

सन् 1990 के जनआंदोलन के दौरान इस दल ने नेपाली कांग्रेस एवं नेपाली साम्यवादी दल के साथ मिलकर पंचायत शासन का विरोध किया, परंतु इस उग्र साम्यवादी दल की माँगें राष्ट्र के अन्य प्रमुख दलों से पृथक् रहीं। इस दल का उद्देश्य यह रहा कि राष्ट्र से

राजतंत्र को पूर्णत: समाप्त कर दिया जाए तथा देश में गणतंत्रात्मक शासन स्थापित हो। इस दल के अनुसार राष्ट्र में जनता द्वारा निर्वाचित शासक द्वारा ही शासन किया जाना चाहिए। राजतंत्र के आधार पर देश में शासन नहीं होना चाहिए, बल्कि वहीं अन्य प्रमुख दल देश में संवैधानिक राजतंत्र की स्थापना से सहमत थे। (झा 2003 : 27)

इस उग्र साम्यवादी दल में भी विभक्तिकरण की प्रवृत्ति रही। वर्ष 1990 में इस दल के दो भाग हुए, जिसमें एक दल भूमिगत रूप से सरकार का विरोध करता रहा तथा दूसरा दल राजनीतिक रूप से सरकार पर दबाव बनाने लगा, परंतु वर्ष 1996 में इन दलों ने पुन: एकजुट होकर माओवादी आंदोलन को उग्र रूप से राष्ट्र में संचालित किया। (उप्रेती 2006 : 37)

इन उग्र साम्यवादियों की राष्ट्र में गणतंत्रात्मक शासन लाने की प्रबल माँग रही। अत: माओवादी 1990 के संविधान के निर्माण से भी नाखुश थे, क्योंकि संविधान निर्माण के लिए संवैधानिक सभा जनता द्वारा न चुनकर नरेश द्वारा चुनी गई। अत: लोकतंत्र को प्रारंभ करने का आधार ही राजतंत्र बन गया। वहीं राष्ट्र में गणतंत्र लाने के लिए माओवादियों ने ग्रामीण जनता के साथ-साथ शहरी जनता को भी लामबंद करना शुरू किया। (चंद्रशेखरन 2006 : 71) इस प्रकार माओवादियों ने देश में गणतंत्र लाने के लिए क्रांति का रास्ता अपनाया। उनके अनुसार संवैधानिक पथों पर चलते हुए गणतंत्र की स्थापना करना असंभव था, क्योंकि नरेश की सत्ता नेपाल जैसे सामंती राष्ट्र से हटाना मुश्किल था। माओवादियों के अनुसार राजतंत्र को तभी हटाया जा सकता था, जब नेपाल की जनता राजतंत्र के राजनीतिक चरित्र पर ऐसा दबाव डाले, जिससे राजतंत्र के स्थान पर गणतंत्र स्वयं ही स्थापित हो सके। (पेटीग्रू और शेनीडरमैन, हिमाल, जनवरी 2004 : 26)

नवंबर 2001 में प्रधानमंत्री शेर बहादुर देउबा द्वारा राष्ट्र में आपातकाल की घोषणा के पश्चात् नरेश ज्ञानेंद्र ने सेना को यह आदेश दिया कि माओवादियों को किसी भी प्रकार से दबा दिया जाए। नरेश ने नागरिकों के मूलभूत मानवीय अधिकारों को भी निरस्त कर दिया और उनके भ्रमण एवं अभिव्यक्ति की स्वतंत्रता पर भी प्रतिबंध लगा दिया। (बुद्धाथोकी 2003 : 78) नरेश को माओवादियों की शक्ति के ऊपर आशंका होने लगी थी कि ये बहुत कुछ कर सकते हैं। इस कारण उन्हें किसी भी तरह से रोकना ज्ञानेंद्र का मुख्य उद्देश्य था। वहीं नरेश ज्ञानेंद्र के 4 अक्तूबर, 2002 के असंवैधानिक कदम ने माओवादियों के साहस में वृद्धि की। (मैक्लेनी और उप्रेती, द वर्ल्ड टुडे, 26) यह घटना एक तरह से माओवादी आंदोलन से प्रत्यक्षत: जुड़ी हुई थी, क्योंकि इस आंदोलन के चलते देउबा सरकार देश में चुनाव करवाने में असफल रही। इसके अलावा इस सरकार की माओवादियों के साथ वार्त्ताएँ भी कोई परिणाम नहीं निकाल सकीं। अत: नरेश ज्ञानेंद्र द्वारा इस सरकार को बर्खास्त कर दिया गया।

सन् 1996 में बाबूराम भट्टाराई एवं प्रचंडा ने पुन: एकजुट होकर इस दल (माओवादी) को मजबूत किया तथा परस्पर विचार-विमर्श करने के पश्चात् उन्होंने सरकार के समक्ष अपनी माँगों को प्रस्तुत करने का निर्णय लिया। जिसके फलस्वरूप 4 फरवरी, 1996 को देश के प्रधानमंत्री शेर बहादुर देउबा की सरकार के समक्ष माओवादियों द्वारा 40 माँगें प्रस्तुत की गईं। (मिश्रा 2004 : 627-646) इन माँगों के अंतर्गत प्रमुखतया देश की सामाजिक, आर्थिक एवं राजनीतिक स्थिति को सुधारने की बात कही गई। माओवादियों की कुछ माँगें ऐसी भी थीं, जिनसे राष्ट्र में समाजवाद एवं माओवाद की छवि अंकित होती नजर आती थी। (फॉर द एंटायर फोर्टी पॉइंट डिमांड ऑफ द माओइस्ट, सी मुनि एन्क्स्योर 2, 2003 : 82-87) इन माँगों में प्रमुख थीं—भूमि के असमान वितरण एवं सांस्कृतिक विषमता पर रोक, शिक्षा के निजीकरण पर रोक लगाना, नि:शुल्क शिक्षा मुहैया कराई जाए एवं सभी को काम पाने का अधिकार प्रदान करना।

इनके अतिरिक्त माओवादियों की 40 माँगों में ऐसी भी माँगें थीं, जो कि देश के संवैधानिक चरित्र में परिवर्तन लाने की बात करती थीं, जो कि इस प्रकार थीं—जनता के चुने हुए प्रतिनिधियों द्वारा बनी संवैधानिक सभा द्वारा एक नवीन संविधान की रचना होनी चाहिए। नरेश एवं उसके परिवार को जो संविधान द्वारा विशेषाधिकार एवं विशेष सुविधाएँ प्रदान की गई हैं, उन्हें समाप्त किया जाना चाहिए। देश की सेना, पुलिस एवं प्रशासन जनता के नियंत्रण में रहे। नेपाल को धर्मनिरपेक्ष राष्ट्र घोषित करना होगा। देश में अस्पृश्यता का अंत होना चाहिए एवं दलितों को समाज में समान दर्जा मिले। देश में बोली जानेवाली सभी भाषाओं को समान दर्जा मिलना चाहिए। स्वतंत्र विचार एवं स्वतंत्र प्रेस की गारंटी मिले तथा देश के प्रसार साधनों को स्वायत्तशासी बनाया जाए। पूँजीपति जमींदारों की जमीन जब्त की जाए एवं उसे खेतिहर मजदूरों व गरीब किसानों में बाँटा जाए तथा जितनी भूमि पर कोई काम कर सकता था, उसे मात्र उतनी ही भूमि दी जाए, उससे ज्यादा नहीं। प्रत्येक नागरिक को काम देना होगा तथा जब तक उसे काम नहीं मिलेगा, तब तक उन्हें वेतन भत्ता देना होगा। वर्ष 1950 की भारत के साथ शांति एवं मित्रता संधि, जो कि असमान करार और समझौते पर आधारित थी, उसे खत्म करना होगा। इसके अलावा टनकपुर व महाकाली समझौतों को भी रद्द करना होगा। (फॉर द एंटायर फोर्टी पॉइंट डिमांड ऑफ द माओइस्ट, सी मुनि एन्क्स्योर 2, 2003 : 82-87)

विश्लेषणात्मक तौर पर कहा जा सकता है कि उपरोक्त माँगें राष्ट्र में गणतंत्र आने का आधार प्रदान करती हैं, परंतु इन माँगों को सरकार एवं नेपाल नरेश द्वारा मंजूर करना काफी मुश्किल था, क्योंकि इन माँगों को मानने से वर्ष 1990 के संविधान का अस्तित्व ही नहीं रहता। यद्यपि माओवादी अपनी माँगों में समय-समय पर परिवर्तन लाते रहे। वर्ष

2001 में राजप्रासाद हत्याकांड के पश्चात् माओवादियों ने अपनी एक प्रमुख माँग—राजतंत्र की पूर्ण समाप्ति की माँग को वापस ले लिया, क्योंकि माओवादी नेताओं ने इस घटना के दौरान देखा कि राष्ट्र में जनता की सहानुभूति राजप्रासाद की तरफ बढ़ रही थी। (झा 2003 : 30) माओवादियों के आंदोलन का मुख्य आधार जनता का समर्थन था, इसलिए जनता के रुख को जानना माओवादियों के लिए बेहद जरूरी था। अतः उन्होंने परिस्थितियों के अनुसार अपनी माँगों में परिवर्तन किया, परंतु अपनी अन्य प्रमुख माँगों पर माओवादी डटे रहे। इस दौरान नेपाल में साम्यवादी दलों के तीन विचारधारात्मक दल बने हुए थे, प्रथम नेपाली साम्यवादी दल, नेपाल मजदूर एवं किसान दल तथा माओवादी दल। (थापा और रोका 1999 : 2386)

इस विचारधारात्मक रूप से माओवादियों ने एक नवीन लोकतंत्र को ग्रहण किया। इस 'नवीन लोकतंत्र' के आधार पर जो माँगें की गईं, वे अधिकतर तीन क्षेत्रों से जुड़ी हुई थीं—राष्ट्रवाद, जनता की भलाई एवं जनता के जीवन स्तर में सुधार। नेपाली राष्ट्रवाद के आधार पर माओवादियों ने भारत एवं नेपाल के संबंधों को विश्लेषणात्मक रूप में बतलाया। इसके अंतर्गत सन् 1950 की शांति एवं मित्रता संधि तथा महाकाली संधि को खत्म करने की बात कही। इसके अतिरिक्त गोरखा सेना का विदेशी सेनाओं के साथ जुड़ा रहना बंद करना होगा। जनता की भलाई से यहाँ तात्पर्य यह था कि एक नई संवैधानिक सभा का गठन करके नए संविधान का निर्माण करना होगा, जहाँ राजतंत्र को समाप्त करना होगा। नरेश एवं नरेश के परिवार एवं नेपाली शाही सेना को जनता के नियंत्रण में लाना होगा, नेपाल को धर्मनिरपेक्ष राष्ट्र घोषित करना, न कि हिंदू राष्ट्र। जनता के जीवन स्तर में सुधार के अंतर्गत कहा गया कि भूमि गरीब किसानों को दी जाएगी। काम का अधिकार, उद्योग, कृषि एवं सेवा विभाग के कार्मिकों के लिए न्यूनतम वेतन का प्रावधान रहेगा। निःशुल्क शिक्षा, भ्रष्टाचार को नियंत्रित करना एवं एक अच्छी सरकार के लिए जिन सुधारों की आवश्यकता थी, वे सभी लाए जाएँ। (मुनि 2003 : 18–19)

माओवादी नेता पुष्पकमल दहाल (प्रचंडा) के अनुसार, "एक दिन में ये सभी सुधार नहीं लाए जा सकते, ये सभी क्रमिक रूप से आएँगे—पहला, देश से सामंतवादी शासन व्यवस्था को खत्म करना होगा। दूसरा, नया संविधान लाना होगा एवं राजतंत्र को पूर्णतः समाप्त करना होगा। इन सुधारों को लोकतंत्र के अधीन लाने की कोशिश की जाएगी, न कि राजतंत्र के अधीन।" (मुनि 2003 : 26)

नेपाल में राजनीतिक अस्थिरता के इस दौर में राजनीतिक नेताओं द्वारा आरोप एवं प्रत्यारोप का खेल खेला जा रहा था। अतः माओवादी आंदोलन के मुद्दे पर नेता वर्ग राष्ट्रीय चेतना लाने में असफल रहे। सन् 2001 तक देश के नेता वर्ग राज प्रासाद पर आरोप

लगाते रहे कि देश में माओवादियों की हिंसक गतिविधियों के बढ़ने के बावजूद भी सेना के प्रयोग की अनुमति नहीं दी जा रही थी, परंतु नरेश शायद इसलिए डर रहे थे कि बिना स्पष्ट सुनियोजित रणनीति और बिना लोकप्रिय नेतृत्व के सेना को माओवादियों के खिलाफ उतारना गलत होगा। (पांडे 2002 : 561)

देश में चल रहे इस हिंसक दौर को नियंत्रित करने के लिए नेपाल नरेश ज्ञानेंद्र ने 26 नवंबर, 2001 को मंत्रिपरिषद् की सलाह से संविधान के अनुच्छेद 115(1) के आधार पर राष्ट्र में आपातकाल की घोषणा की। शाही आदेश में यह कहा गया कि, "ये आदेश राष्ट्र के लिए लिया गया है, क्योंकि इस समय राष्ट्र की संप्रभुता, सुरक्षा एवं एकता खतरे में है।" ([उपधारा 1] अनुच्छेद 115 : नेपाल अधिराज्य का संविधान, 1990) इस आपातकाल की घोषणा से जनता के बहुत से मौलिक अधिकारों पर रोक लगाई गई। इनमें प्रमुख थे—वाक् स्वतंत्रता, सभा एकत्र करने का अधिकार, देश में भ्रमण करने, प्रेस एवं प्रकाशन का अधिकार, नजरबंदी निवारक के विरुद्ध अधिकार, संपत्ति का अधिकार, गोपनीयता का अधिकार एवं संवैधानिक उपचारों का अधिकार। (प्रधान, द हिंदुस्तान टाइम्स, 20 नवंबर, 2002) उपरोक्त मौलिक अधिकारों को संविधान के प्रावधानों के अनुसार निलंबित किया गया। नरेश ज्ञानेंद्र के इस शाही आदेश के बाद नेपाल की शाही सेना ने माओवादी गुरिल्लों को कुचलना प्रारंभ कर दिया। (शर्मा, इंडियन एक्सप्रेस, 27 नवंबर, 2002) इस प्रकार संविधान में वर्णित मौलिक अधिकारों का हनन निरंतर होता रहा। देश में आपातकाल के इस दौर में प्रेस एवं प्रकाशन पर भी कई प्रकार के प्रतिबंध लगाए गए, जैसे सरकार ने आदेश जारी किया कि माओवादी नेताओं के उग्र विरोधी भाषणों व साक्षात्कारों तथा नेपाल नरेश के विरुद्ध प्रेस कुछ भी प्रकाशित न करे। बल्कि सरकार के निर्देशों एवं नेपाली शाही सेना के बहादुरी के कारनामों को ही प्रकाशित करें। ('वॉर अगेन्स्ट माओइस्ट एक्सटेंड्स टू मीडिया', 2002 : ह्यूमन राइट्स फीचर्स [एच.आर.एफ.], ऑनलाइन एडीशन) इस प्रकार प्रेस की स्वतंत्रता देश में बाधित होने लगी।

संविधान के अनुसार नेपाली शाही सेना के निर्णय राष्ट्रीय सुरक्षा परिषद् के हाथों में रहते थे। जिसमें सदस्य होते थे—नरेश, प्रधानमंत्री, रक्षा मंत्री, चीफ-ऑफ-आर्मी, परंतु इस दौरान इस प्रावधान की अवहेलना हुई, क्योंकि प्रधानमंत्री जब रक्षामंत्री के पद को स्वयं सँभालते थे तथा चीफ-ऑफ-आर्मी नरेश द्वारा चुना जाता था, तो सेना पर प्रभुत्व नरेश का होता था। (भंडारी 2007 : 7) इस प्रकार नेपाल की शाही सेना पर जनता के प्रतिनिधियों का कोई नियंत्रण नहीं रहा। सेना पर नरेश की मनमानी चलने लगी। इसी बात को माओवादियों ने अपनी 40 माँगों में रखा कि सेना को जनता के नियंत्रण में छोड़ देना चाहिए।

नरेश ज्ञानेंद्र द्वारा 4 अक्तूबर, 2002 को जनता के निर्वाचित नेता शेर बहादुर देउबा को

प्रधानमंत्री पद से हटाना एक असंवैधानिक कदम था। देश में माओवादी आंदोलन के चलते चुनाव करवाना काफी कठिन था। अत: देउबा ने चुनाव देर से करवाने के लिए नरेश से विचार-विमर्श किया, परंतु नरेश ने देउबा को अयोग्य मानते हुए बर्खास्त कर दिया। इस घटना के पश्चात् माओवादियों की सरकार के साथ हुई शांति वार्त्ताओं में प्रमुख मुद्दा संवैधानिक सभा की स्थापना कर एक नवीन संविधान को बनाना रहा, परंतु सरकार इसके लिए तैयार नहीं हुई, क्योंकि इससे न केवल राजनीतिक व्यवस्था में परिवर्तन आएगा, बल्कि वर्तमान संविधान का अस्तित्व ही मिट जाएगा।

नरेश द्वारा 4 अक्तूबर, 2002 को लिये गए कदम के खिलाफ देश के प्रमुख राजनीतिक दलों ने आंदोलन प्रारंभ कर दिया तथा लोकतंत्र को पुनर्बहाल करने की माँग की, क्योंकि राजनीतिक दल इस घटना के बाद यह समझ चुके थे कि नरेश वर्तमान संविधान के प्रावधानों का दुरुपयोग करके अपनी शक्ति को बढ़ा रहे थे। अत: इस संविधान को निरर्थक होते देखकर राजनीतिक दलों ने भी नए संविधान के लिए संवैधानिक सभा की माँग प्रारंभ कर दी। इसके कारण माओवादियों द्वारा की जा रही संवैधानिक सभा की माँग को बढ़ावा मिलने लगा।

वहीं शेर बहादुर देउबा के प्रधानमंत्री पद से बर्खास्त होने के बाद राष्ट्र में शक्ति केंद्र तीन पुंजों में हो गया—प्रथम केंद्र में नरेश एवं नरेश की सेना रही, जो कि माओवादियों को किसी भी प्रकार से कुचलना चाहती थी। दूसरे शक्ति केंद्र में स्वयं माओवादी थे, जो कि देश में एक नए संविधान की रचना करना चाहते थे। तीसरे शक्ति केंद्र में पाँच राजनीतिक दलों का गठबंधन था, जो कि चाहते थे कि नरेश पुन: जनता के चुने हुए नेता देउबा को प्रधानमंत्री के रूप में पुनर्बहाल करें, परंतु देउबा के प्रधानमंत्री पद पर वापस आने से देश के इन शक्ति पुंजों में परिवर्तन आया तथा शक्ति केंद्र दो ही रह गए। (हट् 2004 : 85)

राजनीतिक दलों में एकजुटता के अभाव, प्रधानमंत्री पद की अस्थिर स्थिति एवं सेना के अति सक्रियतावाद के कारण माओवादी आंदोलन को विराम देना बहुत कठिन हो गया था। माओवादियों द्वारा देश की शासन व्यवस्था एवं आर्थिक व्यवस्था को चोट पहुँचाने के कारण जनसाधारण का जीवनयापन करना काफी मुश्किल हो गया था। अत: नेपाल की जनता को भी यह अहसास होने लगा कि इस आंदोलन को चलते हुए बहुत वर्ष हो गए हैं और उनके हित में कुछ खास नहीं हुआ है। इस प्रकार जनता का विश्वास माओवादियों के ऊपर से क्रमश: कम होने लगा था।

□

अध्याय 6

2015 का नेपाल का लोकतंत्रिय संविधान

पृष्ठभूमि

वर्ष 2005 में नेपाल की राजनीति में महत्त्वपूर्ण परिवर्तन आए। राजतंत्र और संसद के बीच का संघर्ष खुलकर सामने आया, जहाँ लोकतांत्रिक नेतृत्व ने नरेश के राजनीतिक नेतृत्व को चुनौती दी। 1 फरवरी, 2005 को नरेश ज्ञानेंद्र ने देउबा सरकार को बर्खास्त कर दिया और अपनी अध्यक्षता में एक कैबिनेट का निर्माण किया। दो उपाध्यक्षों सहित, अधिकांश मंत्रियों को पंचायत युग के राजनेताओं और नौकरशाहों में से तैयार किया गया था। मौलिक अधिकारों को निलंबित कर दिया गया, टेलीफोन लाइनों को काट दिया गया (नेपाल के इतिहास में पहली बार) और मीडिया सरकार के मुख्य निशाने पर रही। नरेश ने देश में आपातकाल की घोषणा कर दी तथा स्थानीय चुनावों को एक साल में करवाने तथा संसद के सामान्य चुनावों को तीन साल में करवाने का वादा किया। इसके पश्चात् वे सत्ता को वापस चुनी हुई संसद को सौंप देंगे। नरेश ने राष्ट्रीय चुनाव आयोग से कहा कि 13 अप्रैल, 2006 तक स्थानीय चुनाव करवाएँ। 9 अक्तूबर, 2005 को नरेश ने स्थानीय चुनावों की घोषणा की और उन्हें 8 फरवरी, 2006 तक करवाने के आदेश दिए। इस समय के अनुसार 36 स्थानीय निकायों के चुनाव हुए और इसमें केवल 21 प्रतिशत मतदाताओं ने भाग लिया। इससे प्रमाणित होता है कि नरेश की राजनीति में सक्रिय भूमिका को लोगों ने नकार दिया। हालाँकि यह बताया गया कि नरेश के शासन के दौरान भ्रष्टाचार में काफी कमी आई और राजनीतिक दलों पर भी नियंत्रण रहा, लेकिन सभी लोग नरेश द्वारा इस प्रकार से सरकार बनाने, राजनीतिक स्वतंत्रता का हनन करने, संविधान की अवमानना करने तथा माओवादी नेताओं के साथ चल रही शांति वार्त्ता के असफल होने के कारण नाराज थे। (शर्मा, सेन 2006 : 1–2)

यद्यपि स्थानीय निकायों के चुनावों का सभी राजनीतिक दलों ने बहिष्कार किया था। 8 मई, 2005 को विरोध प्रदर्शन कर रहे सात राजनीतिक दलों ने एक साझे समझौते के

पत्र पर हस्ताक्षर किए तथा 1 फरवरी, 2005 को नरेश के द्वारा सत्ता हथियाने के खिलाफ एक गठबंधन बनाया। 18 जून, 2005 को सात दलीय गठबंधन की औपचारिक रूप से घोषणा हुई और इसने स्थानीय निकायों के चुनाव के बहिष्कार की घोषणा की। 3 सितंबर, 2005 को माओवादी दल ने तीन महीने के लिए एक पक्षीय शांति विराम की घोषणा की। माओवादी दल और सात दलीय गठबंधन ने 22 नवंबर, 2005 को एक 12 सूत्री समझौते पर हस्ताक्षर किए। इस समझौते के तहत सात दलीय गठबंधन और माओवादियों ने देश में निरंकुश राजतंत्र को खत्म कर पूर्ण लोकतंत्र को स्थापित करने की प्रतिज्ञा ली। दिसंबर 2005 में माओवादियों ने एक महीने के लिए शांति विराम को और बढ़ाया। 4 जनवरी, 2006 को माओवादियों ने चुनावों के समय शांति विराम को तोड़ दिया और देश की सेना पर हमला शुरू कर दिया और यह ज्यादातर वहाँ हुआ, जहाँ ज्ञानेंद्र सरकार चुनाव करवा रही थी। (शर्मा, सेन 2006 : 2-3)

शाही सेना ने देश में कई राजनीतिक नेताओं को गिरफ्तार किया और सैकड़ों की संख्या में अन्य लोगों को भी गिरफ्तार किया तथा मीडिया को अपने नियंत्रण में रखा। इसके कारण सेना पर काफी लोगों को गायब करने, न्यायिक दायरे से बाहर मारने और नेताओं पर अत्याचार करने के आरोप लगे। सेना के टकराव के समय माओवादियों ने भी बड़े स्तर पर मानवाधिकारों का हनन किया। स्थानीय चुनावों ने राजनीतिक संकट को और बढ़ा दिया। सात दलीय गठबंधन और माओवादियों ने घोषणा की कि वे राजधानी काठमांडू की घेराबंदी करेंगे तथा अप्रैल 2006 में अनिश्चित हड़ताल शुरू करेंगे। यह हड़ताल 5 अप्रैल को शुरू हुई और 19 दिनों तक चली। इस बीच, कुछ घटनाओं ने नरेश और उनकी सरकार को एक अजीब स्थिति में डाल दिया। लोगों ने नगर निगम चुनावों का बहिष्कार किया, जिसके फलस्वरूप कई स्थानों पर 20 प्रतिशत से कम मतदाताओं ने मतदान किया। सुप्रीम कोर्ट ने नरेश द्वारा गठित भ्रष्टाचार निरोधक अदालत को अवैध घोषित कर दिया, उसके सभी निर्णयों को अमान्य कर दिया गया और देश के विभिन्न हिस्सों में माओवादियों की हिंसक गतिविधियाँ तेज हो गईं। इस स्तर पर भी, नरेश ज्ञानेंद्र ने बातचीत करने का कोई संकेत नहीं दिया। माओवादियों के सक्रिय समर्थन से आंदोलनकारी राजनीतिक दलों ने अप्रैल 2006 के पहले सप्ताह में एक जनआंदोलन शुरू किया। दो सप्ताह के भीतर सड़कों पर हजारों लोगों की भागीदारी के साथ आंदोलन ने एक अप्रत्याशित मोड़ ले लिया। इस महत्त्वपूर्ण मोड़ पर, भारत सरकार ने तत्कालीन सत्तासीन पार्टी भारतीय राष्ट्रीय कांग्रेस के एक वरिष्ठ नेता कर्ण सिंह को एक संदेश के साथ राजा से मिलने के लिए भेजकर हस्तक्षेप करने का प्रयास किया। उनकी सलाह पर, नरेश ज्ञानेंद्र ने 21 अप्रैल को राष्ट्र के नाम एक शाही संदेश दिया, जिसमें आंदोलनकारी राजनीतिक दलों को प्रधानमंत्री के रूप में नियुक्ति के लिए एक

नाम प्रस्तुत करने के लिए कहा गया। यद्यपि नरेश के इस कार्य को भारत और अन्य देशों द्वारा एक सकारात्मक कदम के रूप में स्वीकार किया गया था, किंतु राजनीतिक दलों और माओवादियों ने इसे स्पष्ट रूप से खारिज कर दिया, क्योंकि शाही संदेश में भंग प्रतिनिधि सभा (संसद) की बहाली के बारे में कोई उल्लेख नहीं किया गया था। हिंसक आंदोलन के बीच, नरेश को लोगों के सामने आत्मसमर्पण करना पड़ा और तीन दिनों के बाद भंग प्रतिनिधि सभा को फिर से संगठित करने की एक और उद्घोषणा जारी करने के लिए मजबूर किया गया, जिसके बाद अंततः नरेश के विरुद्ध चल रहा उन्नीस दिनों का आंदोलन समाप्त हुआ। कुछ ही दिनों में, संसद के निचले सदन ने एक पूरी तरह से नई स्थिति में बैठक की और इसने 25 सूत्रीय घोषणा की, जिसने नाममात्र या वास्तविक—सभी शक्तियों को राजा से वापस ले लिया तथा राज्य और सरकार की सर्वोच्च शक्ति कैबिनेट और संसद में निहित की गई। यह घोषणा संविधान के प्रावधानों के विपरीत थी, जिसके कारण इन्हें आगे शून्य और रिक्त माना गया। इसके बाद 24 अप्रैल को नरेश ज्ञानेंद्र ने घोषणा की कि वे नेपाल की भंग संसद को पुनर्बहाल करेंगे तथा सत्ता को सात दलीय गठबंधन को सौंप देंगे। 24 अप्रैल की यह घोषणा साफ तौर पर सात दलीय गठबंधन और माओवादियों की जीत थी। माओवादियों ने इसका श्रेय लोकप्रिय आंदोलन के सामाजिक आधार में शामिल समाज के पिछड़े वर्गों, गरीबों, दलितों और जनजातियों को दिया। इसके बाद नेपाल के नरेश ने नवंबर 2005 में सात दलीय गठबंधन और माओवादियों के बीच हुए 12 सूत्री समझौते को स्वीकार किया। इस प्रकार 1990 के संविधान को बदलने के लिए एक संवैधानिक सभा का चुनाव और माओवादियों के साथ शांति वार्त्ता के रास्ते खुले। माओवादियों को अभी आशा थी कि इस संवैधानिक सभा द्वारा देश में गणतंत्र की स्थापना होगी। (लुन 2013 : 3)

अप्रैल 2006 के बाद

नेपाल में 30 अप्रैल, 2006 को नई सरकार बनी। इसका नेतृत्व नेपाली कांग्रेस के वृद्ध नेता गिरजा प्रसाद कोइराला कर रहे थे। उन्होंने नेपाल में नई लोकतांत्रिक व्यवस्था स्थापित करने के लिए अनेक निर्णय लिये। संसद के प्रभाव से नरेश को यह आदेश दिया गया कि वे अपनी आय और संपत्ति पर टैक्स दें। अब उनकी पहले जैसी स्थिति नहीं रही, जहाँ उन्हें दैवीय शक्ति माना जाता था। सरकार के पास यह शक्ति भी आई कि वह उनके उत्तराधिकारी को नियुक्त करे या ना करे। नेपाली सेना के शीर्षक से शाही शब्द को हटा दिया गया और इस प्रकार सेना पर से नरेश की सत्ता हटा दी गई और साथ ही अब सरकार भी महामहिम की सरकार नहीं रही। मीडिया पर लगी सेंसरशिप को हटा दिया गया। छुआछूत की प्रथा को सामाजिक अपराध माना गया तथा साथ ही इसे दंडनीय भी बनाया गया, इससे नेपाल

में दलित समुदाय के उत्थान को प्रोत्साहित किया गया। नेपाल को हिंदू राष्ट्र से धर्मनिरपेक्ष राष्ट्र बनाया गया, जो कि काफी विवादास्पद रहा। नई सरकार ने फरवरी 2006 के स्थानीय चुनावों को अवैध घोषित किया और अप्रैल में हुई हड़ताल और प्रदर्शन में मारे गए लोगों के परिवारों को मुआवजा दिया गया। (लुन 2013 : 3)

कोइराला सरकार द्वारा लिये गए काफी निर्णय महत्त्वाकांक्षी थे, जिनके बारे में माओवादियों ने कहा कि संवैधानिक परिवर्तन के निर्णय एक चुनी हुई संवैधानिक सभा द्वारा लेने चाहिए। जैसा कि नवंबर 2005 के 12 सूत्री समझौते में था। इसके अलावा माओवादियों ने कहा कि वे नई सरकार के साथ शांति वार्त्ता के लिए तैयार हैं। माओवादियों ने 26 अप्रैल को तीन महीने के शांति विराम की घोषणा की। नई सरकार ने पारस्परिकता दिखाते हुए 26 मई को शुरू हुई शांति वार्त्ता का नवीनीकरण किया। इन वार्त्ताओं में 25 बिंदुओं की आचार संहिता पर सहमति बनी, जिसमें बातचीत के चलते रहने और हिंसा को बंद करने पर बात हुई। वार्त्ता का दूसरा दौर जून 2006 में हुआ, जहाँ सभी दलों ने 8 बिंदुओं पर समझौता किया, जिसके अनुसार संसद को भंग करने तथा वृहद् आधार पर अंतरिम सरकार और अंतरिम संसद बनाने की बात हुई तथा इसमें माओवादियों को शामिल किया गया तथा माओवादी आगे चलनेवाली निरस्त्रीकरण प्रक्रिया, जो कि संयुक्त राष्ट्र की निगरानी में होनेवाली थी, उसमें भी भाग लेंगे। एक अंतरिम संवैधानिक प्रारूप समिति की स्थापना की गई। (लुन 2013 : 3)

जुलाई के महीने में सात दलीय गठबंधन और माओवादियों के बीच में तनाव उभरने लगा। कुछ तत्त्व संसद को भंग करने के प्रस्ताव से खुश नहीं थे, वहीं दूसरी ओर माओवादी निरस्त्रीकरण की प्रक्रिया पर असहज थे। हालाँकि शांति विराम हुआ और बातचीत चलती रही, जिसमें प्रत्यक्ष रूप से कोइराला और माओवादी नेता प्रचंड शामिल थे। सितंबर 2006 में देश बंद करने की घोषणा की गई और शांति वार्त्ता भी बाधित हो गई। अक्तूबर 2006 में सभी दल एक संवैधानिक सभा के लिए तैयार हुए, जो कि संसद का काम भी करेगी और इसका चुनाव 2007 में होगा। (गेल्नर 2007 : 50)

21 नवंबर को सरकार और माओवादियों के बीच एक समग्र शांति समझौते पर हस्ताक्षर हुए, जिसमें औपचारिक रूप से युद्ध रोकने और परिवर्तन की बात हुई। अंतरिम संसद बनाने की पहली तारीख निकल चुकी थी, जो कि कुछ महीनों से एक परंपरा बन गई थी। यद्यपि अंतरिम संसद की पहली बैठक जनवरी 2007 में हुई और पुरानी संसद साथ–ही–साथ भंग हो गई। कुछ समय बाद एक अंतरिम सरकार की स्थापना की गई, हालाँकि माओवादी इसमें तुरंत शामिल नहीं हुए, लेकिन बातचीत के जरिए वे शामिल रहे। अंतरिम संविधान की बैठक के बाद एक नए अंतरिम संविधान का प्रकटन भी हुआ। जून 2007 में

संभावित संवैधानिक सभा के चुनाव में निष्पक्षता के मुद्दे पर भी चिंता जताई गई।

माओवादियों को नई सरकार में पाँच कैबिनेट मंत्रालय दिए गए, यद्यपि वे ज्यादा शक्तिशाली नहीं थे और रणनीति के तौर पर भी कमजोर थे। जैसे कि सूचना मंत्रालय, मीडिया, स्थानीय विकास, वन, योजना इत्यादि। जुलाई 2007 में माओवादियों ने संवैधानिक सभा के चुनाव से पहले गणतंत्र को स्थापित करने की बात कही। अगस्त 2007 में माओवादी अपनी 22 माँगों की सूची सामने लाए और कहा कि चुनाव से पहले इन्हें पूरा करना चाहिए। 18 सितंबर को सरकार इन माँगों को पूरा करने में असफल रही और इसके बाद माओवादियों ने घोषणा की कि वे सरकार से समर्थन वापस लेंगे और वे चुनाव प्रक्रिया में शामिल न होकर प्रदर्शन करेंगे। यहाँ पर माओवादियों के अलग होने के मूलतः दो कारण थे—1. अन्य दलों द्वारा गणतंत्र के प्रस्ताव को नकारना, 2. संवैधानिक सभा के चुनाव के लिए आनुपातिक प्रधिनिधित्व को नकारना। अंतरिम सरकार के समक्ष 2007 के दौरान कई चुनौतियाँ आईं, जो कि विशेष तौर पर तराई क्षेत्र से थीं। तराई क्षेत्र में ज्यादातर लोग मधेशी रहते हैं। अंतरिम संविधान की घोषणा के बाद इस क्षेत्र में फरवरी 2007 में काफी हिंसक प्रदर्शन हुआ, इसका कारण था कि मधेशी समुदाय को शांति प्रक्रिया से बाहर कर दिया गया था। इस दौरान मधेशियों का एक संगठन मधेशी जनाधिकार फॉर्म उभरकर सामने आया। ज्यादातर हिंसा मधेशियों के साथ हुई। काफी लंबे समय से संघीय नेपाल का समर्थन करनेवाले माओवादी इस क्षेत्र के लोगों का विश्वास जीत चुके थे और वे यहाँ का प्रतिनिधित्व भी करते थे। हालाँकि अब तराई में इस विश्वास को चुनौती मिलने लगी थी। अंतरिम सरकार ने अभिव्यक्त किया कि तराई क्षेत्र के पिछड़े लोगों के लिए वे भलाई का काम करेंगे। अंत में अगस्त 2007 में मधेशी समुदाय और सरकार के बीच में यह समझौता हुआ कि आनुपातिक प्रतिनिधित्व की मिश्रित व्यवस्था और चुनाव फर्स्ट-पास्ट-द-पोस्ट के आधार पर होगा। (अधिकारी 2012 : 25)

राजतंत्र का अंत

23 दिसंबर, 2007 को एक 23 बिंदु समझौता हुआ। इस समझौते ने माओवादियों को काफी कुछ दिया, जो वे माँग रहे थे। उदाहरण के तौर पर संवैधानिक सभा नेपाल को एक संघीय लोकतांत्रिक गणराज्य की घोषणा करेगी तथा संवैधानिक सभा आनुपातिक प्रतिनिधित्व के आधार पर चुनी जाएगी। समझौते में यह भी कहा गया कि आज के बाद से नरेश के पास कोई शक्ति नहीं रहेगी। माओवादी अंतरिम सरकार में पुनः शामिल हुए और संवैधानिक सभा के चुनाव में भी शामिल हुए। हालाँकि चुनावों की तिथि काफी बार टल चुकी थी, लेकिन अभी इसकी तिथि 10 अप्रैल, 2008 तय हुई। तराई के क्षेत्र में अभी

भी स्थिति सही नहीं थी। मधेशी समुदाय के एक समूह संयुक्त लोकतांत्रिक मधेशी मोर्चा ने संवैधानिक सभा के प्रतिनिधित्व पर असंतोष जताया और प्रदर्शन करने की बात कही। 10 अप्रैल, 2008 को संवैधानिक सभा के चुनाव हुए। जिसमें संवैधानिक सभा की 601 सीटों में से 220 सीट माओवादियों को मिली, 110 सीट नेपाली कांग्रेस को मिली और 103 सीट यू.एम.एल. को मिली। राजतंत्र का समर्थन करनेवाले दलों को इस चुनाव में बहुत ही कम सीट मिली। 12 मई को अंतरिम सरकार ने घोषणा की कि संवैधानिक सभा की पहली बैठक 28 मई को होगी और हमारा पहला काम होगा नेपाल को गणतंत्रिय घोषित करना और इस प्रकार 28 मई, 2008 को नेपाल पूर्ण रूप से गणतंत्रात्मक व्यवस्थावाला देश बन गया। नेपाल के इतिहास में राजशाही का उन्मूलन लगभग एक अकल्पनीय घटना थी। माओवादियों ने भी नहीं सोचा होगा कि एक गणतंत्र की स्थापना इतनी आसान होगी। इसके लिए मुख्य रूप से तीन कारक जिम्मेदार थे—एक सक्रिय शासक बनने की नरेश ज्ञानेंद्र की अपनी महत्त्वाकांक्षा तथा राजनीतिक दलों और माओवादियों की पूरी तरह से अनदेखी करने की उनकी कार्रवाई, नरेश के शासन के विरुद्ध माओवादियों और राजनीतिक दलों का एकजुट होना एवं नेपाल से राजशाही को समाप्त करने में भारत सरकार की निर्णायक भूमिका। हालाँकि व्यापक रूप से यह माना जाता था कि कर्ण सिंह ने राजा ज्ञानेंद्र को आश्वासन दिया था कि भारत नरेश को अपमानित करने या राजशाही की संस्था को समाप्त करने की अनुमति नहीं देगा। (डूंगेल, दहाल 2018 : 25)

सरकारों का पहला दौर

हालाँकि अगस्त 2008 तक नई सरकार के गठन का काम काफी धीमा रहा। प्रचंड ने राष्ट्रपति बनने का अवसर छोड़ दिया और प्रधानमंत्री पद पर जाना उचित समझा। रामभरन यादव, जो कि नेपाली कांग्रेस के नेता थे, ने राष्ट्रपति का पदभार सँभाला। माओवादियों और गठबंधनीय सहयोगियों के मध्य तनाव रहा, जहाँ विशेषकर यू.एम.एल. जिसके पास 18 सीटें थीं, उससे सत्ता संघर्ष में आंतरिक रूप से कलह बनी रही। एक बड़ा काम यह भी था कि 19,000 माओवादी लड़ाकों को नेपाली सेना में शामिल करना था। सरकार के गठन के समय माओवादी लड़ाके छावनियों में रहे और सैन्य अनुशासन के नियंत्रण में रहे। मार्च 2009 में सरकार ने आठ के जनरलों को आदेश दिया कि वे नौकरी छोड़ दें, परंतु ये जनरल सर्वोच्च न्यायालय में जाकर इसे चुनौती दी। अप्रैल 2009 में प्रचंड ने सेनाध्यक्ष जनरल रुकूमांक कटवाल को बर्खास्त कर दिया, उसको हटाने का कारण यह बताया गया कि वे माओवादी लड़ाकों की सेना में जुड़ने में बाधा डाल रहे हैं। इस समय प्रचंड के खिलाफ सभी चले गए, जिसमें नेपाली कांग्रेस भी शामिल थी। शासकीय दल और अन्य दलों ने सेना

अध्यक्ष के समर्थन में रैलियाँ निकालीं। दो दलों ने समर्थन वापस ले लिया और सरकार अविश्वास मत प्रस्ताव में आ गई। राष्ट्रपति यादव ने घोषणा की कि सेना अध्यक्ष को हटाया जाना असंवैधानिक है और उन्हें वापस पद पर लाना चाहिए। इस घटनाक्रम का प्रभाव यह हुआ कि प्रचंड को 4 मई, 2009 को जबरदस्त प्रधानमंत्री पद से त्याग-पत्र देना पड़ा। (सौरभ, चौधरी 2012 : 52)

सरकारों का दूसरा दौर

यू.एम.एल. और नेपाली कांग्रेस के नेतृत्व में 5 मई, 2009 को काठमांडू में 20 से ज्यादा दल नई गठबंधनीय सरकार बनाने के लिए एकत्र हुए। इस बैठक में माओवादी शामिल नहीं हुए। यू.एम.एल. और नेपाली कांग्रेस के गठबंधन से नई सरकार बनी। यू.एम.एल. के नेता माधव कुमार नेपाल के प्रधानमंत्री बने। सड़कों पर सप्ताह भर चले माओवादियों के धरने के बाद अंततः 23 मई को 22 दलीय गठबंधन सरकार बनी। यह सरकार काफी कमजोर रही। 2009 के दौरान माओवादी इस सरकार की वैधता को चुनौती देते रहे।

संविधान निर्माण की प्रक्रिया, जो 28 मई, 2010 को पूरी हो जानी चाहिए थी, वह नहीं हुई। दो मुख्य मुद्दे संसदीय या अध्यक्ष्यात्मक पद्धति, संघात्मक या एकात्मक पद्धति, इन मुद्दों पर दलों में एक मत नहीं था। अल्पसंख्यक वर्ग और माओवादी चिंतित थे कि संघवाद का कैसा रूप रहेगा।

जनवरी 2010 में कुछ सकारात्मक गतिविधियाँ होने लगीं, जहाँ यू.एम.एल., नेपाली कांग्रेस और माओवादियों के नेताओं में शांति प्रक्रिया और संविधान निर्माण में गति देने हेतु एक 'उच्चस्तरीय राजनीतिक तंत्र' बनाने पर सहमति बनी। इसमें प्रधानमंत्री, जी.पी. कोइराला और प्रचंड शामिल हुए तथा माओवादी अपने आंदोलन को रोकने के लिए राजी हुए। माओवादियों के दबाव के चलते 30 जून, 2010 को माधव कुमार को नेपाल के प्रधानमंत्री पद से इस्तीफा देना पड़ा।

इस राजनीतिक उठा-पटक के कारण नेपाल की पहली संवैधानिक सभा संविधान बनाने में असफल हो रही थी और इसका कार्यकाल 2012 में खत्म हो रहा था। पहली संवैधानिक सभा संविधान का निर्माण कार्य करने में असफल रही, जिसके मुख्य कारण थे—कुछ मुद्दों पर राजनीतिक दलों की एक राय न बन पाना। जिसमें प्रमुखतः, शक्ति का विचलन, सरकार का प्रकार (अध्यक्षीय, संसदीय या मिश्रित), राज्य के प्रमुख की भूमिका (नाममात्र या कार्यकारी), राष्ट्रपति और प्रधानमंत्री की शक्तियाँ और उनके संबंध, चुनाव व्यवस्था, विधायिका की संरचना, संघीय ढाँचा (प्रांतों की संख्या और उनके गठन का आधार), न्यायाधीशों की नियुक्ति और उनको हटाने की प्रक्रिया, न्यायपालिका के मध्य

अंतर्संबंध, विपक्ष की उपस्थिति और उसकी भूमिका, प्रांतों की सीमाओं का परिसीमन और संसद आदि इस प्रकार के मुद्दे रहे, जिन पर नेपाल के प्रमुख दल आपस में एक सहमति नहीं बना पा रहे थे। इसके अलावा माओवादियों के भी मुद्दे थे, जैसे—माओवादी लड़ाकों की सेना में भर्ती, माओवादियों की यंग कम्युनिस्ट लीग को भंग करना और माओवादियों की जब्त संपत्ति को वापस करने जैसे मुद्दों ने भी संविधान निर्माण में बाधा पहुँचाई थी। (डूंगेल, दहाल 2018 : 27) वर्ष 2013 में नेपाल की दूसरी संवैधानिक सभा के चुनाव हुए और इसमें नेपाली कांग्रेस सबसे बड़े दल के रूप में उभरकर सामने आया। नेपाली कांग्रेस के सामने भी सबसे बड़ी चुनौती नया संविधान बनाना था। हालाँकि नव-निर्वाचित संवैधानिक सभा ने जनवरी 2015 तक एक लोकतांत्रिक संविधान प्रख्यापित करने का वादा किया था, किंतु औपचारिक प्रक्रिया प्रारंभ किए बिना ही समय बीत गया। राजनीतिक दलों में, विशेष रूप से राजनीतिक प्रणाली (राष्ट्रपति या संसदीय), संघवाद की प्रकृति के मुद्दों पर तीक्ष्ण विभाजन था, जिसमें केंद्रीय और राज्य विधानसभाओं के लिए प्रांतों और चुनाव प्रणाली का सीमांकन भी शामिल था। किंतु अप्रैल 2015 में आए भीषण भूकंप ने सांसदों को इस तथ्य को समझने के लिए बाध्य किया कि उन्हें प्राकृतिक आपदा के इस कठिन समय में एकजुट होना चाहिए। अंततः सितंबर 2015 में संवैधानिक सभा द्वारा एक नए संविधान का समर्थन किया गया। इस संविधान को 90 प्रतिशत सदस्यों द्वारा पारित किया गया और कई देशों ने इसका स्वागत भी किया।

नेपाल में नए संविधान के लागू होने के बाद राजनीतिक नेतृत्व में परिवर्तन आया, पूर्व प्रधानमंत्री सुशील कोइराला के पदमुक्त होने के बाद चुनाव द्वारा साम्यवादी दल नेपाल (संयुक्त मार्क्सवादी-लेनिनवादी) के उम्मीदवार के.पी. शर्मा ओली देश के नए प्रधानमंत्री चुने गए। इसके साथ ही राष्ट्रपति पद के लिए भी इसी दल से विद्या देवी भंडारी को संसद द्वारा चुना गया। यद्यपि संविधान की घोषणा के बाद देश में उत्पन्न हुए गतिरोध का कोई हल नहीं निकल पाया तथा इस संदर्भ में मधेशी समुदाय से चल रही वार्त्ताओं और संविधान में संशोधन को लेकर भी कोई ठोस परिणाम नहीं आ पाए। यह लेख नए संविधान के लागू होने के साथ विभिन्न समूहों द्वारा प्रस्तावित संशोधन की माँग को लेकर नेपाल में उभरी राजनीतिक समस्याओं और चुनौतियों पर चर्चा प्रस्तुत करता है।

नया संविधान

नेपाल में 20 सितंबर, 2015 का दिन ऐतिहासिक साबित हुआ। बरसों की राजनीतिक उथल-पुथल और हिंसक संघर्षों के बाद नेपाल में नया संविधान लागू हो गया। वर्ष 2007 के अंतरिम संविधान बनने के बाद ही राजतंत्र नेपाल से खत्म हो गया, लेकिन इस संविधान

की घोषणा के साथ ही नेपाल में 240 साल पुराने राजतंत्र का कोई स्थान नहीं रहा तथा देश में एकात्मक व्यवस्था के स्थान पर संघीय व्यवस्था का आविर्भाव हुआ। 16 सितंबर को संवैधानिक सभा द्वारा इसे बहुमत से पास किया गया तथा 20 सितंबर को राष्ट्रपति द्वारा इसे घोषित किया गया। 596 सदस्यों की संविधान सभा में 507 वोट इसके पक्ष में पड़े और 25 खिलाफ, जबकि 66 गैर मौजूद रहे। यह नेपाल के इतिहास में पहली बार हुआ कि किसी संविधान का निर्माण देश की जनता द्वारा चुनी गई संवैधानिक सभा द्वारा हुआ। (पौयल, द डिप्लोमेट 18 सितंबर, 2015)

नया संविधान आर्थिक समानता, समृद्धता और सामाजिक न्याय को स्थापित करने हेतु समानुपातिक समावेश के सिद्धांत के आधार पर समतामूलक समाज स्थापित करने के लिए प्रतिबद्ध है। नए संविधान में 308 अनुच्छेद, 35 भाग और 9 अनुसूचियाँ हैं। संविधान की प्रस्तावना में नए संविधान की प्रमुख विशेषताएँ इस प्रकार हैं—संविधान ने शासन की संसदीय प्रणाली अपनाई है, जहाँ कार्यकारी शक्तियाँ प्रधानमंत्री में निहित हैं, जो बहुमत से संसद के जरिए चुने जाएँगे। राजनीतिक दल, संघीय संसद और राज्य विधानमंडलों में मिश्रित निर्वाचन प्रणाली को अपनाया गया है, जिसके तहत 60 फीसदी सदस्य प्रत्यक्ष मतदान से और 40 फीसदी आनुपातिक प्रतिनिधित्व प्रणाली के जरिए चुने जाएँगे। संघीय संसद में 275 सदस्य होंगे, जिनमें 165 प्रत्यक्ष मतदान से चुने जाएँगे और शेष 110 आनुपातिक प्रतिनिधित्व मतदान प्रणाली से चुने जाएँगे। नए संविधान के तहत यह प्रावधान तय किया गया है कि देश बहुलवादी सिद्धांत पर आधारित बहुदलीय लोकतंत्र होगा और इस प्रावधान को बदलने के लिए संविधान में कोई संशोधन नहीं किया जा सकेगा। संविधान के अन्य सामान्य प्रावधानों में संशोधन दो-तिहाई मत से हो सकेगा। संविधान में धार्मिक स्वतंत्रता के साथ धर्मनिरपेक्षता को अपनाया गया है। नए संविधान के प्रावधान के तहत नागरिकता पिता या माता के नाम पर मिल सकेगी। जहाँ तक शासन के स्वरूप का सवाल है, नए संविधान ने संघीय लोकतांत्रिक गणराज्यीय संसदीय प्रणाली के साथ बहुदलीय प्रतिस्पर्धी लोकतंत्र अपनाया है। राष्ट्रपति के चुनाव के निर्वाचक मंडल में संघीय संसद और राज्य विधानसभाओं के सदस्य होंगे। केंद्र में द्विसदनीय संसद होगी, जबकि राज्य में एक ही सदन होगा। (देव, वन क्लिक नेपाल : 20 सितंबर, 2015)

नेपाल का नया संविधान, 2015 : प्रावधान और विशेषताएँ

नेपाल का नया संविधान 20 सितंबर, 2015 को आख्यापित हुआ। वर्ष 1948 के बाद से नेपाल के इतिहास में यह सातवाँ संविधान है, जिसमें 308 अनुच्छेद, 35 खंड और नौ अनुसूची हैं। अंतरिम संविधान के अधिनियमित होने के आठ वर्षों के बाद अंगीकार किया गया यह नया

संविधान मधेशी, थारू और जनजाति को संतुष्ट करने में असफल रहा है, जो कुल मिलाकर नेपाल की जनसंख्या का लगभग 49 प्रतिशत हैं। इस संदर्भ में यह रिपोर्ट संविधान की मुख्य विशेषताओं, संवैधानिक विकास की समय-सीमा, नेपाली नेताओं की टिप्पणियाँ, अंतरराष्ट्रीय समुदायों की प्रतिक्रियाएँ और भारत के प्रत्युत्तर का उल्लेख करने का एक प्रयास है।

मुख्य विशेषताएँ

संप्रभुता

नेपाल की संप्रभुता नेपाल की जनता में निहित है। संविधान की प्रस्तावना में उल्लेख है, "हम, नेपाल के लोग, हम लोगों में अंतर्निहित संप्रभु शक्तियों का उपयोग करने में¨।" यह संविधान "देश की स्वतंत्रता, संप्रभुता, भौगोलिक अखंडता, राष्ट्रीय एकता, स्वतंत्रता और प्रतिष्ठा बनाए रखते हुए लोगों के संप्रभु अधिकार को समेटे हुए है।" (पैरा-2 संविधान की प्रस्तावना)।

'संप्रभुता' और 'स्वतंत्रता' शब्दों पर जोर दिया गया है। इस संविधान में 'संप्रभुता' शब्द का उल्लेख कई बार आया है। हालाँकि 'संप्रभुता', 'संप्रभु', 'अखंडता' और 'स्वतंत्रता' शब्दों का बार-बार उल्लेख विश्व के कई संविधानों में आम है, किंतु नेपाल के मामले में इसे इसकी भौगोलिक अवस्थिति और हाल ही में घटित लोकतांत्रिक आंदोलनों के संदर्भ में महसूस की गई असुरक्षा की पृष्ठभूमि में देखा जा सकता है।

धर्मनिरपेक्षता

'धर्मनिरपेक्षता' शब्द को संविधान में बनाए रखा गया है। "नेपाल एक स्वतंत्र, अखंड, संप्रभु, धर्मनिरपेक्ष, समग्रतावादी, लोकतांत्रिक, समाजवाद-अभिमुख संघीय लोकतांत्रिक गणराज्यीय राष्ट्र है" (अनुच्छेद-4 खंड-1)। यहाँ, संविधान 'धर्मनिरपेक्ष' शब्द का अर्थ भी स्पष्ट करता है। धर्मनिरपेक्ष का अभिप्राय है, "प्राचीनकाल से पालन किए जा रहे धर्म व संस्कृति की सुरक्षा और धार्मिक एवं सांस्कृतिक स्वतंत्रता।" (अनुच्छेद-4 भाग-1)। अनुच्छेद 26 (1) में उल्लेख है, "प्रत्येक व्यक्ति अपनी आस्था के अनुसार अपना धर्म स्वीकार करने, उसका पालन करने और उसे परिरक्षित रखने के लिए स्वतंत्र होगा।"

हिंदू राष्ट्र की माँग संविधान सभा (सी.ए.) के सदस्यों के बहुमत द्वारा अस्वीकार कर दी गई। वर्ष 1962 में, पंचायत संविधान ने औपचारिक रूप से नेपाल को एक हिंदू अधिराज घोषित किया और साथ ही, सभी नागरिकों की समानता सुनिश्चित करने के लिए जातीय पदक्रम के तर्क को खारिज कर दिया। नेपाल को कई वर्षों के विद्रोह के बाद वर्ष 2007 में प्रख्यापित अंतरिम संविधान के तहत 'धर्मनिरपेक्ष' घोषित किया गया।

भाषा

संविधान के अनुच्छेद 6 में उल्लेख है कि राष्ट्र की भाषा में नेपाल में बोली जानेवाली सभी मातृभाषाएँ शामिल रहेंगी। अनुच्छेद 7 में उल्लेख है कि देवनागरी लिपि में लिखी गई नेपाली भाषा नेपाल में आधिकारिक भाषा होगी। नेपाली भाषा के अतिरिक्त, प्रांतों को उस प्रांत के अधिकांश लोगों द्वारा बोली जानेवाली एक या अधिक भाषा/भाषाओं को सरकारी कामकाज की भाषा के रूप में चुनने का अधिकार होगा [अनुच्छेद 7 (2)]।

अनुच्छेद 7 (3) में उल्लेख है कि नेपाल की सरकार भाषा आयोग की संस्तुति पर भाषा के मामले में निर्णय करेगी। नेपाली लोग 100 से भी अधिक भिन्न-भिन्न भाषाएँ और बोलियाँ बोलते हैं।

नागरिकता

नागरिकता—(क) अनुच्छेद 10 (1) में उल्लेख है, "किसी भी नेपाली नागरिक को नागरिकता प्राप्त करने से मना नहीं किया जाएगा।" अनुच्छेद 10 (2) में प्रांतीय पहचान के साथ एकल संघीय नागरिकता के प्रावधान का उल्लेख है।

(ख) कोई भी व्यक्ति, जिसने संविधान 2015 (अनुच्छेद 11, 2 क) के प्रारंभ/लागू होने से पहले वंश के आधार पर नेपाली नागरिकता प्राप्त की है, अथवा कोई भी व्यक्ति, जिसके पिता अथवा माता ऐसे व्यक्ति के जन्म के समय नेपाल के नागरिक थे (अनुच्छेद 11, 2 ख) और उसका स्थायी निवास नेपाल में है, तो उसे नेपाल का नागरिक माना जाएगा।

(ग) यह दिलचस्प है कि नेपाल में पाया गया प्रत्येक बच्चा, जिसके पितृत्व अथवा मातृत्व का अता-पता ज्ञात न हो, वंश के आधार पर तब तक नेपाल का नागरिक रहेगा, जब तक माता अथवा पिता का पता न चल जाए। [अनुच्छेद 11 (4)]।

(घ) अनुच्छेद 11 (5) में उल्लेख है कि किसी नेपाली नागरिक माता से पैदा हुआ कोई व्यक्ति, जिसके नेपाल निवासी पिता का अता-पता न हो तो उसे वंश के आधार पर नेपाली नागरिक माना जाएगा।

(ङ) मुख्य संवैधानिक पद वंश के आधार पर नागरिकता प्राप्त व्यक्तियों के लिए आरक्षित रखे गए हैं।

(च) कोई विदेशी महिला किसी नेपाली नागरिक से विवाह के बाद ही नेपाल की देशीयकृत नागरिकता प्राप्त करने में समर्थ हो सकेगी। [अनुच्छेद 11 (6)]। इसके अलावा, किसी ऐसे व्यक्ति के मामले में, जिसका जन्म किसी विदेशी नागरिक की विवाहित किसी नेपाली महिला नागरिक से हुआ हो तो वह वंश के आधार पर नागरिकता प्राप्त करने में समर्थ नहीं हो सकेगा। यह धारा मधेशियों के संबंध में भेदभावपूर्ण है [अनुच्छेद 11 (7)]।

(छ) अनुच्छेद 14, जिसमें नेपालियों को अनिवासी नेपाली नागरिकता प्रदान करने के प्रावधान का वर्णन है, मधेशियों के पक्ष में नहीं है। इस अनुच्छेद में उल्लेख है, "वह व्यक्ति, जिसने किसी बाहरी देश की नागरिकता प्राप्त की है और जो सार्क देश को छोड़कर किसी अन्य देश में रह रहा है और वह (व्यक्ति) अथवा उसके पिता अथवा माता, दादा अथवा दादी वंश के आधार पर अथवा जन्म से नेपाल के नागरिक थे, और बाद में किसी बाहरी देश की नागरिकता प्राप्त कर ली, तो उन्हें नेपाल की अनिवासी नागरिकता दे दी जाएगी, जिससे उन्हें संघीय कानून में दिए गए प्रावधान के अनुरूप आर्थिक, सामाजिक और सांस्कृतिक अधिकार प्राप्त हो जाएँगे।" मधेशियों को लाभ हो सकता था, यदि इस सूची में सार्क देश शामिल कर लिये जाते।

(ज) तराई क्षेत्र के लोग, विशेषकर बिहार तथा उत्तर प्रदेश की सीमा क्षेत्र में रहनेवाले मधेशी और भारतीय नागरिक, जहाँ सीमा–पार विवाह आम है और जिन्हें रोटी–बेटी के रिश्ते के लिए जाना जाता है, वे सबसे बुरी तरह से प्रभावित होंगे। कई लोगों का मानना है कि नेपाल में भारतीय 'जनसांख्यिकीय अतिक्रमण' के डर ने नेपाल के कानून निर्माताओं को वंश के आधार पर मिलनेवाली नागरिकता की चली आ रही धारा को संशोधित करने पर बाध्य कर दिया। यहाँ नेपाल और भारत के दृष्टिकोण में अंतर है, भारत दोनों देशों के बीच अद्वितीय और विशेष संबंधों के पीछे सामाजिक और सांस्कृतिक बंधन को प्रमुख कारकों में से एक मानता है, जबकि नेपाल इसे अपनी पहचान पर खतरे के रूप में देखता है। आगे चलकर, परिवर्तित नियम नेपाल में भारतीय प्रभाव को कम करने में नेपाल की सहायता कर सकता है।

(झ) अनुच्छेद 12 में वंश पर आधारित नागरिकता और स्त्री–पुरुष पहचान के साथ नागरिकता के प्रावधान के लिए संविधान सभा (सी.ए.) द्वारा प्राप्त एक संशोधन प्रस्ताव को बहुमत से अस्वीकार कर दिया गया।

मौलिक अधिकार

इस संविधान में कुछ नए मौलिक अधिकार शामिल किए गए हैं। इनमें प्रतिष्ठा से जीने का अधिकार, भोजन का अधिकार (अंतरिम संविधान 2007 में रोजगार और सामाजिक सुरक्षा से संबद्ध अधिकार खंड के तहत खाद्य संप्रभुता के अधिकार की भी एक धारा थी), वरिष्ठ नागरिकों का अधिकार, अपराध के शिकार व्यक्तियों के अधिकार और उपभोक्ता अधिकार शामिल हैं। प्रकाशन और प्रसारण के अधिकार को संचार अधिकार के अंतर्गत रखा गया है।

अनुच्छेद 19(3) में उल्लेख है, "प्रेस, इलेक्ट्रॉनिक प्रसारण और टेलीफोन सहित संचार के किसी भी साधन को बाधित नहीं किया जाएगा, केवल कानून के अनुरूप ही ऐसा

किया जा सकेगा।" आवास के अधिकार के तहत, प्रत्येक नागरिक को उपयुक्त आवास का अधिकार है [अनुच्छेद 37(1)]। उपभोक्ताओं को स्तरीय खाद्य पदार्थों और सेवाओं का अधिकार है [अनुच्छेद 44(1)]। अनुच्छेद 41 में उल्लेख है कि वरिष्ठ नागरिकों को राज्यों से (प्राप्त) विशेष रक्षा तथा सामाजिक सुरक्षा का अधिकार है।

संघीय संसद

इस देश में संघीय संसद होगा, जिसमें दो सदन होंगे—प्रतिनिधि सदन और राष्ट्रीय सभा (अनुच्छेद 83)। प्रतिनिधि सदन में 275 सदस्य होंगे, जिनमें से 165 प्रत्यक्ष रूप से चुने जाएँगे, जबकि 110 सदस्य आनुपातिक प्रतिनिधित्व चुनाव प्रणाली से चुने जाएँगे। राष्ट्रीय सभा एक स्थायी सदन होगा। इसकी सदस्या संख्या 59 होगी, जिसमें 3 सदस्य राष्ट्रपति द्वारा मनोनीत होंगे। इसकी कालावधि 6 वर्ष की होगी, जहाँ प्रत्येक 2 वर्ष में एक तिहाई सदस्य पद मुक्त होते रहेंगे।

प्रत्येक नेपाली नागरिक, जिसने 18 वर्ष या इससे अधिक की आयु प्राप्त कर ली हो, को वोट देने का अधिकार होगा। कोई भी नेपाली नागरिक, जो चुनाव में मतदान करने का पात्र हो, जिसने प्रतिनिधि सदन के लिए पच्चीस वर्ष और राष्ट्रीय सभा के लिए पैंतीस वर्ष की आयु प्राप्त कर ली हो, जिसे नैतिक अधमतावाले किसी अपराध के लिए सजा न दी गई हो, जो किसी कानून के तहत अपात्र न हो, और जो किसी लाभ के पद पर न हो, संघीय संसद का सदस्य बनने का पात्र होगा (अनुच्छेद 87)।

नए संविधान के अनुच्छेद 84 (1क) और अनुच्छेद 286(5) एवं (6) के अनुसार, निर्वाचन क्षेत्र भूगोल और जनसंख्या पर आधारित होगा। यह अंतरिम संविधान (अनुच्छेद 63) में किया गया एक ऐसा बदलाव है, जो मधेशियों के पक्ष में नहीं है। अंतरिम संविधान के अनुच्छेद 63 (3) में, "जनसंख्या की समानता, भौगोलिक आत्मीयता और विशिष्ठता तथा मधेशी में जनसंख्या की प्रतिशतता के आधार पर मिश्रित चुनावी प्रणाली के अनुरूप, जैसा कि कानून में प्रावधान है, के आधार की व्यवस्था थी।"

प्रांतीय सभा

प्रांत में एक-सदनीय विधानसभा की व्यवस्था है। अनुच्छेद 176 में उल्लेख है, "प्रांतीय सभा के साठ प्रतिशत सदस्य फर्स्ट-पास्ट-द-पोस्ट चुनाव प्रणाली के माध्यम से चुने जाएँगे, जबकि 40 प्रतिशत सदस्य आनुपातिक प्रतिनिधित्व प्रणाली के माध्यम से चुने जाएँगे। प्रत्येक नेपाली नागरिक, जिसने 18 वर्ष की आयु प्राप्त कर ली है और जिसका किसी प्रांत में निवास स्थान है, चुनावों में अपने मत का प्रयोग करने का पात्र है।"

संघीय और प्रांतीय कार्यकारिणी

देश की कार्यकारी शक्तियाँ मंत्रिपरिषद् के पास रहेंगी (अनुच्छेद 75), जबकि राष्ट्रपति राष्ट्राध्यक्ष होगा। अनुच्छेद 76(9) में उल्लेख है, "प्रधानमंत्री की संस्तुति पर, राष्ट्रपति एक मंत्रिपरिषद् का गठन करेंगे, जिसमें समावेश सिद्धांत के आधार पर संघीय संसद के सदस्यों में से अधिकतम 25 सदस्य होंगे।"

प्रधानमंत्री और मंत्रीगण संघीय संसद के प्रति सामूहिक रूप से जिम्मेवार होंगे, जबकि मंत्री प्रधानमंत्री और संघीय संसद के प्रति जवाबदेह होगा [अनुच्छेद 76(10)]। प्रांत की कार्यकारी शक्ति उस प्रांत के मंत्रिपरिषद् के पास होगी। प्रत्येक प्रांत में एक प्रांतीय अध्यक्ष होगा। संघीय सरकार के प्रतिनिधि के रूप में प्रांतीय अध्यक्ष की नियुक्ति राष्ट्रपति द्वारा की जाएगी।

न्यायपालिका

नेपाल में तीन न्यायालय होंगे—उच्चतम न्यायालय, उच्च न्यायालय, और जिला न्यायालय। अनुच्छेद 128(2) में उल्लेख है कि उच्चतम न्यायालय के पास संविधान और कानून की व्याख्या करने का अंतिम अधिकार होगा। मुख्य न्यायाधीश के अलावा, नेपाल के उच्चतम न्यायालय में 20 अन्य न्यायाधीश होंगे। [अनुच्छेद 29(1)]। किसी निश्चित/निर्धारित अवधि के लिए अधिकतम 10 न्यायाधीशों की नियुक्ति की जा सकती है। [अनुच्छेद 29(1)]।

प्रत्येक प्रांत में एक उच्च न्यायालय होगा और प्रत्येक जिले में एक जिला न्यायालय होगा।

संघ, प्रांतों और स्थानीय स्तरों के बीच अंतर-संबंध

संघ, प्रांतों और स्थानीय स्तर के बीच संबंध सहयोग, सह-अस्तित्व और समन्वय के सिद्धांतों पर आधारित होंगे [अनुच्छेद 232(1)]। नेपाल सरकार राष्ट्रीय महत्त्व के मामलों के संबंध में प्रांतों को आवश्यक निर्देश जारी कर सकती है और संबंधित प्रांत ऐसे निर्देशों का अनुपालन करेंगे [अनुच्छेद 232(1)]। यदि कोई प्रांत किसी ऐसे कृत्य में संलिप्त है, जिसका राष्ट्रीय सुरक्षा पर गंभीर प्रभाव पड़ता हो तो राष्ट्रपति को उस प्रांत की मंत्रिपरिषद् और प्रांतीय सभा को स्थगित अथवा भंग करने का अधिकार होगा [अनुच्छेद 232(3)], लेकिन ऐसी कार्रवाई संघीय संसद के सदस्यों के बहुमत द्वारा अनुमोदित होनी चाहिए [अनुच्छेद 232(4)]।

संघ तथा प्रांतों और स्थानीय निकायों के बीच आपसी राजनीतिक विवादों का हल

करने के लिए अंतर-प्रांतीय परिषद् की व्यवस्था है। प्रधानमंत्री इस परिषद् के अध्यक्ष होंगे। संघीय सरकार को संघ, प्रांतों और स्थानीय निकायों के बीच समन्वय बनाए रखने के लिए आवश्यक कानून का अधिकार होगा।

अनुच्छेद 236 में उल्लेख है, "नेपाल के एक प्रांत अथवा स्थानीय स्तर से किसी एक दूसरे प्रांत अथवा स्थानीय स्तर को माल अथवा सेवाओं के निर्यात और आयात में और किसी भी प्रांत अथवा स्थानीय स्तर के क्षेत्र के माध्यम से दूसरे प्रांत अथवा स्थानीय स्तर को किसी माल अथवा सेवाओं के परिवहन में किसी भी प्रकार की कोई बाधा पहुँचाने अथवा कर लगाने अथवा भेदभाव की कार्रवाई नहीं की जाएगी। अंतर-प्रांतीय व्यापार पर कोई कर न लगाना भारत-नेपाल व्यापार के संवर्धन के लिए अच्छा है।

आपातकालीन शक्तियाँ

राष्ट्रपति आपातकाल की घोषणा कर सकते हैं, यदि नेपाल की संप्रभुता अथवा क्षेत्रीय अखंडता अथवा देश के किसी भाग में सुरक्षा समस्या से संबंधित कोई गंभीर आपात स्थिति पैदा हो जाए। अनुच्छेद 273(1) में उल्लेख है, "यदि नेपाल की संप्रभुता अथवा क्षेत्रीय अखंडता अथवा इसके किसी भाग की सुरक्षा से संबंधित कोई आपातकालीन स्थिति उत्पन्न हो जाए, चाहे यह युद्ध, बाहरी आक्रमण, सशस्त्र विद्रोह, अति गंभीर आर्थिक व्यवधान, प्राकृतिक आपदा अथवा महामारी के प्रकोप के कारण हो, तो राष्ट्रपति उद्घोषणा अथवा आदेश द्वारा नेपाल अथवा इसके किसी विशिष्ट भाग में आपात स्थिति की घोषणा कर सकते हैं।"

संविधान में संशोधन

यह संविधान लचीला है, इसे संसद सदस्यों के दो-तिहाई बहुमत द्वारा संशोधित किया जा सकता है, लेकिन कुछ अपवाद भी हैं। अनुच्छेद 273(1) में उल्लेख है, "संविधान उस तरीके से संशोधित नहीं किया जा सकेगा, जो नेपाल के स्वशासन, संप्रभुता, क्षेत्रीय अखंडता और लोगों में निहित संप्रभुता के प्रतिकूल हो।" किसी प्रांत की सीमाओं में परिवर्तन से संबंधित विधेयक पर संबंधित प्रांतीय सभा में सहमति तैयार करने की आवश्यकता पड़ेगी और ऐसा संघीय विधायिका में इस विधेयक के प्रस्तुत किए जाने के समय से तीस दिनों के भीतर करना होगा [अनुच्छेद 274(4)]।

इसके अलावा अनुच्छेद 275 इस बात पर जोर देता है कि, "सभा को तीन महीनों के भीतर सहमति विधेयक को प्रांतीय सभा के बहुमत के माध्यम से पारित अथवा रद्द करवाना होगा और इसके संबंध में सूचना संघीय विधायिका के पास अग्रेषित करनी होगी।"

2015 का संविधान निर्माण और चुनौतियाँ

संवैधानिक सभा द्वारा देश में संघीय संरचना पर आम सहमति बनाने में काफी समय व्यतीत हो चुका है। इस दौरान विपक्षी दल चाहते थे कि संघवाद जैसे विवादास्पद मुद्दे पर देश में एक सहमति बने, बल्कि प्रतिपक्ष का मानना था कि इस मुद्दे को बहुमत द्वारा सुलझाया जाए। संघवाद के मुद्दे के अलावा सरकार के रूप, न्यायिक व्यवस्था, चुनाव व्यवस्था और नागरिकता जैसे मुद्दों पर भी दलों में सहमति नहीं थी। इन मुद्दों पर एक राय बनाने के लिए देश के चार बड़े राजनीतिक दलों ने 8 जून को एक 16 सूत्री समझौते को अंगीकार किया, जिसके आधार पर नए संविधान का निर्माण कार्य आगे बढ़ा। इस समझौते में 31 में से केवल 7 दल ही शामिल थे, जो कि हाशिये के लोगों का काफी कम प्रतिनिधित्व करते थे, लेकिन देश के तीन बड़े राजनीतिक दलों को यह फायदा दिख रहा था कि इस समझौते में उन्होंने थारू-मधेशी नेता बिजय गच्छेदार को शामिल किया, इस समझौते में मिश्रित चुनावी व्यवस्था के साथ संसदीय व्यवस्था की बात कही गई थी तथा पृथक् संवैधानिक न्यायालय का वर्णन था। इसके अतिरिक्त इसमें कहा गया कि नए संविधान की घोषणा और केंद्रीय तथा प्रांतीय विधायिकाओं के चुनाव तक संघीय प्रांतों के नामकरण और उनके सीमांकन को स्थगित रखा जाए। नए प्रांतों के सीमांकन के लिए एक विशेषज्ञ समिति का गठन किया जाएगा, जो 6 माह में इस कार्य को पूरा करेगी। इस बात का पूरे राष्ट्र में विरोध हुआ और आंदोलन भी शुरू हुआ, क्योंकि संघीय संरचना के प्रकटीकरण की प्रतीक्षा सीमांत जनजाति के लोग काफी समय से कर रहे थे, जो कि उनके प्रतिनिधित्व को संघीय व्यवस्था में समावेशित करता, लेकिन 19 जून को सर्वोच्च न्यायालय के एक आदेश ने इस समझौते पर प्रहार किया। न्यायमूर्ति गिरीश चंद्र लाल की एकल पीठ ने प्रतिवादियों को अगले आदेश तक अंतरिम संविधान के अनुच्छेद (1), 82 और 138 के अनुसार इस करार को लागू नहीं करने का आदेश दिया। शीर्ष अदालत ने वकील और मधेशी कार्यकर्ता की रिट याचिका पर यह आदेश जारी किया। उन्होंने इस करार के कुछ बिंदुओं पर आपत्ति की है। (मीना 2015 : 7)

संघवाद का प्रयोजन

नेपाल में प्रांतों के पुनर्गठन की माँग पहचान और क्षमता के आधार पर प्रथम संवैधानिक सभा द्वारा निर्धारित की गई थी। पहचान के अंतर्गत पाँच मापदंड रखे गए—संजातीयता, भाषा, संस्कृति, भौगोलिकता और ऐतिहासिक पहचान। इससे समुदायों के मध्य गंभीर मतैक्य पैदा हुए और संजातीयता के मुद्दे पर आम सहमति नहीं बन सकी तथा प्रथम संवैधानिक सभा भंग हो गई। क्षमता के मापदंड में चार तत्त्व थे—आर्थिक अंतर्संबंध तथा क्षमता, मूलभूत ढाँचे और जीवन क्षमता का विकास, प्राकृतिक संसाधनों की उपलब्धता और

प्रशासनिक सुविधा। नेपाल के प्रारंभिकी संविधान 2015 के अनुच्छेद 60 में त्रिस्तरीय संघीय व्यवस्था—संघीय, प्रांतीय एवं स्थानीय का वर्णन था। पहचान और क्षमता के अतिरिक्त, जाति, समुदाय, संस्कृति, भूगोल, इतिहास और संलग्नता के आधार पर आठ प्रांतों के गठन का प्रावधान था। (डेली मेल ऑनलाइन : 4 अक्तूबर, 2015)

संविधान का अनुच्छेद 88 बताता है कि भूगोल, जनसंख्या और क्षेत्रीय संतुलन के आधार पर 165 निर्वाचन क्षेत्र होंगे। यदि 165 निर्वाचन क्षेत्रों को आठ प्रांतों में बाँटा जाए तो प्रत्येक प्रांत को 20.62 निर्वाचन क्षेत्र मिलेंगे। अनुच्छेद 88 के निर्धारित प्रावधानों के अनुसार, जनसंख्या के लिए 50 प्रतिशत, 25 प्रतिशत भौगोलिकता के आधार पर और 25 प्रतिशत क्षेत्रीय संतुलन के लिए भार मिलेगा। भौगोलिकता के लिए विशेषज्ञों द्वारा एक अनुपात में भूमि का समायोजन तय किया गया कि एक वर्ग किमी. में कम-से-कम 20 लोग होने चाहिए। उदाहरण के लिए, डोल्पा जिला 36,700 वर्ग किमी. है, ऐसे में डोल्पा जिला 1835 वर्ग किमी. पर सिमट जाता है। विशेषज्ञों ने इसके लिए एक क्षेत्रीय संतुलन के प्रतिनिधि के रूप में स्थानीय वित्तीय आयोग द्वारा रचित दूरी आधारित अनुक्रमणिका/सूची का प्रयोग किया।

उप-संकल्पना के आधार पर इस स्थानीय वित्तीय आयोग द्वारा रचित दूरी आधारित अनुक्रमणिका/सूची के अनुसार, अधिकतम और न्यूनतम मूल्य/महत्त्व क्रमशः 2.5 और 1.0 अंक है। नतीजतन हिसाब यह बताता है कि केवल हुम्ला जिले की सूची 2.5, जबकि डोल्पा और मुगू दोनों जिलों की सूची 2.50 है। बाकी जिलों का मूल्य 1.5 से 1.0 के मध्य है। इस पद्धति के अनुसार तराई में 61 निर्वाचन क्षेत्र होने चाहिए तथा शेष 108 पहाड़ी जिलों में रहेंगे। इस प्रकार, औसतन तराई के प्रत्येक जिले में 3.04 निर्वाचन क्षेत्र होने चाहिए तथा पहाड़ी जिलों में 1.89 निर्वाचन क्षेत्र होने चाहिए। इस विश्लेषण के अनुसार पर्वतीय क्षेत्र में पाँच तथा तराई में तीन प्रांत होंगे।

देश के पूर्व में विवादास्पद जिले झापा, मोरंग और सुनसरी की मिश्रित सूची में केवल 6.49 अंक के मूल्य बनते हैं, अतः इन जिलों को मिलाकर एक पृथक् प्रांत का निर्माण नहीं हो सकता। ये जिले या तो मेची और कोशी खंडों के बाकी जिलों के साथ जुड़ सकते हैं या फिर धनुष और महोतरी जिलों के साथ जुड़ सकते हैं। कैलाली और कंचनपुर सुदूर पश्चिम के जिलों के साथ जुड़ने चाहिए।

प्रांतों के नामकरण का निर्णय विधानसभाएँ दो-तिहाई बहुमत से लेंगी, जिनका चुनाव जल्द होगा। काफी छोटे राजनीतिक दल इस व्यवस्था के खिलाफ प्रदर्शन कर रहे हैं और माँग कर रहे हैं कि प्रांतों के नाम और सीमांकन न करके संविधान की रचना करना गलत है। (साउथ चाइना मॉर्निंग पोस्ट : 9 जून, 2015)

थारू-मधेशी आंदोलन और संघवाद

संविधान निर्माण प्रक्रिया 8 वर्षों से जारी है, जिससे लोगों की यह उम्मीद है कि इसके जरिए उन्हें देश की संस्थाओं और राजनीतिक सत्ता से अलग रखा जाता था, अब उनका विकास होगा और भेदभाव खत्म होगा। इन समूहों में विशेष रूप से तराई में रहनेवाले मधेशी, थारू और इसी के जैसे अन्य समूह, पहाड़ों और मैदान पर रहनेवाले दलित, पहाड़ी संजातीय जनजाति (राष्ट्र के मूलवासी) समूह और महिलाएँ आते हैं। (इंटरनेशनल क्राइसिस ग्रुप : 2 सितंबर, 2015)

देश में हाल ही में हुए संघर्ष की शुरुआत 75 प्रशासनिक जिलों के स्थान पर संघीय संरचना के प्रस्ताव प्रारूप को अमल में लाने के बाद हुई। तराई समुदाय के लोग चाहते थे कि तराई मैदान का दक्षिण क्षेत्र एक प्रांत में रहे तथा साथ-ही-साथ उत्तर-दक्षिण के प्रशासनिक खंड भी एक ही प्रांत में रहें, इन्हें पहाड़ी और पर्वतीय प्रशासनिक खंडों में न मिलाया जाए। पहाड़ी क्षेत्रों में कुछ जनजाति समूह अपने आपको पारंपरिक तौर पर अक्षुण्ण रखना चाहते हैं, हालाँकि यह प्रदर्शन में नहीं लाया गया। अन्य मुद्दे भी विवादास्पद रहे, पर प्रत्यक्ष रूप से इस प्रदर्शन में शामिल नहीं थे। प्रस्तावित नागरिकता के पैमाने से एकल अभिभावक के बालकों को अधिकारों के साथ नागरिकता मिलने में परेशानी थी, जिस प्रकार से वंशानुगत तौर पर नागरिकता दी जा रही है तथा साथ ही प्रस्तावित चुनाव व्यवस्था और निर्वाचिकाओं के सीमांकन के आधार भी आंदोलनकारी जनता के प्रतिनिधित्व को सही रूप में सामने नहीं लाते हैं। (इंटरनेशनल क्राइसिस ग्रुप : 2 सितंबर, 2015)

मधेशी समुदाय, जो कि देश की जनसंख्या का एक बड़ा हिस्सा है और तराई में और थारू समुदाय में सबसे बड़ा समुदाय है। उनका मानना है कि वर्तमान व्यवस्था उन्हें जनसांख्यिकीय रूप में राजनीतिक स्तर पर पिछड़ा बना रही है। उन्हें उम्मीद थी कि नई व्यवस्था से उन्हें लाभ होगा, पर मैदानी भाग का हिस्सा पहाड़ी क्षेत्र में मिलाने पर आपत्ति थी। परंपरागत रूप से पहाड़ी क्षेत्र में रहनेवाले समुदाय और प्रारूप संविधान के निर्माताओं का यह तर्क था कि पहाड़ी क्षेत्रों से तराई की ओर लोगों की नियमित आवाजाही है और इससे मिश्रित समुदाय भी निर्मित होता है तथा इसके अलावा पहाड़ी लोगों के इन क्षेत्रों में व्यावसायिक संबंध भी हैं। मधेशी और थारू समुदाय के लोग यह मानते थे कि ये बड़े राजनीतिक दल इन समुदायों के राजनीतिक सशक्तीकरण के लिए कुछ कदम उठाएँगे, पर वे अपने वादों से पीछे हटते नजर आते हैं। प्रांतों के सीमांकन को लेकर जब आंदोलन और तेज हुआ तो संविधान निर्माताओं ने लेखन प्रक्रिया भी तेज की और जन इच्छाओं के मद्देनजर 6 प्रांतीय मॉडल पर सहमति बनाई। थारू नेता रुक्मणी चौधरी ने इस पर कहा कि 6 प्रांतों के मॉडल को अपनाना मूल निवासियों के लिए आत्महत्या के समान है, हमने तराई में दो

प्रांतों की माँग की है—मधेश और थारूहट, बल्कि इस प्रस्ताव में एक अधूरा मधेश है और थारूहट है ही नहीं। हमने कहा था कि हम उत्तर-दक्षिण मॉडल पर आधारित संघीय प्रांत नहीं चाहते, जहाँ पर्वत और तराई एक प्रांत में हों, लेकिन उन्होंने वही किया और मूल निवासियों के साथ धोखा किया है।' 21 अगस्त को आंदोलन में उग्रता को देखते हुए नेपाली कांग्रेस, यू.एम.एल. और माओवादी दल एक 7 प्रांतीय संघीय समझौते पर राजी हुए, लेकिन मधेश फोरम लोकतांत्रिक इस योजना से असहमत थी, लेकिन जब इस मसौदे को संवैधानिक सभा में प्रस्तुत किया तो सीमांत लोगों के प्रतिनिधियों ने इसका बहिष्कार किया। संवैधानिक सभा, जिसका नेतृत्व नेपाली कांग्रेस, नेपाल साम्यवादीदल-संयुक्त मार्क्सवादी-लेनिनवादी, संयुक्त नेपाल साम्यवादी दल (माओवादी) कर रहे थे, नए संविधान के प्रावधानों पर मतदान की प्रक्रिया शुरू कर अंततः इसे उद्घोषित किया। (द काठमांडू पोस्ट : 14 सितंबर, 2015)

मधेशियों और थारूओं के अनुसार प्रांतों की संरचना—

झापा, मोरंग और सुनसरी का विलय प्रांत 1 से 2 में होना चाहिए।

चितवन, जो कि प्रांत 3 में है और नवलपारसी, जो कि प्रांत 5 में है, का विलय प्रांत 2 में होना चाहिए।

कैलाली और कंचनपुर, जो कि प्रांत 7 में हैं, उनका विलय प्रांत 5 में होना चाहिए।

सात प्रांतों पर आधारित संघीय मॉडल का मानचित्र

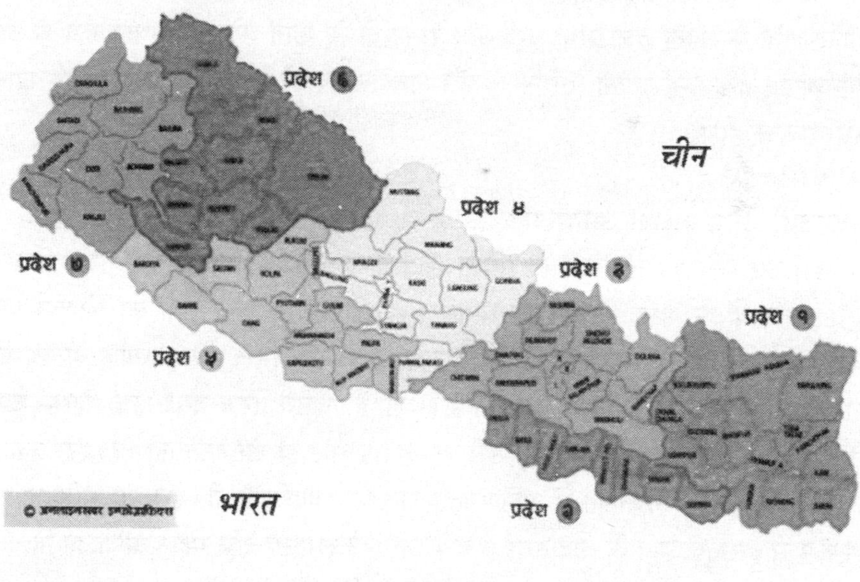

धर्मनिरपेक्षता

धर्मनिपेक्षता के मामले पर बहस संवैधानिक सभा में निरंतर बनी रही। काफी लंबे समय से हिंदू राष्ट्र बने रहने के कारण नेपाल को धर्मनिरपेक्ष राष्ट्र बनाना काफी चुनौतीपूर्ण

कार्य रहा। देश के तीन बड़े राजनीतिक दलों ने प्रारूप संविधान में संयुक्त रूप से संशोधन प्रस्ताव रखा, जिसमें धर्मनिरपेक्षता को इस प्रकार परिभाषित किया गया—'प्राचीन काल से माने जा रहे धर्म और संस्कृति का संरक्षण तथा धार्मिक एवं सांस्कृतिक स्वतंत्रता', लेकिन संविधान में धर्मनिरपेक्षता की इस प्रकार की परिभाषा रखने से वस्तुतः नेपाल को हिंदू राष्ट्र बनाने की मंशा स्पष्ट झलकती है। प्राचीन काल के धर्म को संरक्षण देकर तीनों राजनीतिक दल अप्रत्यक्ष रूप से देश को हिंदू राष्ट्र बनाना चाहते हैं। विभिन्न धार्मिक समूह, वंचित समूह और दलित समूह चाहते थे कि धर्मनिरपेक्ष संविधान बने, जिससे उन्हें कट्टरपंथी हिंदू रिवाजों से उत्पन्न भेदभाव से मुक्ति मिले। नेपाल की जनसंख्या के 30 प्रतिशत संजातीय समूह भी धर्मनिरपेक्ष संविधान के पक्ष में थे। वहीं दूसरी तरफ राष्ट्रीय प्रजातांत्रिक जैसे दल और हिंदू संगठन देश को हिंदू राष्ट्र बनाने के पक्ष में थे। (द हिमालयन टाइम्स : 14 सितंबर, 2015)

बहुत से मूलवासी और संजातीय समूह जीववादी हैं, जो यह मानते हैं कि हिंदू धर्म के कारण उनकी पहचान फीकी पड़ रही है। एक धर्म के प्रभाव में वृद्धि के फलस्वरूप किरात धर्म में यकायक बढ़ोतरी हुई। 2001 और 2011 के जनगणना के आँकड़ों की तुलना करें तो हम देखेंगे कि इस धर्म में उल्लेखनीय वृद्धि हुई है। किरात एक मूलवासी समूह है, जिसकी स्वयं की सभ्यता और इतिहास है, और यह एक धर्म के वर्चस्व से पीड़ित रहा है। वर्तमान धर्मनिरपेक्षता के पहलू द्वारा सभी धर्मों और समुदायों के हितों की रक्षा समान रूप से की जानी चाहिए तथा उन्हें अपना धर्म मानने और अवलंबन करने के लिए समान अवसर प्रदान किए जाने चाहिए।

नाकाबंदी और मधेश आंदोलन

इस नए संविधान में किसी भी मधेशी पार्टी ने हस्ताक्षर नहीं किए। इस नए संविधान में 165 सदस्यों के संसद में होने का प्रावधान है, लेकिन निर्वाचन क्षेत्रों का बँटवारा इस प्रकार किया गया है कि पहाड़ी क्षेत्रों के लोगों को 100 सीट मिल सकें। जबकि नेपाल की जनसंख्या में उनका 50 प्रतिशत से भी कम हिस्सा है। दूसरी तरफ तराई क्षेत्र, जिसमें देश की आधी से ज्यादा आबादी रहती है, उसे केवल 65 सीट ही आवंटित की गई। इस प्रकार के कदम से देश की राजनीति में अनिश्चितता का भाव पैदा होता है। इस नए संविधान से पूर्ण रूप से असंतुष्ट होने के बाद तराई क्षेत्र के लोगों ने लगभग पाँच महीने आंदोलन किया। उनकी प्रमुख माँग यह थी कि उनके राजनीतिक अधिकारों से संबंधित जो प्रावधान साल 2007 के अंतरिम संविधान में निहित थे, उनको इस नए संविधान में भी शामिल किया जाए। उनकी प्रमुख माँगें निम्नानुसार थीं—

- सरकार और विधायिका में जनसंख्या के आधार पर प्रतिनिधित्व।
- संघीय ढाँचे की संरचना में परिवर्तन, जिससे मधेश के लोगों की राजनीतिक इच्छा पूरी हो सके।
- नागरिकता से संबंधित प्रावधान में परिवर्तन हो।
- नए संविधान का निर्माण जिसमें समावेशी प्रकृति निहित हो।

तराई मधेश आधारित पार्टियों ने कार्रवाई का बहिष्कार किया और नए प्रख्यापित संविधान को रद्द करने की माँग के साथ एक आंदोलन चलाया। सीमावर्ती क्षेत्रों में उनकी गतिविधियों ने भारत सरकार द्वारा छह माह से अधिक समय तक पेट्रोलियम, गैस, दवा और अन्य आवश्यक वस्तुओं को भेजने से रोक दिया। लोगों को बहुत परेशानी हुई और कोई समझौता नहीं हुआ। हालाँकि सरकार द्वारा लिये गए निर्णायक रुख ने तराई मधेश आधारित पार्टियों को अपने आंदोलन की प्रकृति को संशोधित करने पर बाध्य किया, जिसका अप्रत्यक्ष परिणाम भारतीय नाकाबंदी का अंत होना था। कहानी यहीं खत्म नहीं हुई। तराई आधारित पार्टियों ने अपना आंदोलन जारी रखा और सरकार उन्हें संतुष्ट करने में विफल रही। संवैधानिक प्रावधानों के अनुसार, जनवरी 2018 तक स्थानीय स्तर, राज्य विधानसभाओं और संघीय संसद के चुनावों को सफलतापूर्वक पूरा कर लिया गया, जिसमें वाम मोर्चे (सी.पी.एन.-यू.एम.एल. + सी.पी.एन.-एम.सी.) ने संघीय संसद में लगभग दो-तिहाई सीटें, सात राज्य विधानसभाओं में से छह विधानसभाओं और स्थानीय स्तर पर अधिकांश सीटें जीतीं।

नेपाल के भीतर और अंतरराष्ट्रीय समुदाय में यह आशा थी कि वहाँ की सरकार आंदोलनकारियों की माँगों को मान लेगी और इससे यह संकट खत्म हो जाएगा। यह देखा गया है कि नेपाल में वर्ष 1950 से ही संविधानों का निर्माण होता रहा है, और जिस संविधान द्वारा नेपाल में रहनेवाले दलितों, जनजातियों तथा अन्य पिछड़े वर्गों की आर्थिक, सामाजिक और राजनीतिक माँगों को पूरा नहीं किया जाता उसका विरोध होता रहा है। नेपाल में एक ऐसा स्थिर संविधान ही लंबे समय तक रह सकता है, जो जनता में एकता, अखंडता और सौहार्दता का भाव लाए तथा लोगों का प्रेरक हो और साथ-ही-साथ लोकतंत्र को जमीनी स्तर पर मजबूत करे। संविधान समावेशी हो, जो कि नेपाल की इच्छा को प्रकट करे, न कि किसी क्षेत्र विशेष की आकांक्षा को पूरा करता हो।

□

अध्याय 7

उपसंहार : विश्लेषण एवं भविष्य की राह

संविधानवाद की अवधारणा का आगमन नेपाल में सन् 1948 में हुआ। 1940 के दशक में दक्षिणी एशियाई क्षेत्र में लोकतंत्र की हवाओं का आगमन प्रारंभ होने लगा था। नेपाल के पड़ोसी राष्ट्र भारत में भी जनतंत्र को स्थापित करने का दौर चल रहा था, जिसका प्रभाव नेपाल की राजनीति पर पड़ने लगा। इस लोकतंत्र की हवाओं से नेपाल के राणाओं के सामंती शासन के समक्ष काफी समस्याएँ आने लगीं। लोकतांत्रिक शक्तियों के दबाव के कारण अंततः नेपाली प्रधानमंत्री पद्म शमशेर राणा ने सन् 1948 में नेपाल के प्रथम संविधान की घोषणा की। यह नेपाल में लोकतांत्रिकरण की दिशा में प्रथम प्रयास था, परंतु यह संविधान जनता के अधिकारों को नहीं, वरन् राणाओं के शासन को सुरक्षित करता है। अतः जनता एवं नवगठित दलों के द्वारा राणातंत्र के विरोध में आंदोलन प्रारंभ किया गया।

सन् 1951 में नरेश, राणा शासक एवं नेपाली कांग्रेस के मध्य एक महत्त्वपूर्ण वार्त्ता हुई, जिसके फलस्वरूप राणातंत्र का अंत हुआ एवं नए संविधान की स्थापना हुई। इस नए संविधान द्वारा संवैधानिक राजतंत्र का मार्ग प्रशस्त हुआ। इस नए संविधान में लोकतांत्रिक प्रतिनिधियों को महत्त्व दिया गया एवं जनता के मौलिक अधिकारों पर भी जोर दिया गया। सन् 1955 में नरेश त्रिभुवन की मृत्यु के पश्चात् नरेश महेंद्र सत्ता में आए। उन्होंने लोकतंत्र को कम, राजतंत्र को अधिक महत्त्व दिया। सन् 1959 में संसदीय लोकतंत्र लाने के प्रयास में पुनः एक नवीन संविधान का गठन किया गया, परंतु यह संविधान अधिक समय तक नहीं टिक पाया। सन् 1959 में नेपाल में प्रथम बार लोकतांत्रिक चुनाव हुए, जिनके परिणामस्वरूप बहुमत दल के नेता बिश्वेश्वर प्रसाद कोईराला देश के प्रधानमंत्री बने, परंतु नरेश महेंद्र ने कोईराला सरकार को भ्रष्टाचार के आरोप में बर्खास्त कर दिया एवं दिसंबर 1960 में शासन व्यवस्था संपूर्णतया अपने हाथों में ले ली। जिससे यह सिद्ध होता है कि राजनीतिक दलों की अक्षमता एवं राजतंत्र के शक्तिशाली होने से लोकतंत्र को स्थायित्व

मिल पाना कठिन होता है। सन् 1962 में नरेश महेंद्र द्वारा एक नए संविधान की रचना की गई, जो कि 'दलविहीन पंचायती लोकतंत्र' के नाम से जाना गया। इस संविधान में संप्रभुता नरेश में निहित की गई एवं राजनीतिक दलों के ऊपर पूर्ण रूप से प्रतिबंध लगाया गया। इस प्रकार नेपाल में निरंकुश राजतंत्र का उदय हुआ। पंचायती शासन व्यवस्था के दौरान यद्यपि तीन बार संविधान में संशोधन हुए, परंतु ये संशोधन कोई आधारभूत परिवर्तन नहीं ला सके, जिससे लोकतंत्र का आगमन हो। पंचायती शासन के दौर में जनता के अंदर शासन के प्रति रोष को देखते हुए एक जनमत संग्रह करवाया गया, जिसके माध्यम से पंचायती व्यवस्था व बहुदलीय लोकतंत्र में से एक को चुनना था। पंचायती शासन व्यवस्था के तीस वर्षों के दौरान जनता में शासन के विरुद्ध आक्रोश निरंतर बढ़ता गया, जो कि अंततः वर्ष 1990 में जनआंदोलन के रूप में उभरकर सामने आया। इस जनआंदोलन में सभी प्रतिबंधित राजनीतिक दलों एवं भारी मात्रा में जनता ने भाग लिया तथा नरेश को एक उदार लोकतंत्र की स्थापना के लिए विवश कर दिया। इस प्रकार 1990 में एक नवीन संविधान की रचना हुई, जिसके अंतर्गत संवैधानिक राजतंत्र की स्थापना की गई। इस संविधान में संप्रभुता नरेश में निहित न करके जनता में निहित की गई एवं मौलिक अधिकारों व राज्य के नीति-निर्देशक तत्त्वों की विस्तृत व्याख्या भी की गई। राजनीतिक दलों को पुनर्बहाल किया गया, जो कि लोकतंत्र के आधार हैं। इस प्रकार 1990 के संविधान में लोकतंत्र के सभी तत्त्वों का समावेश किया गया। नेपाल में 20 सितंबर, 2015 का दिन ऐतिहासिक साबित हुआ। बरसों की राजनीतिक उथल-पुथल और हिंसक संघर्षों के बाद नेपाल में नया संविधान लागू हो गया। वर्ष 2007 में अंतरिम संविधान बनने के बाद ही राजतंत्र नेपाल से खत्म हो गया, लेकिन इस संविधान की घोषणा के साथ ही नेपाल में 240 साल पुराने राजतंत्र का कोई स्थान नहीं रहा तथा देश में एकात्मक व्यवस्था के स्थान पर संघीय व्यवस्था का आविर्भाव हुआ। 16 सितंबर को संवैधानिक सभा द्वारा इसे बहुमत से पास किया गया तथा 20 सितंबर को राष्ट्रपति द्वारा इसे घोषित किया गया। नया संविधान आर्थिक समानता, समृद्धता और सामाजिक न्याय को स्थापित करने हेतु समानुपातिक समावेश के सिद्धांत के आधार पर समतामूलक समाज स्थापित करने के लिए प्रतिबद्ध है।

नेपाल के इन संविधानों (सन् 1948, 1959, 1962 एवं 1990 एवं 2015) में अन्य प्रावधानों जैसे, सत्ता दुरुपयोग निवारक, महालेखा परीक्षक, चुनाव आयोग, महान्यायाधिवक्ता इत्यादि के उद्देश्य और कार्य संचालन में कोई विशेष परिवर्तन नहीं आया, लेकिन कुछ प्रावधानों की महत्ता घटी और बढ़ी। सन् 1948 के संविधान में लोकतांत्रिक रूप से चुने हुए प्रधानमंत्री का कोई प्रावधान नहीं था। इस संविधान के भाग 3 में स्पष्ट रूप से कहा गया कि "नेपाल की कार्यकारी सत्ता का प्रयोग महामहिम श्री

तीन महाराज प्रत्यक्ष रूप से या उनके अधीनस्थ अधिकारियों द्वारा करेंगे।" इस प्रकार यह संविधान राणा प्रधानमंत्री को देश की कार्यकारी, विधायी और न्यायिक सभी तरह की शक्तियों से प्रस्फुटित करता था। नेपाल में संवैधानिक रूप से प्रधानमंत्री पद की शुरुआत सन् 1959 के संसदीय संविधान के अंतर्गत हुई थी। सन् 1959 में प्रथम संसदीय चुनाव के पश्चात् बिश्वेश्वर प्रसाद कोईराला प्रथम निर्वाचित प्रधानमंत्री हुए थे। संभवतः उनकी सफलताओं से घबराकर ही नरेश महेंद्र ने उन्हें पदच्युत किया। इसके बाद सन् 1962 के पंचायती संविधान में प्रधानमंत्री की नियुक्ति पूर्णतः नरेश की इच्छा पर निर्भर थी, परंतु तीसरे संशोधन (सन् 1980) द्वारा प्रधानमंत्री की नियुक्ति राष्ट्रीय विधायिका की संस्तुति के आधार पर की जाने लगी और इसके लिए मंत्रिपरिषद् उत्तरदायी होगी। इस प्रकार इस काल में प्रधानमंत्री के पद में थोड़ी उदारता अपनाई गई, किंतु यह प्रयास आंशिक ही रहा, क्योंकि इस पूरे काल में प्रधानमंत्रियों की अपनी कोई स्वतंत्र भूमिका नहीं रही। उन्हें सदैव नरेश तथा उसके हितों का ध्यान रखकर शासन करना पड़ता था। अंततः सन् 1990 के लोकतांत्रिक संविधान में प्रधानमंत्री की शक्तियों में काफी इजाफा हुआ और नरेश की शक्तियों में कमी हुई। यद्यपि संसद के ऊपरी सदन (राज परिषद्) में नरेश को दस सदस्य मनोनीत करने की शक्ति दी गई, परंतु प्रधानमंत्री की सलाह के उपरांत ही नरेश उन सदस्यों को मनोनीत कर पाएँगे। यह प्रावधान यहाँ संसदीय लोकतंत्र का आभास देता था। सन् 1990 के संविधान ने कार्यपालिका शक्ति नरेश एवं मंत्रिपरिषद् में निहित की, परंतु नरेश द्वारा किसी भी निर्णय को लेने से पहले उस पर प्रधानमंत्री एवं मंत्रिपरिषद् की सलाह व सहमति आवश्यक है। सन् 1962 के संविधान में, जहाँ प्रधानमंत्री का पद एवं स्थिति जनता द्वारा निर्धारित नहीं होती थी, वहीं इस संविधान ने प्रधानमंत्री के पद को पूर्णतया लोकतांत्रिक बनाया तथा नरेश की स्थिति इस संविधान में भारत के राष्ट्रपति एवं ब्रिटिश क्राउन से ज्यादा अलग नहीं रही।

सन् 1990 के संविधान के अनुच्छेद 35 में नरेश की कार्यपालिका शक्ति को संपूर्णतया मंत्रिपरिषद् की सलाह व सहमति पर निर्भर किया गया था, परंतु इस संविधान में यह उल्लेख नहीं किया गया था कि यदि नरेश कोई निर्णय मंत्रिपरिषद् की सलाह के बगैर लेता था तो इसके लिए क्या संवैधानिक व्यवस्था रहेगी। अक्तूबर 2002 की घटना ने संविधान की इसी कमजोरी को परिलक्षित किया। वहीं अनुच्छेद 127 नरेश को यह शक्ति देता था कि वह मंत्रिपरिषद् एवं प्रधानमंत्री की सलाह पर संसद को भंग कर सकता है, परंतु संविधान में यह उल्लेख नहीं किया गया कि यदि नरेश प्रधानमंत्री व मंत्रिपरिषद् की सलाह बगैर संसद को भंग करता, तो संविधान में इसके लिए क्या व्यवस्था होगी। अनुच्छेद 27 के भाग तीन में यह कहा गया कि नरेश का यह कर्तव्य है कि वे देश की

जनता के हितों को ध्यान में रखते हुए नेपाल के संविधान को संरक्षित करेंगे, परंतु कुछ कदम नरेश ने इस आधार पर ऐसे भी उठाए, जो इस अनुच्छेद को अनदेखा करते थे। इस प्रकार सन् 1990 का संविधान भी राजतंत्र की अनचाही घुसपैठ से बच नहीं सका।

सत्ता दुरुपयोग अन्वेषण आयोग के प्रावधान का वर्णन केवल सन् 1962 और सन् 1990 के संविधानों में ही रहा। यह विचार ओम्बुड्समैन की कल्पना से समानता रखता है, जहाँ नागरिक भ्रष्ट प्रशासन के खिलाफ अपनी शिकायत दर्ज कर सकते हैं। पंचायती संविधान के अंतर्गत दूसरे संशोधन द्वारा इसे और अधिक व्यावहारिक बनाने के लिए कुछ जिलों और अंचलों में लागू किया गया, जिससे लोगों को सुविधा मिले। सन् 1990 के संविधान में स्थापित सत्ता दुरुपयोग निवारक आयोग पिछले संविधान से कम उन्नत था, क्योंकि इसे सन् 1990 के संविधान में अनचाहे मन से लाया गया था, किंतु इसके लागूकरण के बाद भ्रष्टाचार पर पिछले शासन की अपेक्षा अधिक नियंत्रण हुआ। इसके अच्छे परिणाम के कारण इसे और शक्तियाँ दी गईं।

सन् 1962 के संविधान में राजनीतिक संगठनों की स्थापना पर नरेश महेंद्र ने पूर्णतया प्रतिबंध लगा दिया था, जो एक लोकतांत्रिक देश में मूल अधिकारों और राजनीतिक सहभागिता पर कुठाराघात था। इसके पूर्व के संविधानों में यह प्रतिबंध नहीं था। अतः सन् 1990 के संविधान के भाग 17 में विशेष रूप से यह प्रावधान बनाया गया कि संविधान में कोई ऐसा संशोधन या कानून नहीं बनाया जाएगा, जो कि राजनीतिक संगठनों को प्रतिबंधित करता है या जो एक दल और एक विचारधारा को स्थापित करता है। नरेश महेंद्र द्वारा यह कदम संभवतः उस दशक में राजनीतिक दलों के अकुशल प्रदर्शन को देखकर उठाया गया था।

अंततः इन संविधानों के अन्य प्रावधानों, जैसे लोकसेवा आयोग, महान्यायवादी, चुनाव आयोग इत्यादि में ज्यादा अंतर नहीं आया। वरन् यह कहना ठीक होगा कि देश के शासक जिस प्रकार की व्यवस्था स्थापित करते थे, उसी प्रकार से ये संवैधानिक अंग उस विशेष संविधान के अंतर्गत कार्य करते थे। जॉन वेल्पटन ने नेपाल के संविधानों के तुलनात्मक विश्लेषण के बारे में कहा कि सन् 1948 तथा सन् 1962 के संविधानों को एक वर्ग में समूहित किया जा सकता है, क्योंकि दोनों ही संविधान ने अप्रत्यक्ष चुनाव तथा एक ऐसे तंत्र को प्रस्तुत किया, जहाँ एक अनिर्वाचित शासक के प्रभुत्व को मान लिया गया, जो कि सन् 1948 के संविधान में महाराजा-प्रधानमंत्री तथा सन् 1962 में महाराजाधिराज थे। सन् 1959 तथा सन् 1990 के संविधानों में संसदीय प्रणाली का उल्लेख था, लेकिन वास्तव में इन दोनों ही संविधानों में नरेश द्वारा घोषित राजतंत्र के पास अत्यधिक शक्तियाँ सुरक्षित थीं। सन् 1990 के संविधान में यद्यपि नरेश के अधिकारों में सन् 1959 के संविधान की

अपेक्षा कम शक्तियाँ विद्यमान थीं, परंतु राजनीतिक दलों में विखंडता होने तथा नरेश के पक्ष में सेना की वास्तविक स्वामिभक्तिता के कारण नरेश ज्ञानेंद्र ने बाद में सत्ता को प्रत्यक्ष रूप से अपने हाथों में ले लिया, जैसा कि उसके पिता नरेश महेंद्र ने सन् 1960 में किया था। इस बारे में नेपाल के पूर्व मंत्री पी.एल. सिंह कहते हैं कि नेपाल में अब तक सन् 1990 का संविधान सबसे अच्छा संविधान था, जिसमें लोकतांत्रिक मर्यादाओं को ध्यान में रखते हुए सभी प्रावधानों को उचित स्थान दिया गया, परंतु नरेश एवं राजनीतिक दलों ने इस संविधान के साथ खिलवाड़ करके इसे आधारहीन बना दिया। अतः इन संविधानों (1948, 1959, 1962 और 1990) के प्रावधानों में जो भी अंतर आए, वे हमेशा शासक गणों के हितों की पूर्ति करते रहे। नेपाल का सन् 1951 का संविधान भारतीय संविधान की एक अव्यवस्थित नकल थी। जबकि सन् 1959 का संविधान वेस्टमिंस्टर प्रारूप के साथ-साथ नेपाली कांग्रेस एवं नरेश महेंद्र के मध्य सौदेबाजी का समझौता था, जिसमें सौदेबाजी का प्रमुख आधार नरेश को आपातकालीन शक्तियाँ प्रदान करना था। सन् 1963 का पंचायती संविधान सर्वाधिकारवादी देशों से आयातित, टीटो के समाजवादी शासन में प्रचलित लोक कल्याणकारी सिद्धांत एवं सुकर्णो एवं सदात के शासनों में प्रचलित 'एक व्यक्ति शासित' दलविहीन शासन के सिद्धांतों का एक मिश्रित संविधान था। सन् 1990 का संविधान प्रत्यक्ष रूप से वेस्टमिंस्टर प्रारूप का एक रूपांतरण था।

संविधानवाद एक आधुनिक युगीन संकल्पना है, जो विधि और विनियमों द्वारा शासित राजनीतिक व्यवस्था की अपेक्षा करती है। यह संकल्पना व्यक्ति के स्थान पर विधि की सर्वोच्चता का समर्थन करती है। इसमें राष्ट्रवाद, लोकतंत्र और सीमित (शक्तियोंवाली) सरकार के सिद्धांतों का समावेश होता है। अतः संविधान सरकार का वह उपकरण अथवा बुनियादी नियम है, जिसका उद्देश्य सरकार के मनमाने कार्यों को सीमित करना, शासितों के अधिकारों को प्रत्याभूत करना और सर्वोच्च शक्ति के परिचालनों की परिभाषा करना है। नेपाल में आधुनिक रूप से संविधानवाद की शुरुआत वर्ष 1948 से मानी जाती है। इसके बाद नेपाल में पाँच संविधान (वर्ष 2007 एवं 2015 के अंतरिम संविधान को छोड़कर) बने एवं सभी राजतंत्र/सामंतवाद की छत्रच्छाया में तैयार किए गए। सन् 1948 का संविधान यद्यपि राणाओं ने अपनी सत्ता को बचाने के लिए बनाया था, परंतु नेपाल के संवैधानिक इतिहास में यह मील का पत्थर साबित हुआ। संविधानवाद सीमित सरकार की कल्पना को परिलक्षित करता है, किंतु नेपाल में ऐसा नहीं हुआ। राजतंत्र की पैठ यहाँ हमेशा से थी और इस संस्था को दबाना काफी मुश्किल था। प्रत्येक संविधान के प्रावधानों में इसकी छाया स्पष्ट रूप से दिखाई देती है। प्रधानमंत्री का पद, जो कि संवैधानिक राजतंत्र में महत्त्वपूर्ण होता है, लेकिन नेपाल में यह मात्र नरेश के प्रसादपर्यंत ही रहे।

इन संविधानों (1948, 1959, 1962 और 1990 एवं 2015) को तुलनात्मक दृष्टि से देखें तो सन् 1960 के शाही हस्तांतरण से पहले संविधानवाद लोकतंत्र की गति की ओर बढ़ रहा था, लेकिन इसके बाद पंचायती काल में यह नरेश की इच्छानुसार चलने लगा। सन् 1990 का संविधान यद्यपि इस दिशा में एक नया अनुभव रहा। इस संविधान में नरेश की शक्तियों को कम कर दिया गया, जिसके बाहरी और आंतरिक कारण थे, जिनमें इस दौरान सोवियत संघ का विघटन, भारत का आर्थिक मुद्दों से संबंधित दबाव और देश में पूर्ण लोकतांत्रिक व्यवस्था लाने के लिए वृहद् जनआंदोलन आदि में इसके कारण ढूँढ़े जा सकते हैं। सन् 2015 के संविधान में गणतंत्रात्मक व्यवस्था को अपनाया गया, इसलिए राजतंत्र का कोई स्थान ही नहीं रहा।

नेपाल के संविधानों में वर्णित मूल अधिकारों का विकास कालक्रमानुसार हुआ। सन् 1948 के संविधान में केवल इनका जिक्र किया गया, जबकि बाद के संविधानों में इन्हें और विस्तृत किया गया। सन् 1962 के पंचायती संविधान में कुछ अधिकारों पर प्रतिबंध लगाया गया, जो कि सत्ता के लिए खतरा बन सकते थे और ऐसा माना गया कि यह नरेश की सोची-समझी चाल थी। सन् 1990 एवं 2015 के संविधान में मौलिक अधिकारों पर विशेष ध्यान दिया गया और जो प्रतिबंध पिछले संविधान में थे, उनको संवैधानिक रूप से अधिक संरक्षित किया गया। राजतंत्र की भूमिका सन् 1951 में लोकतंत्र के प्रति उदार रही, परंतु शनैः-शनैः वह शक्ति लोकतंत्र पर हावी होती चली गई। इसका एक प्रमुख कारण था—राजनीतिक दलों की अपरिपक्वता और देश में व्यापक स्तर पर व्याप्त अशिक्षा। जिसका फायदा कुलीनतंत्र ने पूरे तरीके से उठाया। सन् 1990 में बाहरी दुनिया से संपर्क और शिक्षा के प्रसार के कारण जनता में अपने अधिकारों के प्रति जागरूकता फैलने लगी। अतः नेपाल के संविधानों के प्रावधानों और उनके चरित्र में होनेवाले परिवर्तनों के पीछे मूलतः देश की तत्कालीन सामाजिक, राजनीतिक, आर्थिक और सांस्कृतिक परिस्थितियों का प्रभाव निहित रहा है। नेपाल के साथ एक समस्या और रही, इसकी भू-आबद्ध सीमा, जिसके कारण इसकी राजनीति पर पड़ोसी राष्ट्रों का प्रभाव भी पड़ा।

अध्ययन के प्रारंभ में सोची गई पहली उप-संकल्पना कि नेपाल का संवैधानिक विकास एकमार्गी विचार पर आधारित नहीं रहा, जिसके कारण 1948, 1959, 1962 एवं 1990 एवं 2015 के संविधानों के आधारभूत लक्षणों में काफी अंतर रहे। यह उप-संकल्पना अध्ययन से पूर्णतया सिद्ध होती है, क्योंकि सन् 1948 का संविधान सामंतवादी राणाओं के नेतृत्व में मात्र तुष्टीकरण के लिए बना, सन् 1959 का संविधान संसदीय लोकतंत्र पर आधारित था, सन् 1962 का संविधान नरेश महेंद्र द्वारा दलविहीन पंचायती व्यवस्था पर आधारित था और सन् 1990 का संविधान संवैधानिक राजतंत्र पर आधारित

था। अतः इन सभी संविधानों के आधारभूत लक्षण में अंतर रहा।

द्वितीय उप-संकल्पना—नेपाल में लोकतंत्र के उन्नत होने में राजतंत्र प्रमुख बाधा है, यह भी अध्ययन से पूर्ण रूप से सिद्ध होती है। सन् 1959 का संविधान नरेश ने राजनीतिक दलों और जनता के दबाव में आकर बनाया और जिसे एक ही साल में निरस्त कर स्वनिर्देशित पंचायत आधारित संविधान का निर्माण किया। नरेश द्वारा अक्तूबर 2002 और फरवरी 2005 की घटनाओं ने सन् 1990 के संविधान को अधोगति की तरफ बढ़ाया तथा अंततः यह पूर्ण रूप से निरस्त हो गया। इससे सिद्ध होता है कि नरेश लोकतंत्र के विकास में प्रमुख बाधा थे।

तृतीय उप-संकल्पना—राजनीतिक दलों एवं दबाव समूहों में दृढ़ राजनीतिक इच्छाशक्ति के अभाव के कारण राष्ट्र की राजनीति में संकट उत्पन्न होते रहे हैं, जिससे संवैधानिक सरकार एवं लोकतंत्र को भी ठेस पहुँची है, भी इस अध्ययन से पूर्णतया सिद्ध होती है, क्योंकि सन् 1959 और सन् 1990 के संविधानों के क्रियान्वयन के दौरान राजनीतिक दलों में लोकतंत्र के प्रति दृढ़ता नहीं दिखी, वरन् सत्ता प्राप्ति की लोलुपता ही नजर आई।

चतुर्थ उप-संकल्पना—नेपाल के संविधानों में मौलिक अधिकारों का क्रमशः विकास हुआ है, भी इस अध्ययन के पश्चात् पूर्णतया सिद्ध होती है। सन् 1948 से सन् 2015 तक के संविधानों में मौलिक अधिकारों का दायरा बढ़ता गया, मात्र पंचायती काल को छोड़कर।

पंचम उप-संकल्पना—नेपाल में संवैधानिक लोकतंत्र को बचाने में मीडिया एवं सभ्य समाज की भूमिका कमजोर रही है, भी इस अध्ययन की कसौटी पर खरी उतरती है, क्योंकि अधिकांश समय में मीडिया शासन के अधीन रहा और बुद्धिजीवी वर्ग की आवाज को अनसुना किया गया।

षष्ठ उप-संकल्पना—विकासशील राष्ट्रों के राजनीतिक संदर्भ एवं उनकी पृष्ठभूमि को जाने बिना उनमें संविधानवाद की अवधारणा का प्रयोग करना न तो सही है और न ही औचित्यपूर्ण, भी नेपाल के संदर्भ में इस अध्ययन के आधार पर सही प्रतीत होती है। जिस देश में परंपरागत शक्तियाँ शासन पर हावी हों, व्यापक रूप से गरीबी एवं अशिक्षा हो और लोकतांत्रिक मूल्यों की शिक्षा का अभाव हो, वहाँ पश्चिम आधारित संविधानवाद को बिना सोचे-समझे अपनाना तर्कसंगत नहीं है।

नेपाल पिछले दशक में महत्त्वपूर्ण राजनीतिक परिवर्तनों से गुजरा है। यहाँ लंबे समय से चले आ रहे हिंसक माओवादी आंदोलन का अंत हुआ, मई 2008 में 239 साल पुरानी राजतांत्रिक व्यवस्था का अंत हुआ, संवैधानिक सभा का गठन हुआ, जिसका निर्माण

निष्पक्ष एवं स्वच्छ चुनाव के माध्यम से हुआ। साल 2015 में नेपाल के नए संविधान ने लोकतांत्रिक संस्थाओं को मजबूत किया। इस संविधान में राजतंत्र का स्थान नहीं रहा और नेपाल ने एक संघीय, गणतंत्रात्मक व्यवस्था को अपनाया, परंतु इस संविधान में भी तराई-मधेशियों के अधिकारों को लेकर एक समस्या प्रमुख चुनौती के रूप में उभरकर सामने आई, जिससे नेपाल को काफी संकटों से जूझना पड़ा, परंतु हम जानते हैं कि संविधानवाद एक सतत प्रक्रिया है, जिसमें जनता की इच्छा के अनुरूप बदलाव किया जा सकता है। इन नवीन परिवर्तनों से यह आशा की जा सकती है कि आनेवाला युग देश में सही मायने में लोकतांत्रिक संविधानवाद को स्थापित करेगा।

21 नवंबर, 2006 को माओवादी प्रमुख प्रचंड और तत्कालीन प्रधानमंत्री स्वर्गीय गिरिजा प्रसाद कोईराला ने व्यापक शांति समझौते पर हस्ताक्षर किए, जिससे जनता में खुशी की लहर दौड़ गई और एक स्थिरता की उम्मीद जगी। हिमालयन टाइम्स के संपादकीय में कहा गया कि नेपाल 'शांति, लोकतंत्र और शासन के एक नए युग में प्रवेश कर चुका है'। इस समझौते ने 10 साल पुराने माओवादी संघर्ष को समाप्त किया। आनेवाले 13 महीनों में, एक नया अंतरिम संविधान ग्रहण किया गया, शाही परिवार की संपत्ति का राष्ट्रीयकरण किया गया, गणराज्य की घोषणा की गई और विश्व के अंतिम हिंदू शाही अधिराज्य को निरस्त कर दिया गया। राष्ट्रीय चुनाव संपन्न हुए, जिसमें माओवादी दल को सर्वाधिक सीटें प्राप्त हुईं। 10 अप्रैल, 2008 को संवैधानिक सभा के लिए चुनाव हुए, जिसका इंतजार पिछले 6 दशकों से हो रहा था, यद्यपि सन् 1950 की क्रांति का यह एक प्रमुख लक्ष्य था। उस दौरान प्रमुख राजनीतिक दल नेपाली कांग्रेस ने संवैधानिक सभा के चुनाव पर सहमति नहीं जताई। यह मुद्दा 1990, 2001 और 2005 में भी उठा, लेकिन एकजुटता न होने की वजह से बात नहीं बन पाई थी।

राजतंत्र के जाने के बाद और माओवादियों के सत्ता में आने के बाद ही संवैधानिक सभा के चुनाव हो पाए। ये चुनाव 'फर्स्ट-पास्ट-द-पोस्ट' और आनुपातिक प्रतिनिधित्व के आधार पर संपन्न हुए। इस चुनाव में महिलाओं, दलित, जनजाति और अंचलों को यथास्थान दिया गया।

सन् 2015 का संविधान पिछले संविधानों से बिल्कुल अलग है, क्योंकि इसमें गणतंत्रिय व्यवस्था लाई गई और दूसरा धर्मनिरपेक्ष व्यवस्था अपनाई गई। यह संविधान एक प्रकार से आधुनिक और नई सोच पर आधारित है, लेकिन मधेश समुदाय इसकी घोषणा के बाद से ही असंतुष्ट रहा और अपनी माँगों को पूरा करने के लिए इसने आंदोलन भी किया। इसके कारण भारत-नेपाल सीमा पर छह महीने तक नाकाबंदी रही और नेपाल के संबंध भारत के साथ ठीक नहीं रहे, इसलिए आज भी मधेश समुदाय इसमें संशोधन के

लिए माँग कर रहा है। भारत चाहता है कि नेपाल संशोधन करके मधेश समुदाय की माँगों को पूरा करे और समय की भी यही माँग है कि नेपाल के नए संविधान में सही रूप से लागूकरण हेतु संशोधन किया जाए।

विगत 60 सालों में नेपाल 7 संविधानों का अनुभव कर चुका है। इन सभी संविधानों द्वारा नेपाल की जनता ने एक राजनीतिक व्यवस्था के संस्थाकरण को स्थापित करने का कड़ा संघर्ष किया है, जिससे सुशासन, संविधानवाद, विकास में वृद्धि, उच्च जीवन स्तर तथा शांति और समृद्धता सुनिश्चित हो सके।

□

ग्रंथ-सूची

- A Collection of Proclamations, Messages and Addresses Delivered by His Majesty King Mahendra (1964), Kathmandu : Ministry of National Guidance Department of Publicity and Broadcasting HMG, December 15.
- An e-mail sent to Researcher from Prof. John Whelpton, University of Hong Kong, on October 27, 2007.
- Article 11 of the Constitution of the Kingdom of Nepal 2019 (1962).
- Article 12 of the Constitution of the Kingdom of Nepal, 2047 (1990).
- Article 127 of the Constitution of the Kingdom of Nepal 2047 (1990).
- Article 13 of the Constitution of the Kingdom of Nepal 2019 (1962).
- Article 14 of the Constitution of the Kingdom of Nepal 2019 (1962).
- Article 15 of the Constitution of the Kingdom of Nepal 2019 (1962).
- Article 17 of the Constitution of the Kingdom of Nepal 2019 (1962).
- Article 17 of the Constitution of the Kingdom of Nepal 2047 (1990).
- Article 19 of the Constitution of the Kingdom of Nepal 2019 (1962).
- Article 19, Clause 1 of the Constitution of the Kingdom of Nepal 2047 (1990).
- Article 19, Clause 2 of the Constitution of the Kingdom of Nepal 2019 (1962).
- Article 19, Clause 3 of the Constitution of the Kingdom of Nepal

2019 (1962).
- Article 27, Clause 3 of the Constitution of the Kingdom of Nepal 2047 (1990).
- Article 35 of the Constitution of the Kingdon of Nepal 2047 (1990).
- Article 4, Clause 1 of the Constitution of the Kingdom of Nepal 2047 (1990).
- Article 43 of the Constitution of the Kingdom of Nepal 2047 (1990).
- Article 51 of the Constitution of the Kingdom of Nepal 2016 (1959).
- Article 63 of the Constitution of the Kingdom of Nepal 2016 (1959).
- Article 81 of the Constitution of Kingdom of Nepal 2019 (1962).
- Article 82 of the Constitution of the Kingdom of Nepal 2019 (1962).
- Article 9 of the Constitution of the Kingdom of Nepal 2019 (1962).
- Article 10 of the Constitution of the Kingdom of Nepal 2019 (1962).
- Article 11 of the Constitution of the Kingdom of Nepal 2019 (1962).
- First Amendment of the Constitution of Nepal 2019 (1962).
- Interview with Prof. Krishna Khanal, CNAS, Tribhuvan University, Kathmandu, March 25, 2008.
- Interview with Researcher, P.L. Singh, Leader of the Nepali Congress, Thamel Hotel Kathmandu, March 28, 2008.
- Letter from Sir Ivor Jennings to F.S. Tomlison, April 27, 1958; Located at National Archives (FO 371/135966).
- *NepalkoSamvidhan, (SamvidhanKoPahiloSansodhanMilaykoRoopama)* (1967), Kathmandu : Shri 5 ko Sarkar, Kanoon Tatha Nyaya Mantralaya.
- *NepalkoSamvidhankoDosroSansodhan,* (Paricharcha Gosthi) (1967), Pokhara : Panchayat Vikash Prashikshan Kendra.
- Part 16 of the Constitution of the Kingdom of Nepal 2019 (1962).
- Part 17 of the Constitution of the Kingdom of Nepal 2047 (1990).

- Part 3 of the Constitution of the Kingdom of Nepal 2004 (1948).
- Part 5 of the Constitution of the Kingdom of Nepal 2019 (1962).
- Part 6 of the Constitution of the Kingdom of Nepal 2019 (1962).
- Part 7 of the Constitution of the Kingdom of Nepal, 2019 (1962).
- Part 8 of the Constitution of the Kingdom of Nepal, 2019 (1962).
- Part 9 of the Constitution of the Kingdom of Nepal, 2019 (1962).
- Preamble of the Constitution of the Kingdom of Nepal 2047 (1990).
- Preamble of the Constitution of the Kingdom of Nepal 2004 (1948).
- Sinha, Dr. U.N. (1972), *Panchayat Democracy of Nepal : In Theory and Practice*, Kathmandu : Department of Information Ministry of Communications His Majesty Government.
- The Constitution (Interim) of the Kingdom of Nepal 2006 (1951).
- The Constitution of the Kingdom of Nepal 2004 (1948).
- The Constitution of the Kingdom of Nepal 2016 (1959).
- The Constitution of the Kingdom of Nepal 2019 (1962).
- The Constitution of the Kingdom of Nepal 2047 (1990).
- The First Amendment of the 1962 Constitution of the Kingdom of Nepal, 1967.
- The Second Amendment of the 1962 Constitution of the Kingdom of Nepal, 1975.
- The Third Amendment of the 1962 Constitution of the Kingdom of Nepal, 1980.
- Acharya, Bhimarjun (2006) *Making Constitution through Constituent Assembly*, Kathmandu : Pairavi Prakashan.
- Acharya, Bipin (2012) *Nepal Constituent Assembly : Comments on Failed Process*, Kathmandu : Nepal Consulting Lawyers, Inc.
- Adhikari, Jagannath (2006) *Land Reform in Nepal : Problems and Prospects*, Kathmandu : Nepal Institute of Development Studies.
- Adhikari, Jagannath (2008) *Land Reform in Nepal : Problems and Prospects*, Kathmandu : Action Aid, http://www.actionaid.org/sites/files/actionaid/land_reform_complete_-_done.pdf
- Adhikari, Krishna Kant (1975) 'A Brief Survey of Nepal's Trade with British India during the latter half of the Nineteenth

Century', *CNS*, 2(1): pp. 187-196.

- Agrawal, Hem Narayan (1976) *The Administrative System of Nepal : From Tradition to Modernity*, New Delhi : Vikas Publishing House.
- Agrawal, Hem Narayan (1980) *Nepal : A Study in Constitutional Change*, New Delhi : Oxford & IBH Publishing Co.
- Agrawal, Nirmala (2003) *Bharat-Nepal Sambandh : 1950 Ki Shanti Evam Maitri Sandhi Ke Sandarbh Mein Ek Adhyayan*, Jaipur : A.B.D. Publishers.
- Andrews, W.G. (1961) *Constitutions and Constitutionalism*, Princeton, N.J. : Van Nostrand.
- Bajracharya, B.R., Sharma, S.R., Bakshi, S.R. (1993) *Political Development in Nepal*, New Delhi : Anmol Publication Pvt. Ltd.
- Baral, Lok Raj (1975) 'The Press in Nepal', *Contributions to Nepalese Studies* (Kathmandu), vol.2, February, pp. 169-183.
- Baral, Lok Raj (1977) 'The Changing Constitutional and Political System of Nepal', *Foreign Affairs Reports*, vol. 26, no. 1, January, p. 18.
- Baral, Lok Raj (1977) *Oppositional Politics in Nepal*, New Delhi : Abhinav Publication.
- Baral, Lok Raj (1981) 'The First Panchayat General Elections in Nepal', *Nepalese Journal of Political Science*, Tribhuvan University, 3(2) : pp. 1-15.
- Baral, Lok Raj (1983) *Nepal's Politics of Referendum : A Study of Groups Personalities & Trends*, New Delhi : Vikas Publishing House.
- Baral, Lok Raj (1995) 'The 1994 Nepal Elections : Emerging Trends in Party Politics', *Asian Survey*, 35(5) : pp. 426-440.
- Baral, Lok Raj (1999) 'Constitutional Exercises and Prospects of Democracy in Nepal', *Essays on Constitutional Law*, 29, p. 7.
- Baral, Lok Raj (2000) The Regional Paradox : *Essays in Nepali and South Asian Affairs*, New Delhi : Adroit Publishers.
- Baral, Lok Raj (2001) 'Nepal in 2001 : The Strained Monarchy', *Asian Survey*, vol. 42, no. 1, January-February, pp. 198-203.
- Baral, Lok Raj (2006) *Nepal : Quest for Participatory Democracy*, New Delhi : Adroit Publishers.
- Bhandari, Surendra (2007) 'People's Struggle and Aspirations for a New Constitution in Nepal : Taking Lessons from the Past

Experiences', *Social Science Research Network*, January, http://ssrn.com/abstract=1806733

- Bhattarai Baburam (2005) *Monarchy vs Democracy : The Epic Fight in Nepal*, New Delhi : SamkaleenTeesariDuniya
- Bhattarai, Baburam (2002) 'Triangular Balance of Forces', *Economic and Political Weekly*, (Mumbai), 37(46): pp. 4606-4611.
- Bhattarai, Hari P. and Subedi Jhalak (eds.) (2007) *Democratic Constitution Making : Experiences from Nepal, South Africa, Sri Lanka*, Kathmandu : Nepal South Asia Center (NESAC).
- Bista, Dor Bahadur (1989) 'Nepal in 1988 : Many Losses, Some Gains', *Asian Survey*, 29(2) : pp. 223-228.
- Blaikie, Piers, Cameron, John, Seddon, David (1980) *Nepal in Crisis : Growth & Stagnation at the Periphery*, Delhi : Oxford University Press.
- Brian, Jillian O. (ed.) (2008) *South Asia* : London : Routledge.
- Brown, T. Louise and Mcguire, John (eds.) (2003) *The Far-East and Australasia : 2003*, London and New York : Europa Publications.
- Budhathoki, Shobhakar (2003) 'Conflict, Human Rights and Derailed Peace Progress in Nepal', *Journal of Peace Studies*, 10 (3): pp. 75-83.
- Burghart, Richard (1984) 'The Formation of the Concept of Nation-State in Nepal', *The Journal of Asian Studies*, 44(1) : pp. 101-125.
- Chanda, Sudipta (2002) 'Parties Seethe at Deuba Ouster', *The Statesman News Service*, 5th October .
- Chandrasekharan, S. (2002) 'Is Nepal Still in Search of a Political Order: 1990 Constitution and Thereafter', *South Asian Analysis Group*, Paper No. 481, June 24, http://www.southasiaanalysis.org/%5Cpapers5%5Cpaper481.html
- Chandrasekharan, S. (2006) 'Recent Developments in Nepal in the Impact of Indian Internal Security', *Dialogue*, vol. 8, no. 2, October-December, pp. 70-89.
- Chatterji, Bhola (1967) *A Study of Recent Nepalese Politics*, Calcutta : The World Press Private Limited.
- Chaturvedi, S.K. (1993) *Nepal : Internal Politics and Its Constitutions*, New Delhi : Inter-India Publications.

- Chauhan, R.S. (1971) *The Political Development in Nepal 1959-70 : Conflict Between Tradition and Modernity*, New Delhi : Associated Publishing House.
- Chauhan, R.S. (1977) *Struggle and Change in South Asian Monarchies*, New Delhi : Chetna Publications.
- Chauhan, R.S. (1985) 'Constitutional Development in Nepal, 1950-71' in P.C. Mathur (ed.), *Government and Politics in South Asia : The Domestic Scene*, Vol. I, Jaipur : Printwell Publishers.
- Cottier, Thomas and Hertig Maya (2003) 'The Prospects of 21st Century Constitutionalism', *Max Planck Yearbook of United Nations Law*, vol. 7, Koninklike Brill, N.V. pp. 261-328, www.mphil.de/shared/data/pdf/pdfmpunyb/cottier_hertig_7.pdf
- Craig, Paul (1998) 'Ultra Vires and the Foundations of Judicial Review', *The Cambridge Law Journal*, vol. 57, no. 1, March, pp. 63-90. http://www.jstor.org/stable/pdfplus/4508421.pdf?acceptTC=true
- Craig, Paul (2001) 'Constitutions, Constitutionalism and the European Union', *European Law Journal*, vol. 7, no. 2, pp.125-150, http://safaat.lecture.ub.ac.id/files/2012/03/Craig-2001-Constitution-Constitutionalism-and-EU.pdf
- Crossette, Barbara (2005-2006) 'Nepal : The Politics of Failure', *World Policy Journal*, Reflections, Winter, pp. 69–76.
- Dahal, Ram Kumar (2001) *Constitutional and Political Developments in Nepal (till 1994)*, Kathmandu : Ratna Pustak Bhandar.
- Dharamdasani, M.D. (1982) *Nepal : RajnittikVyavasthaAvom Par-rashtra Niti*, Varanasi : Konark Publication.
- Dhungel, Dwarika Nath, Dahal, Madan Kumar (2018), *Nepal : A Country in Transition*, Rupa Publications, New Delhi.
- Dhungel, P.S. Surya, Adhikari, Bipin, Bhandari, B.P., Murgatroyd (1998) *Commentary on the Nepalese Constitution*, Kathmandu : DeLF.
- Dev, 'Nepal constitution 2072 2015 Features', *One Click Nepal*, September 20, 2015, http://oneclicknepal.com/nepal-constitution-2072-2015-features/
- Divedi, Ramjee (1978) *Nepal Me Panchayti Loktantra*, Aligarh: Vivek Publications.
- Dixit, Kanak Mani and Shastri, Ramachandra, (eds.) (2002)

State of Nepal, Lalitpur : Himal.

- *Economic and Political Weekly* (2004). 'Nepal : Relevance of Monarchy : An Assessment', 39(22) : pp. 2209-2211.
- Elster, John and Slagstad, Rune (1988) *Constitutionalism and Democracy*, Cambridge : Cambridge University Press.
- Foley, Michael (1989) *The Silence of Constitutions*, London : Routledge.
- Friedrich, Carl Joachim (1937) *Constitutional Government and Politics*, New York : Harper & Brothers Publishers.
- Friends for Peace Publications (2005) 'Nepal's Discourses on Constituent Assembly : An Analysis', Series 007, URL: http://www.friendsforpeace.org.np/images/pdf%20files/Constituent%20Assembly.pdf
- Ganguly, Sumit and Shoup, Brian (2005) 'Nepal : Between Dictatorship and Anarchy', *Journal of Democracy*, 16(4) : pp. 129-143.
- Gellner, David N. (1997) 'Caste, Communalism, and Communism : Newars and the Nepalese State', in Gellner, David N. (ed.), *Nationalism and Ethnicity in a Hindu Kingdom : The Politics of Culture in Contemporary Nepal*, Amsterdam : Harwood Academic Publishers.
- Gellner, David N. and Quingley, Declan N. (1995) *Contested Hierarchies : A Collaborative Ethnography of Cast among the Newars of the Kathmandu Valley*, London : Oxford University Press.
- Ghai, Yash (2003) 'Crisis Beyond Legality', *Himal*, 16(11) : pp. 62-67.
- Ghimire, Somnath (2004) 'Nepal's Baby Democracy', *The Nepal Digest*, 1, http://www.thenepaldigest.org/Jan04/news_item.asp?NewsID=234
- Gokhale, B.K. (1984) *Political Science : Theory and Governmental Machinery*, Bombay : Himalaya Publishing House.
- Graham, John and Marques, Elder C. (2000) 'Understanding Constitutions : A Roadmap for Communities', *Institute on Governance, 10th G–1990-2000*, Ottawa, October 10, http://iog.ca/sites/iog/files/Constitution.pdf
- Gupta Anirudha (1964) *Politics in Nepal : A Study of Post-Rana*

Political Development and Party Politics, New Delhi : Allied Publishers Private Ltd.

- Gupta, Anirudha (1993) *Politics in Nepal : 1950-60*, New Delhi : Kalinga Publications.
- Gurung, Harka (1982) 'The Sociology of Elections in Nepal, 1959-1981', *Asian Survey*, 22(3) : pp. 304-314.
- Gurung Harka (1997), 'State and Society in Nepal', in Gellner, David N., Joanna Pfaff Czarnecka and Whelpton John, (eds.), *Nationalism and Ethnicity in a Hindu Kingdom : The Politics of Culture in Contemporary Nepal*, Amsterdam : Harwood Academic Publishers.
- Gyawali, Dipak and Ajaya Dixit (2000) 'Mahakali Impasse : A Futile Paradigm's Dequested Travails', in Kumar, Dhruba (ed), *Domestic Conflict and Crisis of Governability in Nepal*, Kathmandu, Tribhuvan University, Center for Nepal and Asian Studies.
- Hachhethu , Krishna (1990) 'Mass Movement 1990', *Contributions to Nepalese Studies*, 17 (2): pp. 177-201.
- Hachhethu, Krishna (1994) 'Transition to Democracy in Nepal : Negotiations behind constitution Making, 1990', *Contributions to Nepalese Studies*, 21(1) : pp. 91-126.
- Hachhethu, Krishna (1997) 'Nepal in 1996 : Experimenting with a Coalition Government', *Asian Survey*, 37(2) : pp. 149-154.
- Hachhetu, Krishna, Kumar, Sanjay and Subedi, Jiwan (2008), *Nepal in Transition : A Study on the State of Democracy*, Kathmandu : International Institute for Democracy and Electoral Assistance (IDEA).
- Hayes, Louis D. (1975) 'The Monarchy and Modernization in Nepal', *Asian Survey*, 15(7) : pp. 616-628.
- Heywood, Andrew (2001) *Key Concepts in Politics*, London : Macmillan Press.
- Hofer, Andras (2004) *The Cast Hierarchy and the State in Nepal : A Study of the Muluki Ain of 1854*, Kathmandu : Himal Books.
- Hoftun, Martin (1994) 'The Dynamics and Chronology of the 1990 Revolution', in Hutt, Michael (ed.), *Nepal in the Nineties*, New Delhi, Oxford University Press.
- Human Rights Features (2002) 'War Against Maoists Extends

to Media' Voice of the Asia-Pacific Human Rights Network, A joint initiative of SAHRDC and HRDC, January-March, http://www.hrdc.net/sahrdc/hrfquarterly/Jan_march_2002/nepal.htm

- Huntington, Samuel P. (1968) *Political Order in Changing Societies*, New Heaven : Yale University Press.
- Husain, Asad (1970) *British India's Relations with the Kingdom of Nepal : 1857-1947*, London : George Allen and Unwin.
- Hutchins, Francis G. (2007) *Democratizing Monarch : A Memoir of Nepal's King Birendra*, Kathmandu : Vajra Publications.
- Hutt, Michael (1994) 'Drafting the 1990 Constitution', in Hutt, Michael (ed.), *Nepal in the Nineties*, New Delhi, Oxford University Press.
- Hutt, Michael (2005) 'Nepal and Bhutan in 2004 : Two Kings, Two Futures', *Asian Survey*, vol. 45, no. 1, January-February, pp. 83-87.
- Hutt, Michael (2007) 'A Nepalese Triangle : Monarchy, Maoists and Political Parties', *Asian Affairs*, vol. 38, no. 1, March, pp. 12–22.
- Hutt, Michael, (ed.) (2004) *Himalayan 'People's War'*, London : Hurst and Company.
- International Crisis Group (2015), 'Nepal : Conflict Alert', 2nd September, http://www.crisisgroup.org/en/publication-type/alerts/2015/nepal-conflict-alert.aspx
- Jaiswal, Pramod (2016), *Constitution of Nepal : Evolution, Development & Debates*, G.B. Books, New Delhi
- Jha, HariBansh (1993) *The Terai and National Integration in Nepal*, Kathmandu : Centre for Economic and Technical Studies and Friedrich Ebert Stiftung.
- Jha, Nalini Kant (2003), 'Civil Strife in Nepal : Challenges and Road Ahead', *South Asia Politics*, June, pp. 27-30.
- JorgLuthar and DomenicoFrancavilla (2006) 'Nepal's Constitutional Transition', Universita Del Piemonte Orientale, '*Amedo* Avogadro' Alessandria, Periodico Mensile Online 'POLIS Working Papers'-Iscrizione n.591 del May 12, Working Paper no. 93, http://www.pace.polito.it/pubblicazioni/nepal_s_constitutional_transition
- Joshi, Bhuban Lal and Rose, Leo E. (1966) *Democratic Innovations in Nepal*, Berkeley : University of California Press.

- Karan, P.P. and Jenkins, W.M. (1963) *The Himalayan Kingdoms : Bhutan Sikkim and Nepal*, Princeton : Princeton University Press.
- Kent, Gerald N. (2005) *Ideas for Civil Justice Reform from the Classical Nepalese Legal System*, Columbia : The University of British Columbia.
- Khadka, Narayan (1985) 'Factionalism in the Communist Movement in Nepal', *Pacific Affairs*, 68(1): pp. 55 – 76.
- Khadka, Narayan (1986) 'Crisis in Nepal's Partyless Panchayat System : The Case for More Democracy', *Pacific Affairs*, 59 (3): pp. 429-454.
- Khadka, Narayan (1991) 'Nepal's Stagnant Economy : The Panchayat Legacy', *Asian Survey*, vol.31, no. 8, August, pp. 694-711.
- Khadka, Narayan (1993) 'Democracy and Development in Nepal : Prospects and Challenges', *Pacific Affairs*, 66(1): pp. 44-71.
- Khadka, Narayan (1994) 'Politics and the Economy during Nepal's Partyless Panchayat System (1961-1990) : A Study in Retrospect', *Asian Affairs*, 25(1): pp.47-59.
- Khadka, Narayan (1995) 'Factionalism in Communist Movement in Nepal' *Pacific Affairs*, 68(1) : pp. 55-76.
- Khanal, Bishal (2000) *Regeneration of Nepalese Law*, Kathmandu : Bhrikuti Academic Publications.
- Khanal, Y.N. (1998) 'Nepal in 1997 : Political Stability Eludes', *Asian Survey*, 38(2) : pp. 148-153.
- Koirala, Niranjan (1991) 'Nepal in 1990 : End of an Era', *Asian Survey*, 31(2) : pp. 134-139.
- Kramer, Karl-Heinz (2003) 'Nepal in 2002 : Emergency and Resurrection of Royal Power', *Asian Survey*, 43(1) : pp. 208-214.
- Kramer, Karl-Heinz (2004) 'Nepal - State in Danger? The Political Situation, Security – Political Implications and Perspectives', Paper presented at the *Central Department of Political Science*, Tribhuvan University, Kathmandu, March 2, http://www.nepalresearch.com/publications/cdps_040302.pdf
- Kramer, Karl-Heinz (2004) 'Nepal in 2003 : Another Failed Chance for Peace', *Asian Survey*, 22(1) : pp. 43-48.

- Kramer, Karl-Heinz (2006) 'Time for a Complete Renewal', *Nepal Monitor*, July 15, http://www.nepalmonitor.com/2006/07/time_for_a_complete_renewal.html
- Kumar, D. P. (1980) *Nepal : Year of Decision*, Delhi : Vikas Publishing House.
- Kumar, Dhruba (2004) 'Evolution or Leadership and Governance in Nepal', in Baral, Lokraj, Hachhethu, Krishna, Khanal, Krishna P., Kumar, Dhruba and Sharma, Hari (ed)., *Local Leadership and Governance*, New Delhi : Adroit Publishers.
- Kumar, Satish (1967) *Rana Polity in Nepal : Origin and Growth*, Bombay : Asia Publishing House.
- Lama, M. P. (2004) 'India and Nepal : The Intricacies of Free Trade', in *India-Nepal Relations : The Challenge Ahead*, New Delhi : Rupa and Co.
- Lawoti, Mahendra (2005) *Towards a Democratic Nepal : Inclusive Political Institutions for a Multicultural Society*, New Delhi : Sage Publications.
- Levi, Werner (1952) 'Government and Politics in Nepal : I', *Far Eastern Survey*, 21(18) : pp. 185-191.
- Levi, Werner (1953) 'Government and Politics in Nepal : II', *Far Eastern Survey*, vol. 22, no. 1, January 14, pp. 5-10.
- Levi, Werner (1954) 'Political Rivalries in Nepal', *Far Eastern Survey*, 23 (7) : pp.102-107.
- Levi, Werner (1959) 'Nepal's New Era', *Far Eastern Survey*, 28(10,): pp. 150-156.
- Loewenstein, Karl (1965) *Political Power and Governmental Process*, Chicago and London : University of Chicago Press.
- Ludwig F. and Stiller, S.J. (1974) The Role of Fear In the Unification of Nepal, *Contributions to Nepalese Studies*, Tribhuvan University, CNAS, 1(2) : pp.45-51.
- Mackinly, John and Bishnu Upreti, 'The King and Mao', *The World Today*, 59(2): pp. 26-27.
- Mahat, Ram Sharan (2005) *In Defence of Democracy : Dynamics and Fault Lines of Nepal's Political Economy*, New Delhi : Adroit Publishers.
- Malagodi, Mara (2007) 'The Rejection of the Minority Approach in the 1990 Constitution Making Experience : A Reflection on the Influence of Foreign Institutional Models', Paper presented

at an international seminar on 'Constitutionalism and Diversity in Nepal' Organised by *Centre for Nepal and Asian Studies*, TU in collaboration with MIDEA Project and ESP-Nepal, August 22-24, Kathmandu, Nepal, www.uni-bielefeld.de/midea/pdf/Mara.pdf

- Malla, B.C. (1982-1983) 'Mass–Media Tradition and Change (An Overview of Change in Nepal), *Contribution of Nepalese Studies*, Tribhuvan University, vol. 10, no. 1-2, December-June, pp. 69-79.
- Mathur, P.C. (1977) 'Intellectual Foundations of Monocracy' in S.D. Muni (ed.), *Nepal : An Assertive Monarchy*, New Delhi : Chetana Publications.
- McIwain, Howard Charles (1940) *Constitutionalism : Ancient and Modern*, Cornell, Indianapolis : Cornell University Press and Liberty Fund, http://files.libertyfund.org/files/2145/McIlwain_7850_LFeBk.pdf
- Mclean, Iain (ed.) (1966) *The Concise Oxford Dictionary of Politics*, New York : Oxford University Press.
- Mehta, Ashok K. (2002) 'Nepal : Over to palace', *The Pioneer*, New Delhi, October 9.
- Merkl, Peter H. (1970) *Modern Comparative Politics*, New York : Holt Reinhart and Winston.
- Mishra, Navin (2006) *Nepal : Democracy in Transition*, New Delhi : Authorspress.
- Mishra, Rabindra (2004) 'India's Role in Nepal's Maoist Insurgency', *Asian Survey*, vol. 44, no. 5, September-October, pp. 627-646.
- Mojumdar, Kanchanmoy (1975) *Nepal and the Indian Nationalist Movement*, Calcutta : Firma K.L. Mukhopadhyay.
- Muni, S.D. (1977) 'Political Change : A Framework of Analysis,' in Muni, S.D. (ed.) *Nepal : An Assertive Monarchy*, New Delhi : Chetana Publications.
- Muni, S.D. (1992) *India and Nepal : A Changing Relationship,* New Delhi : Konark.
- Muni, S.D. (2001) 'Gyanendra must reform or Monarchy is Doomed', *The Pioneer*, 4th June.
- Muni, S.D. (2003) *Maoist Insurgency in Nepal : The Challenge and the Response*, New Delhi : Rupa Publishers and Observer

Research Foundation.

- Naidu, Sushil K. (2017) *Constitutional Building in Nepal*, Gaurav Book Centre, New Delhi.
- Nepal Press Digest (1967) vol. 11, no. 4, Kathmandu, January 26-28, 1967, p. 22.
- Nepal Press Digest (1975) vol. 19, no. 50, Kathmandu, December 15, 1975, p. 514.
- Nepal Press Digest (1980) vol. 24, no. 19, Kathmandu, May 12, 1980, p. 191.
- Nepal Press Digest (1980) vol. 24, no. 20, Kathmandu, May 19, 1980, p. 206.
- Nepal Press Digest (1985) vol. 29, no. 22, Kathmandu, November 21, 1985, p. 606.
- Nepal Press Digest (1987) vol. 31, no. 36, Kathmandu, September 7, 1987, p. 110.
- Nepal Press Digest (1989) vol. 33, no. 15, Kathmandu, April 10, 1989, p. 118.
- Nepal Press Digest (1980) vol. 24, no. 18, Kathmandu, May 5, 1980, p. 176.
- Nepal Press Digest (1980) vol. 24, no. 18, Kathmandu, May 5, 1980, pp. 503-506.
- Panday, Devendra Raj (1982) 'Nepal in 1981 : Stagnation Amidst Change', *Asian Survey*, 22(2) : pp. 155-162.
- Pandey, Nischal Nath (2002) 'Nepal's Maoist Movement and Implications for India', *USI Journal*, 132 (550) : pp. 558-565.
- Pant, Shastra Dutta (2001) *Comparative Constitutions of Nepal*, Kathmandu : Sirud.
- Pant, Y.P., Jain, S.C. (1969) *Agricultural Development in Nepal*, Bombay : Vora & Co. Publishers Private Ltd.
- Parajulee, Ramjee P. (2000) *The Democratic Transition in Nepal*, Lanham, Maryland : Rowman and Littlefield Publishers.
- Parmanand (1982) *The Nepali Congress and its Inception*, New Delhi : B.R. Publishing Corporation.
- Parmanand (2008) *G.P. Koirala's Struggle for Democracy in Nepal : A Biography*, Ontario: Bright Scholar's Publication.
- Pettigrew, Judith and Shneiderman, Sara (2004) 'Women and the Maobaadi : Ideology and Agency in Nepal's Maoist Movement', *Himal South Asian*, Online Web Page, vol.17,

no.1, January, http://www.himalmag.com/component/content/article/4272-women-in-the-maobaadi-ideology-and-agency-in-nepals-maoist-movement.html

- Phadnis, Urmila (1981) 'Nepal : The Politics of Referendum', *Pacific Affairs*, 54(3) : pp. 431-454.
- Poonam (2001) *Rajtantriya Nepal me Prjatantrik Andolan avam Rajnitik Vikas*, New Delhi : Radha Publication.
- Post, C. Robert and Siegel, B. Reva (2009) 'Democratic Constitutionalism', in Balkin, M. Jack and Siegel, B. Reva, *The Constitution in 2020*, New York : Oxford University Press, http://www.constitution2020.org/chapters/3_Democratic%20 Constitutionalism.pdf
- Phuyal, Hari 'Nepal's New Constitution : 65 Years in the Making', THE DIPLOMAT, 18 September, 2015, http://thediplomat.com/2015/09/nepals-new-constitution-65-years-in-the-making/
- PoudalBhakta, Niranjan (1981) *The History of Constitutional Development if Nepal : 1948-1980*, Lalitpur : Kopundol.
- Poudyal, Anania Raj (1995) 'Nepal in 1994 : The Hung Parliament!', *Asian Survey*, 35(2) : pp. 160-165.
- Poudyal, Ananta Raj (1996) 'Nepal in 1995 : The Communist-Rule Experiment', *Asian Survey*, 36(2) : pp. 209-215.
- Poudyal, Ananta Raj (2001) 'Ethnicity in Nepal : Its Regional Implications', in Kousar J. Azam (ed.), *Ethnicity, Identity and the State in South Asia*, New Delhi : South Asian Publishers.
- Pradhan, Bishwa (1963) *Panchayat Democracy in Nepal*, New Delhi : Hari Charan Srestha.
- Pradhan, Keshav (2002) 'State of Emergency declared in Nepal', *The Hindustan Times*, 20th November.
- Pradhan, P.R. (ed.) (1990) *Nepal Adhirajya ko Samvidhan, 2047: Ek Vivechana*, Kathmandu : Ratna Pustak Bhandhar.
- Pradhan, Suman (1999) 'Marginalized Minorities threated political revolt in Nepal', *The Asian Age*, 29th January.
- Pradhan, Suman (2001) 'Citizenship Row Festers in Nepal', *Asia Time Online*, 19th October 19, URL : http://atimes.com/ind-pak/CJ19Df01.html
- Pradhan, Suman (2002) 'Deuba terms his ouster unconstitutional', *The Times of India* (New Delhi) 5th October,

http://m.timesofindia.com/PDATOI/articleshow/24278415.cms

- Press Trust of India (2002). 'It's unconstitutional : Sher Bahadur Deuba', Kathmandu, 5th October 5.
- Rabindra Mishra (2004) 'India's Role in Nepal's Maoist Insurgency', *Asian Survey*, vol. 44, no. 5, September-October, pp. 627-646.
- Raeper, William and Martin Hoftun (1992) *Spring Awakening : An Account of the 1990 Revolution in Nepal*, New Delhi, Viking Publishers.
- Regmi D.R. (1950) *A Century of Family Autocracy in Nepal : Being the account of the Condition and History of Nepal during the Last Hundred Years of Rana Autocracy, 1846-1949*, Banaras : Nepali National Congress
- Regmi, M.C. (1964) *Land Tenure and Taxation in Nepal : Religious and Charitable land Endowments : Guthi Tenure*, Vol. IV, Berkeley : Institute of International Studies, University of California.
- Regmi, M.C. (1964) Land Tenure and Taxation in Nepal : The Jagir, Rakam and Kipat Tenure Systems, Vol.,III, Berkeley : Institute of International Studies, University of California.
- Regmi, M.C. (1964) *Land Tenure and Taxation in Nepal : The Land Grant System : Birta Tenure*, Vol.II, Berkeley : Institute of International Studies, University of California.
- Regmi, M.C. (1976) *Landownership in Nepal*, Berkeley : University of California Press.
- Regmi, M.C. (1977), *Land Tenure and Taxation in Nepal* Kathmandu : Ratna Pustak Bhandar.
- Robertson, David (1993) *The Penguin Dictionary of Politics*, London : Penguin Books.
- Roka, Hari (2003) 'Militarisation and Democratic Rule in Nepal', *Himal*, vol. 16, no. 11, November, pp. 56-63.
- Rose Leo E. and Fisher W. Margaret (1970) *The Politics of Nepal : Persistence and Change in an Asian Monarchy*, London and New York : Cornell University Press.
- Rose, Leo E and Bhuvanlal Joshi, (2004) (reprint), *Democratic Innovations in Nepal : A Case Study of Political Acculturation*, Kathmandu, Madala Publications.
- Rose, Leo E. (1963) 'Nepal's Experiment with 'Traditional

Democracy', *Pacific Affairs*, 36(1) : pp. 16-31.

- Rose, Leo E. (1964) 'Nepal : The Quiet Monarchy', *Asian Survey*, 4(2) : pp. 723-728.
- Rose, Leo E. (1971) *Nepal Strategy for Survival*, Bombay : Oxford University Press.
- Rose, Nikolas (2000) 'Government and Control', *The British Journal of Criminology*, vol. 40, The Center for Crime and Justice Studies, http://www.penelopeironstone.com/RoseGovernmentandControl.pdf
- Saha, Rishikesh (1970) *Heroes and Builders of Nepal*, Calcutta : Oxford University Press.
- Sanwal, B. D. (1993) *Social and Political History of Nepal*, New Delhi : Manohar.
- Sarkar, Sudeshna (2003) 'More Contenders in Fray for Nepal PM's post', *The Statesman*, 1st June.
- Sarkar, Sudeshna (2003) 'Nepal at the Crossroads : Democracy or Dictatorship', *The Statesman*, 18th April .
- Saurabh, Chaudhary, NP, (2012) *Constitutional Evolution in Nepal*, Pentagon Press.
- Scholz, John and Gaige Fred (1991) 'The 1991 Parliamentary Elections in Nepal : Political Freedom and Stability', *Asian Survey*, 31(11) : pp. 1040 – 1060.
- Sen, Jahar (1973) 'Slave Trade on the Indo-Nepal Border in the Nineteenth Century', *Kailash*, 1(2) : pp. 159-166.
- Sever, Adrian (1993), *Nepal Under the Ranas*, New Delhi : Oxford and IBH Publishing Co.
- Shaha, Rishikesh (1990) *Modern Nepal : A Political History 1769-1955*, Vol. I, New Delhi : Manohar Publications.
- Shaha, Rishikesh (1990) *Three Decades and Two Kings (1960-1990) : Eclipse of Nepal's Partyless Monarchic Rul*e, New Delhi : Sterling Publishers.
- Shaha, Rishikesh (1992) *Essays in the Practice of Government in Nepal*, New Delhi : Manohar Publications.
- Sharma, Gopal (2002) 'Emergency in Nepal', *Indian Express*, 27th November.
- Sharma, Prayag Raj (1982-1983) 'Nepali Culture and Society : A Historical Perspective', *Contribution to Nepalese Studies*, CNAS, Tribhuvan University, vol. 10, nos. 1 & 2, December

– June, http://himalaya.socanth.cam.ac.uk/collections/journals/contributions/pdf/CNAS_10_0102_01.pdf

- Sharma, Prayag Raj (1983) *Contributions to Nepalese Studies*, Kathmandu : CNAS, Tribhuvan University, vol. 10, no. 1&2, December-June.
- Shrestha, Kusum (1993) 'Fundamental Rights in Nepal', *Essays on Constitutional Law*, Kathmandu : Nepal Law Society.
- Shukla, Deeptima (2000), *Monarchy in Nepal*, Delhi : Kalinga Publications.
- Singh Shiv Bahadur (2001) *Nepal Sasanavam Rajniti*, Varanasi : Ganga Saran and Grand Sons.
- Snellinger, Amanda (2005) 'A Crisis in Nepalese Student Politics? Analysing the Gap between Politically Active and Non-Active Students', *Peace and Democracy in South Asia*, vol. 1, no. 2, pp. 18-44.
- Spam, R.N. (1963) 'Notes on Some Asian Constitutions', in Spam,R.N. (ed.), *Constitutionalism in Asia*, New Delhi : Asia Publishing House.
- Srivastav, Kashi Prasad (1986) *Nepal Ka Itihas*, Delhi : Atmaram & Sons.
- Tara Nanda Mishra (1988) 'The Historical Dynasties and Ancient Archoeological Sites in Nepal', *Ancient Nepal*, Journal of the Department of Archeology, His Majesty's Government, Kathmandu, no. 103, December 1987-January 1988 (2044), pp. 6-15, http://himalaya.socanth.cam.ac.uk/collections/journals/ancientnepal/pdf/ancient_nepal_103_02.pdf
- Thapa, Ganga Bahadur (2007) 'Is There a Transition to Democracy in Nepal?', *Indian Journal of Nepalese Studies*, 8 : pp. 1-32.
- Thapa, Ganga Bahadur (1996) 'Democracy : The Nepalese Experience', *Nepali Political Science and Politics*, Annual Journal of Political Science Association of Nepal, vol. 5, pp. 1-27.
- Thapa, Ganga Bahadur (1999) 'Democracy in Transition', in Thapa, Ganga Bahadur (ed.), *Decentralization and Good Governance in Nepal*, Kathmandu : POLSAN.
- Thapa, Krishna B. (1995) *Main Aspects of Social, Economic and Administrative History of Modern Nepal*, Kathmandu : Ratna

Pustak Bhandar.

- Thapa, Manjushree and Hari Roka (1999) 'Nepal : Politics of Fragmentation', *Economic and Political Weekly*, 34 (34 & 35) : pp. 2386-2388.
- The Forum Plusmedium (2004) *Constitutional Dynamics of Impasse*, Kathmandu : Integrated Organization System.
- The Himalayan Times (2003) 'Statute – Framers for all-Party Government', 31st July.
- The Himalayan Times (2015) 'Secularism retained in new constitution', 14th July.
- The Kathmandu Post (2015) 'We have to address the concerns of the marginalized', Kathmandu, 14th September.
- The Kathmandu Post (2002) 'Nothing New About Violation on Constitution by Monarchy : Former CJ', Kathmandu, 28th November.
- Tripathi, Hari Bansh (2002) *Fundamental Rights and Judicial Review in Nepal : Evolution and Experiments*, Kathmandu : Pairavi Prakashan.
- Tuladhar, Daman R. (1980) *Contemporary Nepal (1945-1955)*, Kathmandu : Laxmi Publications.
- Upreti, B.C. (2001) 'Nepal : In Search of Good Governance', *Asian Studies*, 19(2) : pp. 1-32.
- Upreti, B.C. (2006) 'The Maoist Insurgency in Nepal : Nature, Growth and Impact', South Asian Survey, vol. 13, no. 1, January-June, pp. 35-50.
- Uprety, Tulsi P. (1983) 'Nepal in 1982 : Panchayat Leadership in Crisis', *Asian Survey*, 23(2): 143-149.
- Vaidya, Ratan Kamal (2001) *Nepal in Political Crisis*, Kathmandu : Systematic Printing Services.
- Verma, AnandSwaroop (2001) *Maoist Movement in Nepal*, New Delhi : Samkalin Teesari Duniya.
- Verma, Yugeshwar P. (1981) *Nepal : Progress and Problems : 1972-1980*, Kathmandu : Chamundra Press.
- Vishwakarma, R.K. (2006) *People's Power in Nepal*, New Delhi : Manak Publications.
- Wheare, K.C. (1911) *Modern Constitutions*, London : Oxford University Press.
- Whelpton, John (1991) *Kings, Soldiers and Priests : Nepalese*

Politics and the Rise of Jang Bahadur Rana, 1830-1857, New Delhi : Manohar Publications.

- Whelpton, John (2005) 'Thoughts on the Maoist Problem', *Peace and Democracy in South Asia*, 1(2): pp. 1-17.
- Whelpton, John (2005) *A History of Nepal*, Cambridge : Cambridge University Press.
- Wormuth, Francis D. (1949) *The Origins of Modern Constitutionalism*, New York : Harper & Brothers.

□□□

DIGITAL SIGNAL PROCESSING